Die Schatten aus unserer Vergangenheit

5

Yae Utsumi

Inhalt

Kapitel 33: Der Fremde 003

Kapitel 34: Reise ans Ende der Nacht 023

Kapitel 35: Der kleine Prinz 043

Kapitel 36: Wie es euch gefällt 063

Kapitel 37: Lie Lie Lie 083

Kapitel 38: Göttliche Komödie 103

Kapitel 39: Unterwerfung 123

Kapitel 40: Auf der Suche nach der verlorenen Zeit 143

Kapitel 41: Vom Winde verweht 163

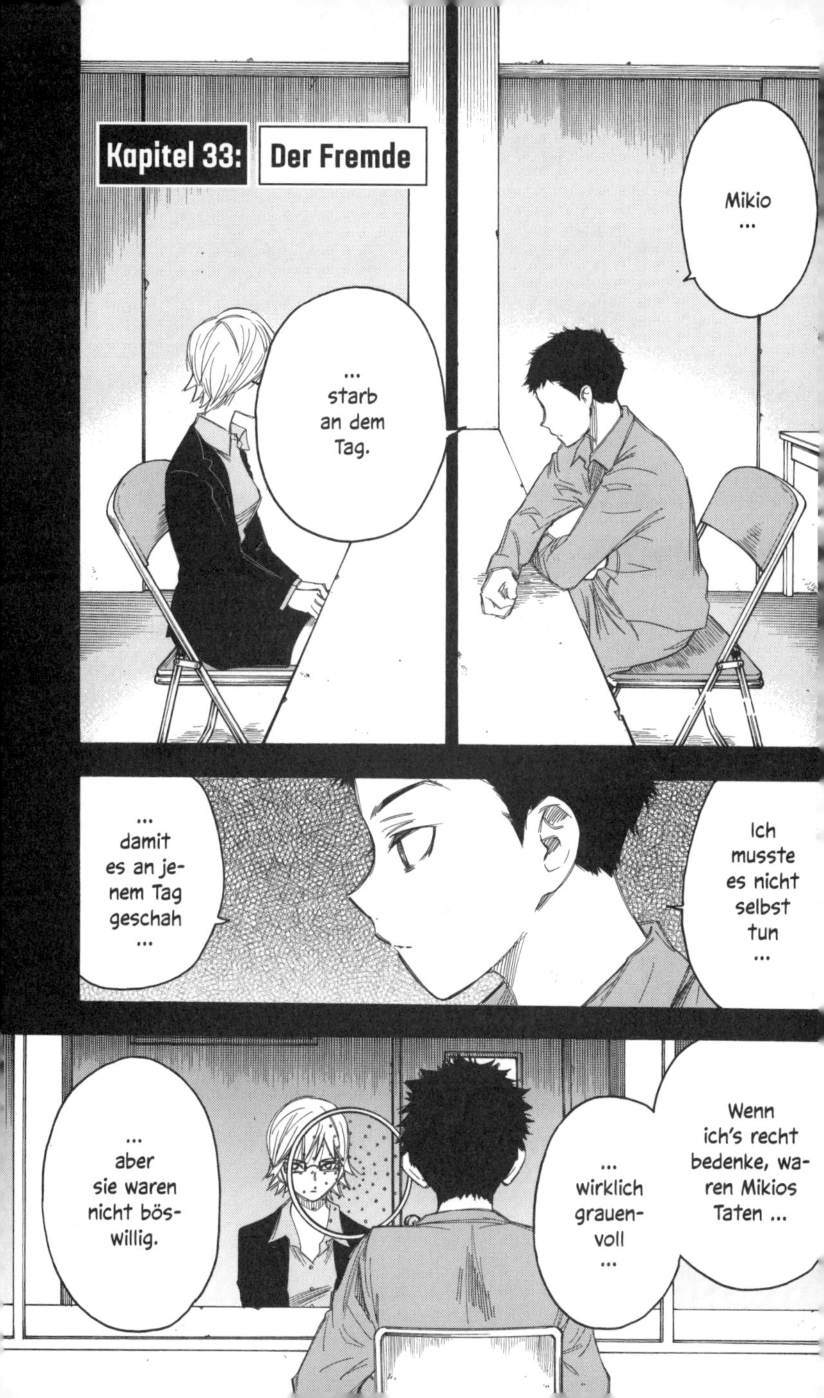
Kapitel 33: Der Fremde
Mikio ...
... starb an dem Tag.
Ich musste es nicht selbst tun ...
... damit es an jenem Tag geschah ...
Wenn ich's recht bedenke, waren Mikios Taten ...
... wirklich grauenvoll ...
... aber sie waren nicht böswillig.

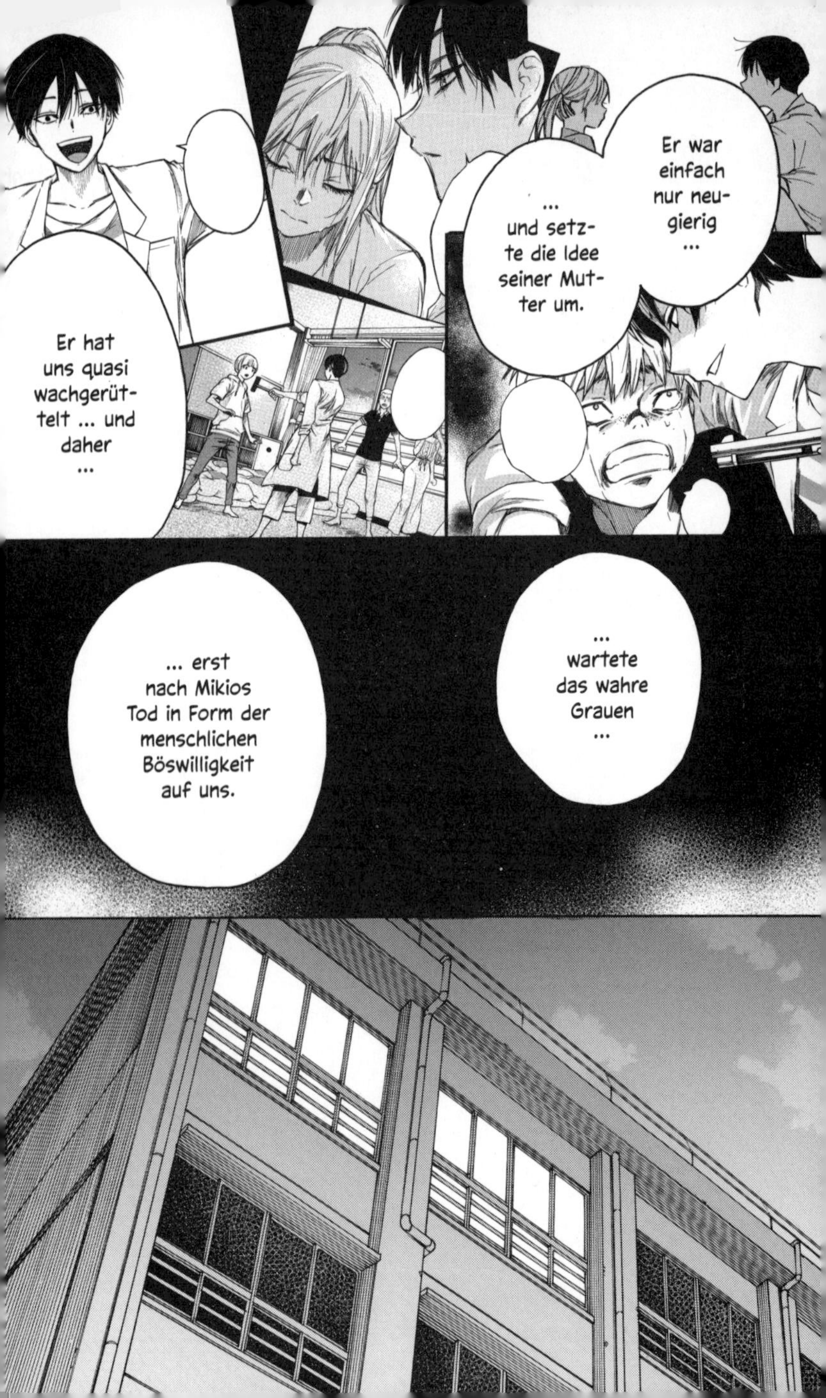
Er war einfach nur neugierig ...
... und setzte die Idee seiner Mutter um.
Er hat uns quasi wachgerüttelt ... und daher ...
... wartete das wahre Grauen ...
... erst nach Mikios Tod in Form der menschlichen Böswilligkeit auf uns.

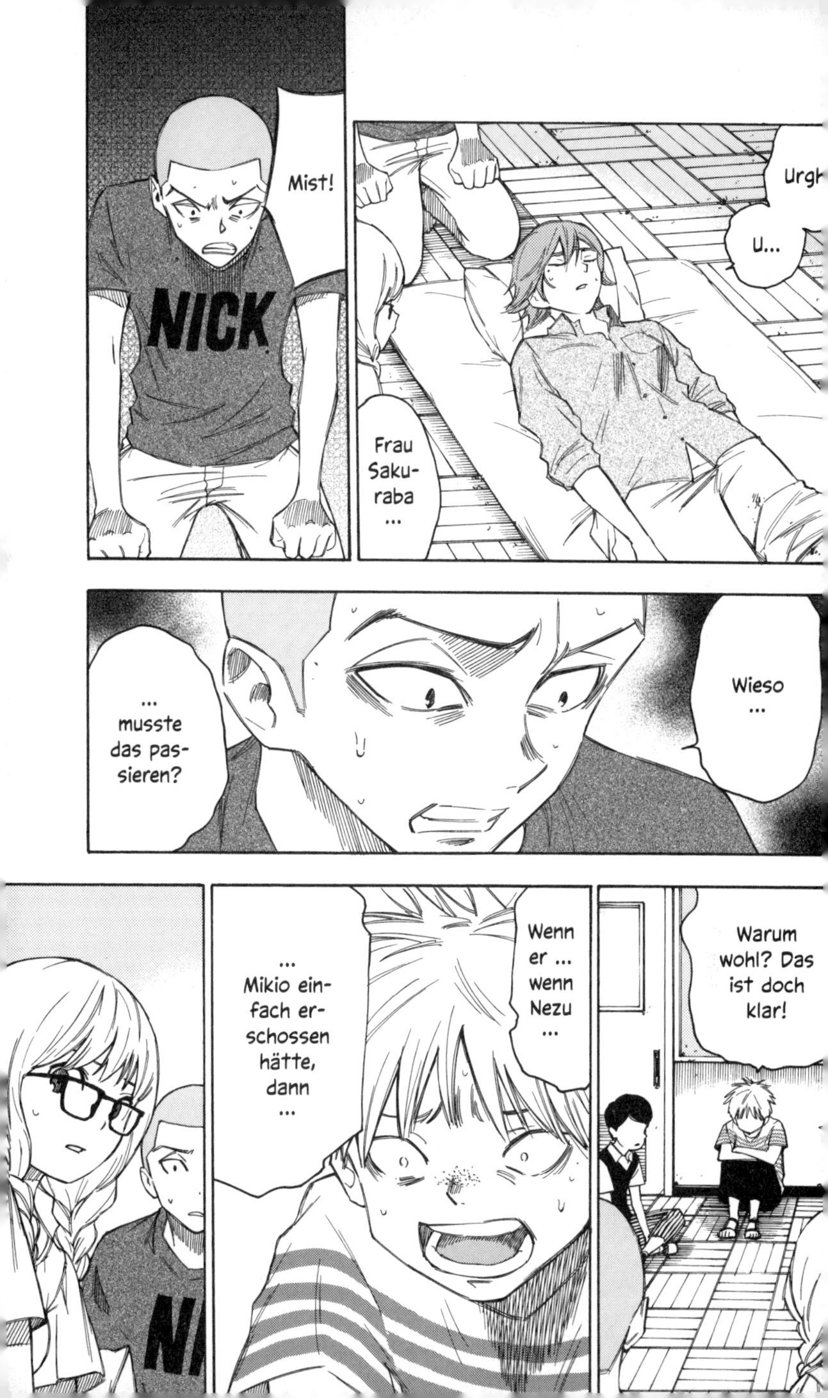
Urgh
U...
Frau Saku-raba ...
Mist!
Wieso ...
... musste das passieren?
Warum wohl? Das ist doch klar!
Wenn er ... wenn Nezu ...
... Mikio einfach erschossen hätte, dann ...

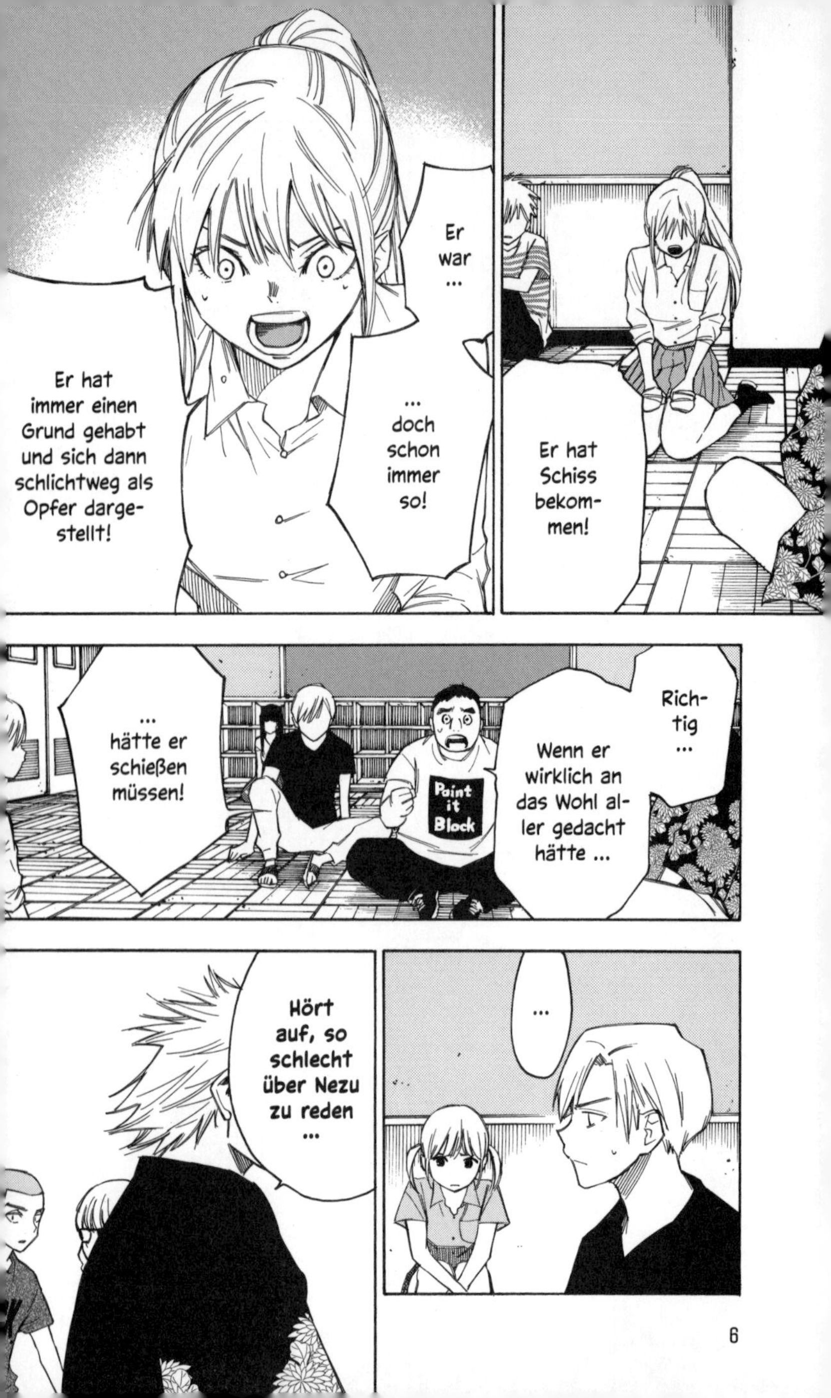
Er hat Schiss bekommen!
Er war ...
... doch schon immer so!
Er hat immer einen Grund gehabt und sich dann schlichtweg als Opfer dargestellt!
Richtig ...
Wenn er wirklich an das Wohl aller gedacht hätte ...
Paint it Block
... hätte er schießen müssen!
...
Hört auf, so schlecht über Nezu zu reden ...

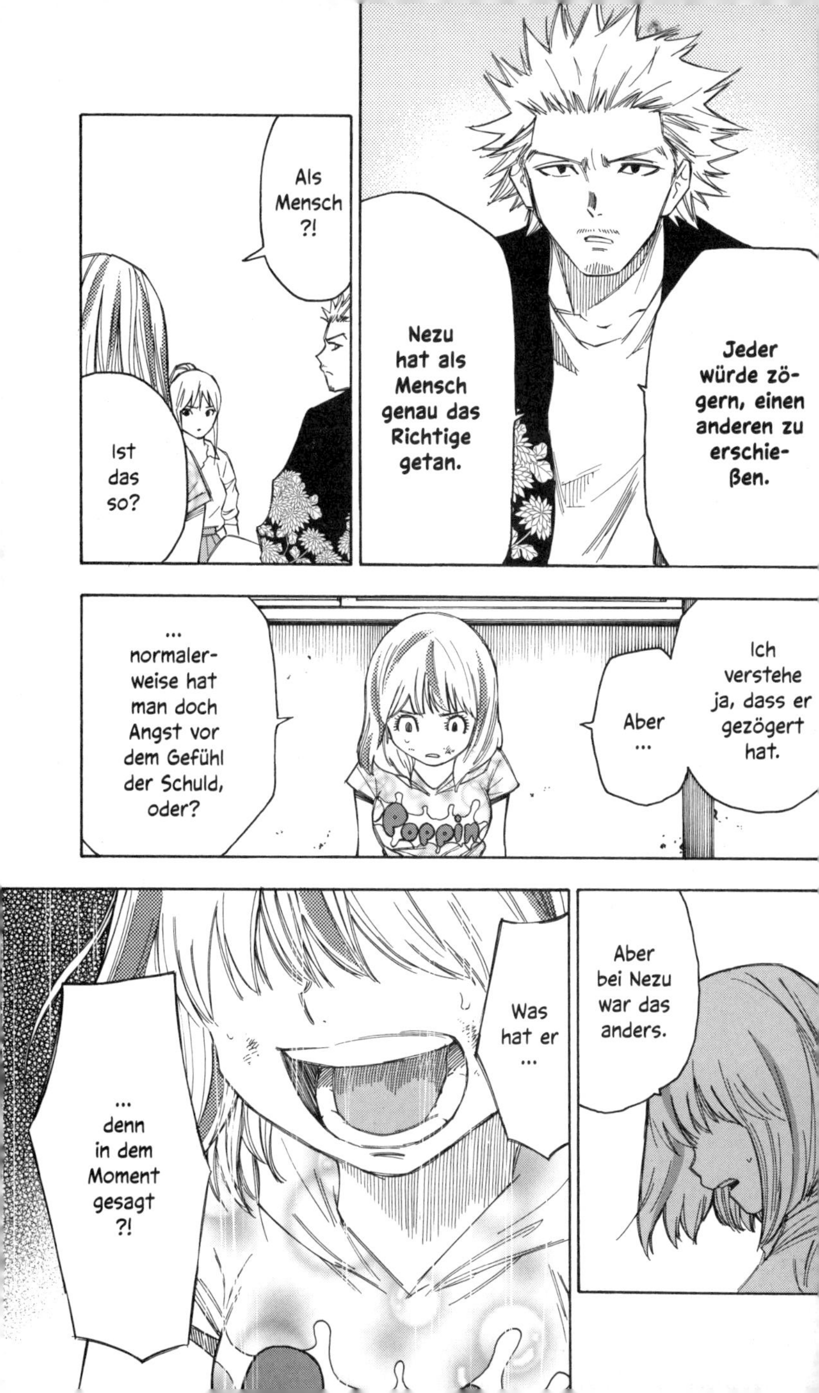
Jeder würde zögern, einen anderen zu erschießen.
Nezu hat als Mensch genau das Richtige getan.
Als Mensch ?!
Ist das so?
Ich verstehe ja, dass er gezögert hat.
Aber ...
... normalerweise hat man doch Angst vor dem Gefühl der Schuld, oder?
Aber bei Nezu war das anders.
Was hat er ...
... denn in dem Moment gesagt ?!

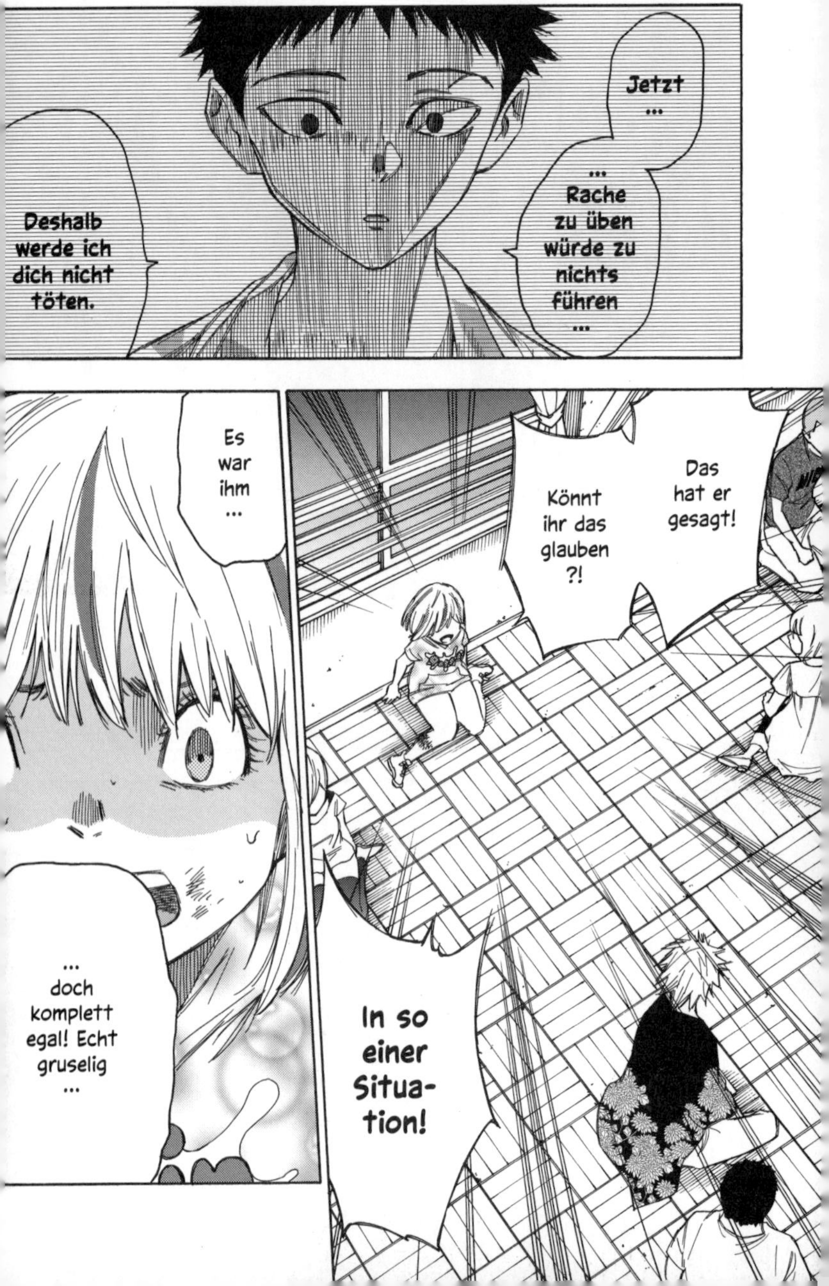
Jetzt …
… Rache zu üben würde zu nichts führen …
Deshalb werde ich dich nicht töten.
Das hat er gesagt!
Könnt ihr das glauben ?!
In so einer Situa-tion!
Es war ihm …
… doch komplett egal! Echt gruselig …

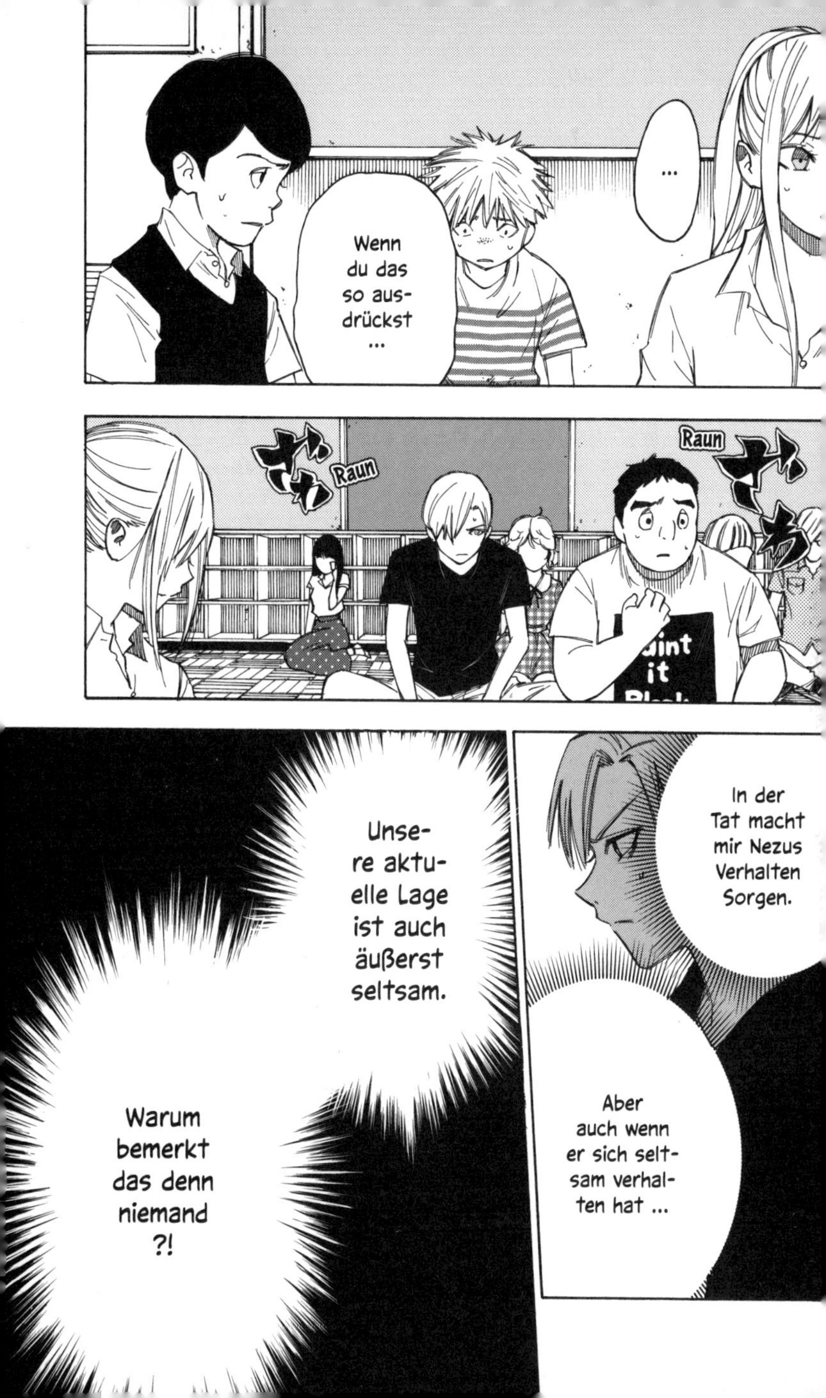
...
Wenn du das so ausdrückst ...
Raun
Raun
In der Tat macht mir Nezus Verhalten Sorgen.
Aber auch wenn er sich seltsam verhalten hat ...
Unsere aktuelle Lage ist auch äußerst seltsam.
Warum bemerkt das denn niemand ?!

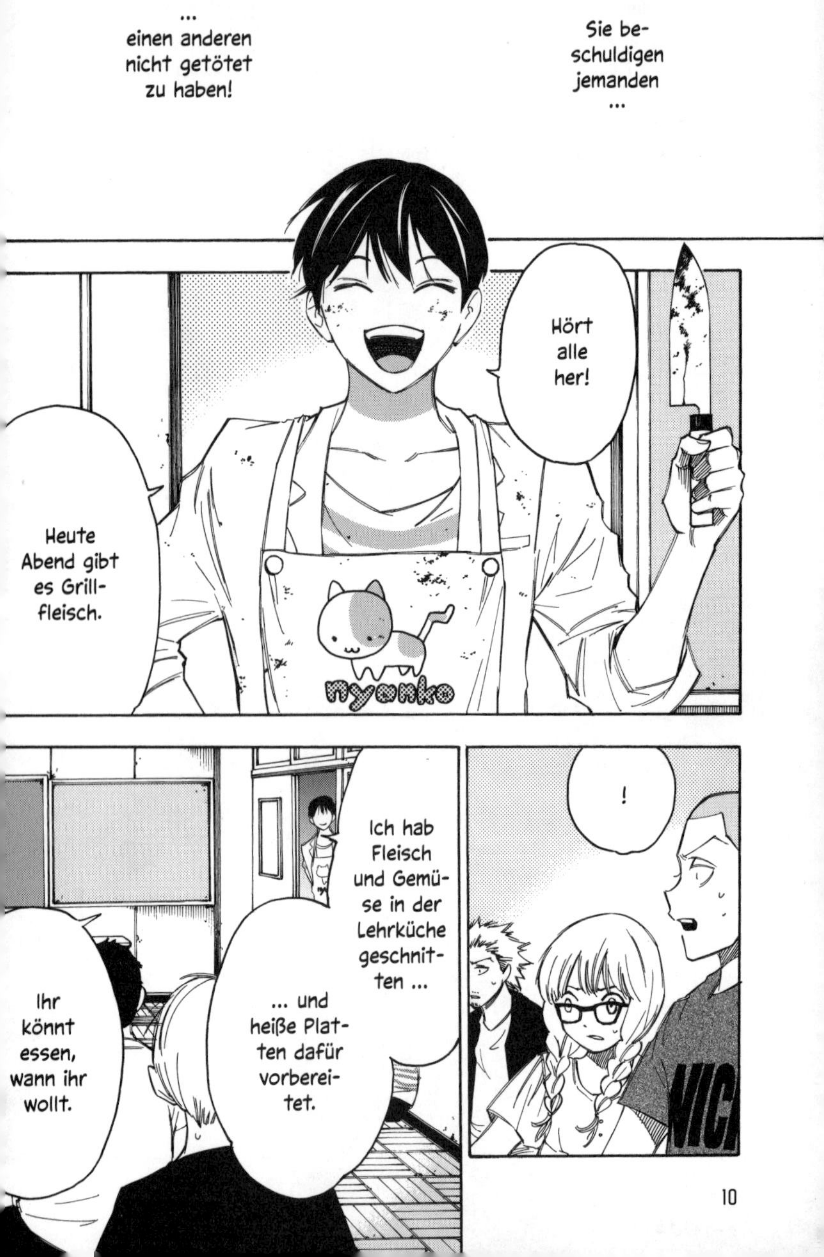
Sie beschuldigen jemanden ...
... einen anderen nicht getötet zu haben!
Hört alle her!
Heute Abend gibt es Grillfleisch.
nyonko
!
Ich hab Fleisch und Gemüse in der Lehrküche geschnitten ...
... und heiße Platten dafür vorbereitet.
Ihr könnt essen, wann ihr wollt.

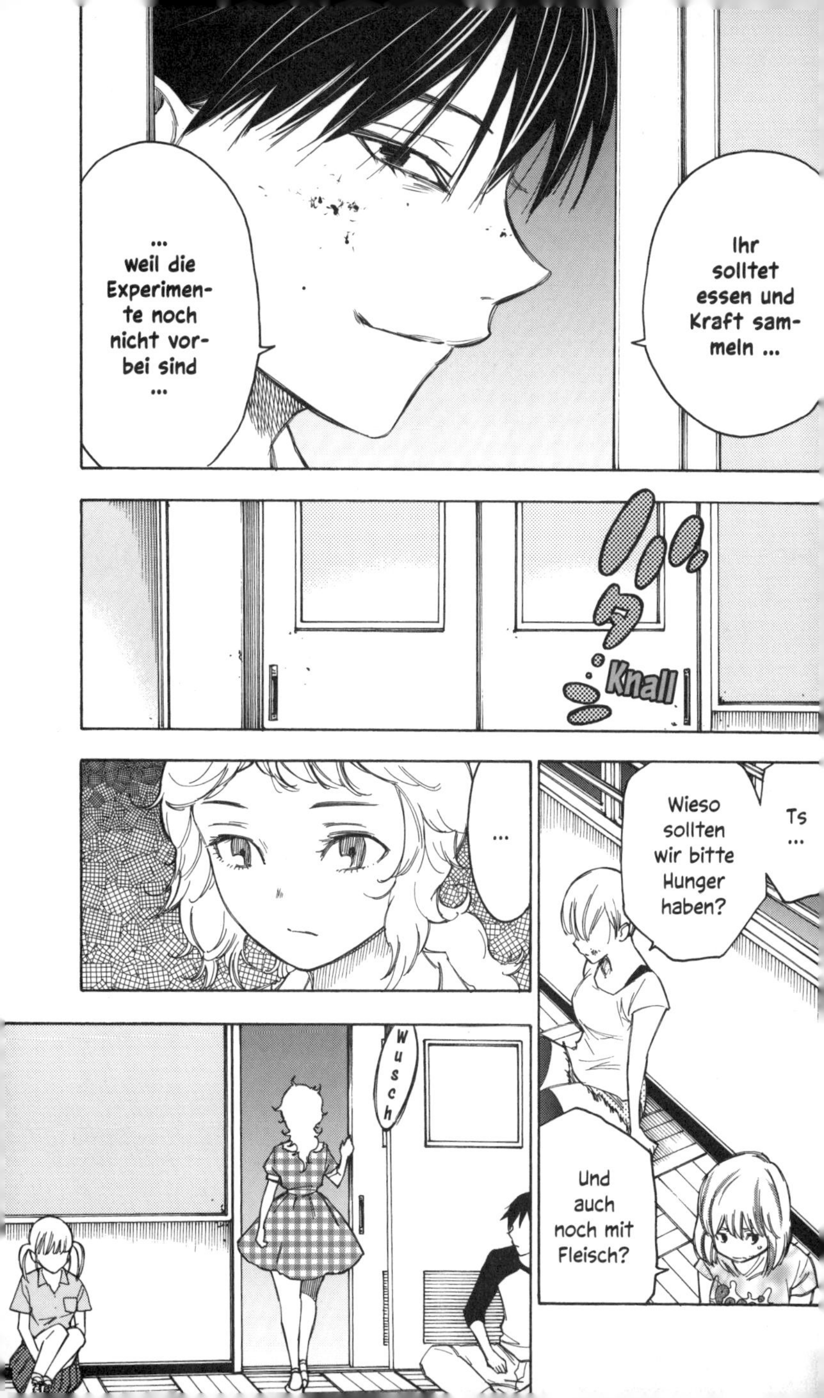
Ihr sollte essen und Kraft sammeln ...
... weil die Experimente noch nicht vorbei sind ...
Knall
Ts ...
Wieso sollten wir bitte Hunger haben?
...
Und auch noch mit Fleisch?
Wusch

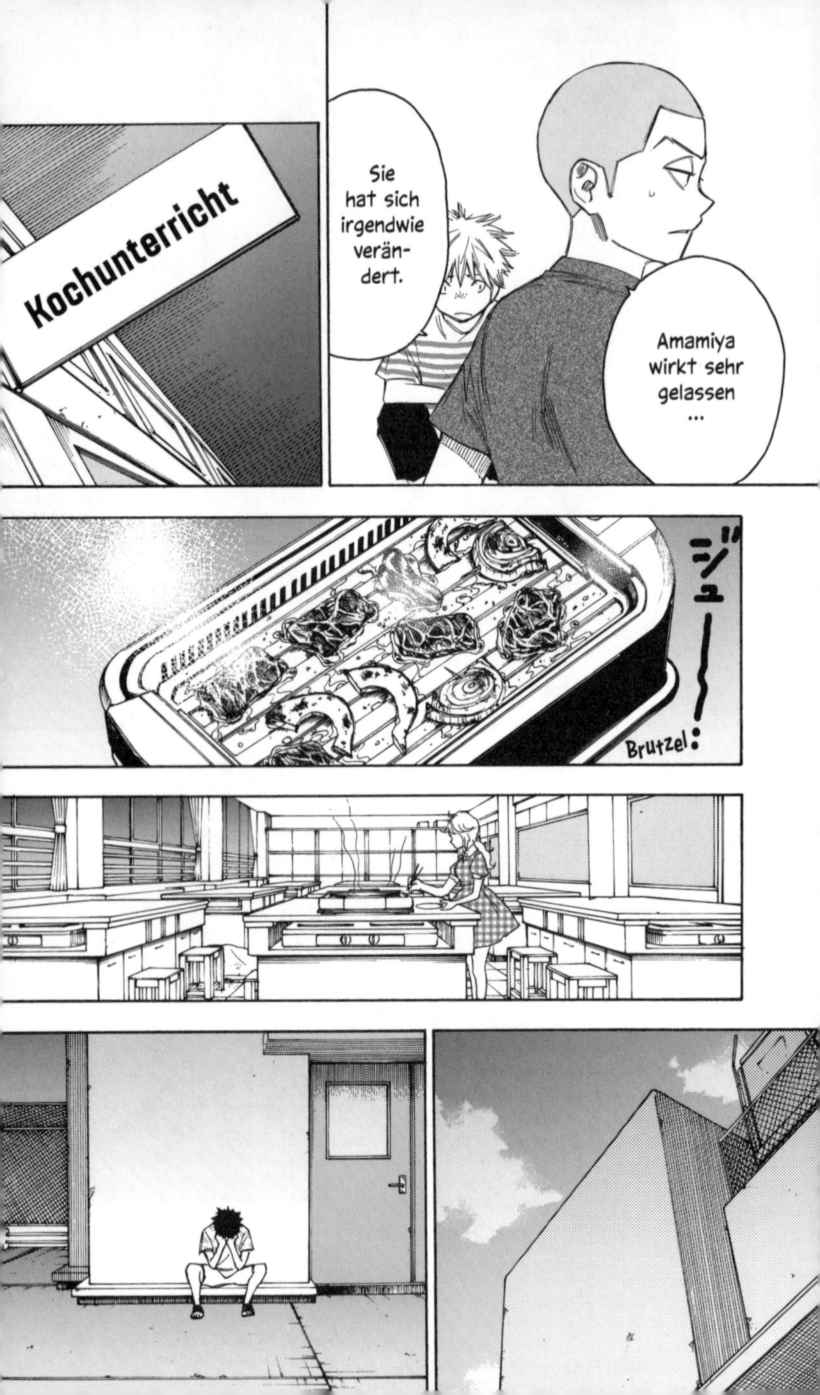

Amamiya wirkt sehr gelassen ...
Sie hat sich irgendwie verändert.
Kochunterricht
ジュ〜〜!
Brutzel!

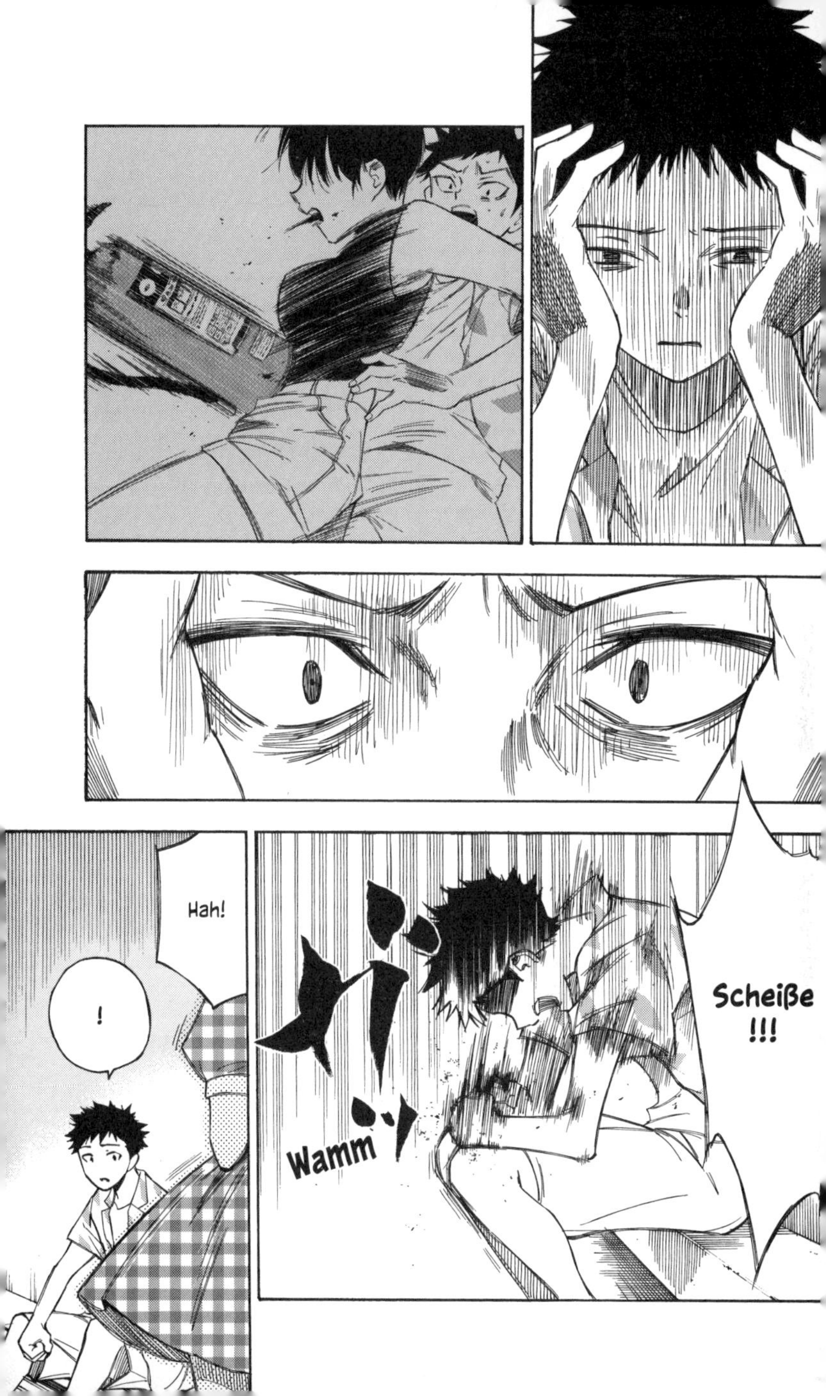

Scheiße
!!!
Wamm
Hah!
!

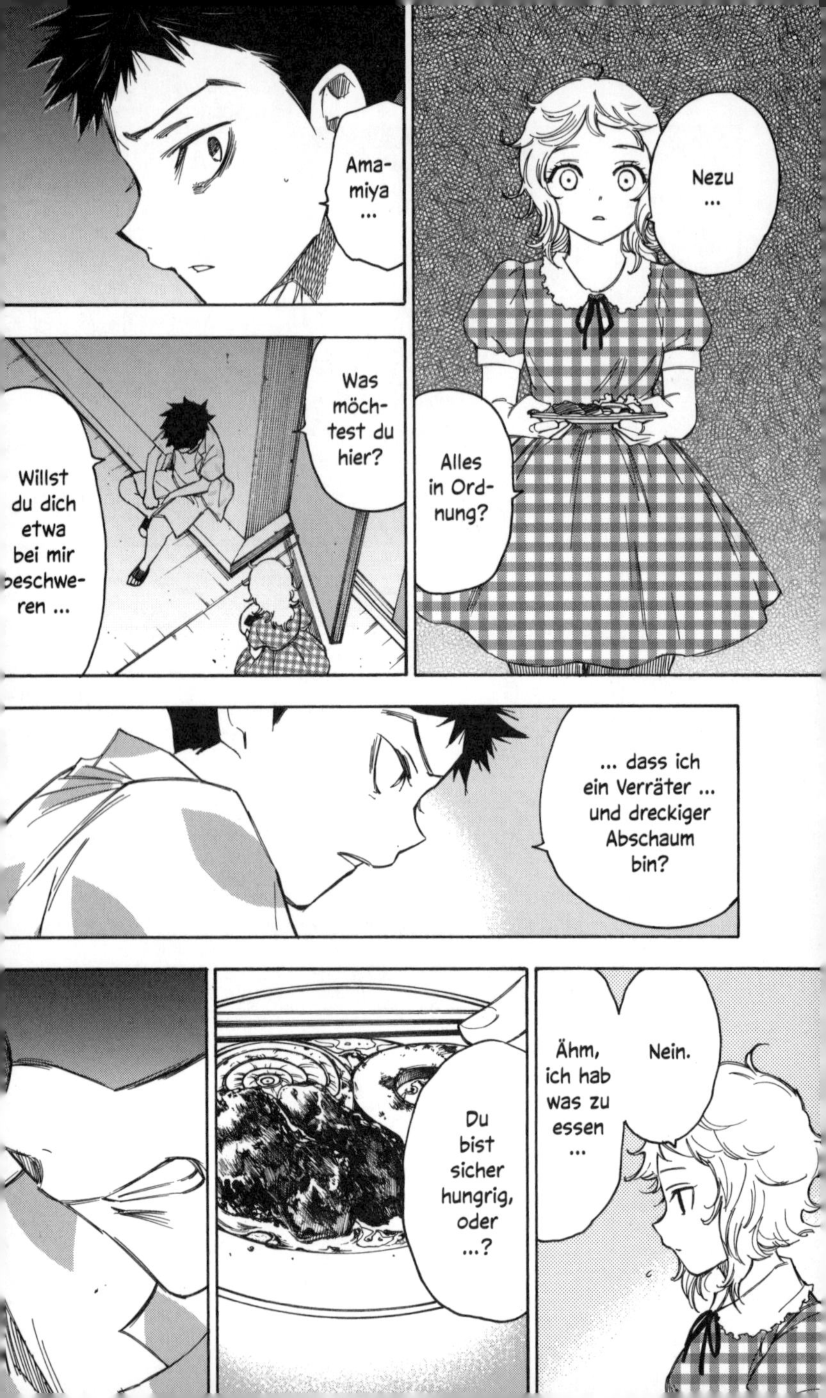

Nezu ...
Alles in Ordnung?
Amamiya ...
Was möchtest du hier?
Willst du dich etwa bei mir beschweren ...
... dass ich ein Verräter ... und dreckiger Abschaum bin?
Nein.
Ähm, ich hab was zu essen ...
Du bist sicher hungrig, oder ...?

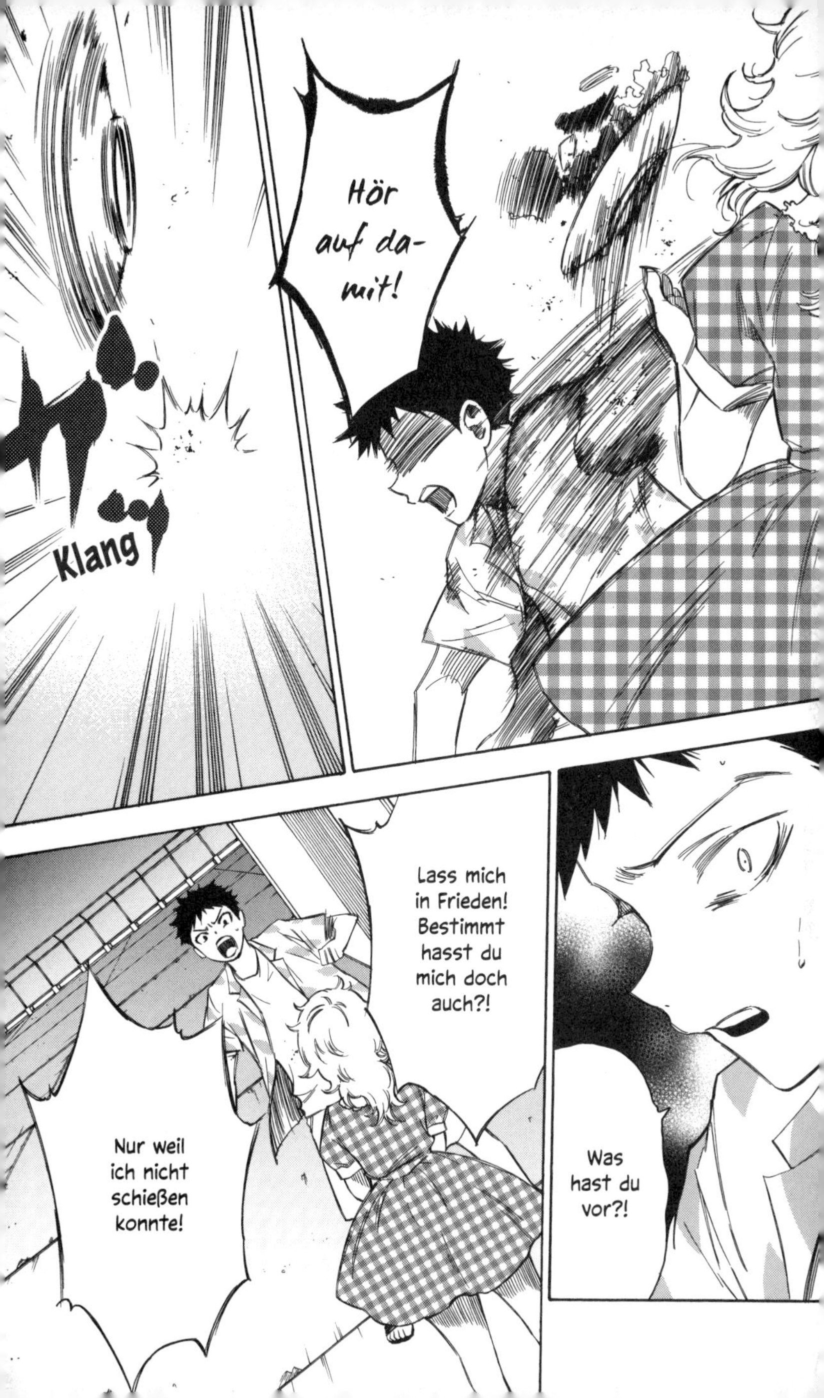
Hör auf da-mit!
Klang
Was hast du vor?!
Lass mich in Frieden! Bestimmt hasst du mich doch auch?!
Nur weil ich nicht schießen konnte!

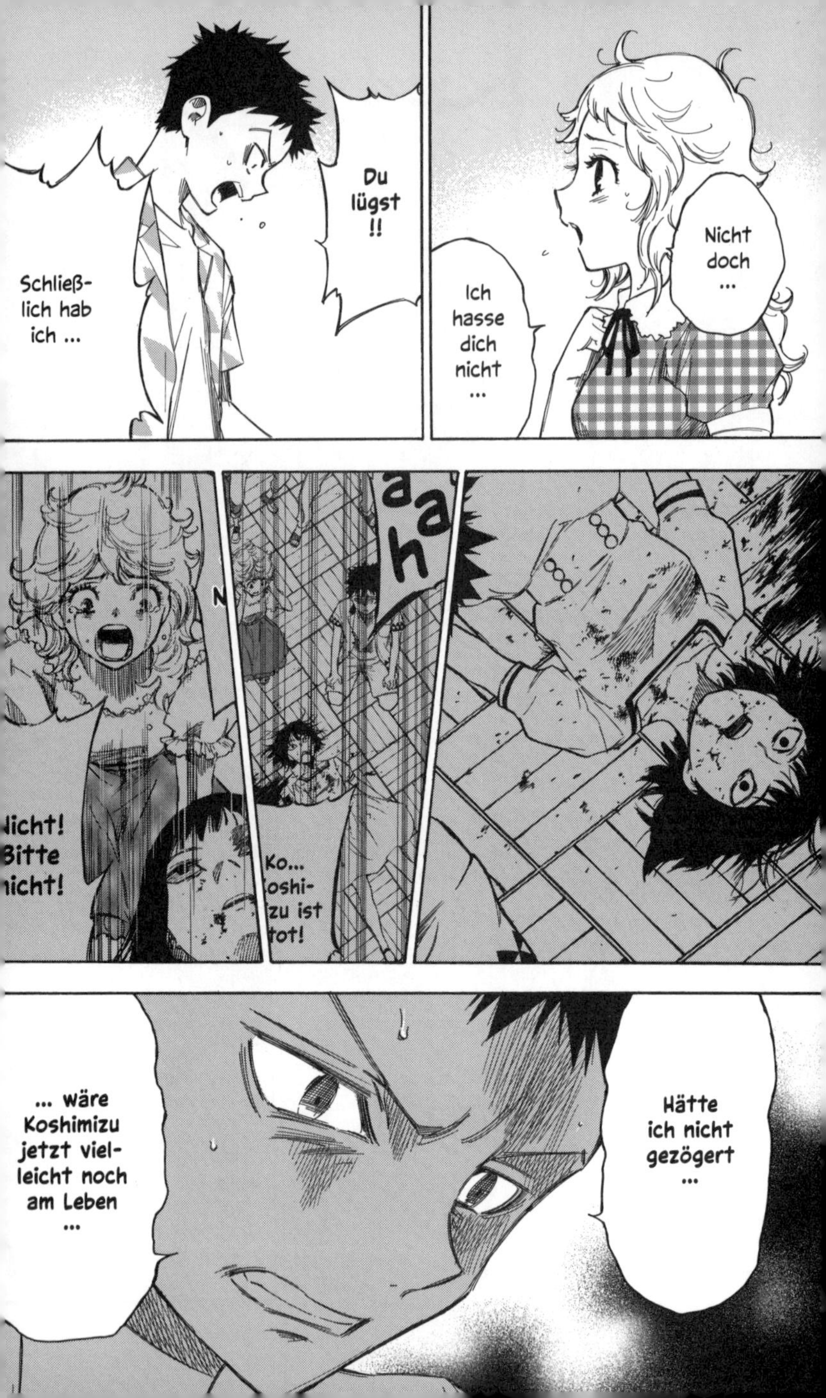
Nicht doch ...
Ich hasse dich nicht ...
Du lügst !!
Schließ-lich hab ich ...
aah
Ko... oshi-zu ist tot!
icht! Bitte icht!
Hätte ich nicht gezögert ...
... wäre Koshimizu jetzt viel-leicht noch am Leben ...

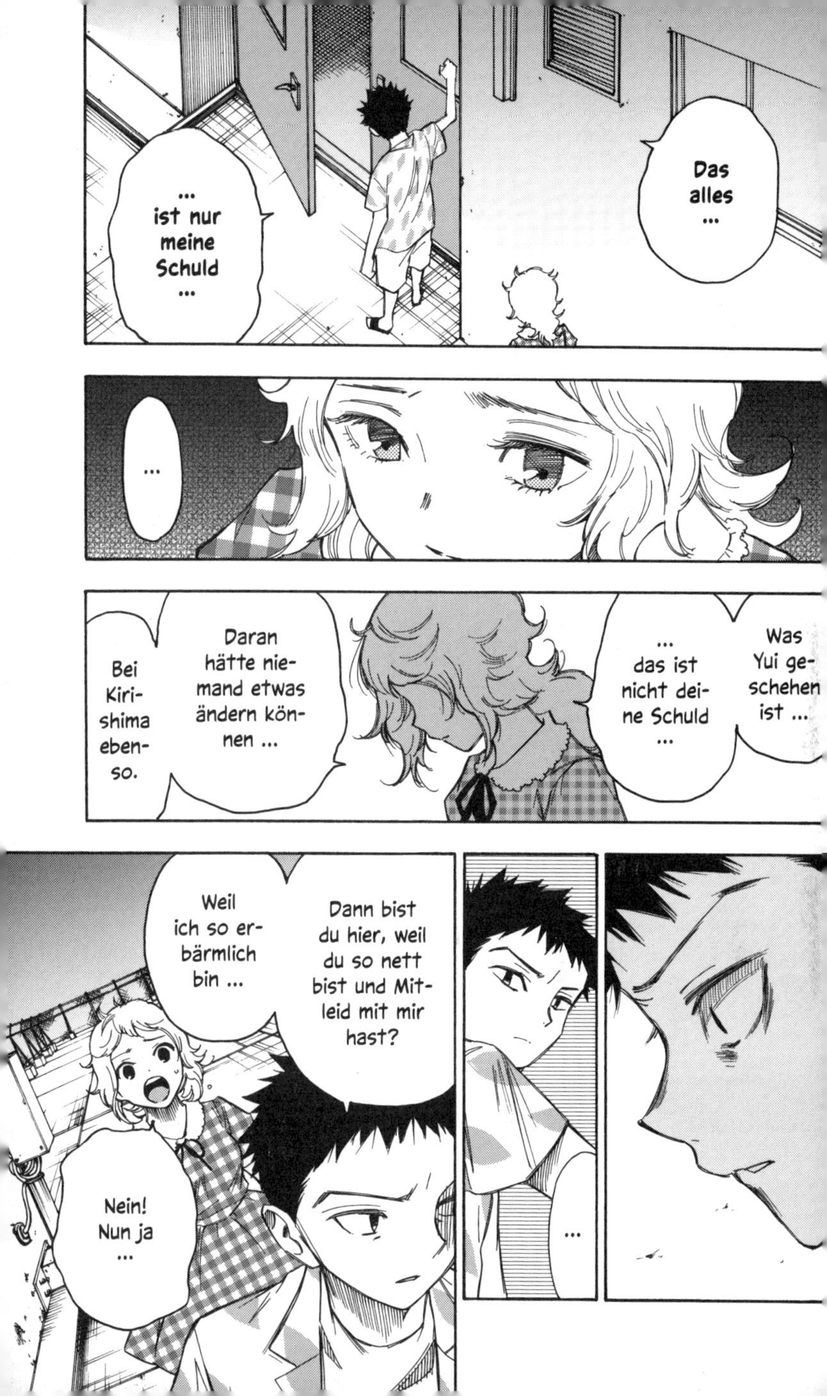
Das alles ...
... ist nur meine Schuld ...
...
Was Yui geschehen ist ...
... das ist nicht deine Schuld ...
Daran hätte niemand etwas ändern können ...
Bei Kirishima ebenso.
...
Dann bist du hier, weil du so nett bist und Mitleid mit mir hast?
Weil ich so erbärmlich bin ...
Nein! Nun ja ...

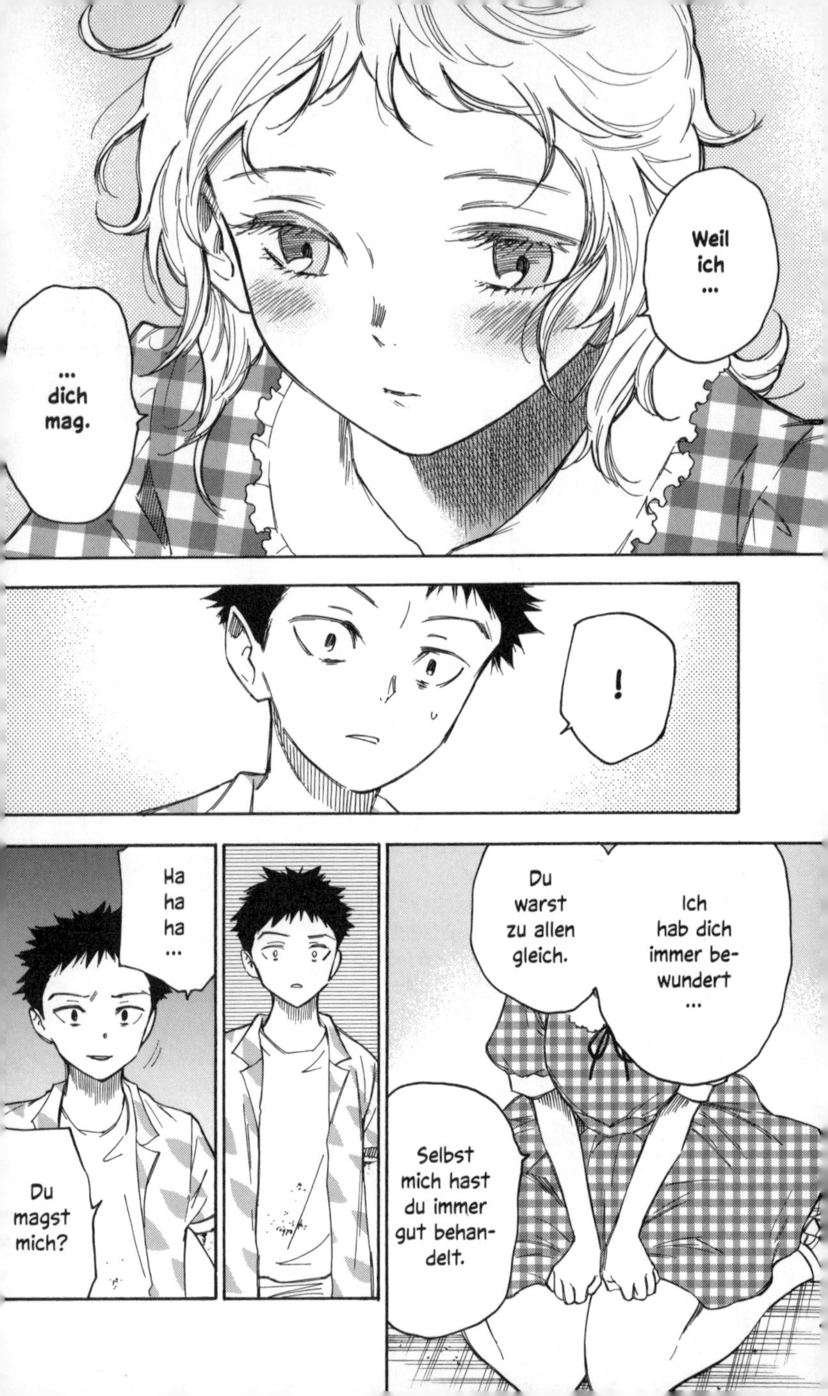
Weil ich ...
... dich mag.
!
Ich hab dich immer be-wundert ...
Du warst zu allen gleich.
Selbst mich hast du immer gut behan-delt.
Ha ha ha ...
Du magst mich?

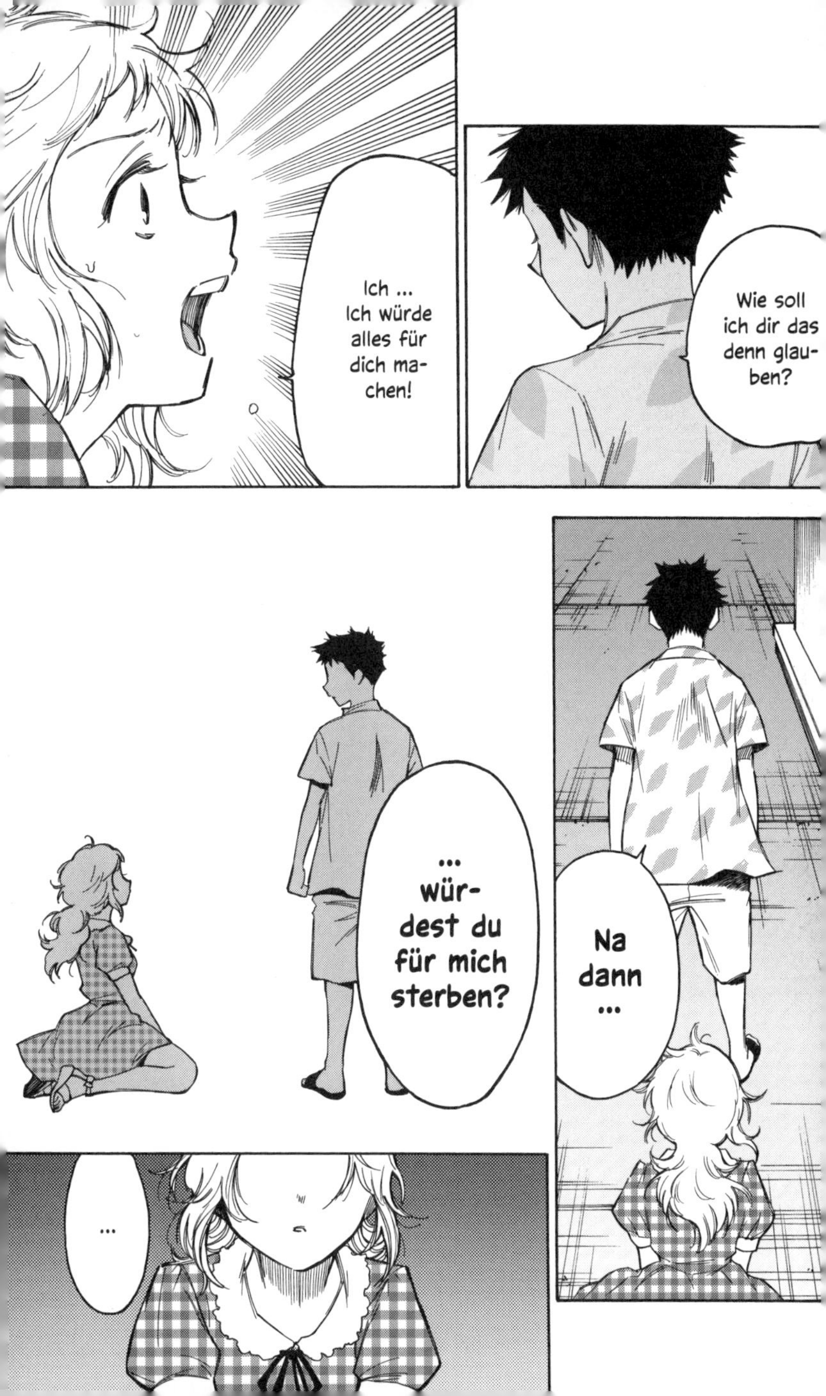
Wie soll ich dir das denn glauben?
Ich ... Ich würde alles für dich machen!
Na dann ...
... würdest du für mich sterben?
...

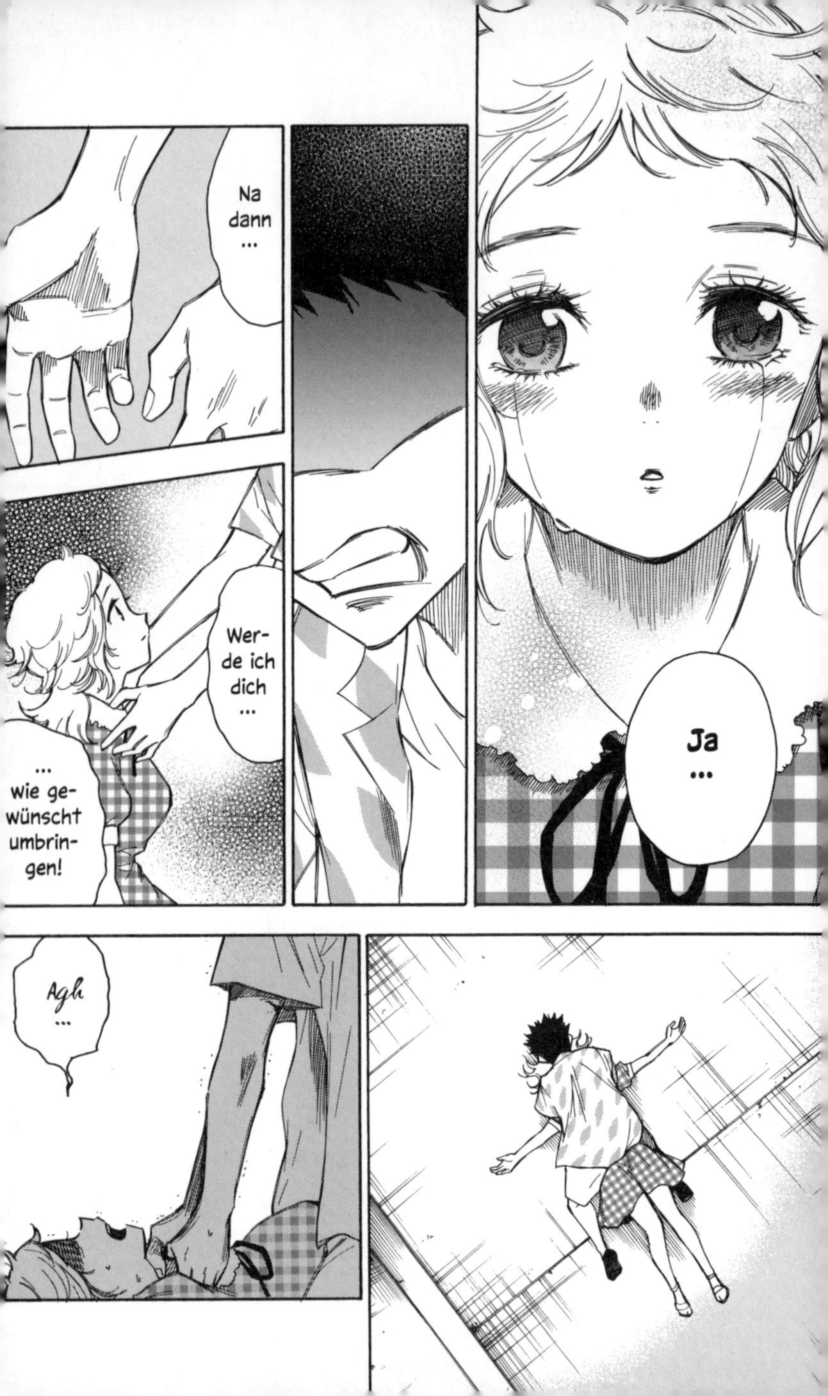
Ja ...
Na dann ...
Wer-de ich dich ...
... wie ge-wünscht umbrin-gen!
Agh ...

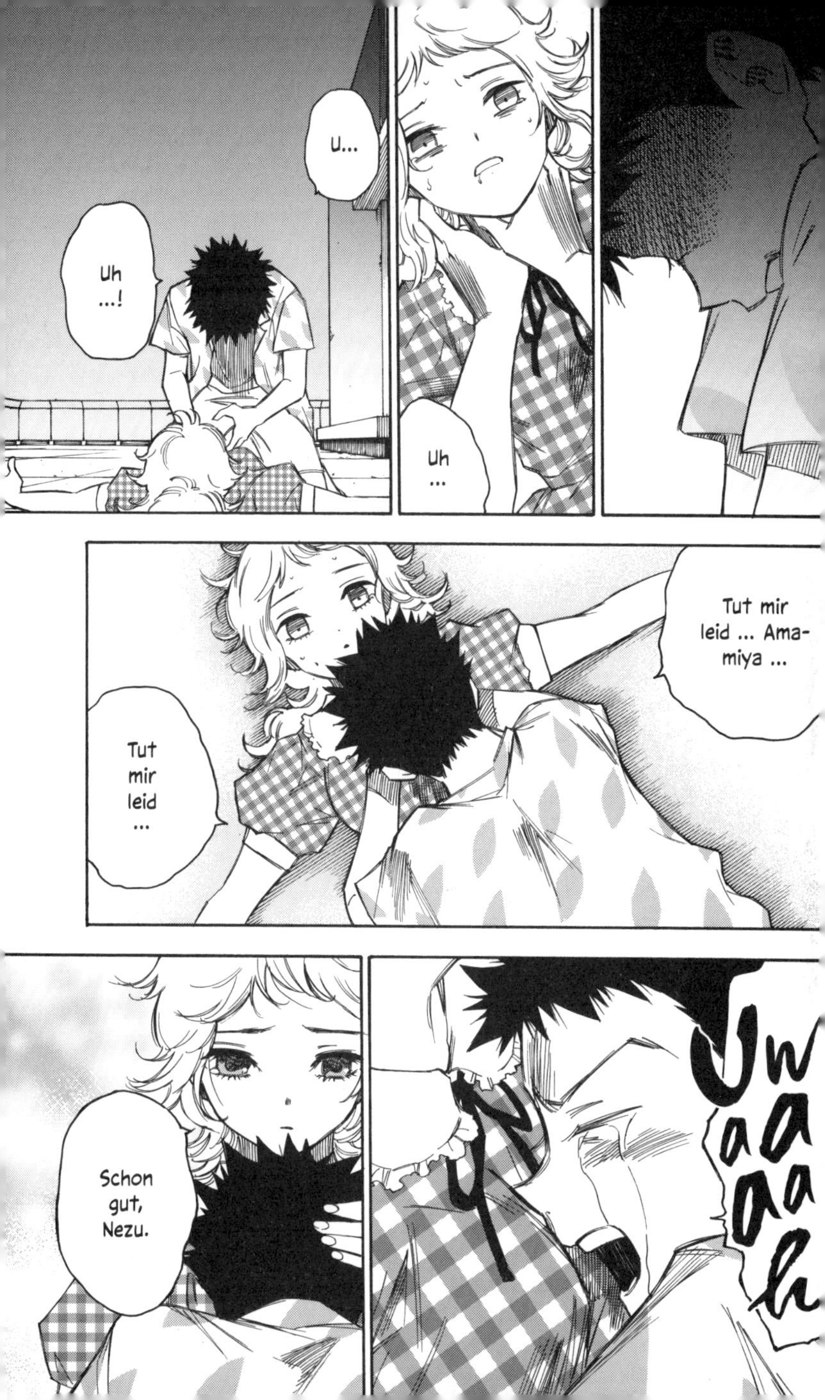
U ...
Uh ...!
Uh ...
Tut mir leid ... Amamiya ...
Tut mir leid ...
Uwaaaah
Schon gut, Nezu.

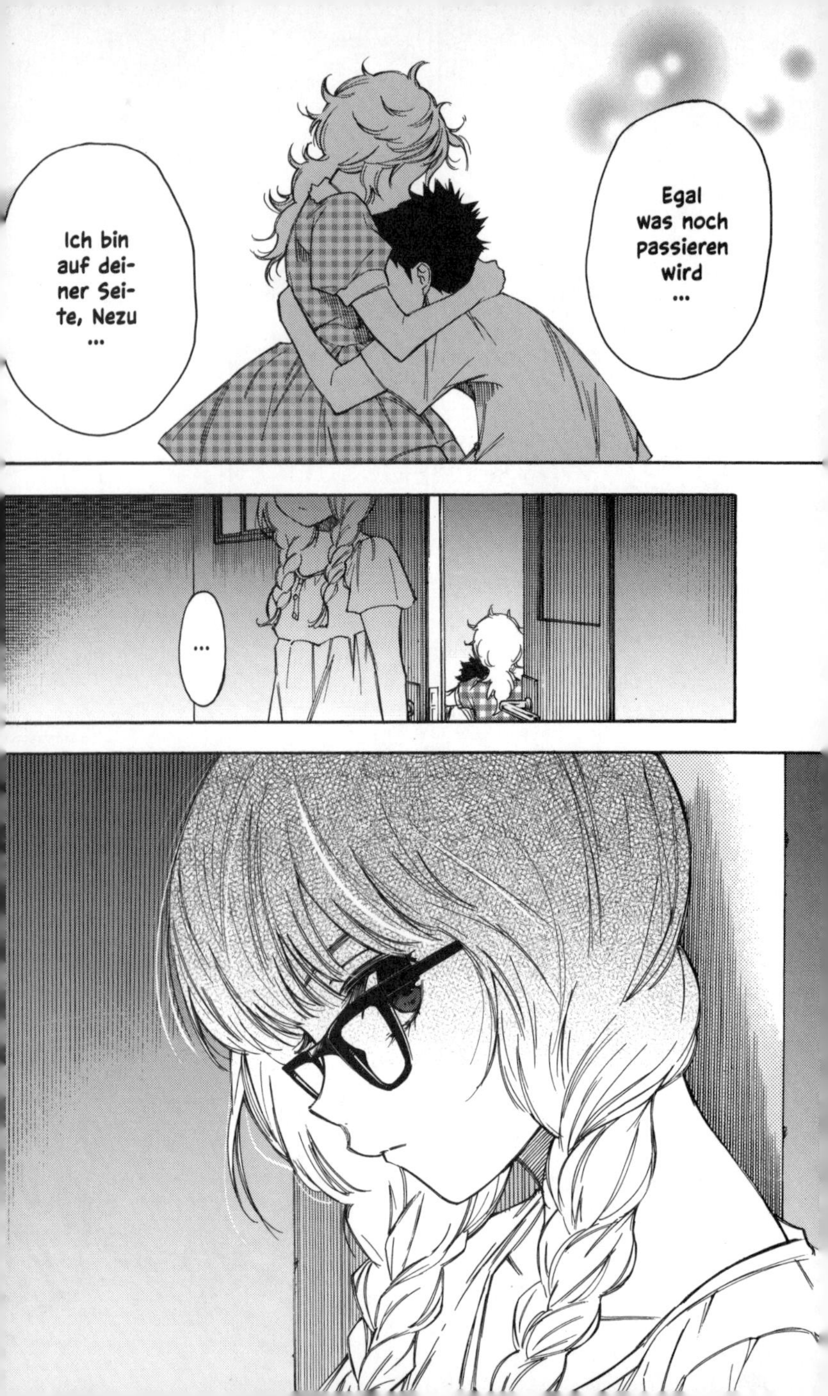

Egal was noch passieren wird ...
Ich bin auf dei-ner Sei-te, Nezu ...
...

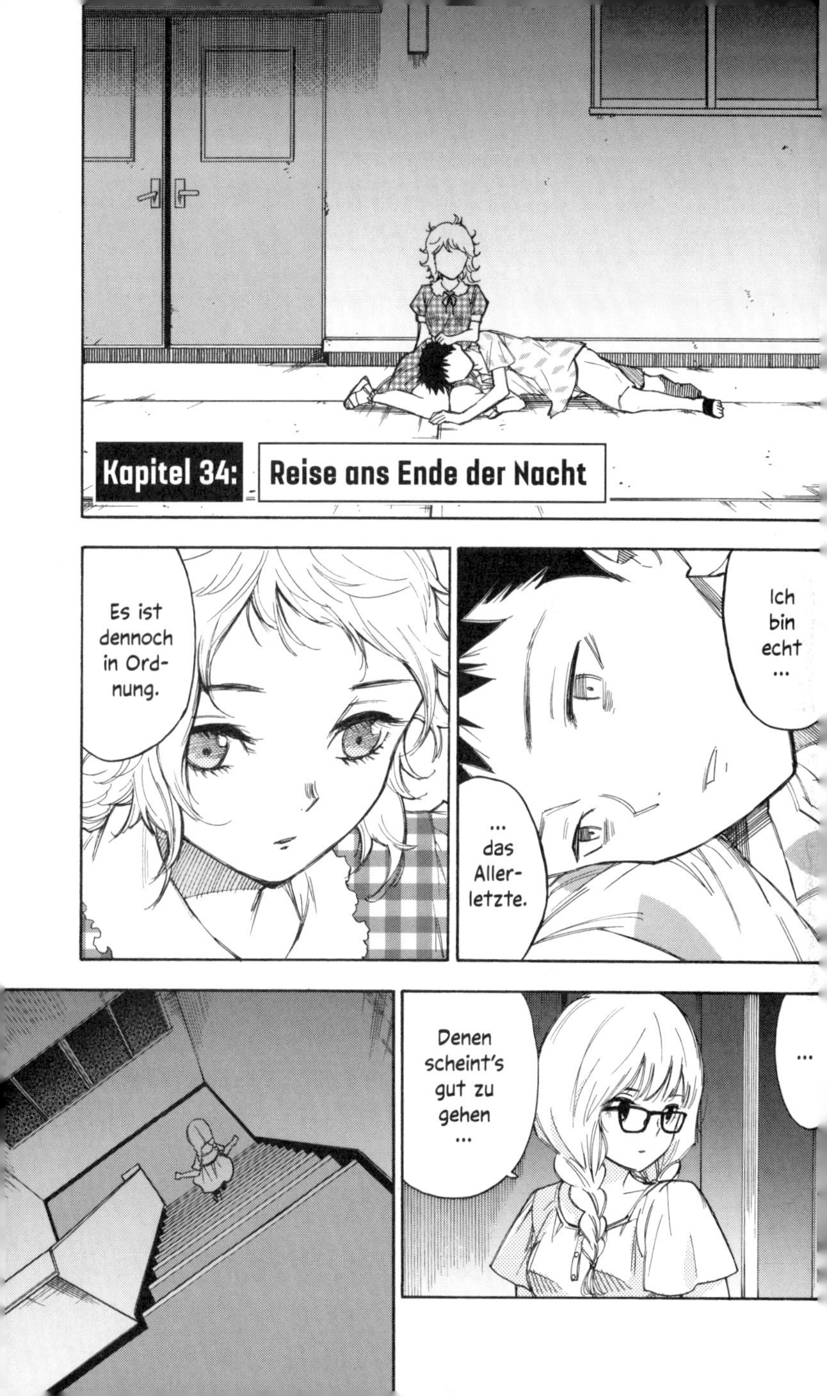
Kapitel 34: Reise ans Ende der Nacht
Ich bin echt ...
... das Allerletzte.
Es ist dennoch in Ordnung.
...
Denen scheint's gut zu gehen ...

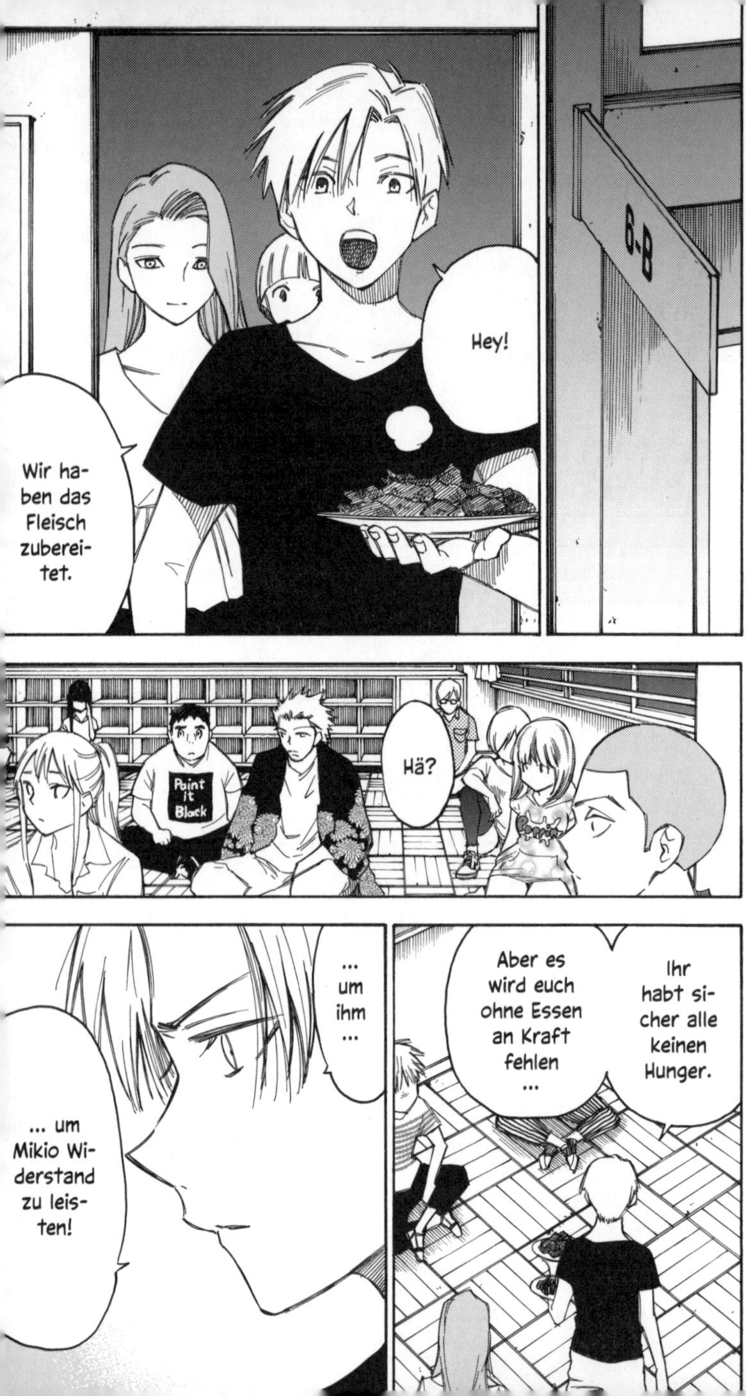
Hey!
Wir haben das Fleisch zubereitet.
6-B
Paint it Black
Hä?
Ihr habt sicher alle keinen Hunger.
Aber es wird euch ohne Essen an Kraft fehlen ...
... um ihm ...
... um Mikio Widerstand zu leisten!

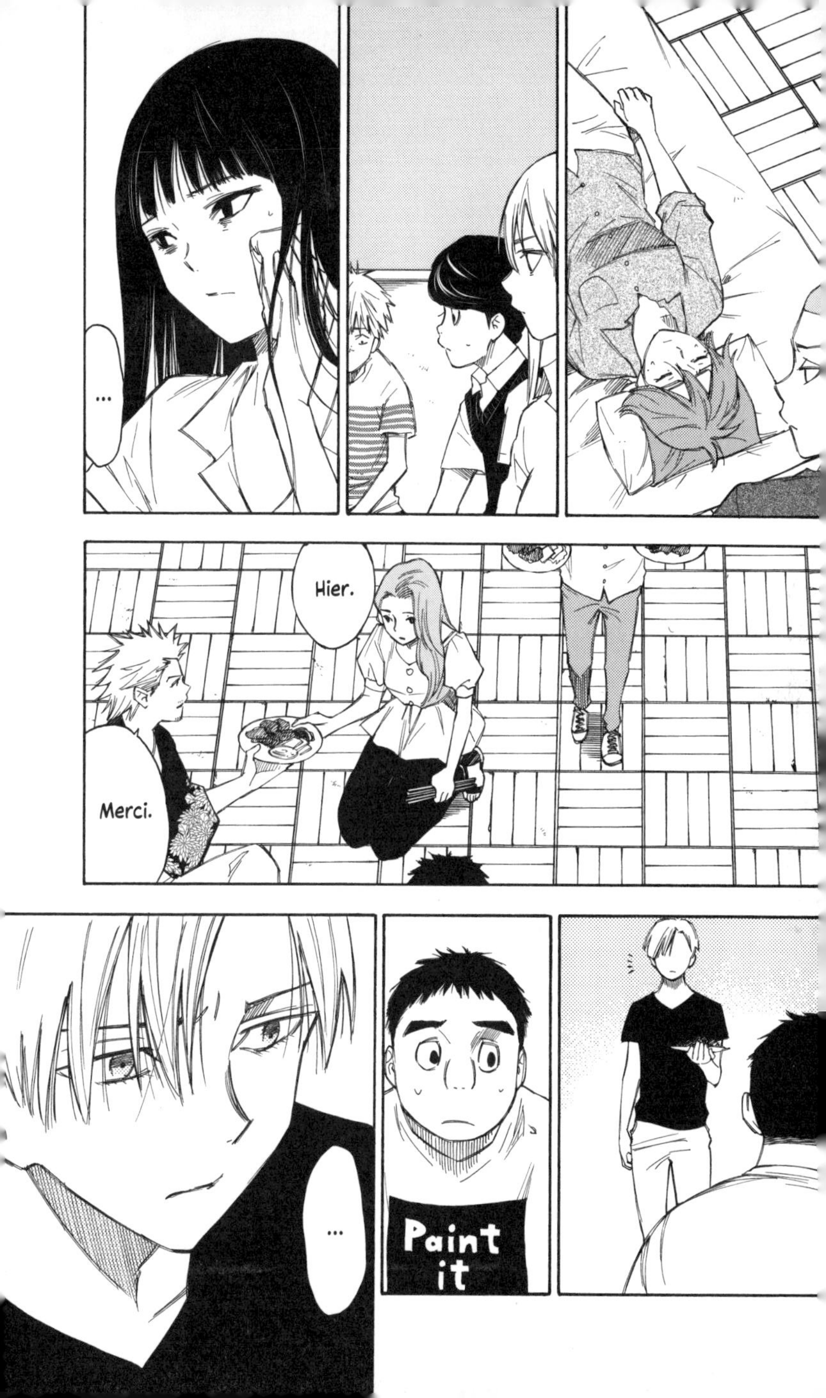
...
Hier.
Merci.
Paint it
...

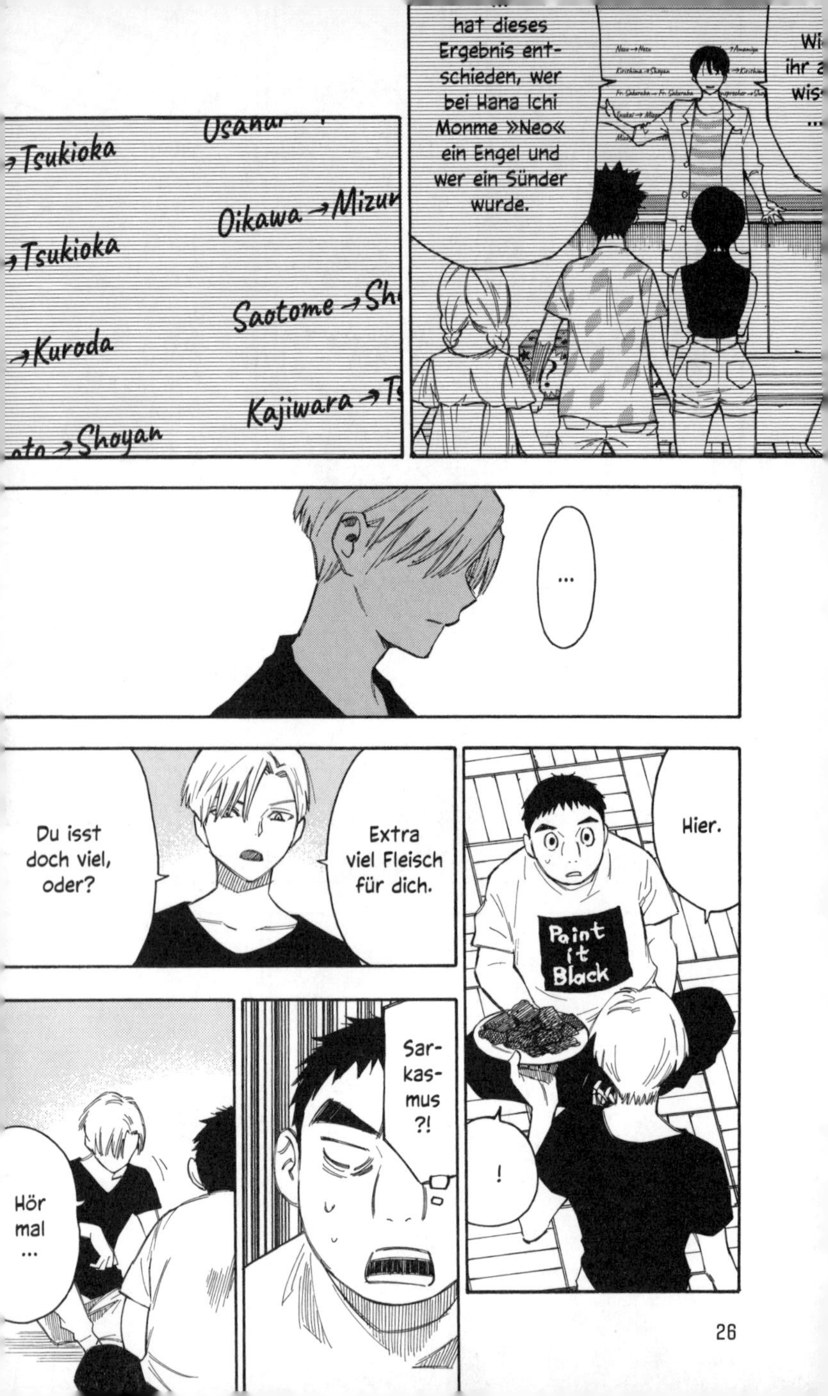
... hat dieses Ergebnis entschieden, wer bei Hana Ichi Monme »Neo« ein Engel und wer ein Sünder wurde.
→Tsukioka
Oikawa→
→Tsukioka
Saotome→
→Kuroda
Kajiwara→
→Shoyan
...
Hier.
Extra viel Fleisch für dich.
Du isst doch viel, oder?
Paint it Black
!
Sarkasmus?!
Hör mal ...

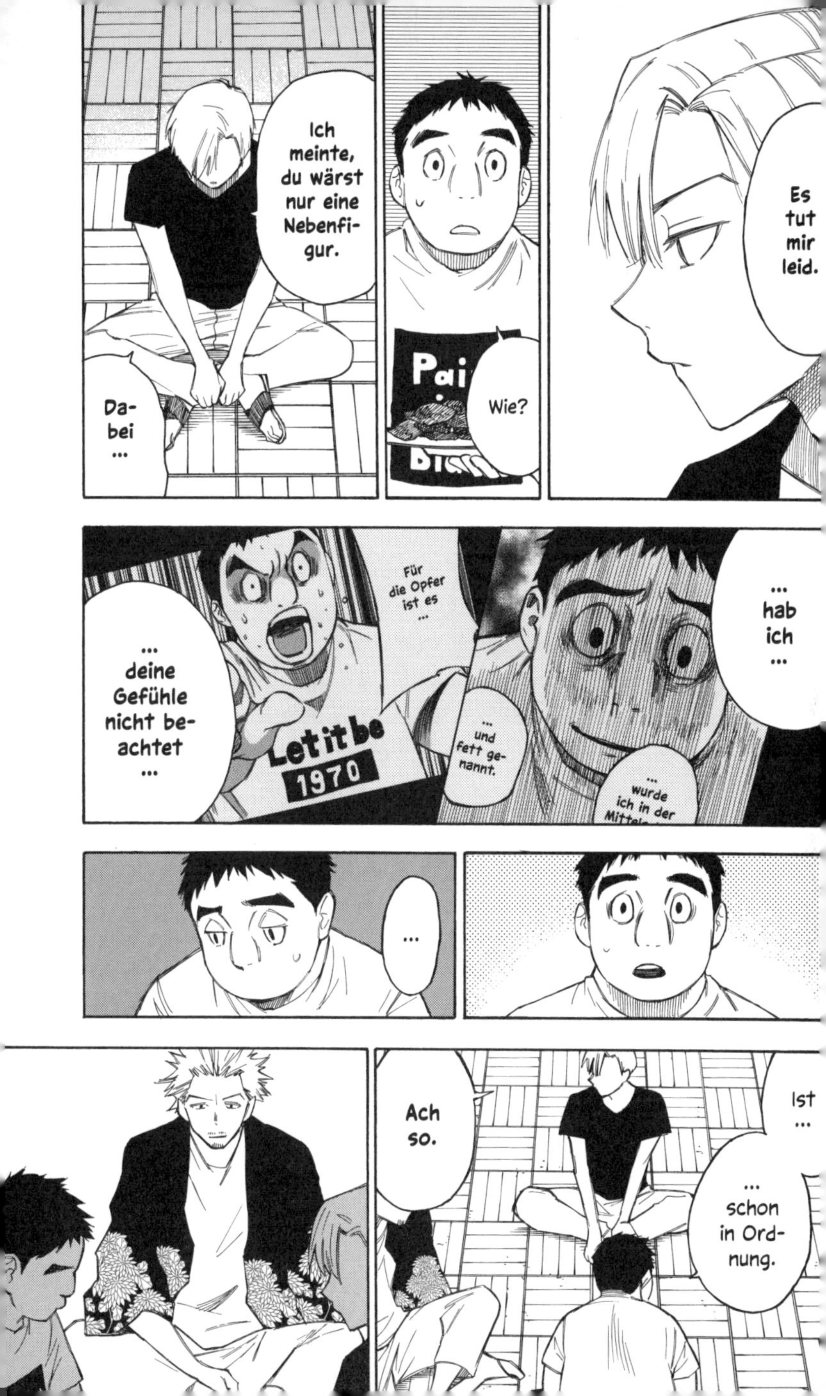
Es tut mir leid.
Wie?
Ich meinte, du wärst nur eine Nebenfigur.
Dabei ...
... hab ich ...
... wurde ich in der
... und fett genannt.
Für die Opfer ist es ...
... deine Gefühle nicht beachtet ...
Let it be 1970
...
Ist ...
... schon in Ordnung.
Ach so.

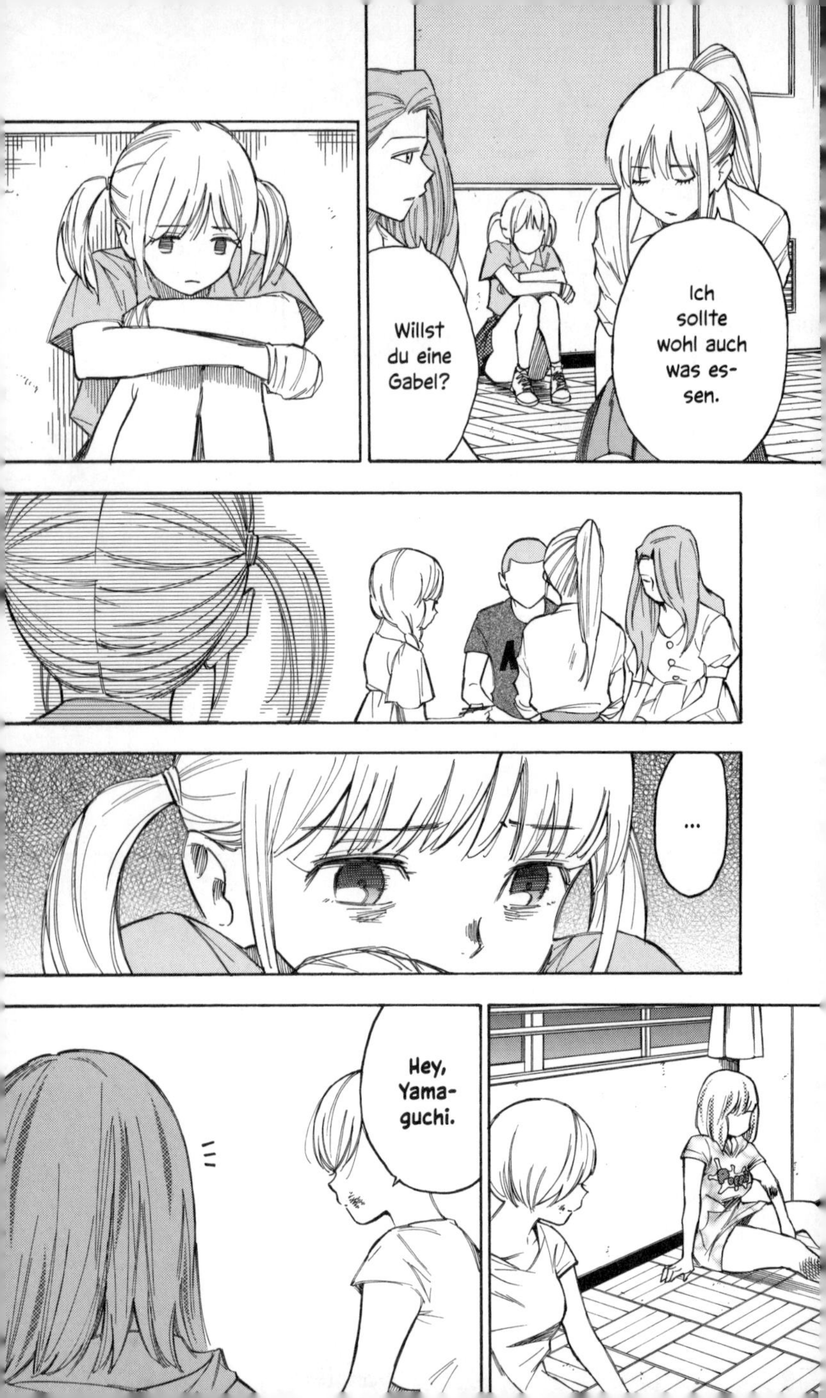
Ich sollte wohl auch was es-sen.
Willst du eine Gabel?
...
Hey, Yama-guchi.

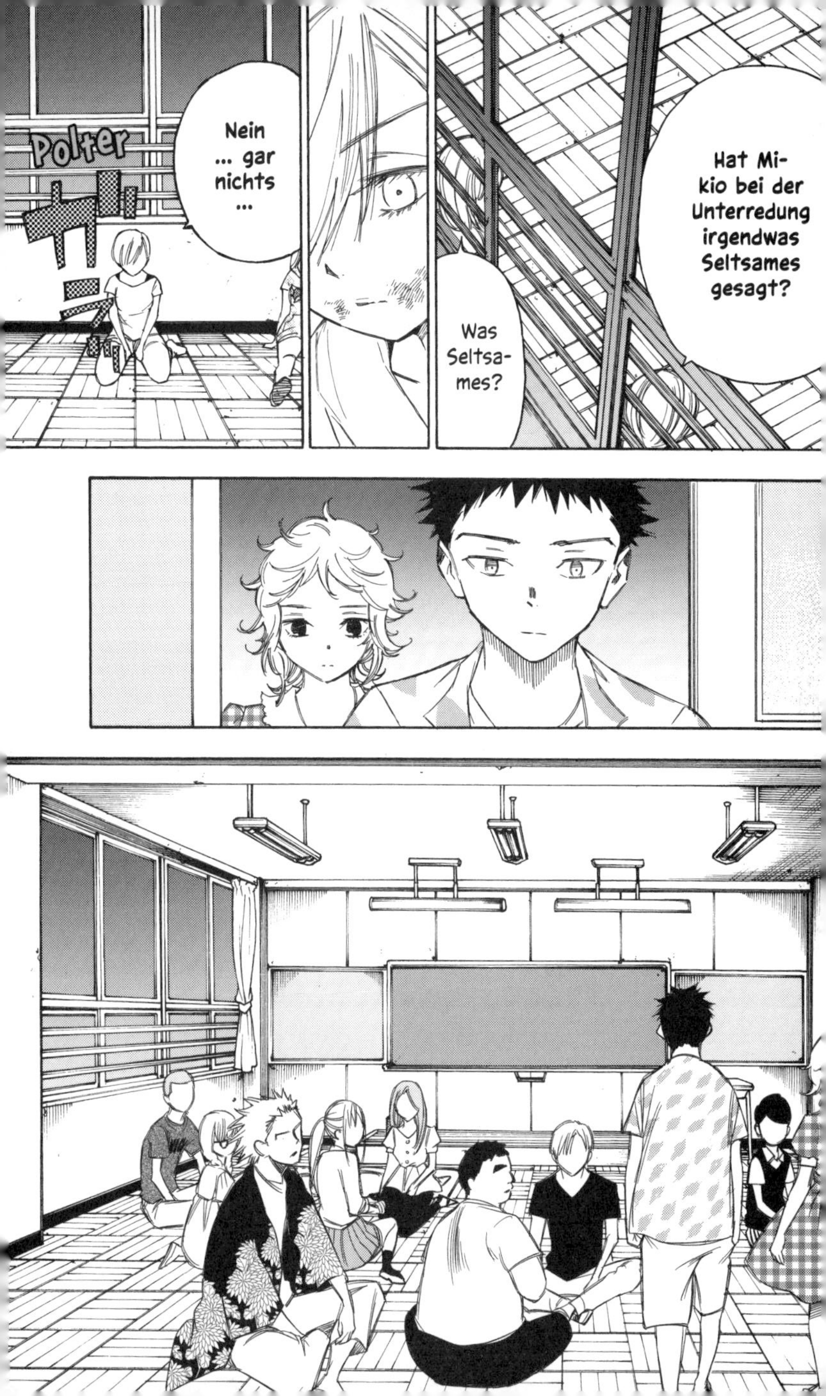
Hat Mikio bei der Unterredung irgendwas Seltsames gesagt?
Was Seltsames?
Nein ... gar nichts ...
Polter

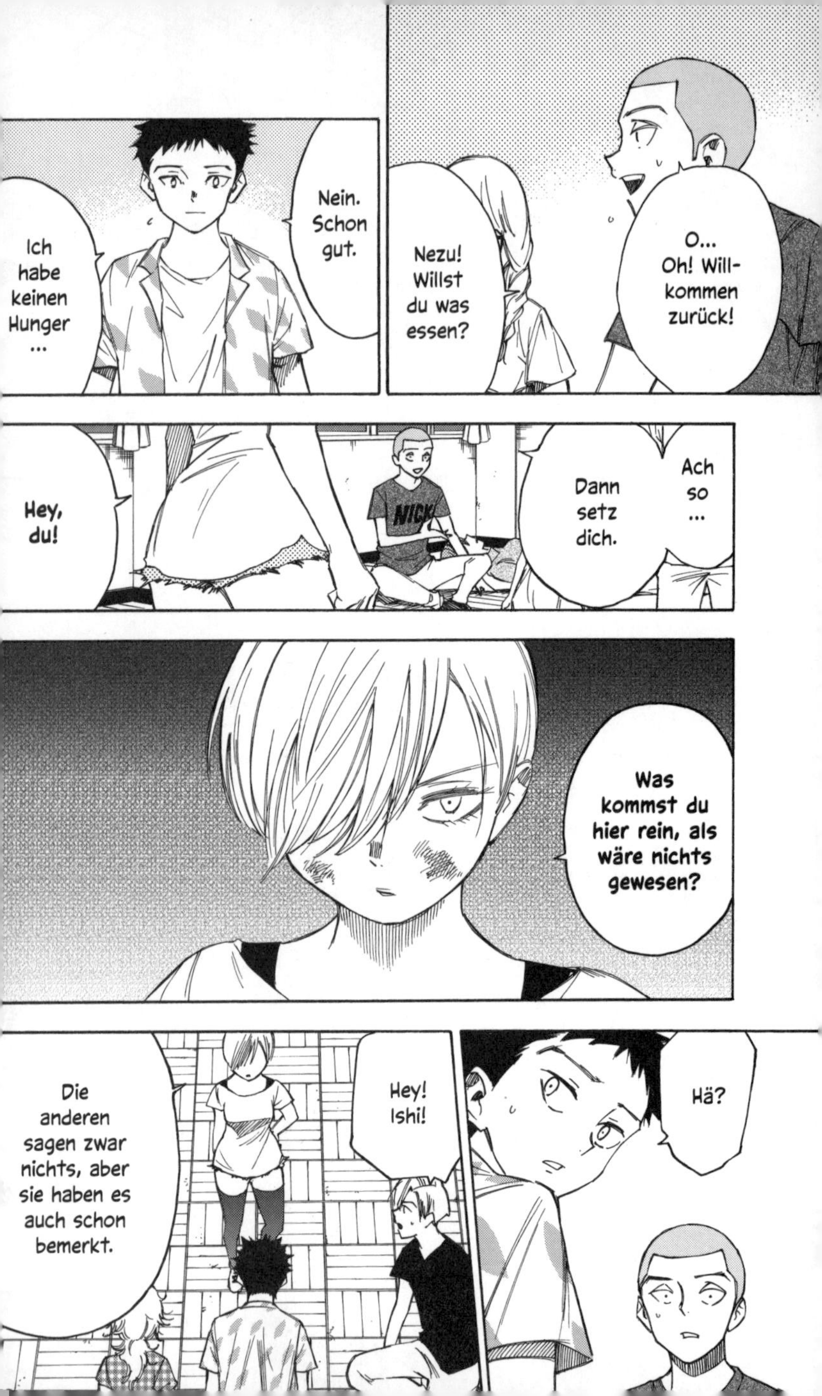
O... Oh! Willkommen zurück!
Nezu! Willst du was essen?
Nein. Schon gut.
Ich habe keinen Hunger ...
Ach so ...
Dann setz dich.
Hey, du!
Was kommst du hier rein, als wäre nichts gewesen?
Hä?
Hey! Ishi!
Die anderen sagen zwar nichts, aber sie haben es auch schon bemerkt.

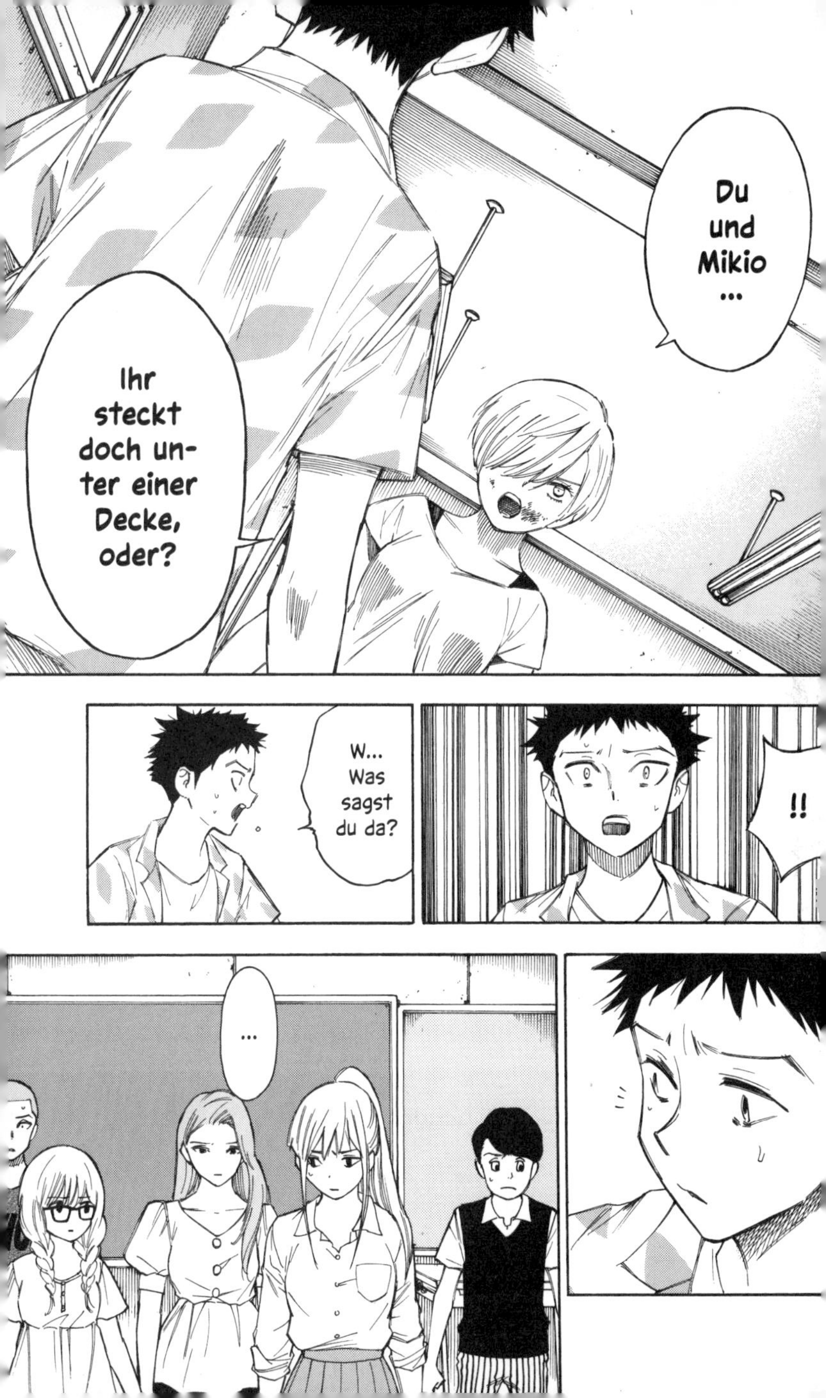
Du und Mikio ...
Ihr steckt doch un-ter einer Decke, oder?
!!
W... Was sagst du da?
...

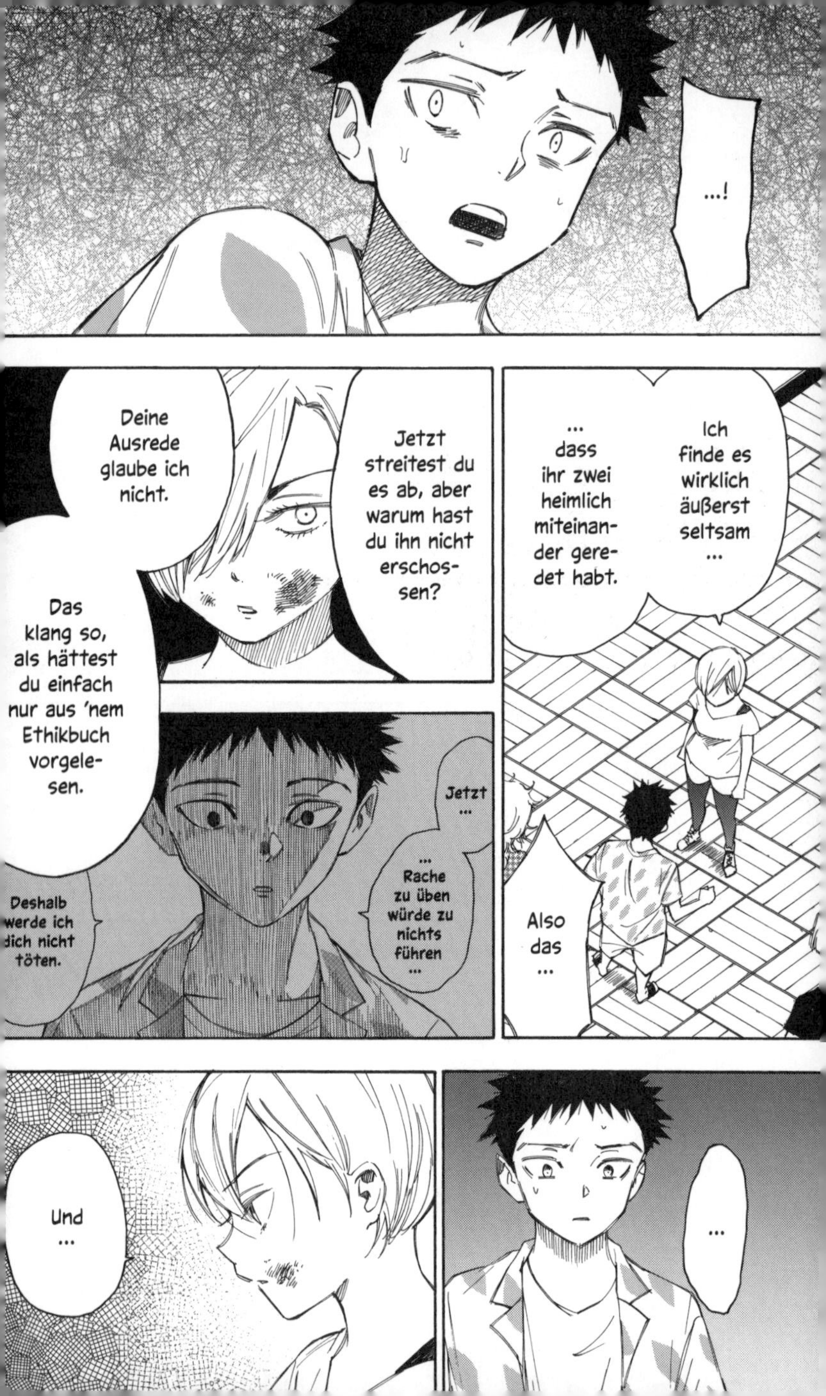
...!
Ich finde es wirklich äußerst seltsam ...
... dass ihr zwei heimlich miteinander geredet habt.
Also das ...
Jetzt streitest du es ab, aber warum hast du ihn nicht erschossen?
Deine Ausrede glaube ich nicht.
Jetzt ...
... Rache zu üben würde zu nichts führen ...
Deshalb werde ich dich nicht töten.
Das klang so, als hättest du einfach nur aus 'nem Ethikbuch vorgelesen.
...
Und ...

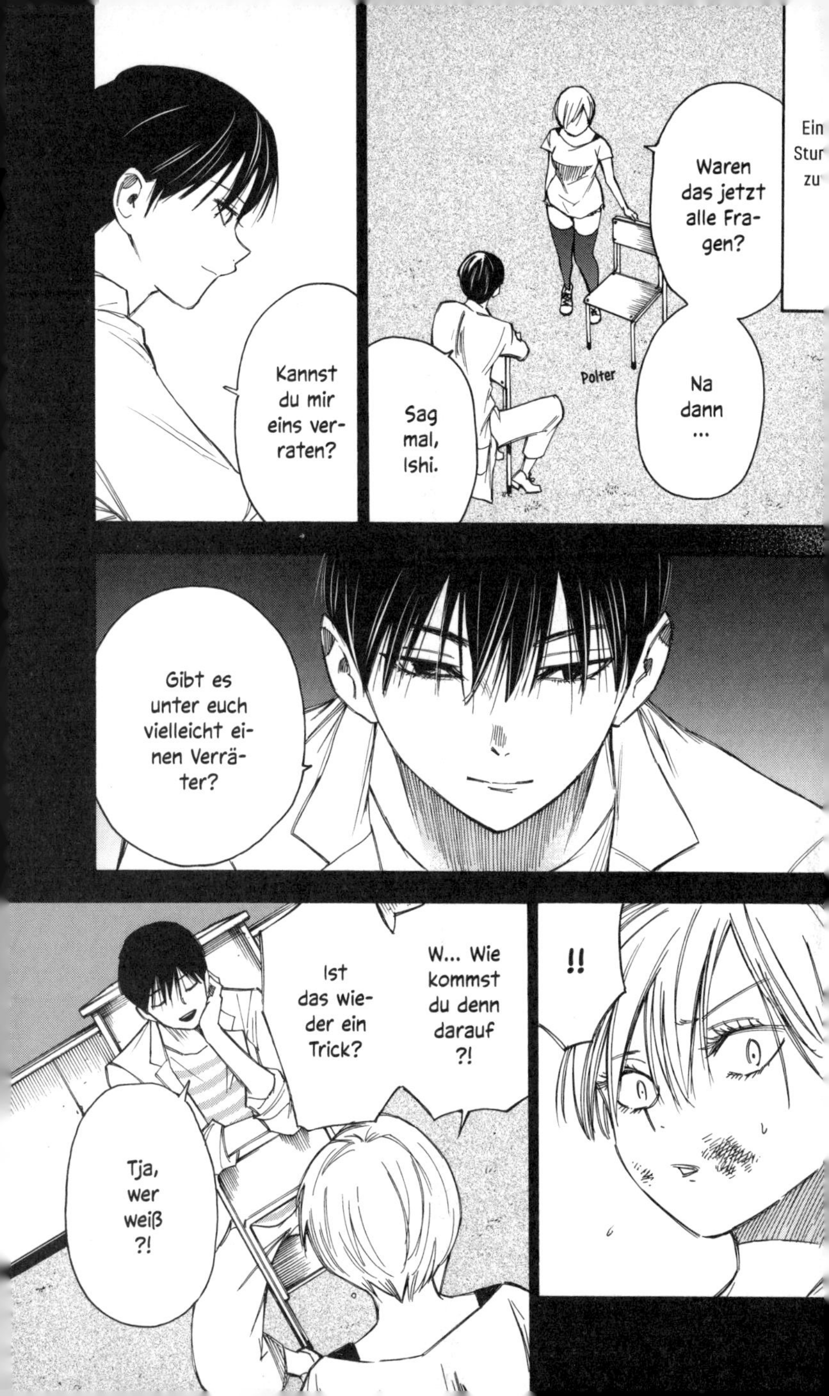
Waren das jetzt alle Fragen?
Na dann ...
Polter
Sag mal, Ishi.
Kannst du mir eins verraten?
Gibt es unter euch vielleicht einen Verräter?
!!
W... Wie kommst du denn darauf?!
Ist das wieder ein Trick?
Tja, wer weiß?!

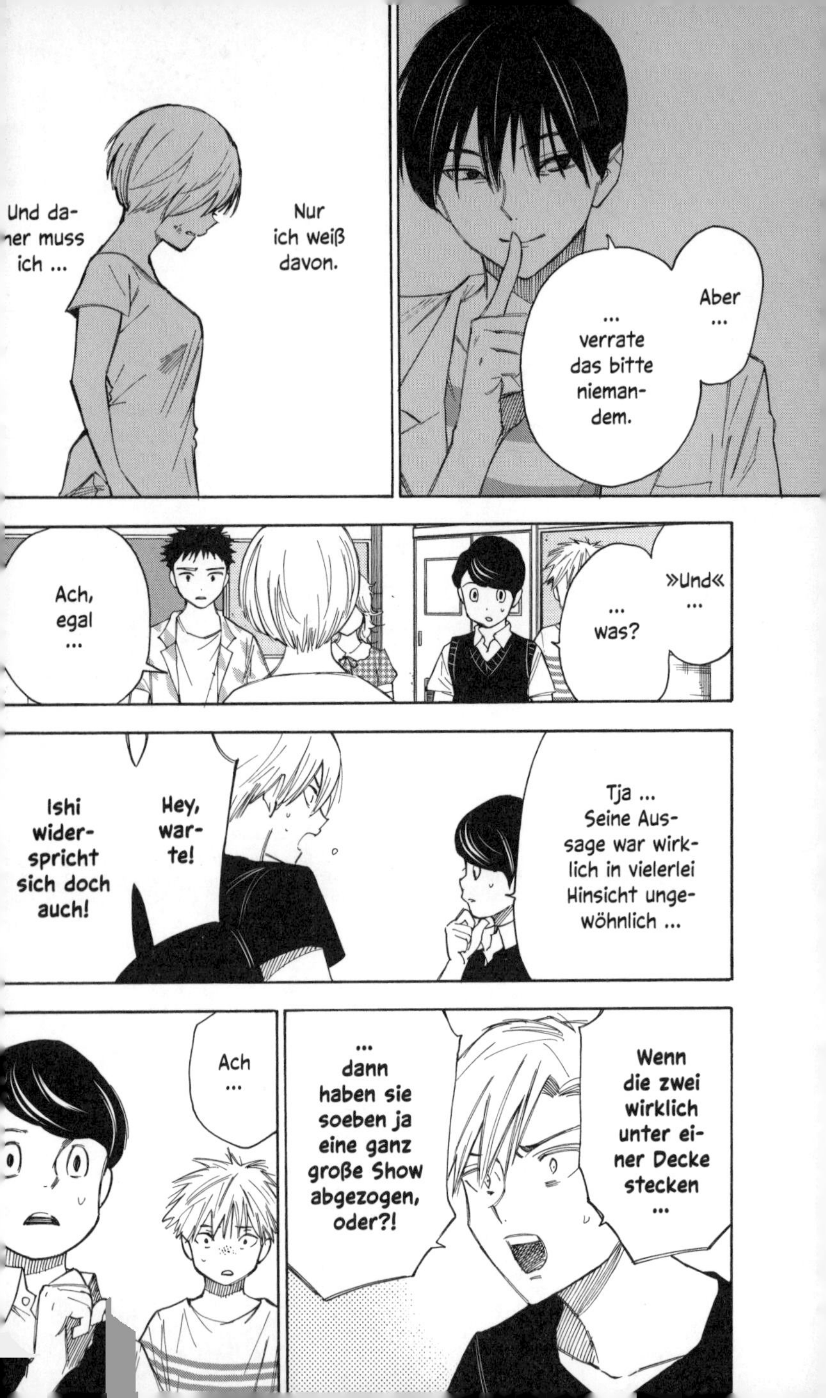
Aber ...
... verrate das bitte niemandem.
Nur ich weiß davon.
Und daher muss ich ...
»Und« ... ... was?
Ach, egal ...
Tja ... Seine Aussage war wirklich in vielerlei Hinsicht ungewöhnlich ...
Hey, warte!
Ishi widerspricht sich doch auch!
Wenn die zwei wirklich unter einer Decke stecken ...
... dann haben sie soeben ja eine ganz große Show abgezogen, oder?!
Ach ...

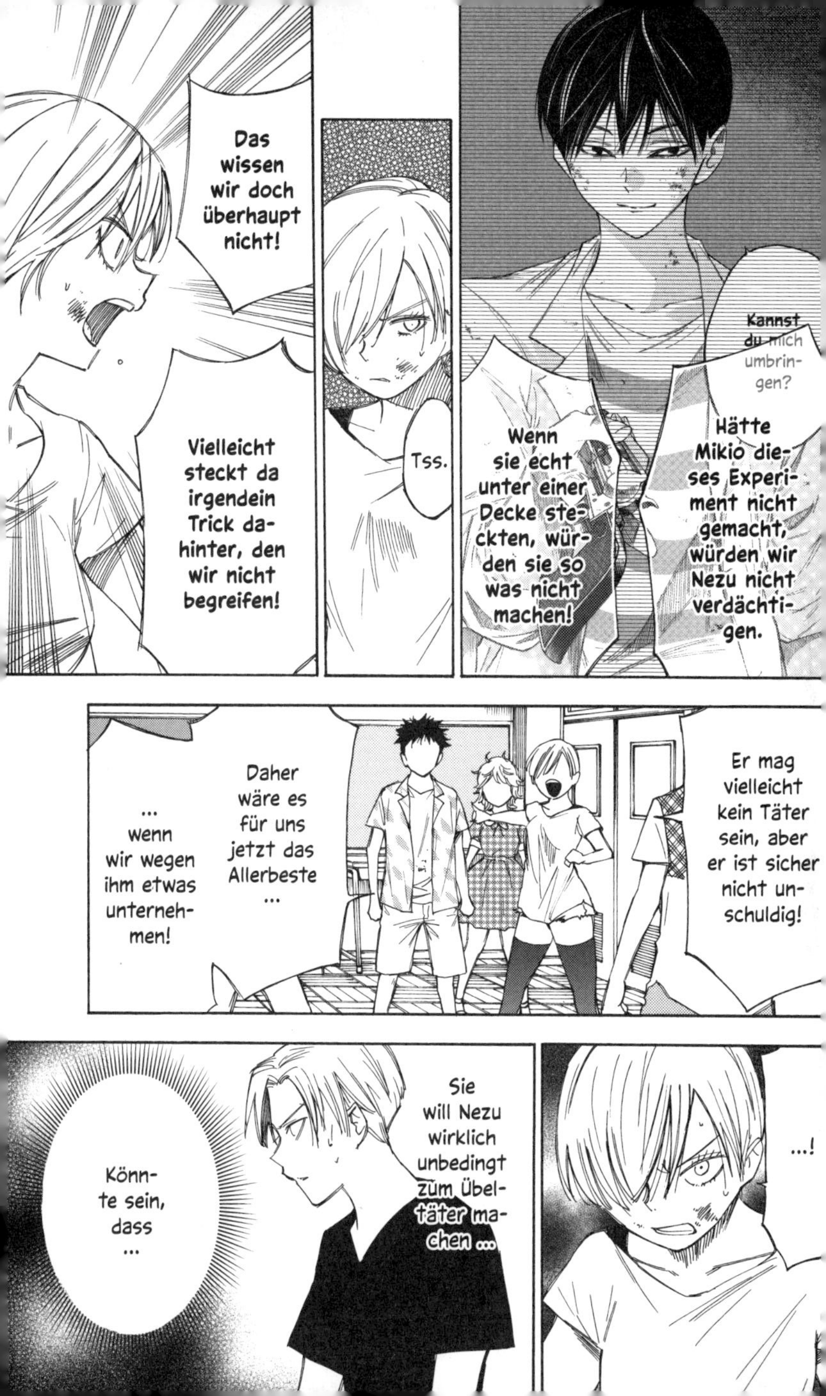

Kannst du mich umbringen?
Hätte Mikio dieses Experiment nicht gemacht, würden wir Nezu nicht verdächtigen.
Wenn sie echt unter einer Decke steckten, würden sie so was nicht machen!
Tss.
Das wissen wir doch überhaupt nicht!
Vielleicht steckt da irgendein Trick dahinter, den wir nicht begreifen!
Er mag vielleicht kein Täter sein, aber er ist sicher nicht unschuldig!
Daher wäre es für uns jetzt das Allerbeste ...
... wenn wir wegen ihm etwas unternehmen!
...!
Sie will Nezu wirklich unbedingt zum Übeltäter machen ...
Könnte sein, dass ...

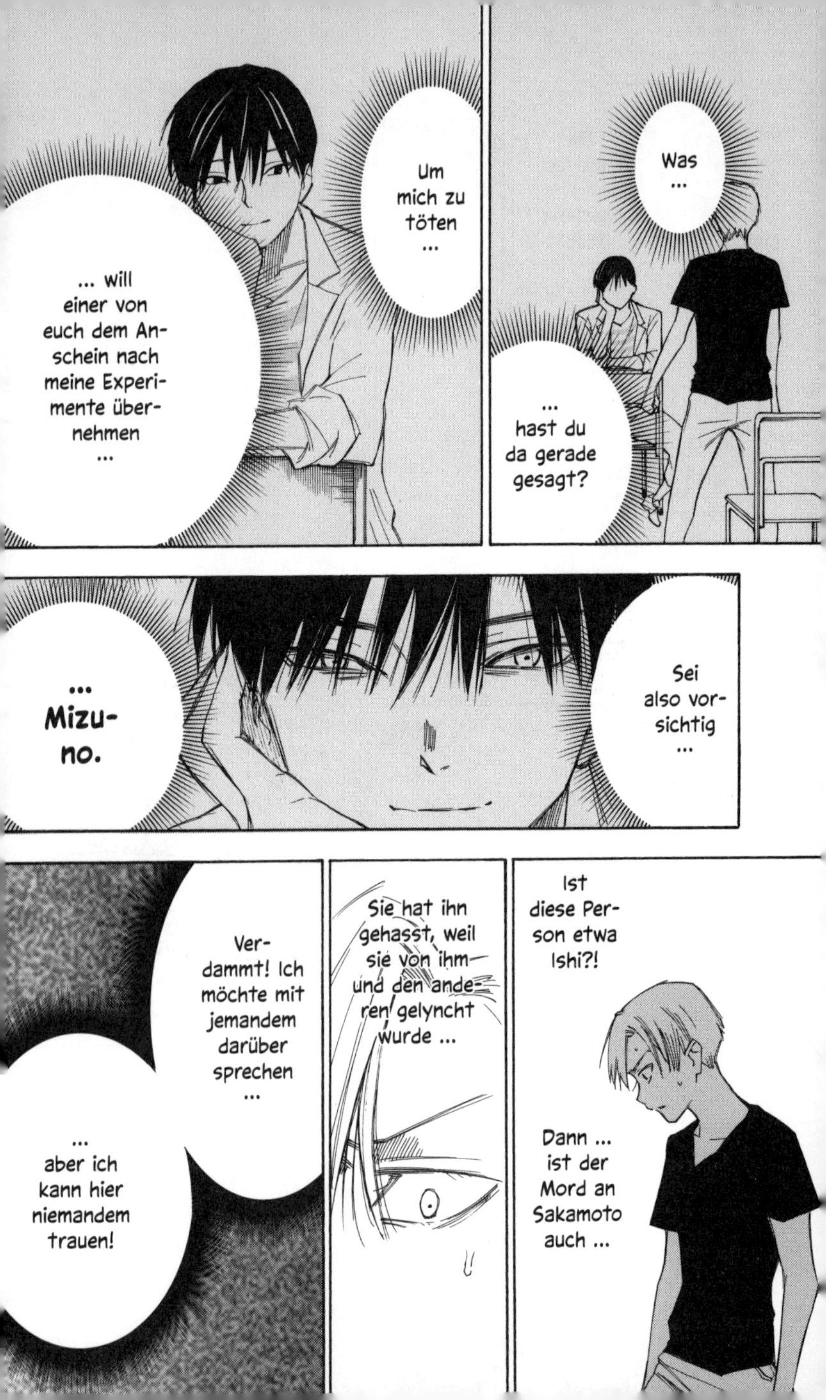
Was ...
... hast du da gerade gesagt?
Um mich zu töten ...
... will einer von euch dem Anschein nach meine Experimente übernehmen ...
Sei also vorsichtig ...
... Mizuno.
Ist diese Person etwa Ishi?!
Dann ... ist der Mord an Sakamoto auch ...
Sie hat ihn gehasst, weil sie von ihm und den anderen gelyncht wurde ...
Verdammt! Ich möchte mit jemandem darüber sprechen ...
... aber ich kann hier niemandem trauen!

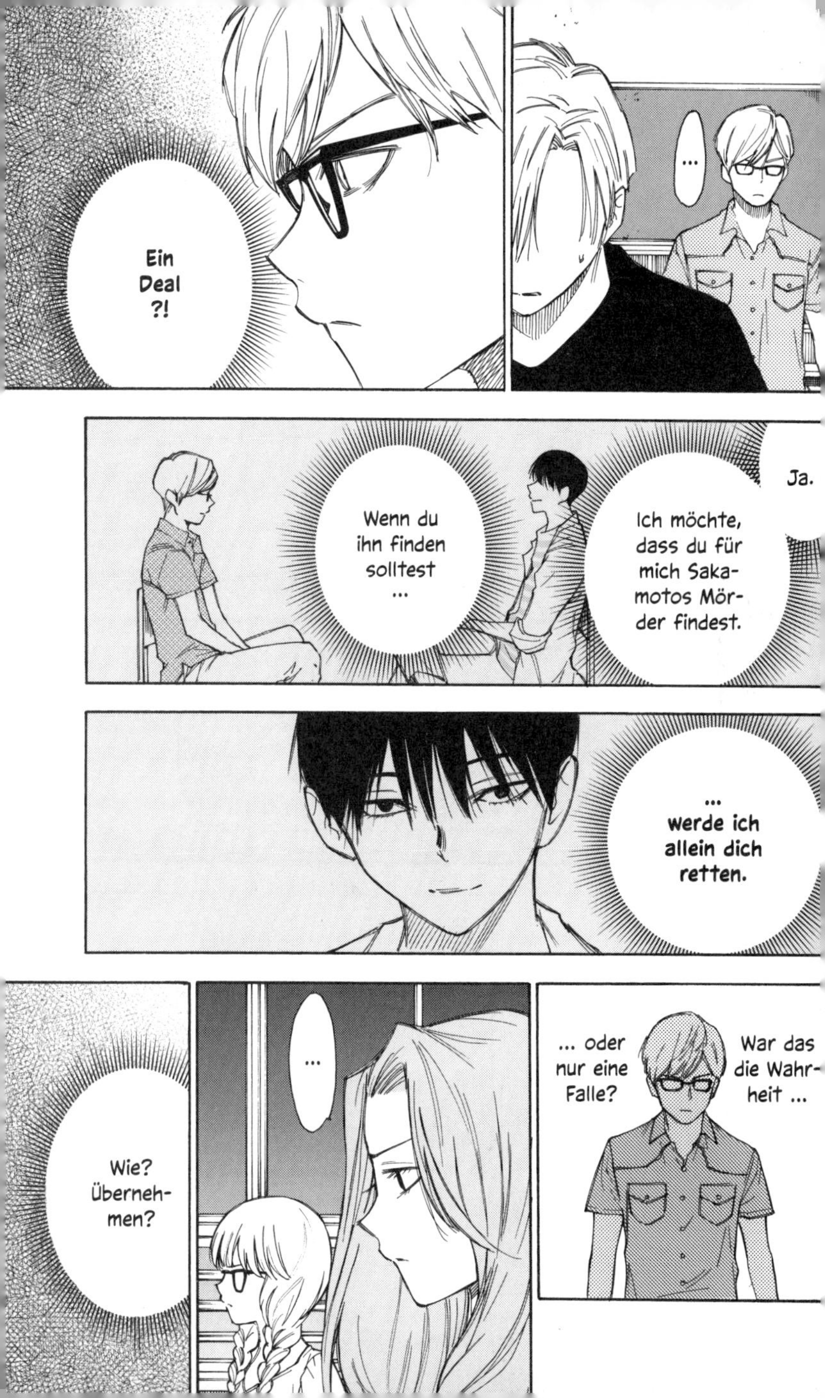

...
Ein Deal ?!
Ja.
Ich möchte, dass du für mich Sakamotos Mörder findest.
Wenn du ihn finden solltest ...
... werde ich allein dich retten.
War das die Wahrheit ...
... oder nur eine Falle?
...
Wie? Überneh-men?

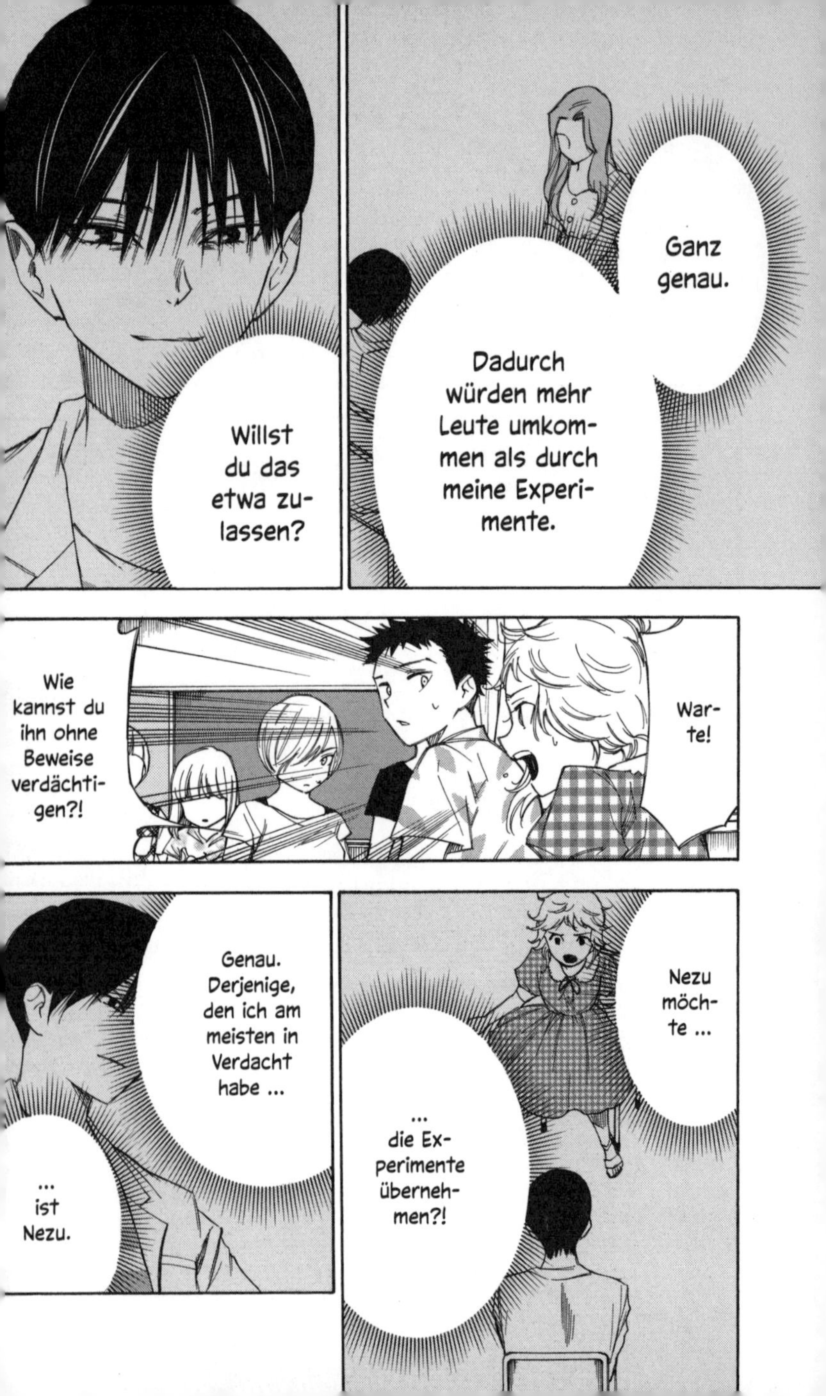

Ganz genau.
Dadurch würden mehr Leute umkommen als durch meine Experimente.
Willst du das etwa zulassen?
Warte!
Wie kannst du ihn ohne Beweise verdächtigen?!
Nezu möchte ...
... die Experimente übernehmen?!
Genau. Derjenige, den ich am meisten in Verdacht habe ...
... ist Nezu.

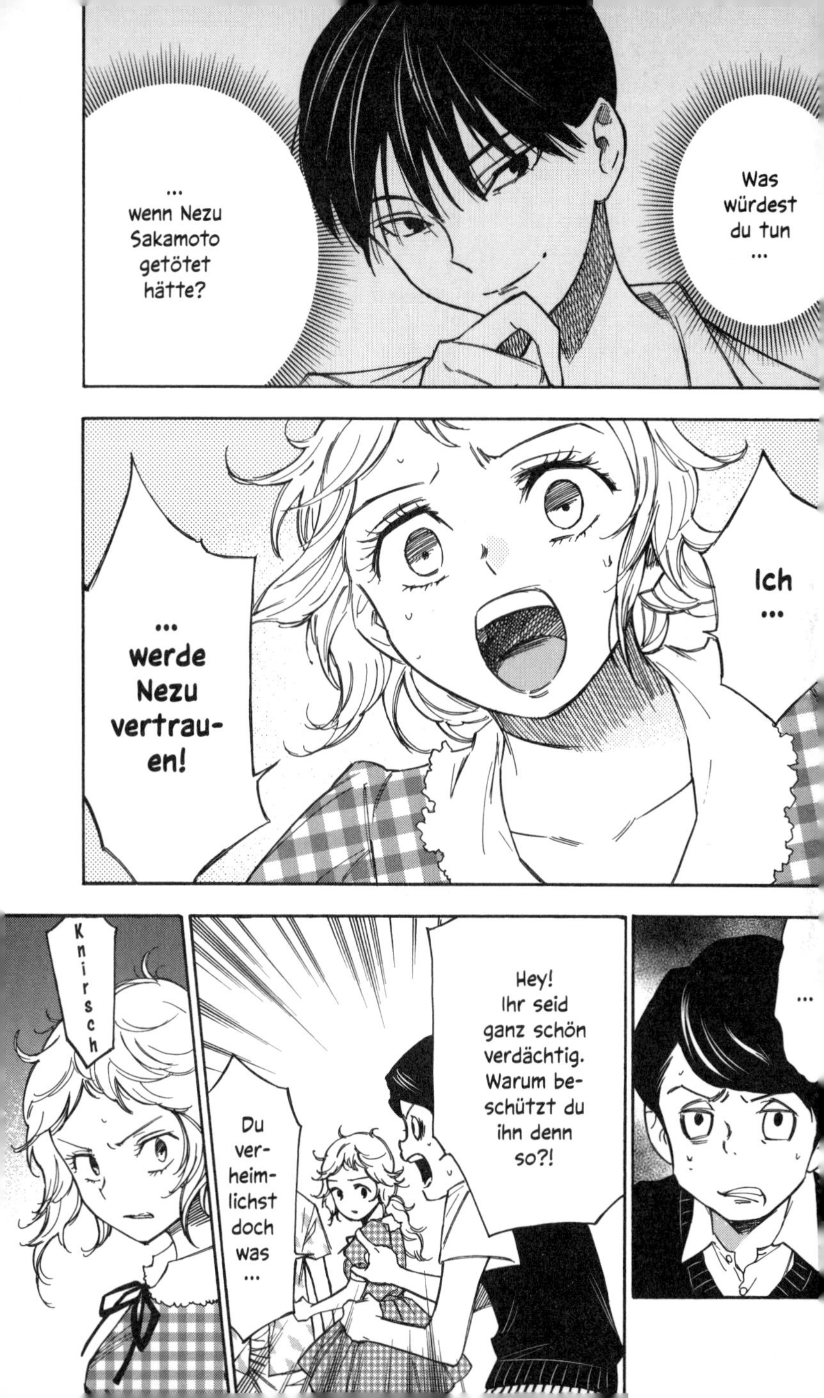
Was würdest du tun ...
... wenn Nezu Sakamoto getötet hätte?
Ich ...
... werde Nezu vertrau-en!
...
Hey! Ihr seid ganz schön verdächtig. Warum be-schützt du ihn denn so?!
Du ver-heim-lichst doch was ...
Knirsch

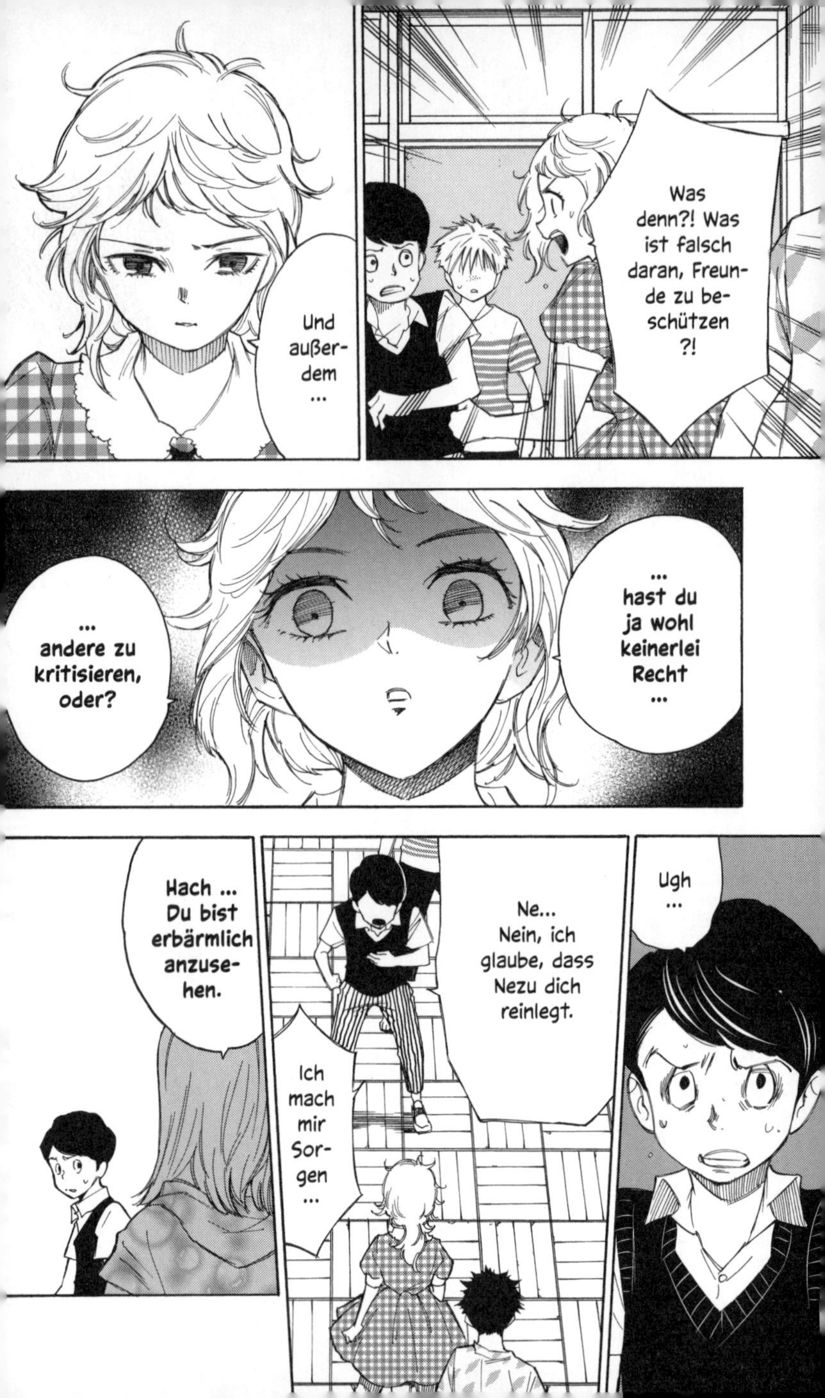
Was denn?! Was ist falsch daran, Freunde zu beschützen ?!
Und außerdem ...
... hast du ja wohl keinerlei Recht ...
... andere zu kritisieren, oder?
Ugh ...
Ne... Nein, ich glaube, dass Nezu dich reinlegt.
Ich mach mir Sorgen ...
Hach ... Du bist erbärmlich anzusehen.

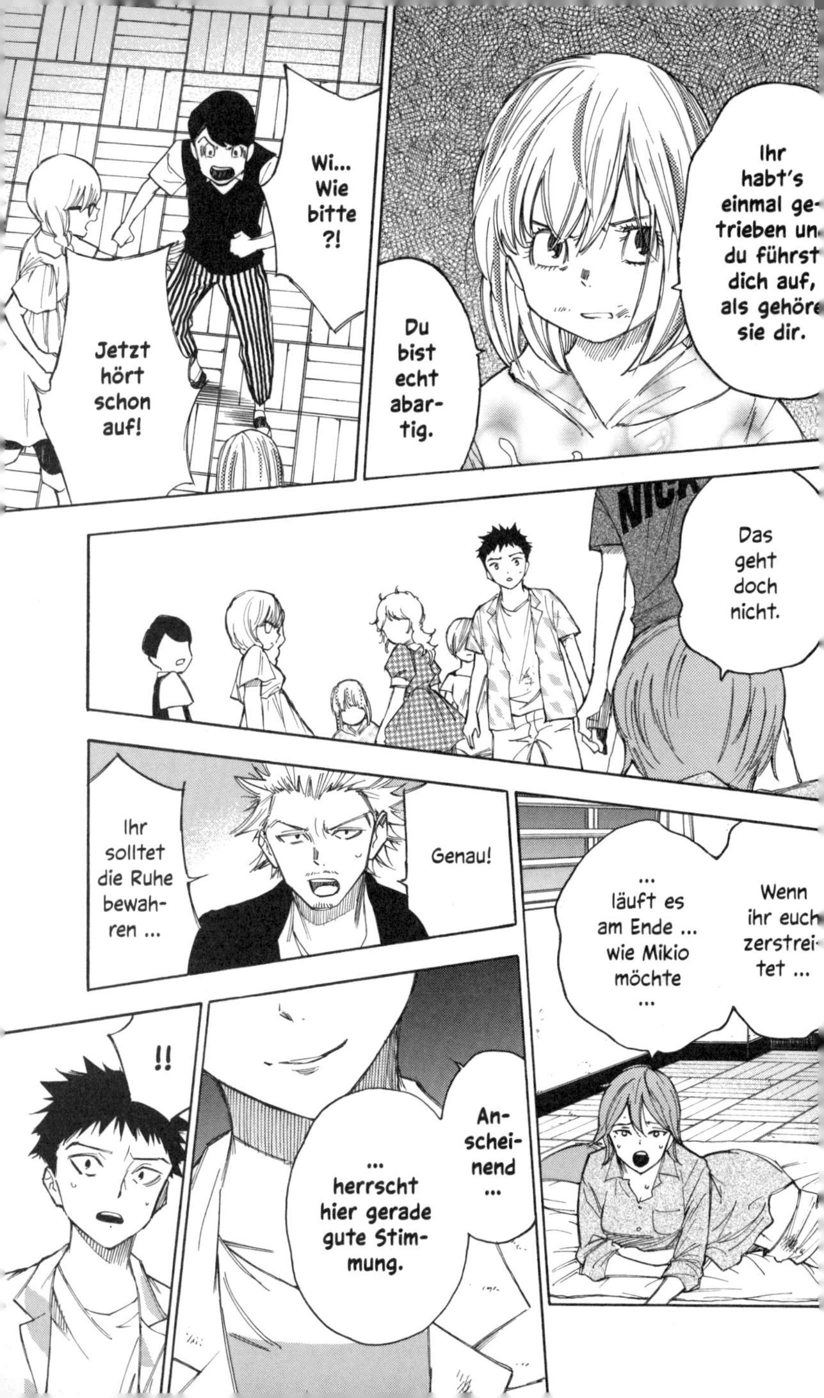

Ihr habt's einmal getrieben und du führst dich auf, als gehöre sie dir.
Du bist echt abartig.
Wi... Wie bitte ?!
Jetzt hört schon auf!
Das geht doch nicht.
Genau!
Ihr solltet die Ruhe bewahren ...
Wenn ihr euch zerstreitet ...
... läuft es am Ende ... wie Mikio möchte ...
Anscheinend ...
... herrscht hier gerade gute Stimmung.
!!

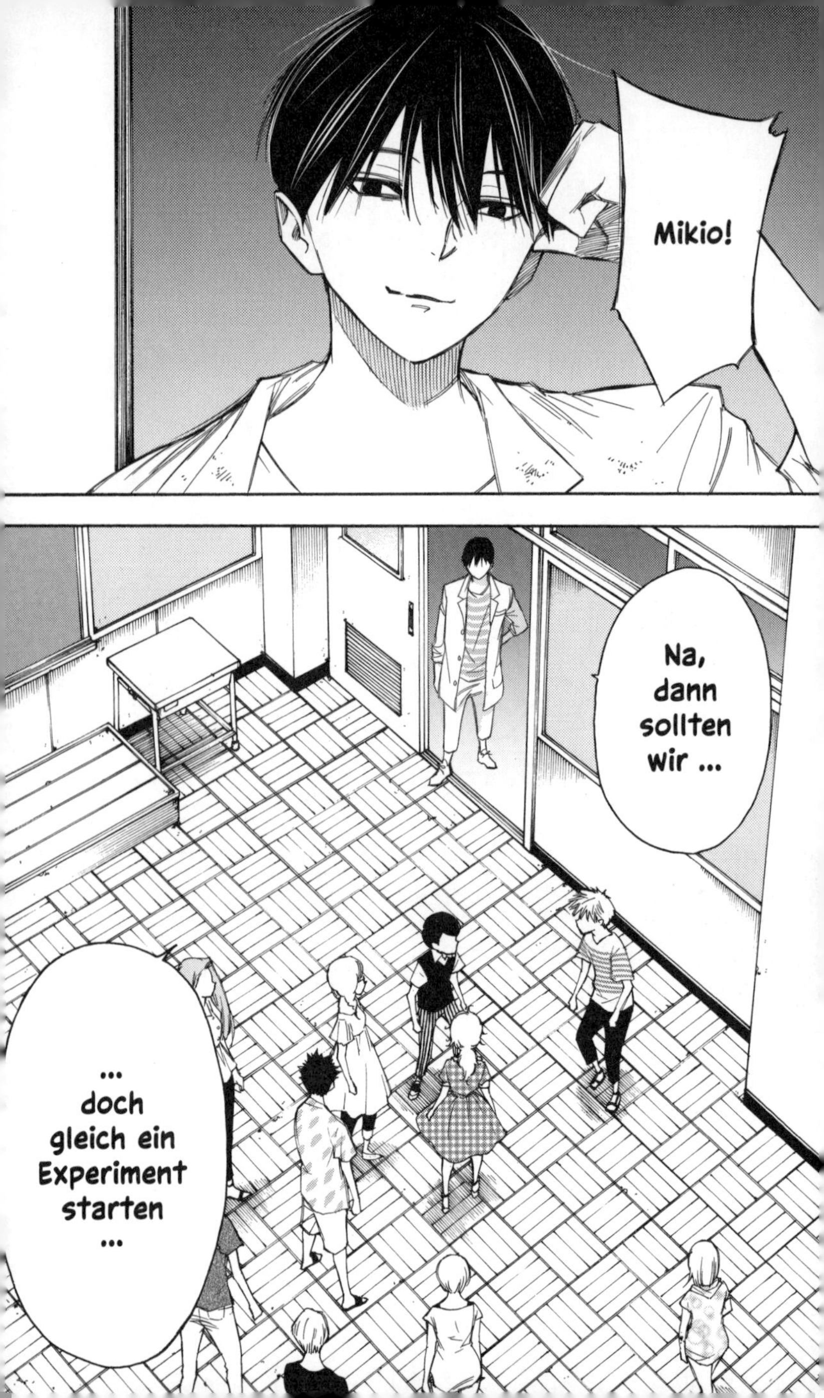
Mikio!
Na, dann sollten wir ...
... doch gleich ein Experiment starten ...

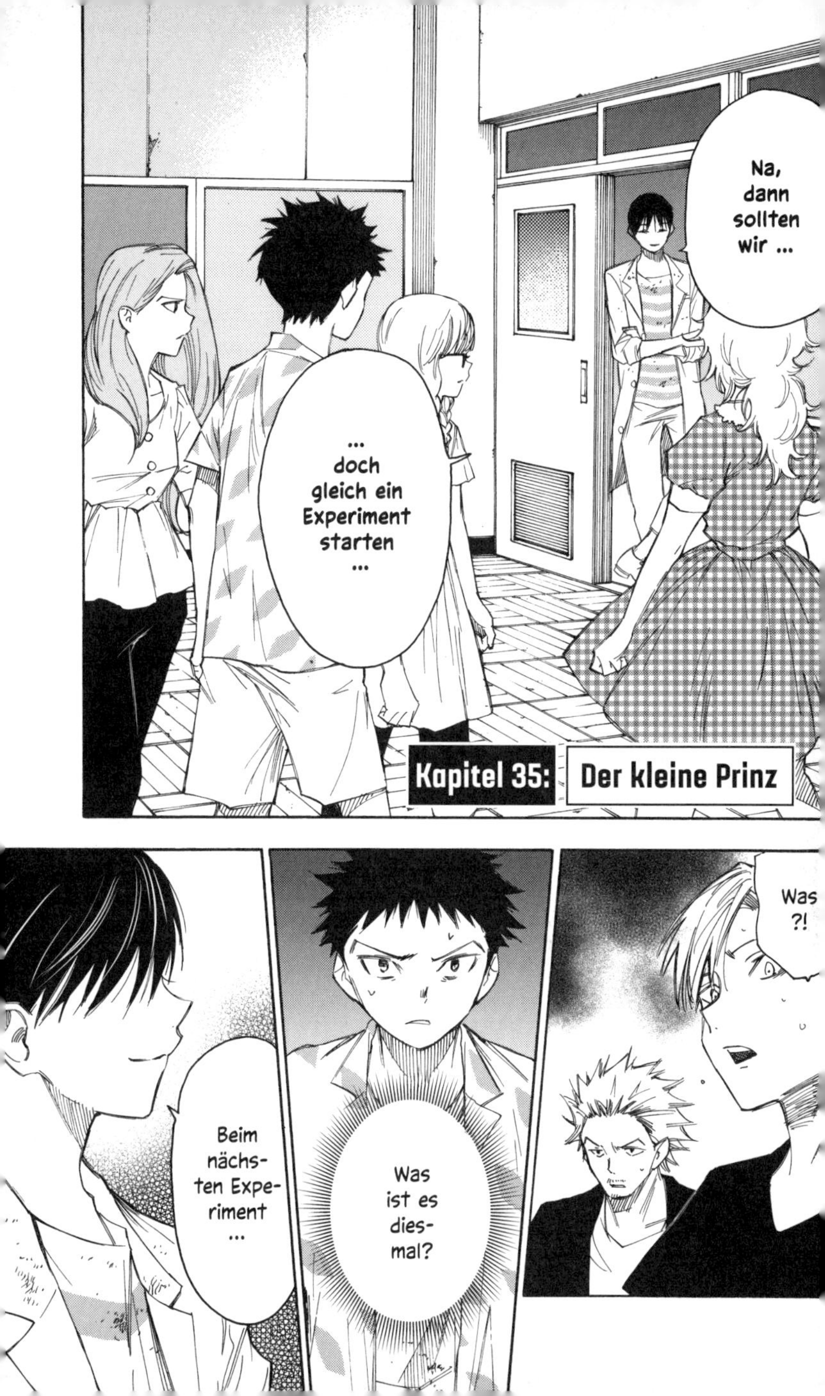
Na, dann sollten wir ...
... doch gleich ein Experiment starten ...
Kapitel 35: Der kleine Prinz
Was ?!
Was ist es dies-mal?
Beim nächs-ten Expe-riment ...

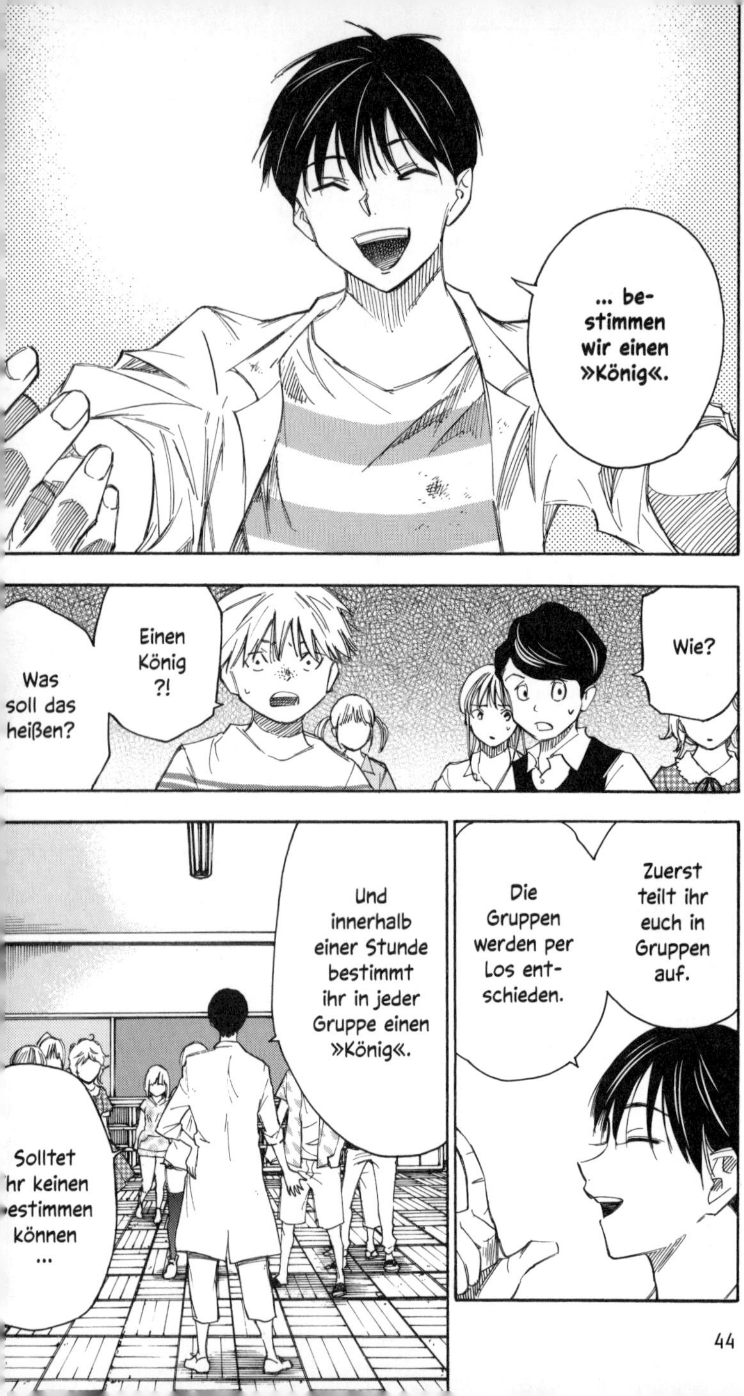

... be- stimmen wir einen »König«.
Wie?
Einen König ?!
Was soll das heißen?
Zuerst teilt ihr euch in Gruppen auf.
Die Gruppen werden per Los ent- schieden.
Und innerhalb einer Stunde bestimmt ihr in jeder Gruppe einen »König«.
Solltet hr keinen estimmen können ...

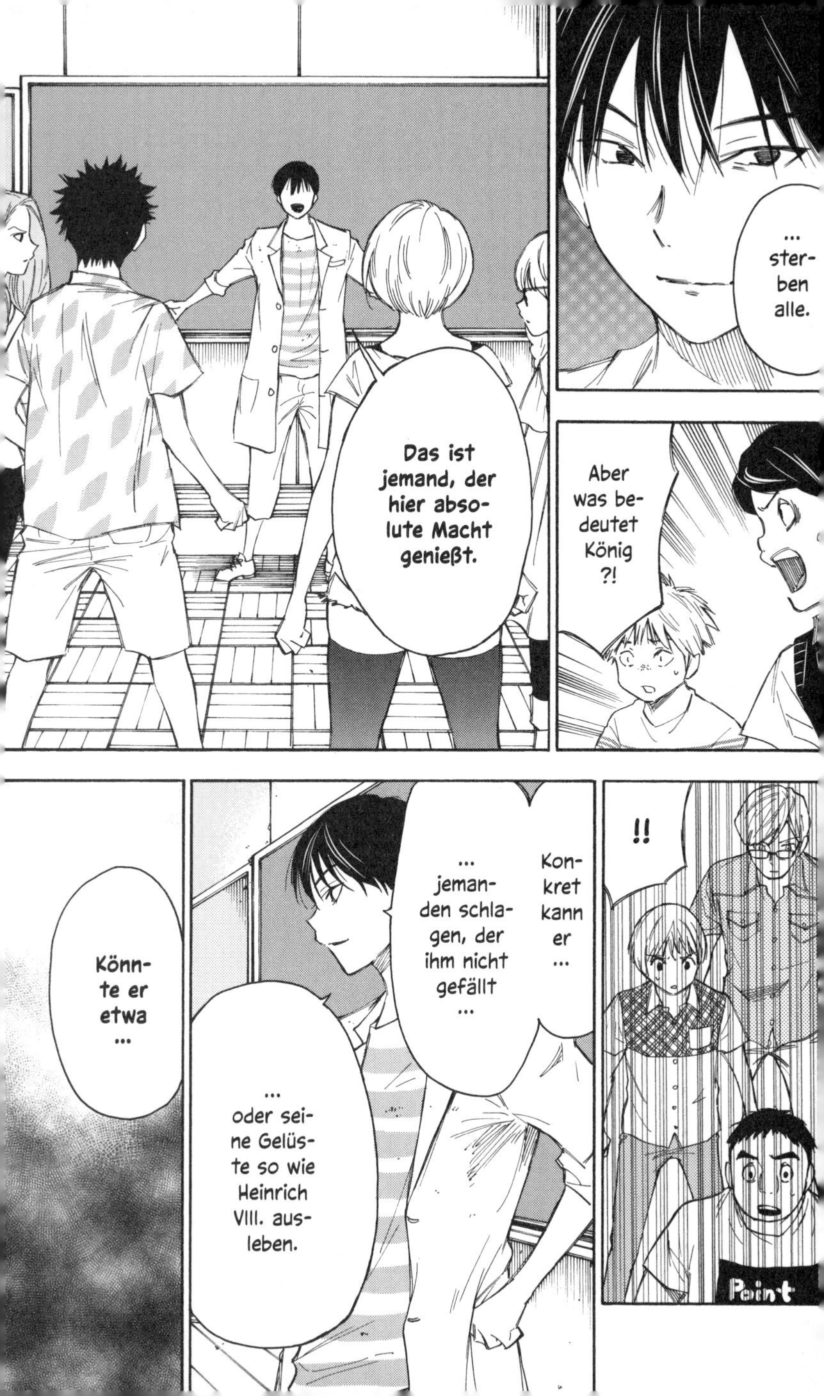

... sterben alle.
Aber was bedeutet König ?!
Das ist jemand, der hier absolute Macht genießt.
!!
Konkret kann er ...
... jemanden schlagen, der ihm nicht gefällt ...
... oder seine Gelüste so wie Heinrich VIII. ausleben.
Könnte er etwa ...
Point

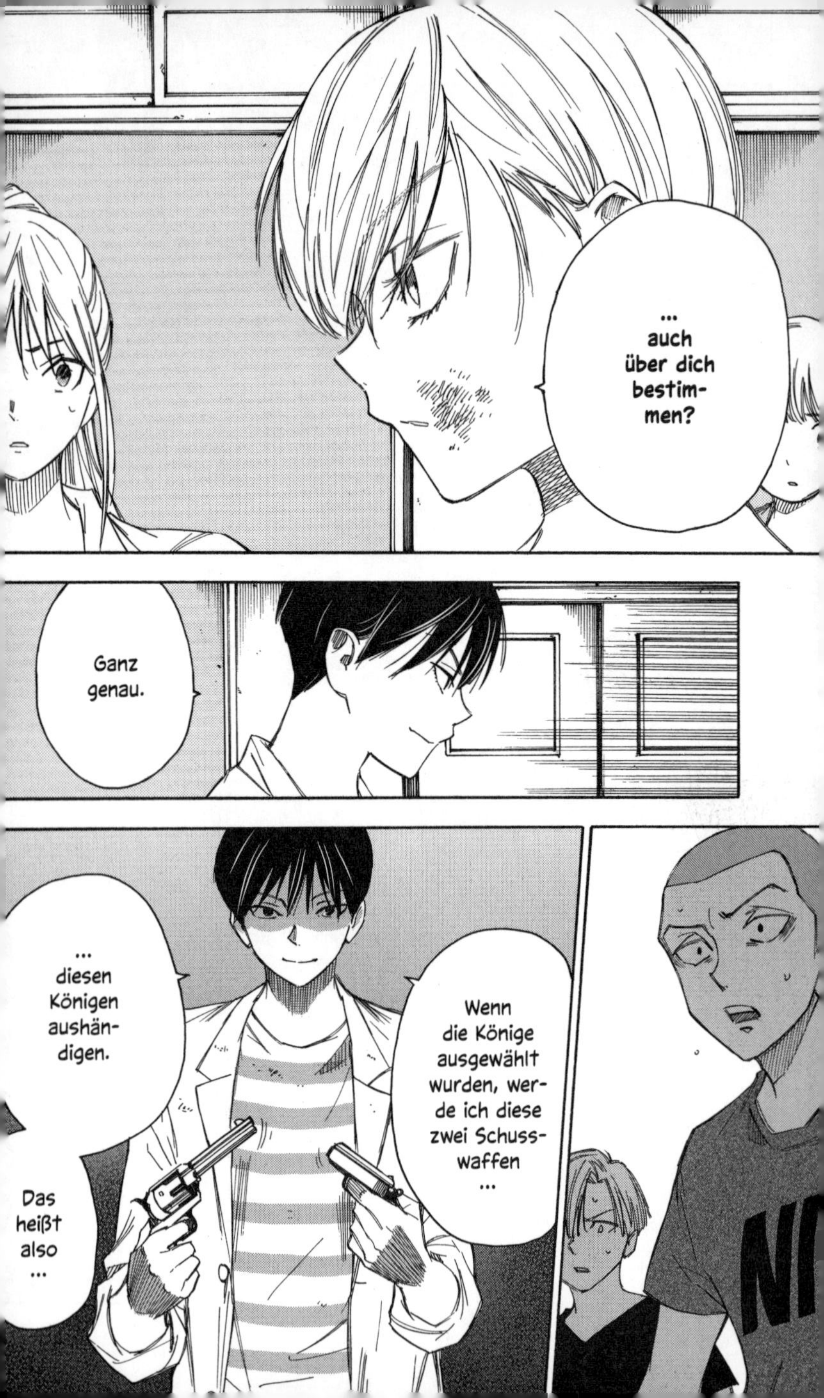

... auch über dich bestimmen?
Ganz genau.
Wenn die Könige ausgewählt wurden, werde ich diese zwei Schusswaffen ...
... diesen Königen aushändigen.
Das heißt also ...

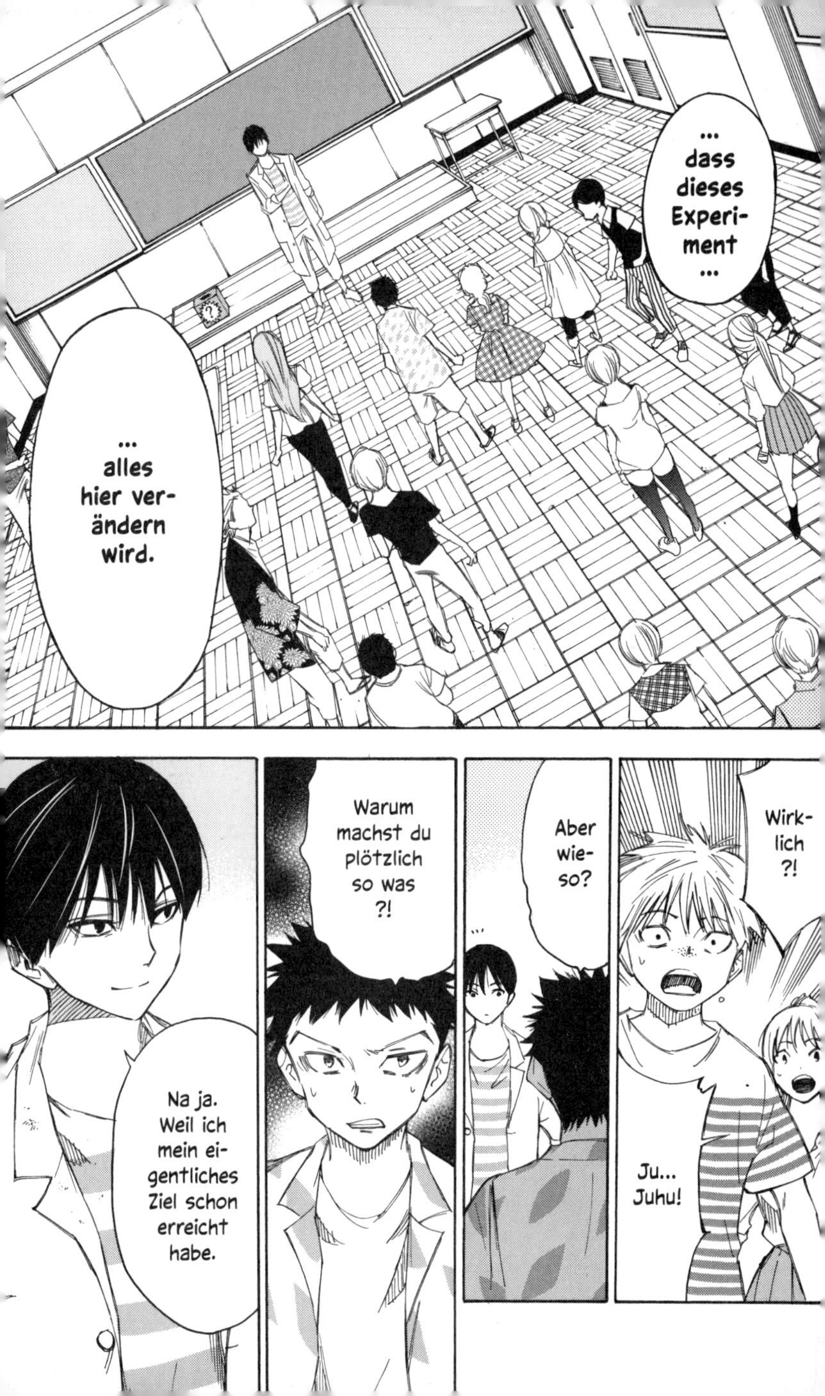

... dass dieses Experiment ...
... alles hier verändern wird.
Wirklich?!
Ju... Juhu!
Aber wieso?
Warum machst du plötzlich so was?!
Na ja. Weil ich mein eigentliches Ziel schon erreicht habe.

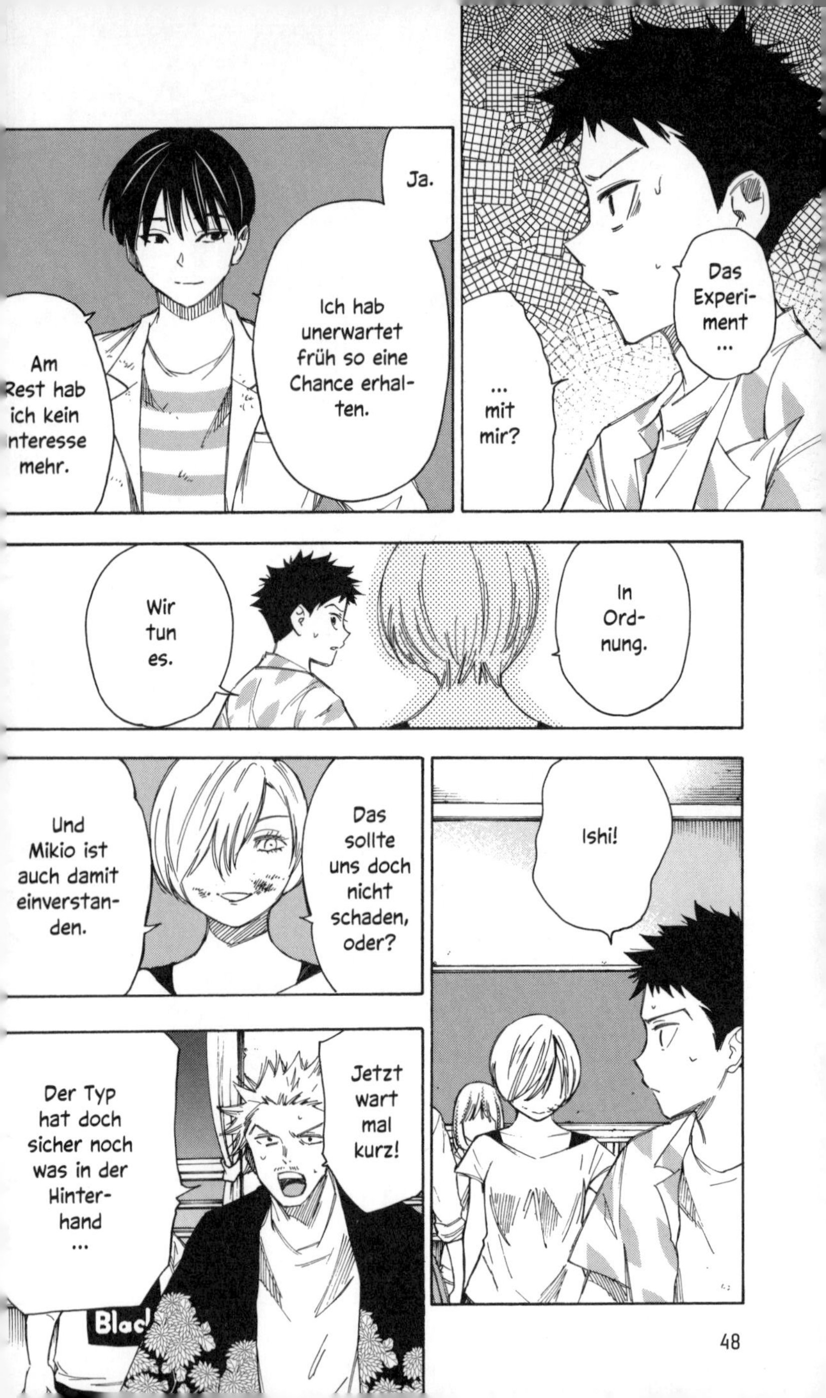
Das Experiment ...
... mit mir?
Ja.
Ich hab unerwartet früh so eine Chance erhalten.
Am Rest hab ich kein Interesse mehr.
In Ordnung.
Wir tun es.
Ishi!
Das sollte uns doch nicht schaden, oder?
Und Mikio ist auch damit einverstanden.
Jetzt wart mal kurz!
Der Typ hat doch sicher noch was in der Hinterhand ...

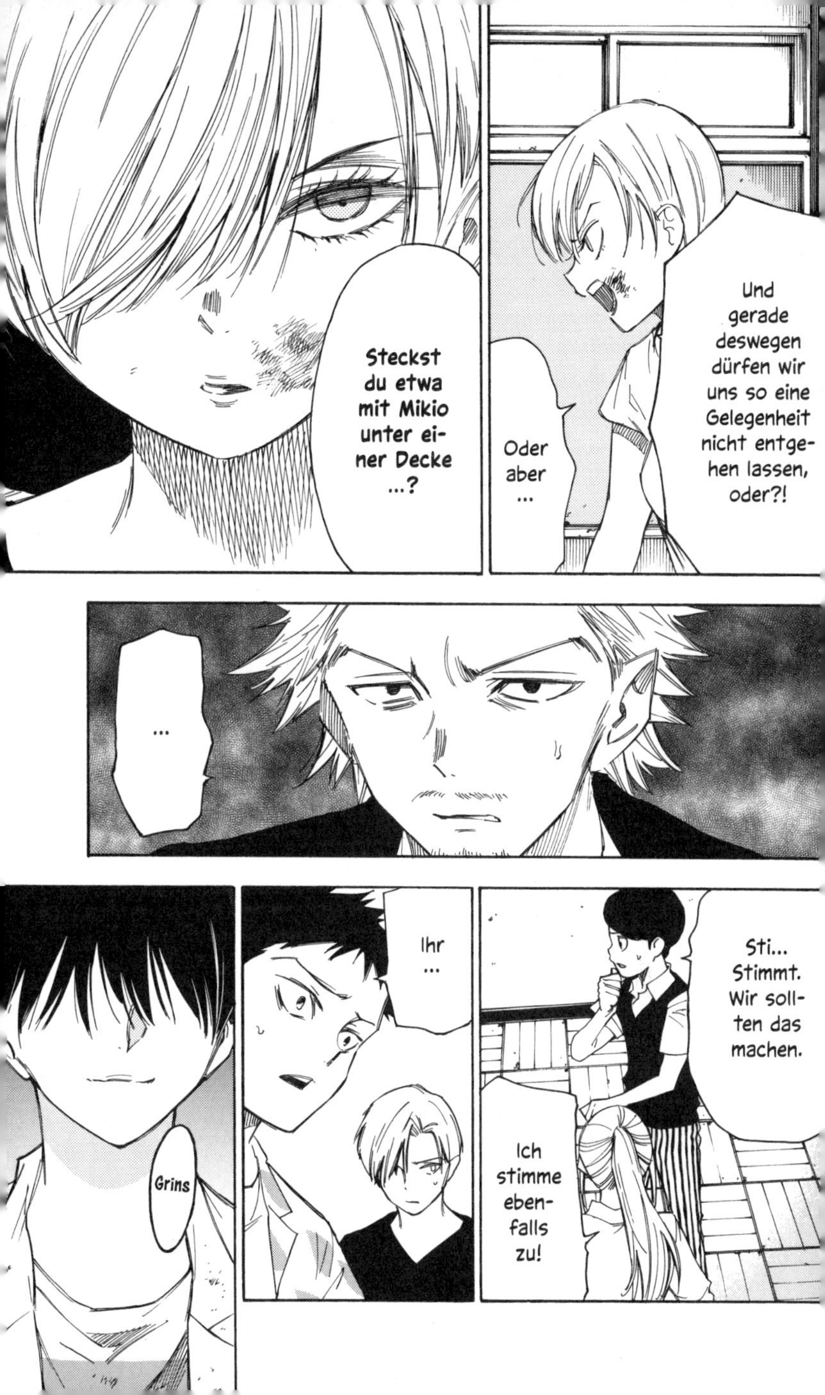

Und gerade deswegen dürfen wir uns so eine Gelegenheit nicht entgehen lassen, oder?!
Oder aber ...
Steckst du etwa mit Mikio unter einer Decke ...?
...
Sti... Stimmt. Wir sollten das machen.
Ich stimme ebenfalls zu!
Ihr ...
Grins

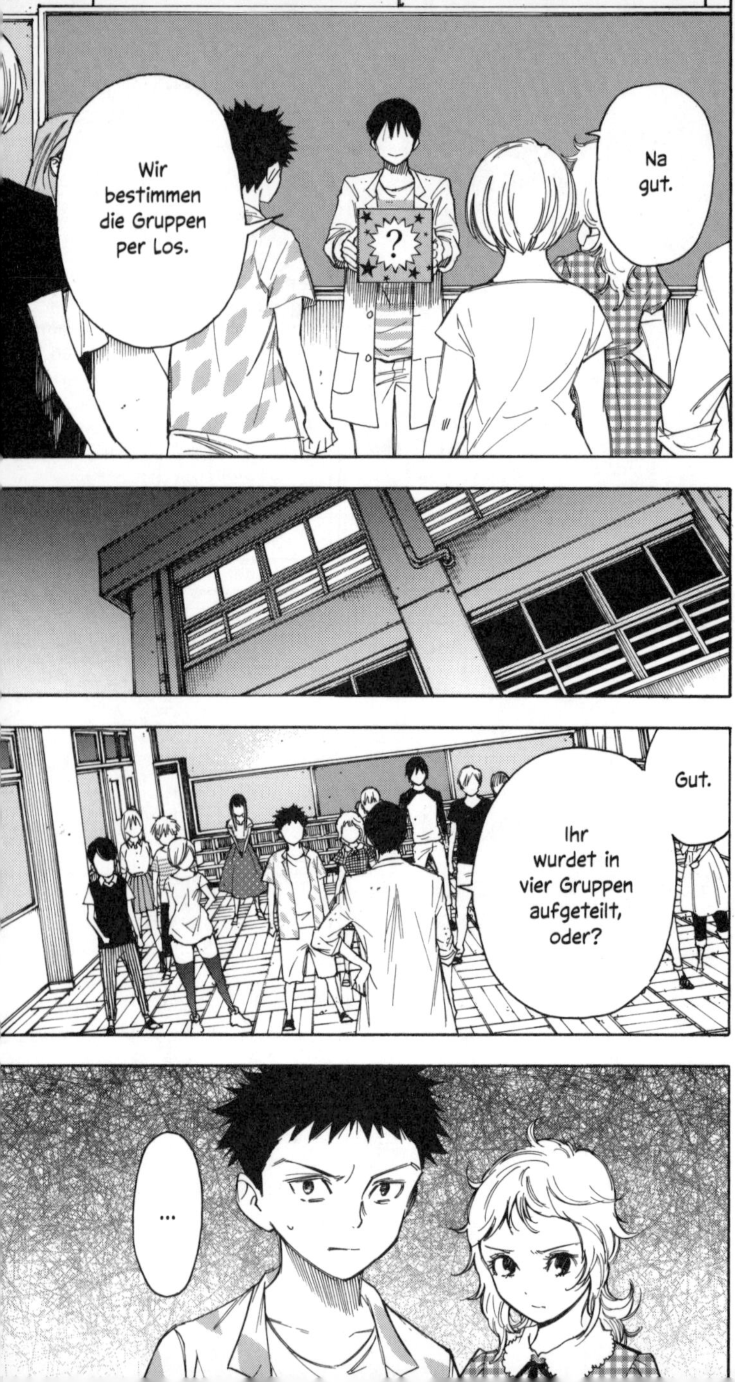
Na gut.
Wir bestimmen die Gruppen per Los.
?
Gut.
Ihr wurdet in vier Gruppen aufgeteilt, oder?
...

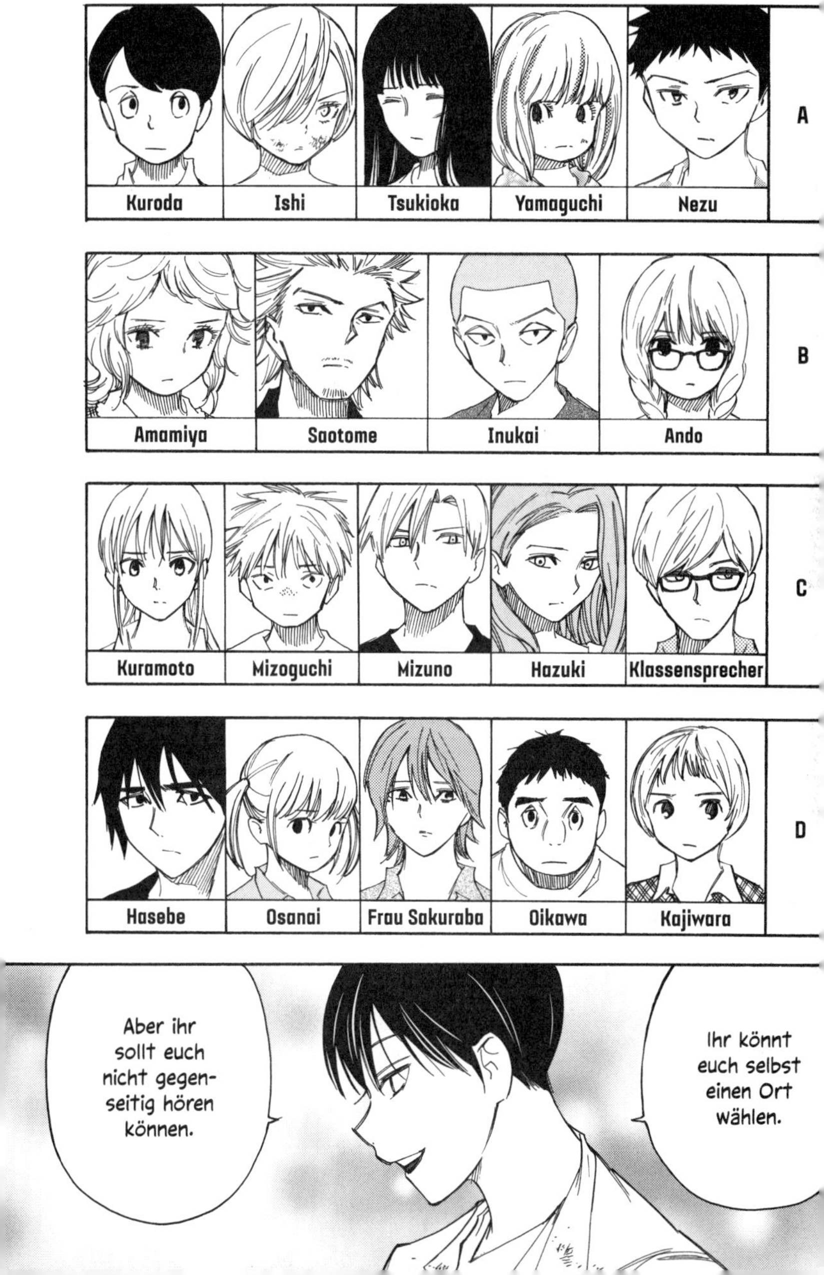

Kuroda
Ishi
Tsukioka
Yamaguchi
Nezu
A
Amamiya
Saotome
Inukai
Ando
B
Kuramoto
Mizoguchi
Mizuno
Hazuki
Klassensprecher
C
Hasebe
Osanai
Frau Sakuraba
Oikawa
Kajiwara
D
Ihr könnt euch selbst einen Ort wählen.
Aber ihr sollt euch nicht gegen-seitig hören können.

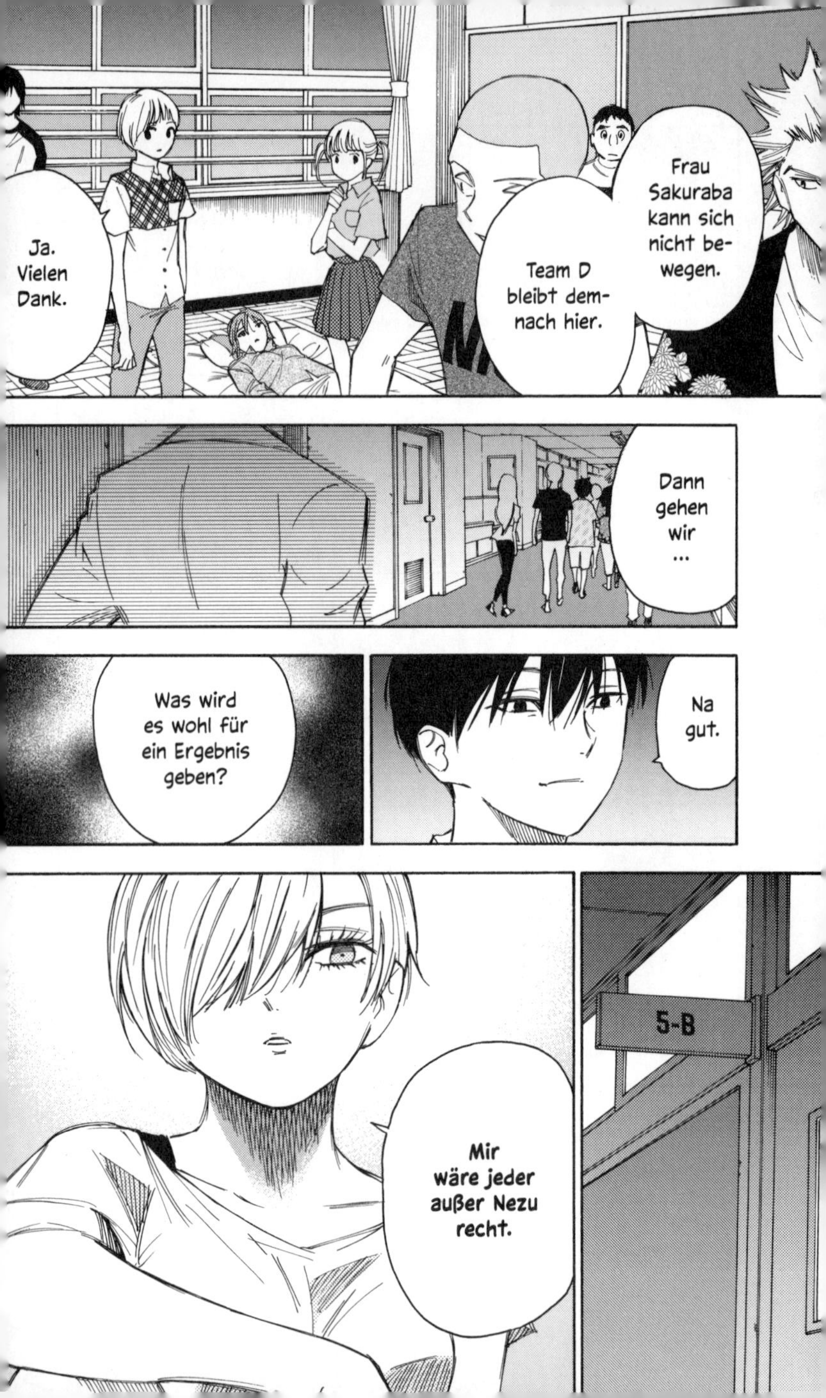
Frau Sakuraba kann sich nicht bewegen.
Team D bleibt demnach hier.
Ja. Vielen Dank.
Dann gehen wir ...
Na gut.
Was wird es wohl für ein Ergebnis geben?
5-B
Mir wäre jeder außer Nezu recht.

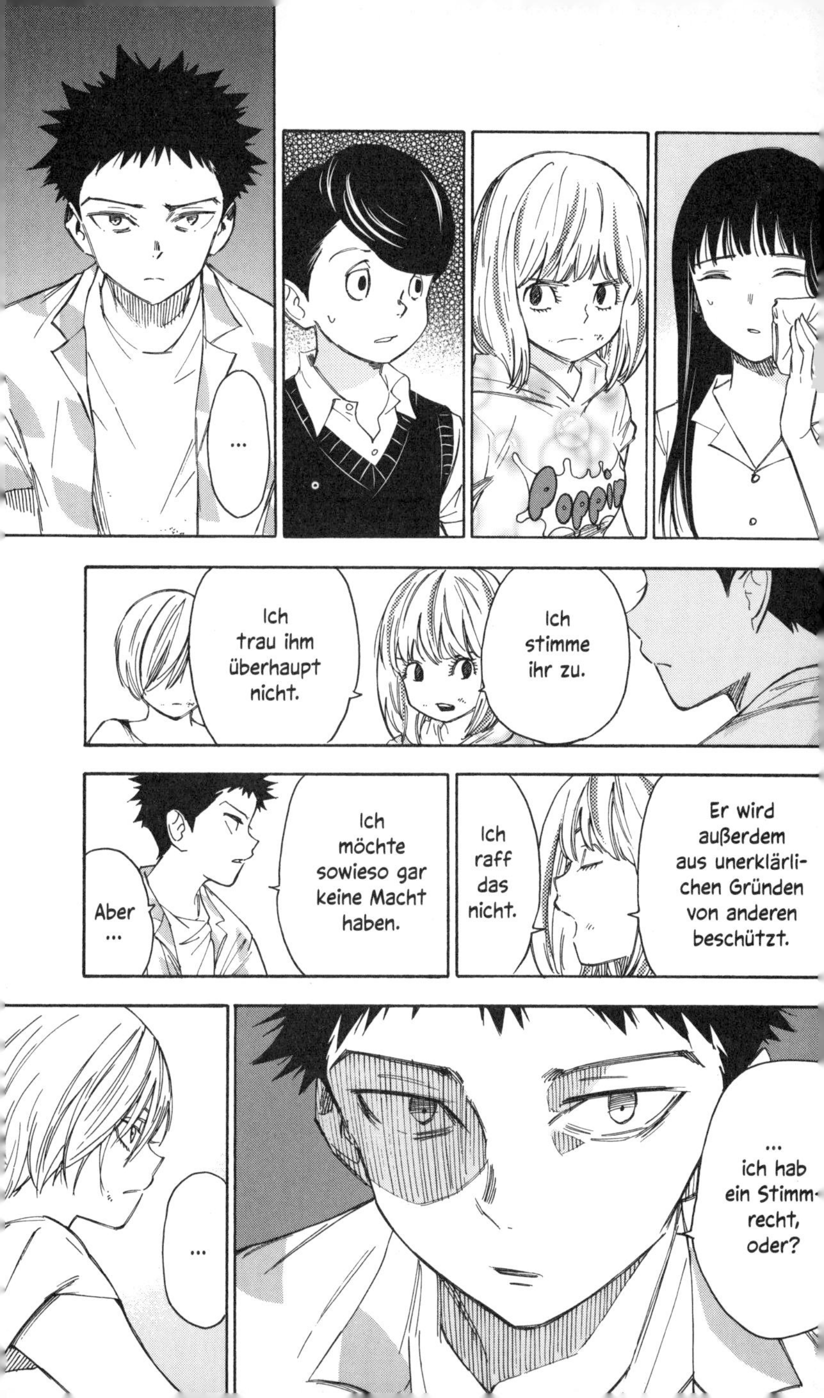
...
Ich stimme ihr zu.
Ich trau ihm überhaupt nicht.
Er wird außerdem aus unerklärlichen Gründen von anderen beschützt.
Ich raff das nicht.
Ich möchte sowieso gar keine Macht haben.
Aber ...
... ich hab ein Stimmrecht, oder?
...

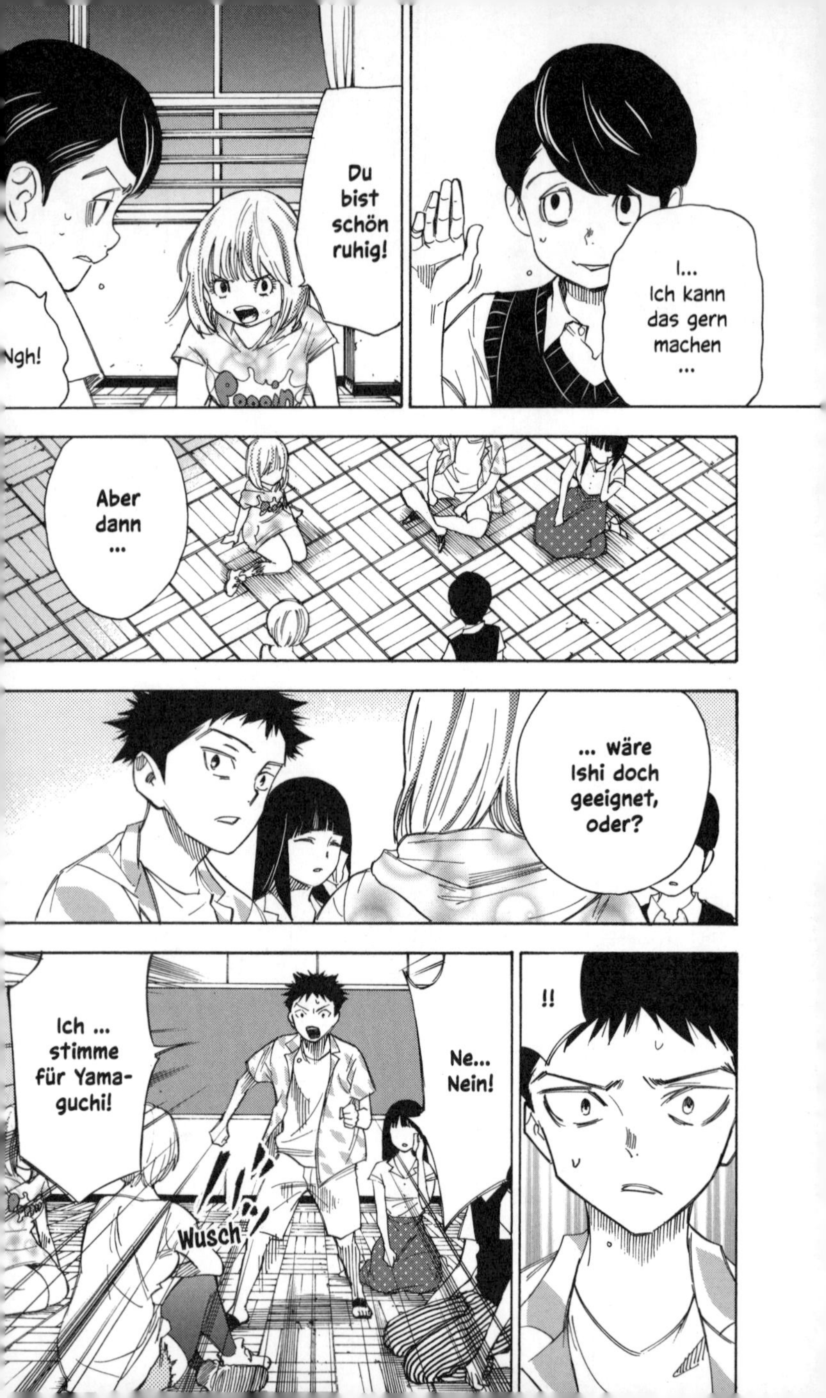
I... Ich kann das gern machen ...
Du bist schön ruhig!
Ngh!
Aber dann ...
... wäre Ishi doch geeignet, oder?
!!
Ne... Nein!
Ich ... stimme für Yamaguchi!
Wusch

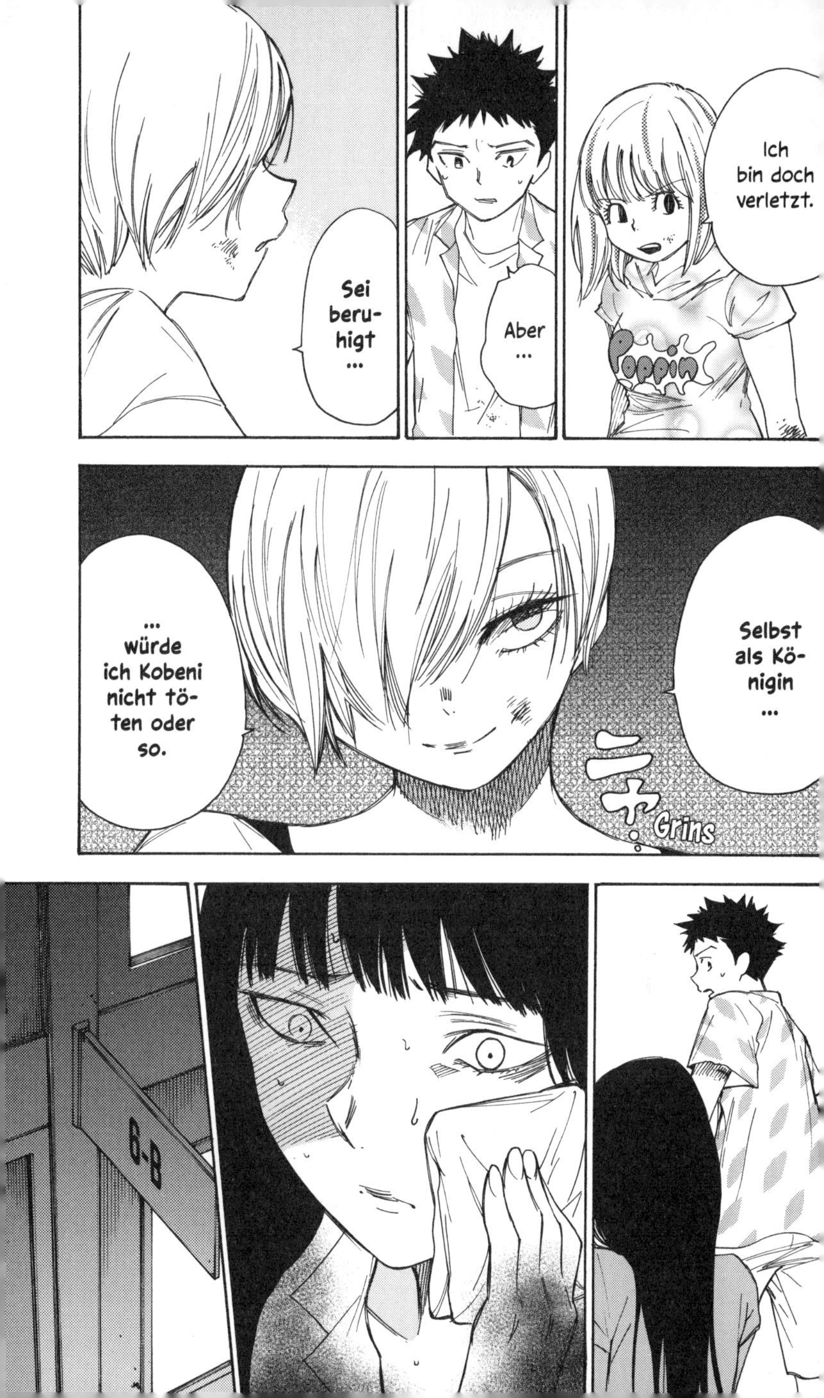

Ich bin doch verletzt.
Aber ...
Sei beruhigt ...
Selbst als Königin ...
Grins
... würde ich Kobeni nicht töten oder so.
6-8

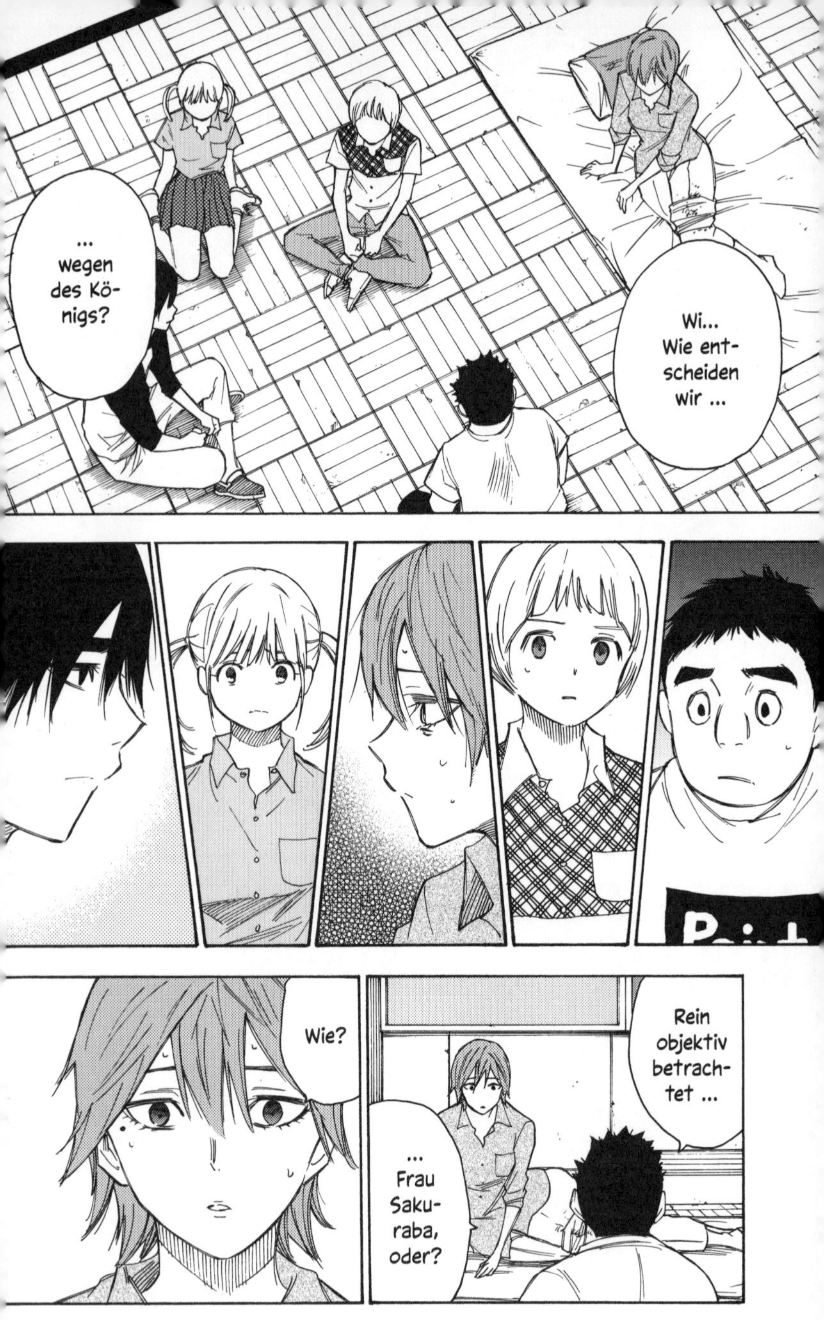
Wi... Wie entscheiden wir ...
... wegen des Königs?
Rein objektiv betrachtet ...
... Frau Sakuraba, oder?
Wie?

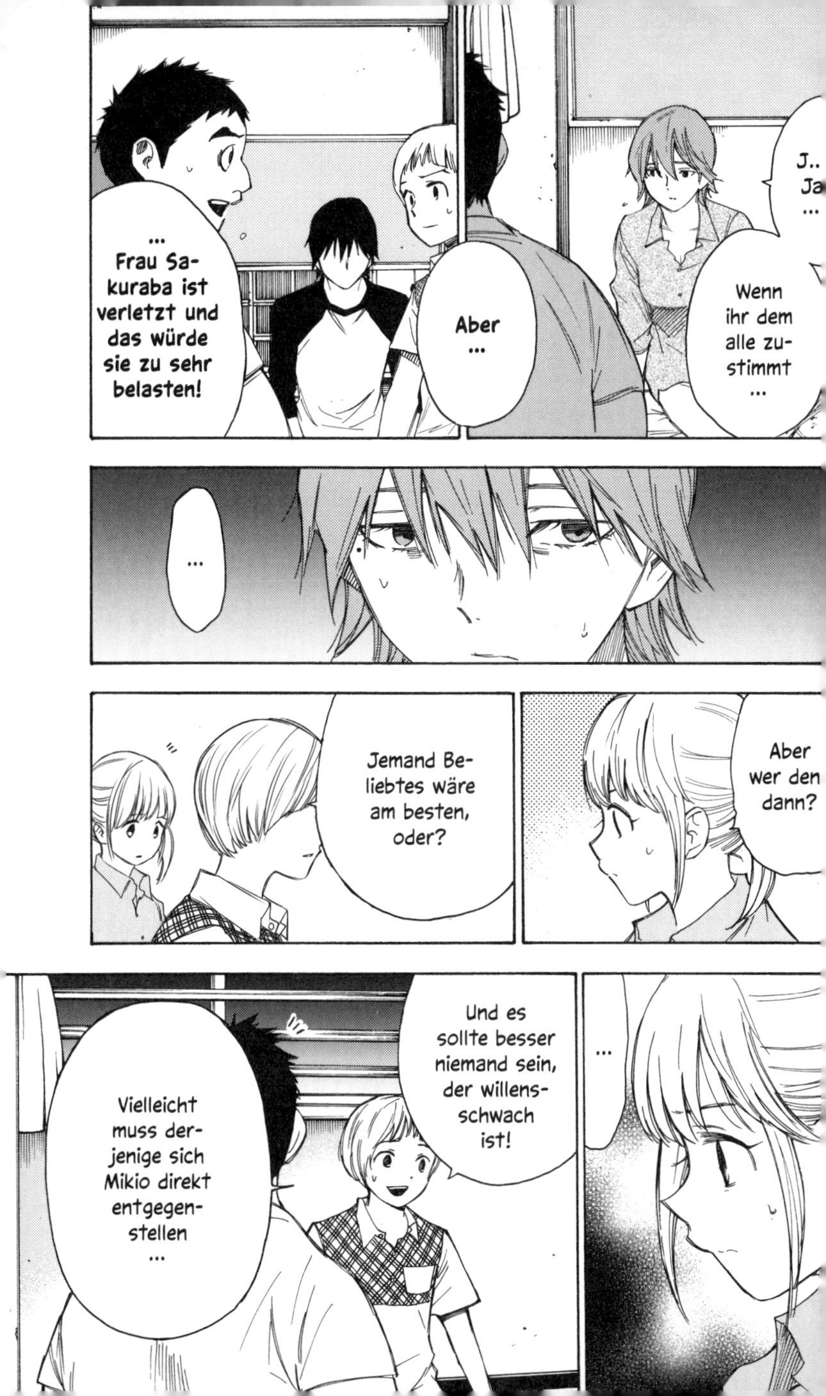
J.. Ja ...
Wenn ihr dem alle zustimmt ...
Aber ...
... Frau Sakuraba ist verletzt und das würde sie zu sehr belasten!
...
Aber wer den dann?
Jemand Beliebtes wäre am besten, oder?
...
Und es sollte besser niemand sein, der willensschwach ist!
Vielleicht muss derjenige sich Mikio direkt entgegenstellen ...

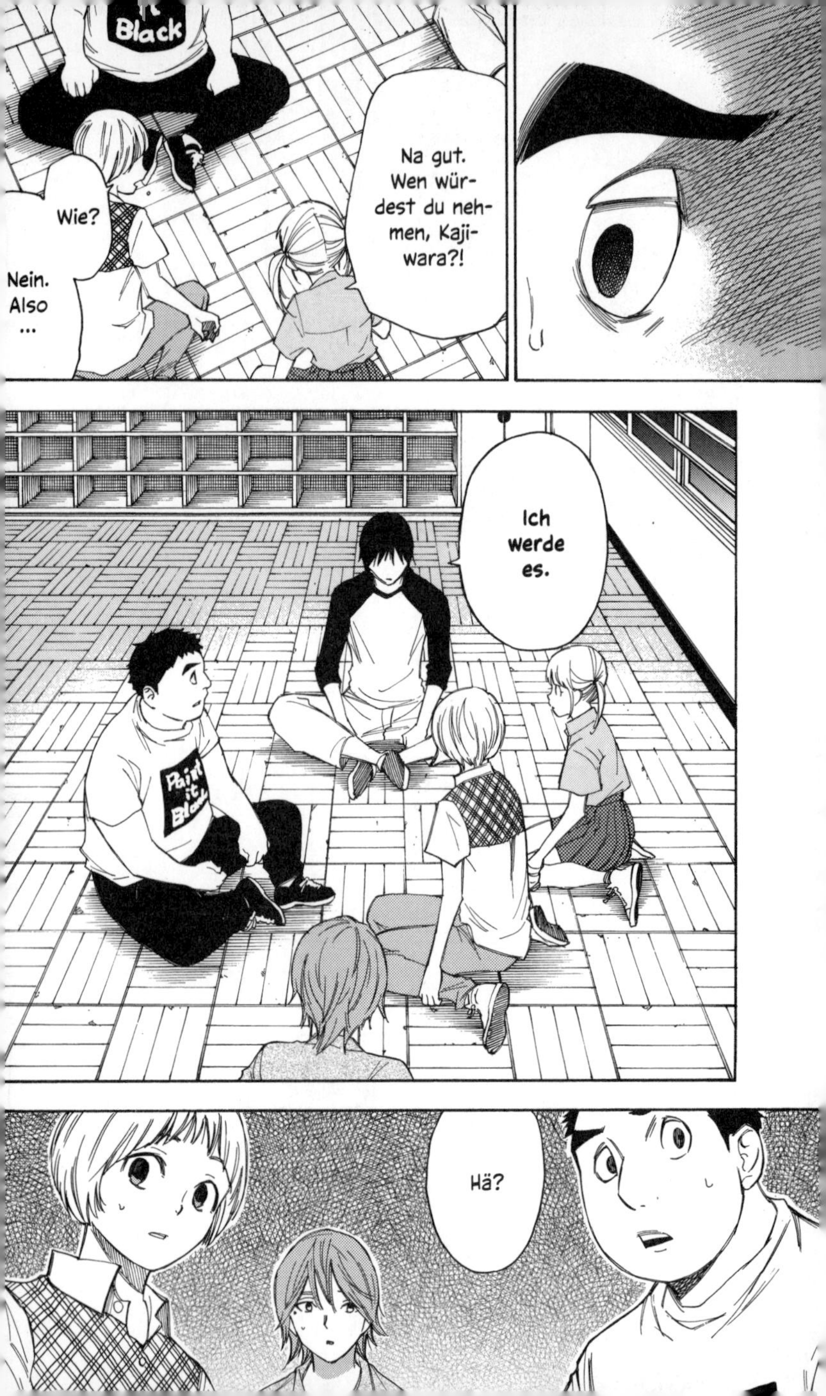
Na gut. Wen würdest du nehmen, Kajiwara?!
Wie?
Nein. Also ...
Ich werde es.
Hä?

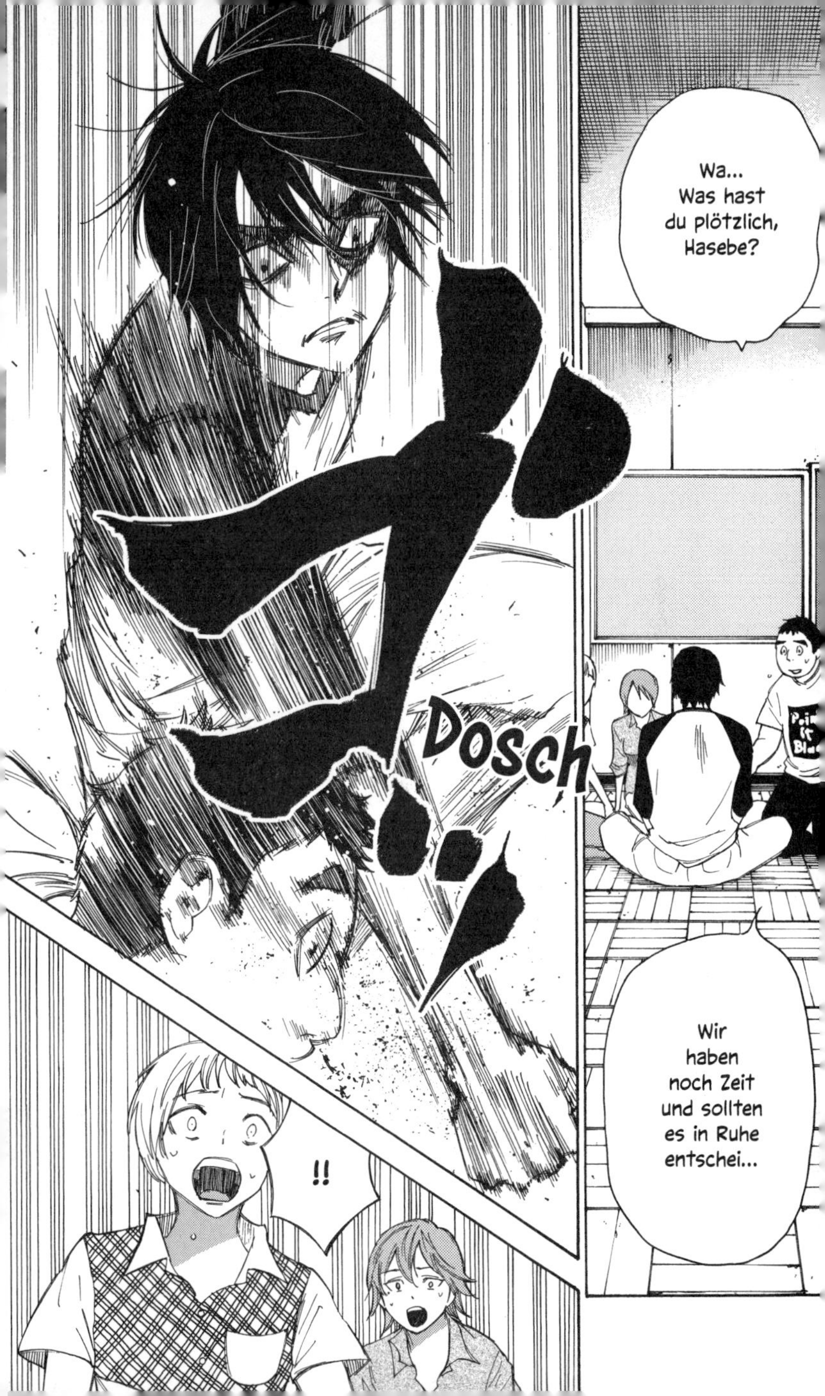
Wa...
Was hast du plötzlich, Hasebe?
Dosch
Wir haben noch Zeit und sollten es in Ruhe entschei...
!!

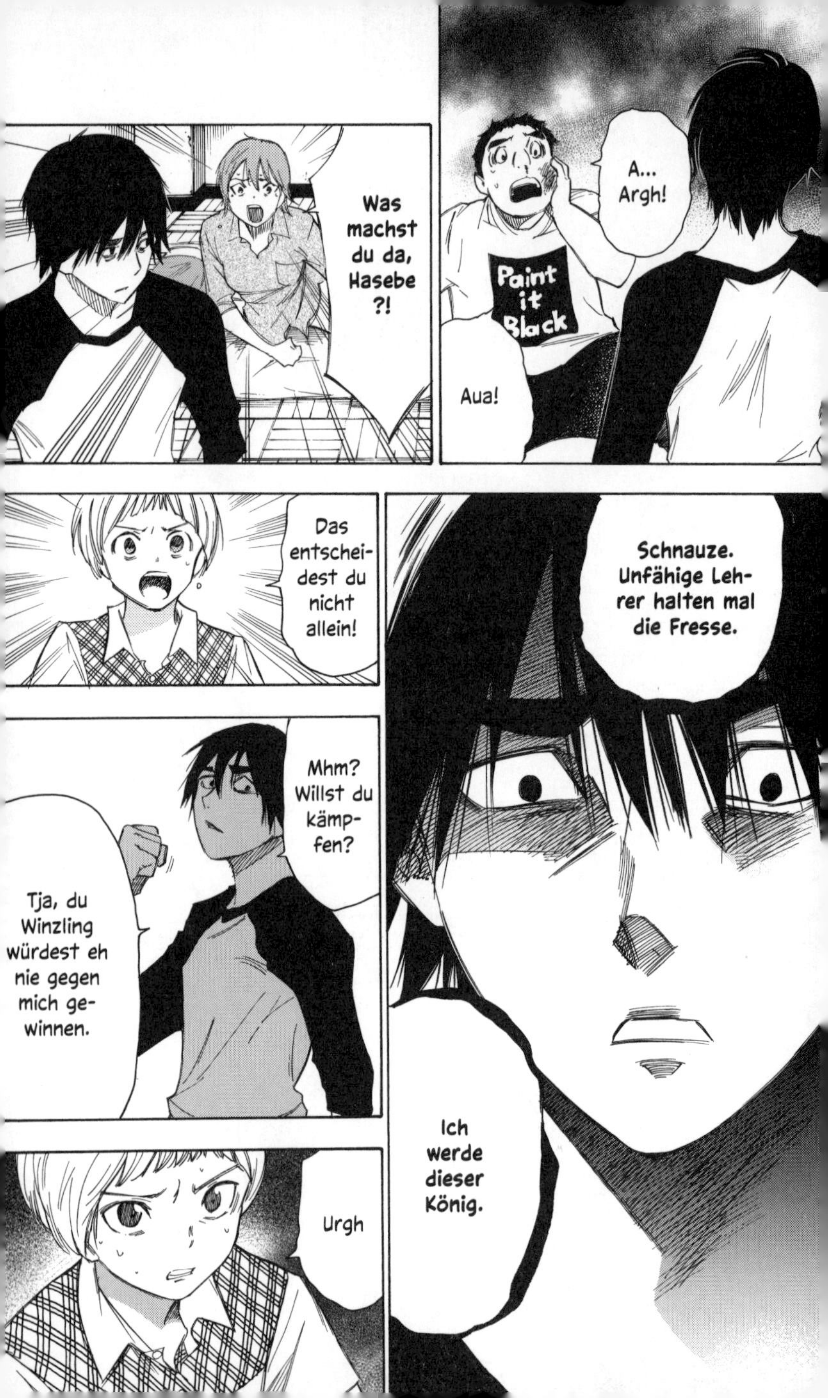

A... Argh!
Paint it Black
Aua!
Was machst du da, Hasebe?!
Schnauze. Unfähige Lehrer halten mal die Fresse.
Ich werde dieser König.
Das entscheidest du nicht allein!
Mhm? Willst du kämpfen?
Tja, du Winzling würdest eh nie gegen mich gewinnen.
Urgh

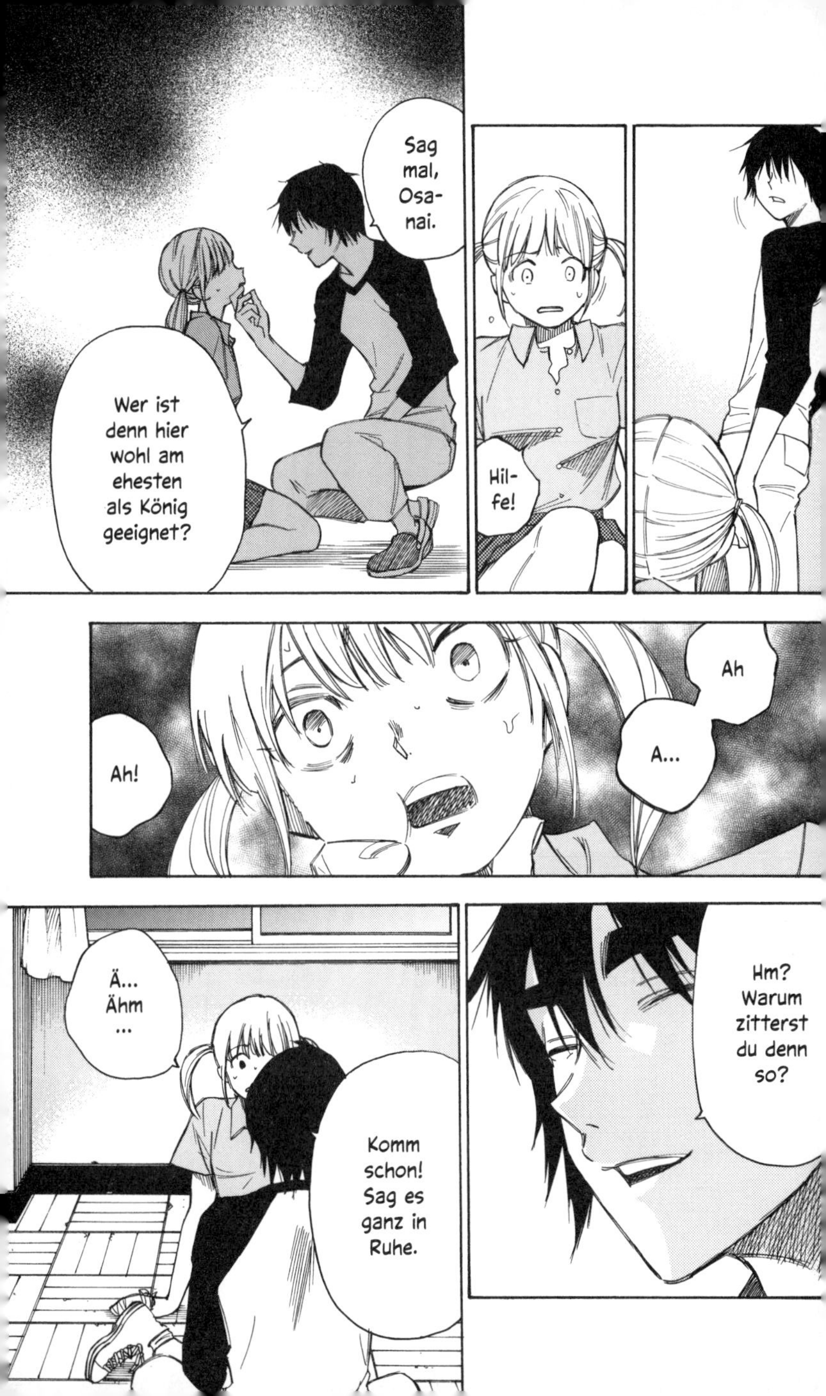

Hil-
fe!
Sag mal, Osa-nai.
Wer ist denn hier wohl am ehesten als König geeignet?
Ah
A...
Ah!
Hm? Warum zitterst du denn so?
Ä... Ähm ...
Komm schon! Sag es ganz in Ruhe.

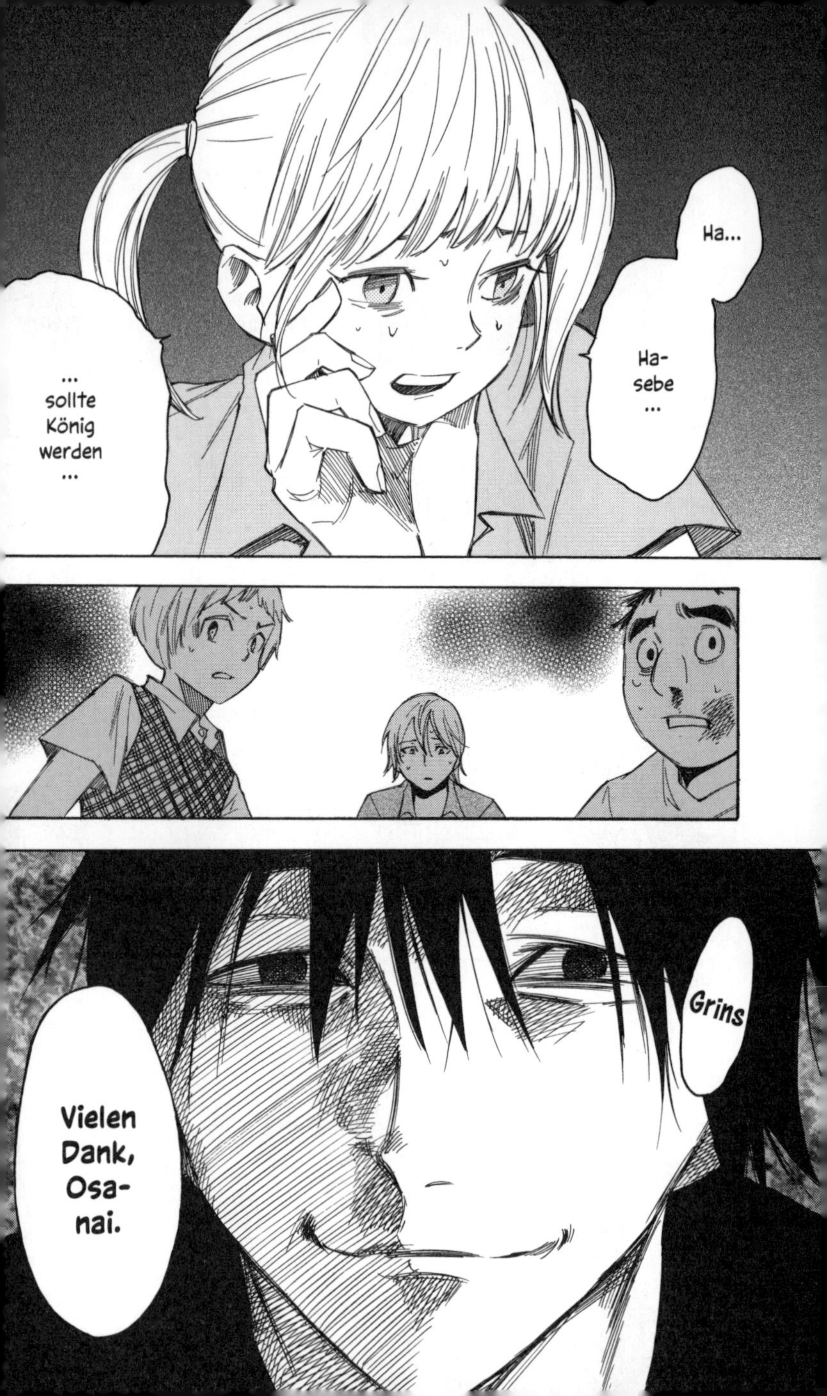
Ha...
Ha-sebe ...
... sollte König werden ...
Grins
Vielen Dank, Osa-nai.

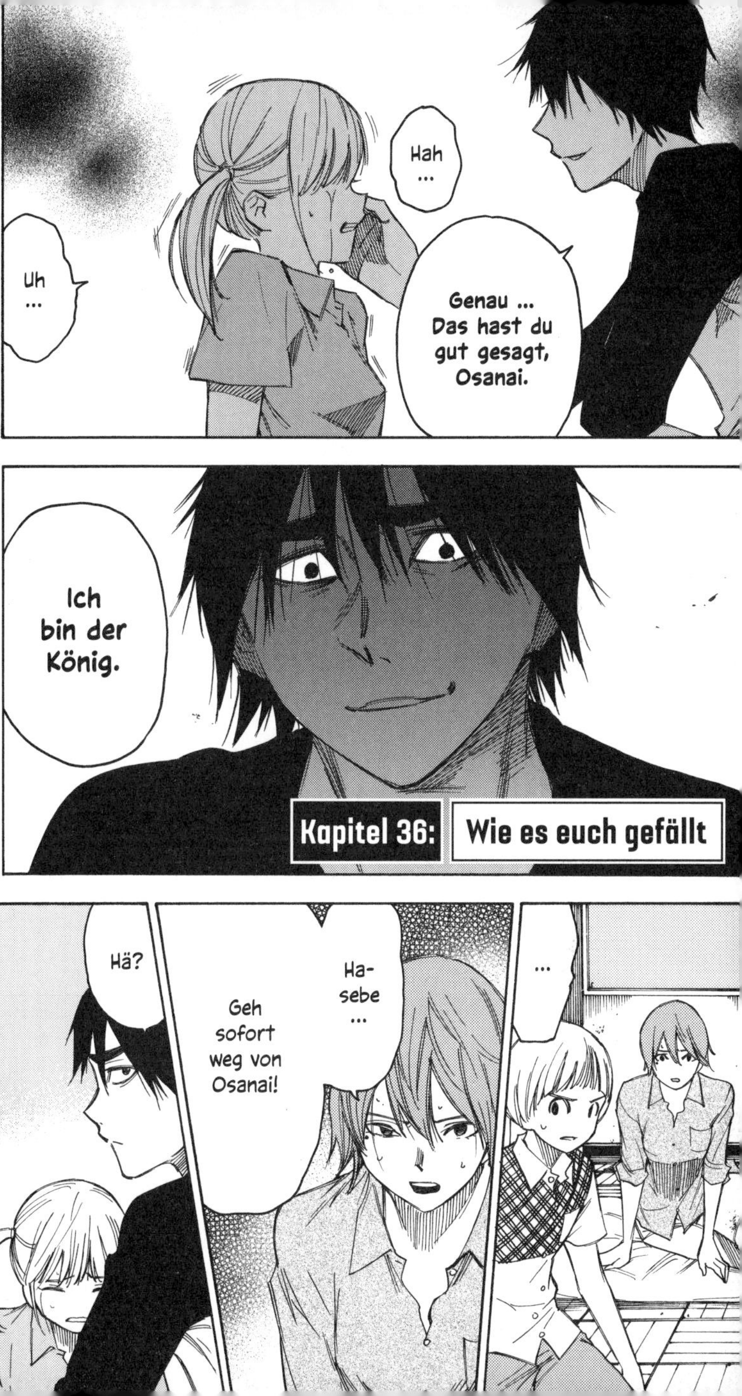
Hah ...
Genau ... Das hast du gut gesagt, Osanai.
Uh ...
Ich bin der König.
Kapitel 36: Wie es euch gefällt
...
Ha-sebe ...
Geh sofort weg von Osanai!
Hä?

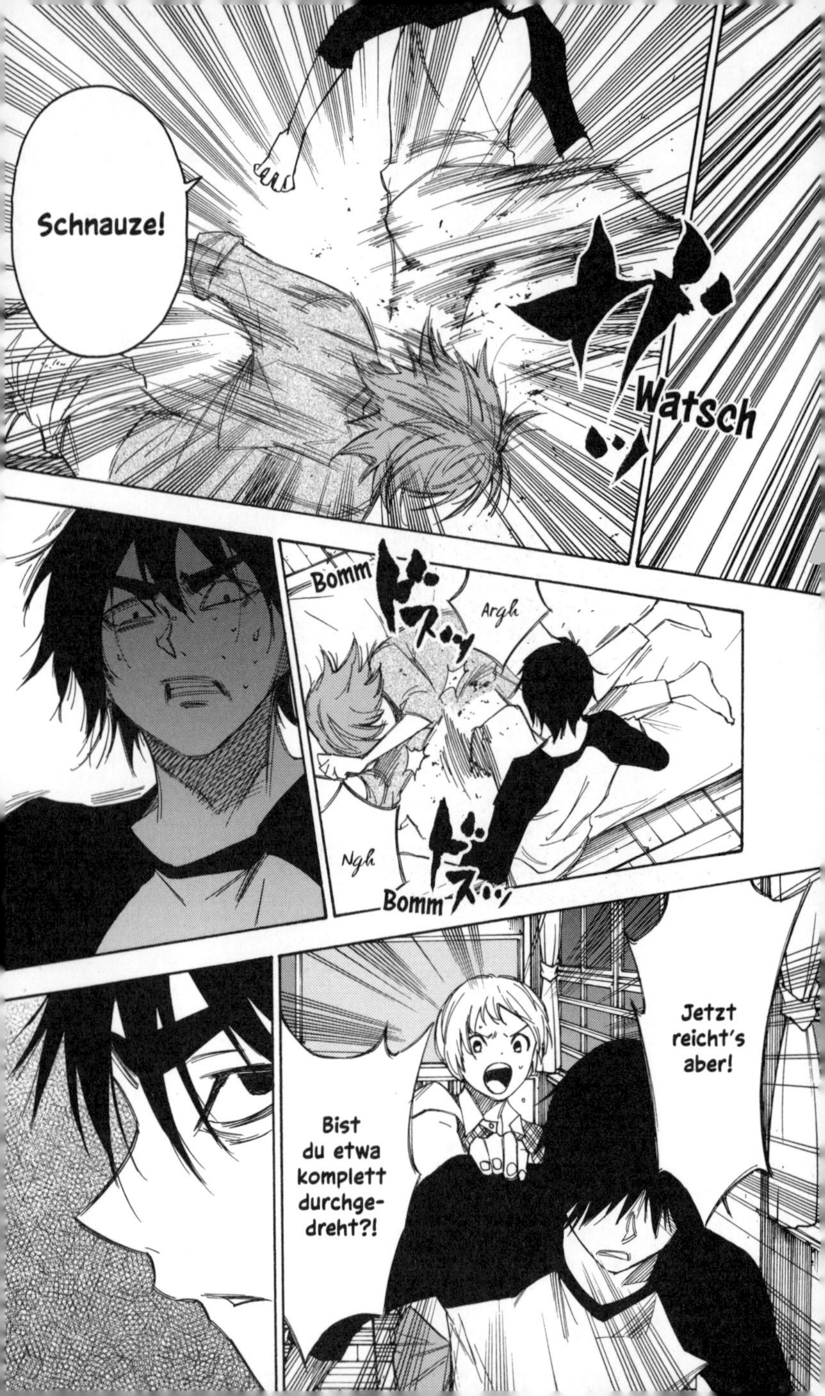
Watsch
Schnauze!
Bomm
Argh
Ngh
Bomm
Jetzt reicht's aber!
Bist du etwa komplett durchgedreht?!

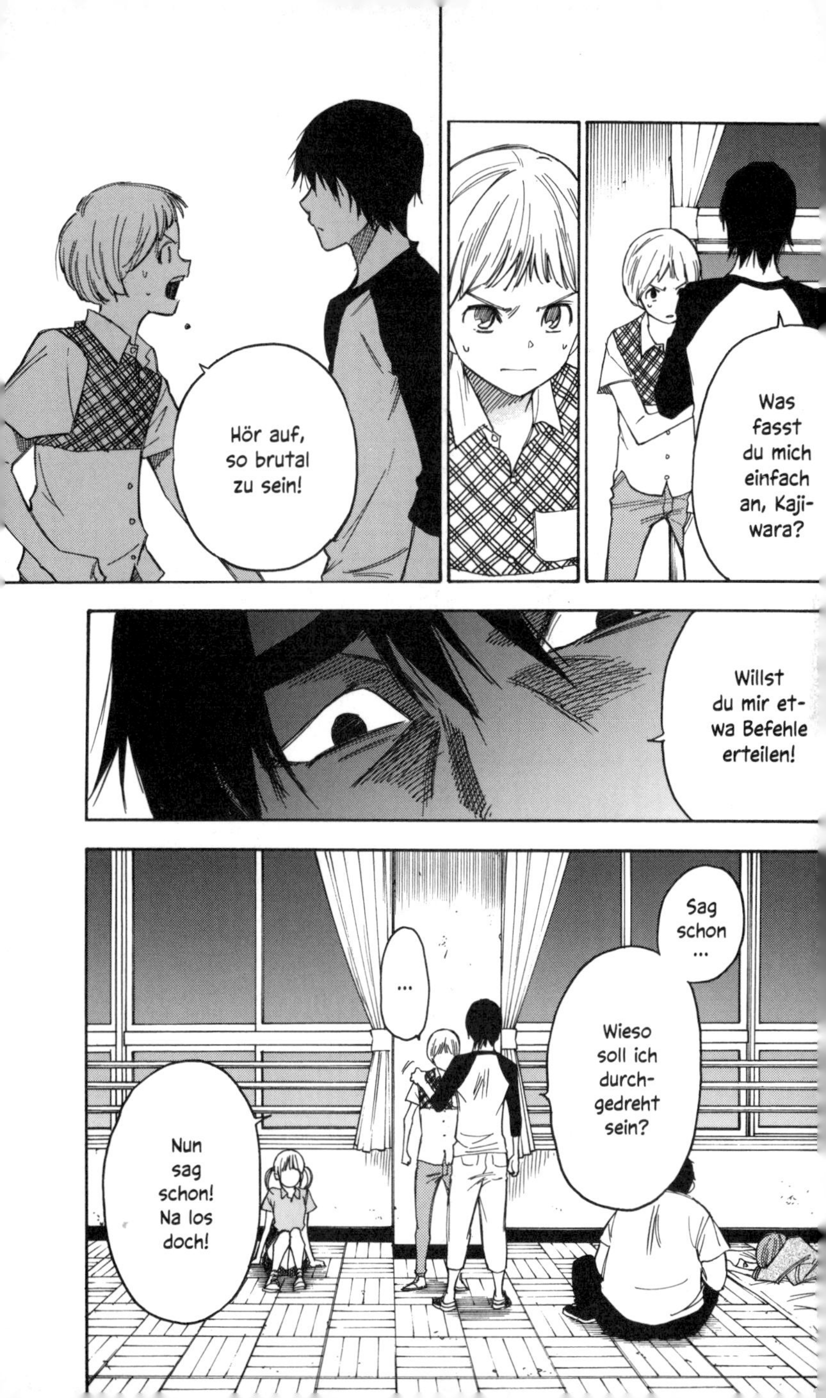
Hör auf, so brutal zu sein!
Was fasst du mich einfach an, Kajiwara?
Willst du mir etwa Befehle erteilen!
Sag schon ...
Wieso soll ich durchgedreht sein?
...
Nun sag schon! Na los doch!

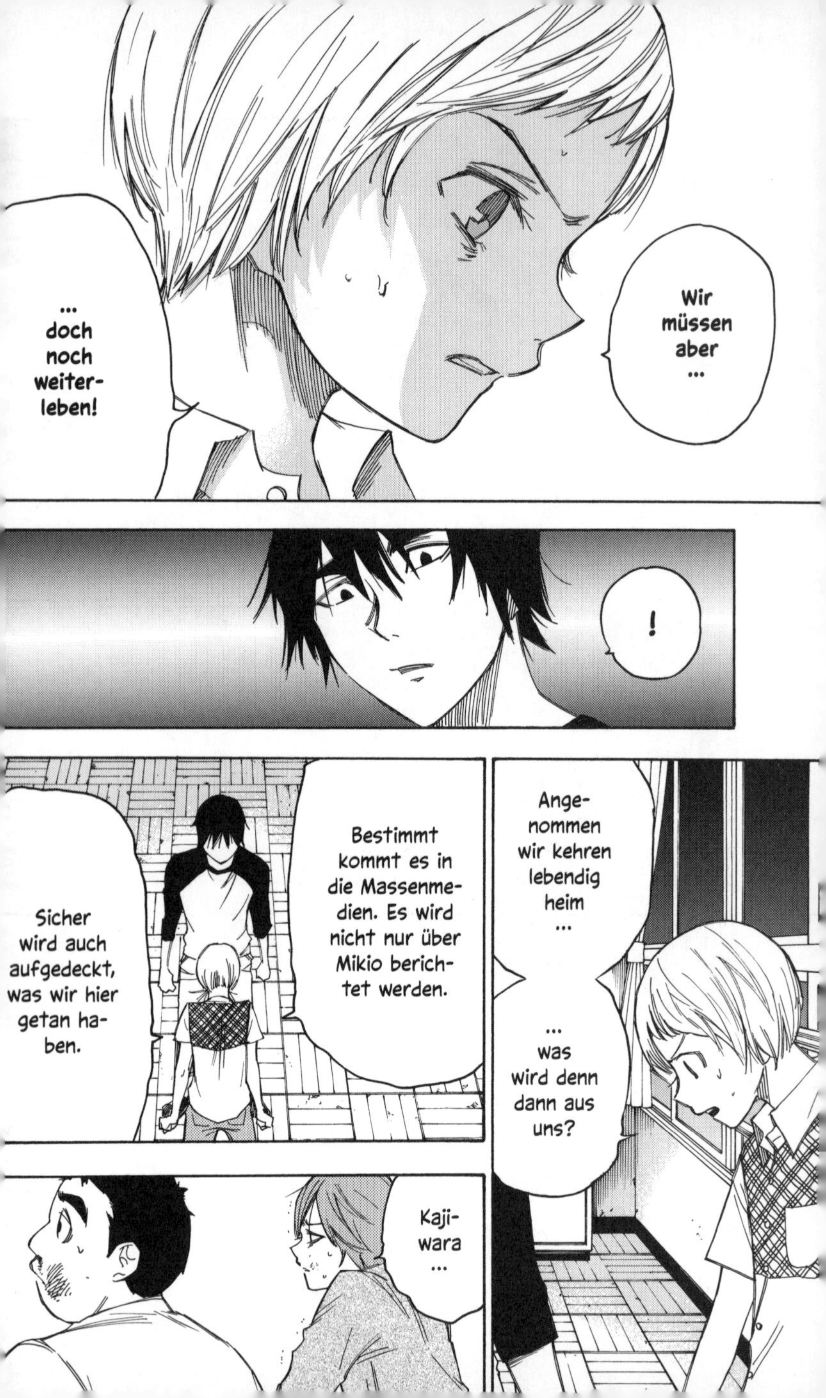
Wir müssen aber ...
... doch noch weiter-leben!
!
Ange-nommen wir kehren lebendig heim ...
... was wird denn dann aus uns?
Bestimmt kommt es in die Massenme-dien. Es wird nicht nur über Mikio berich-tet werden.
Sicher wird auch aufgedeckt, was wir hier getan ha-ben.
Kaji-wara ...

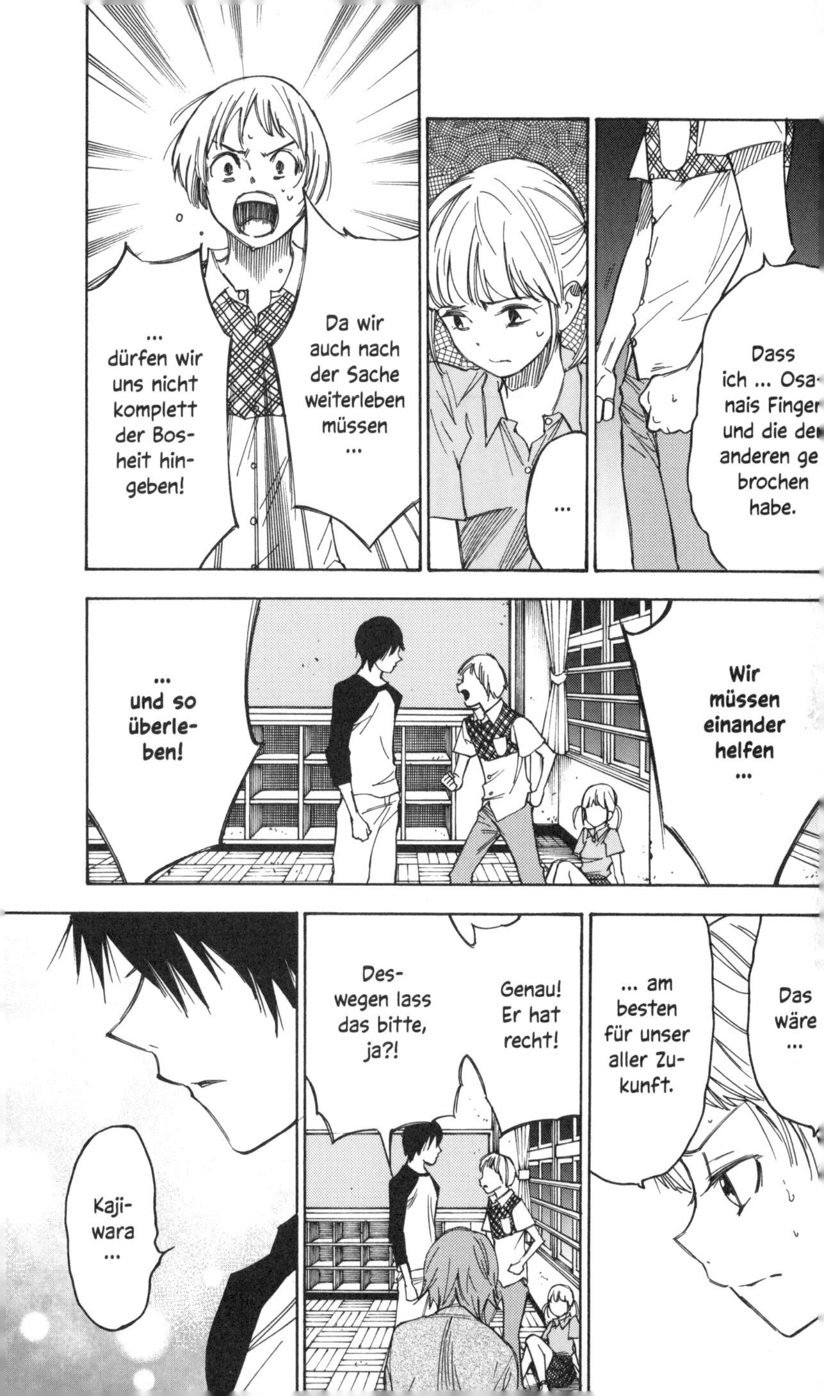
Dass ich ... Osanais Finger und die der anderen gebrochen habe.
...
Da wir auch nach der Sache weiterleben müssen ...
... dürfen wir uns nicht komplett der Bosheit hingeben!
Wir müssen einander helfen ...
... und so überleben!
Das wäre ...
... am besten für unser aller Zukunft.
Genau! Er hat recht!
Deswegen lass das bitte, ja?!
Kajiwara ...

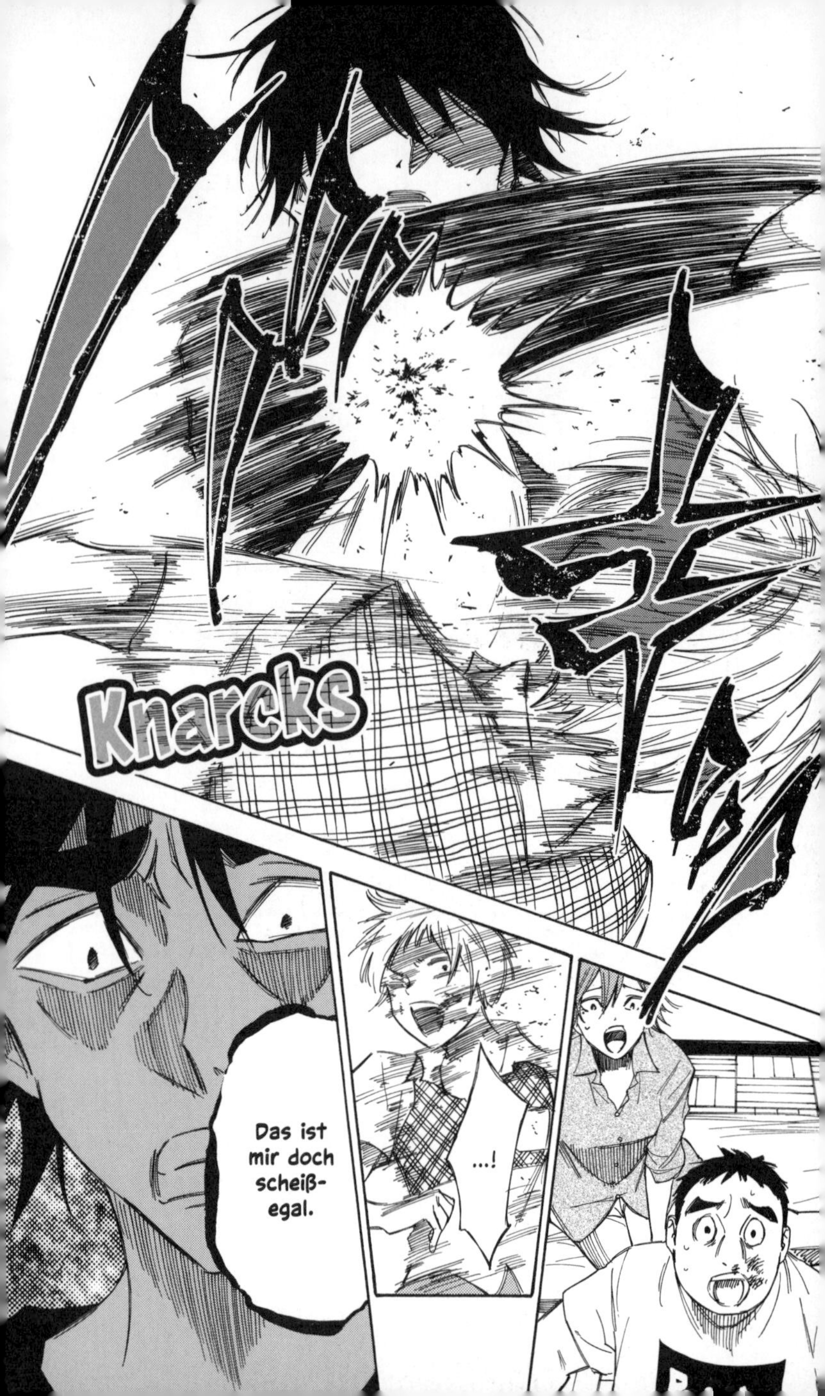

Knarcks
Das ist mir doch scheiß-egal.
...!

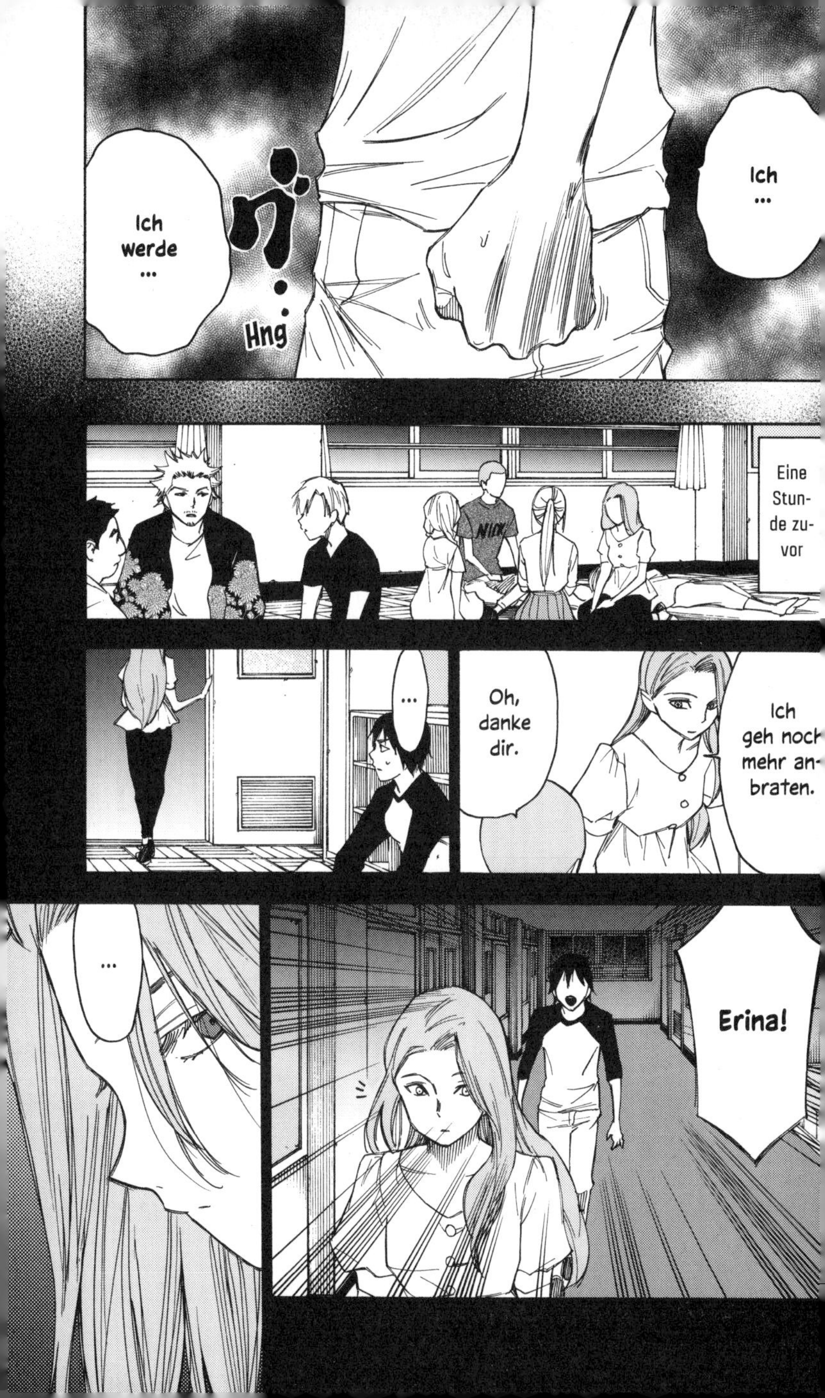
Ich …
Hng
Ich werde …
Eine Stunde zuvor
Ich geh noch mehr anbraten.
Oh, danke dir.
…
Erina!
…

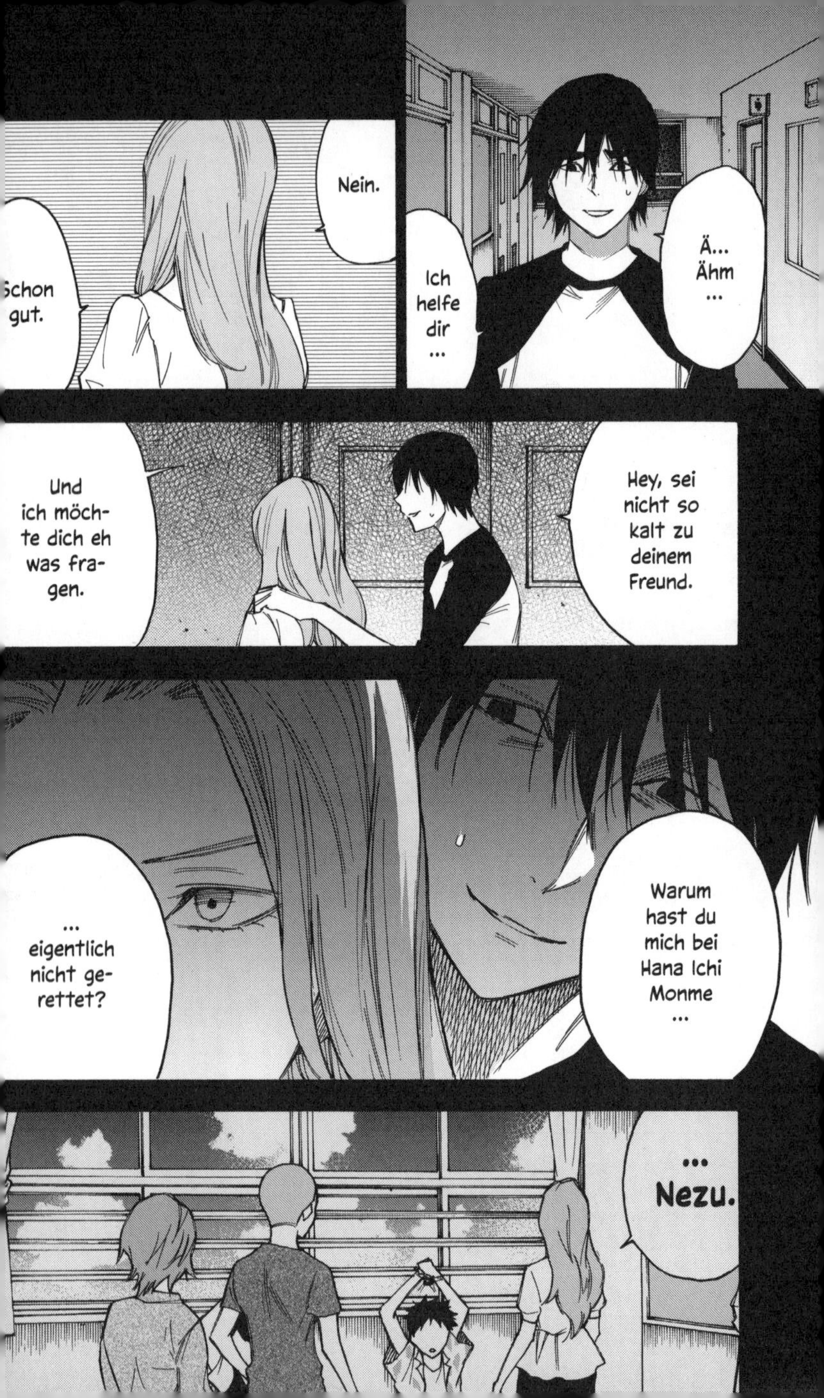
Ä... Ähm ...
Ich helfe dir ...
Nein.
Schon gut.
Hey, sei nicht so kalt zu deinem Freund.
Und ich möchte dich eh was fragen.
Warum hast du mich bei Hana Ichi Monme ...
... eigentlich nicht gerettet?
... Nezu.

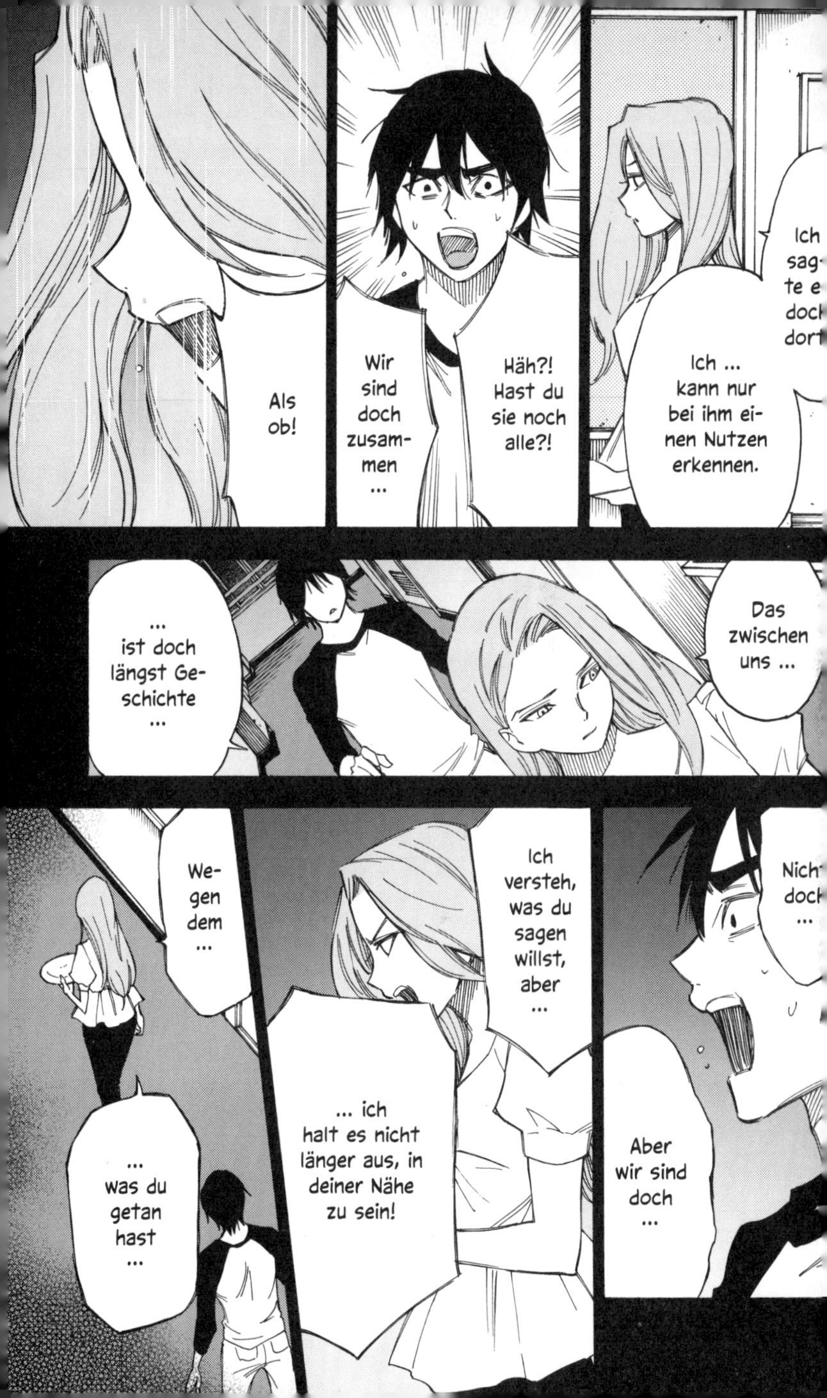
Ich ... kann nur bei ihm einen Nutzen erkennen.
Häh?! Hast du sie noch alle?!
Wir sind doch zusammen ...
Als ob!
Das zwischen uns ...
... ist doch längst Geschichte ...
Aber wir sind doch ...
Ich versteh, was du sagen willst, aber ...
... ich halt es nicht länger aus, in deiner Nähe zu sein!
Wegen dem ...
... was du getan hast ...

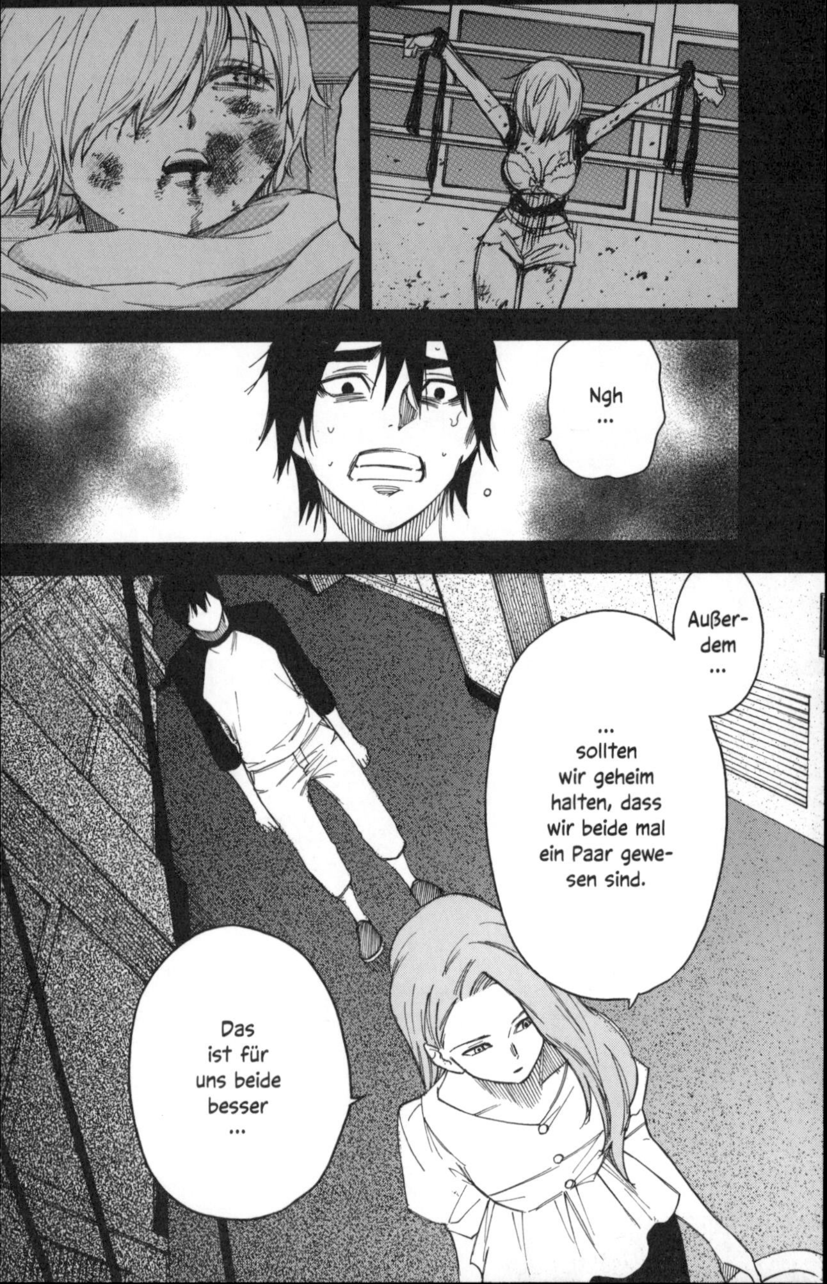
Ngh
...
Außerdem ...
... sollten wir geheim halten, dass wir beide mal ein Paar gewesen sind.
Das ist für uns beide besser ...

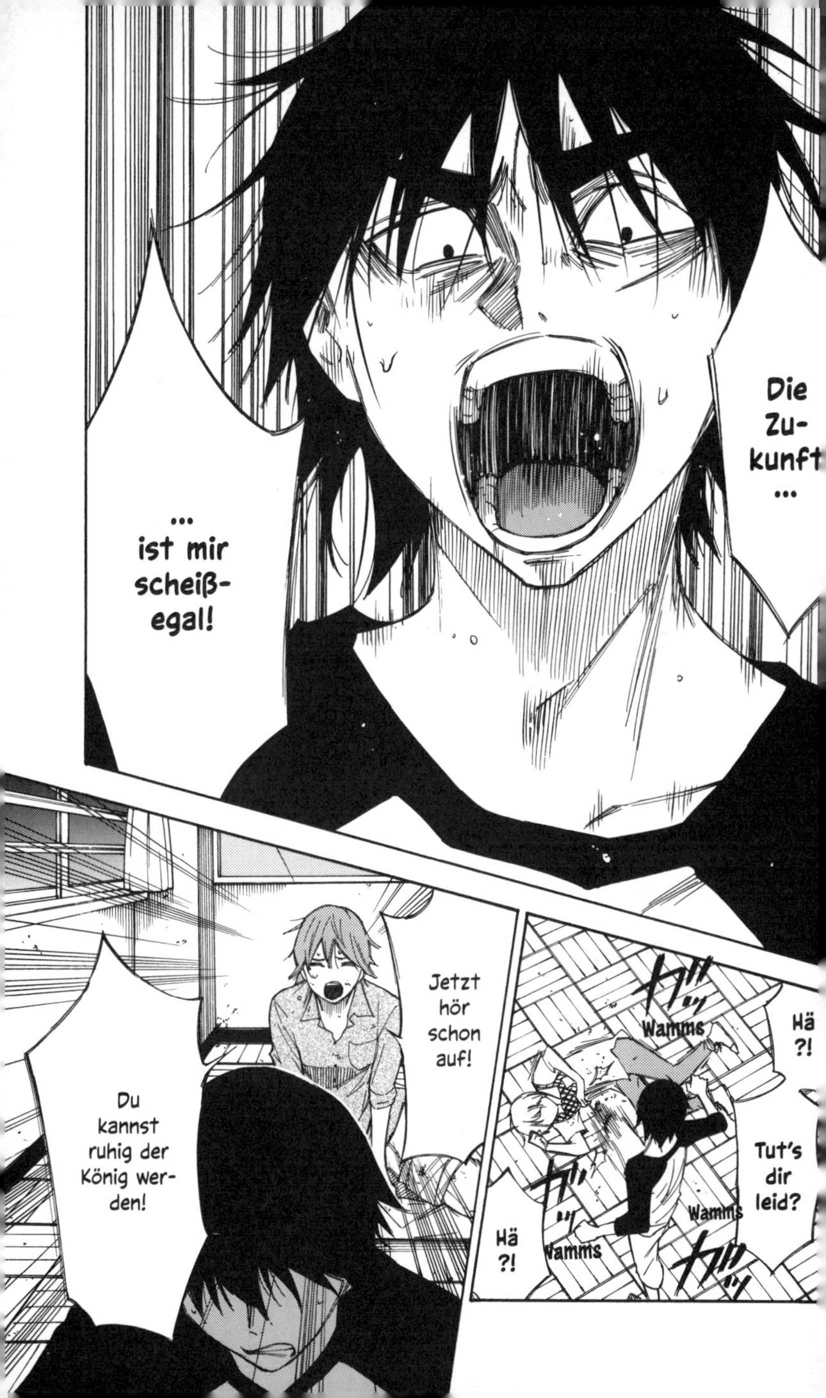
Die Zukunft ...
... ist mir scheißegal!
Hä ?!
Wamms
Tut's dir leid?
Wamms
Hä ?!
Wamms
Jetzt hör schon auf!
Du kannst ruhig der König werden!

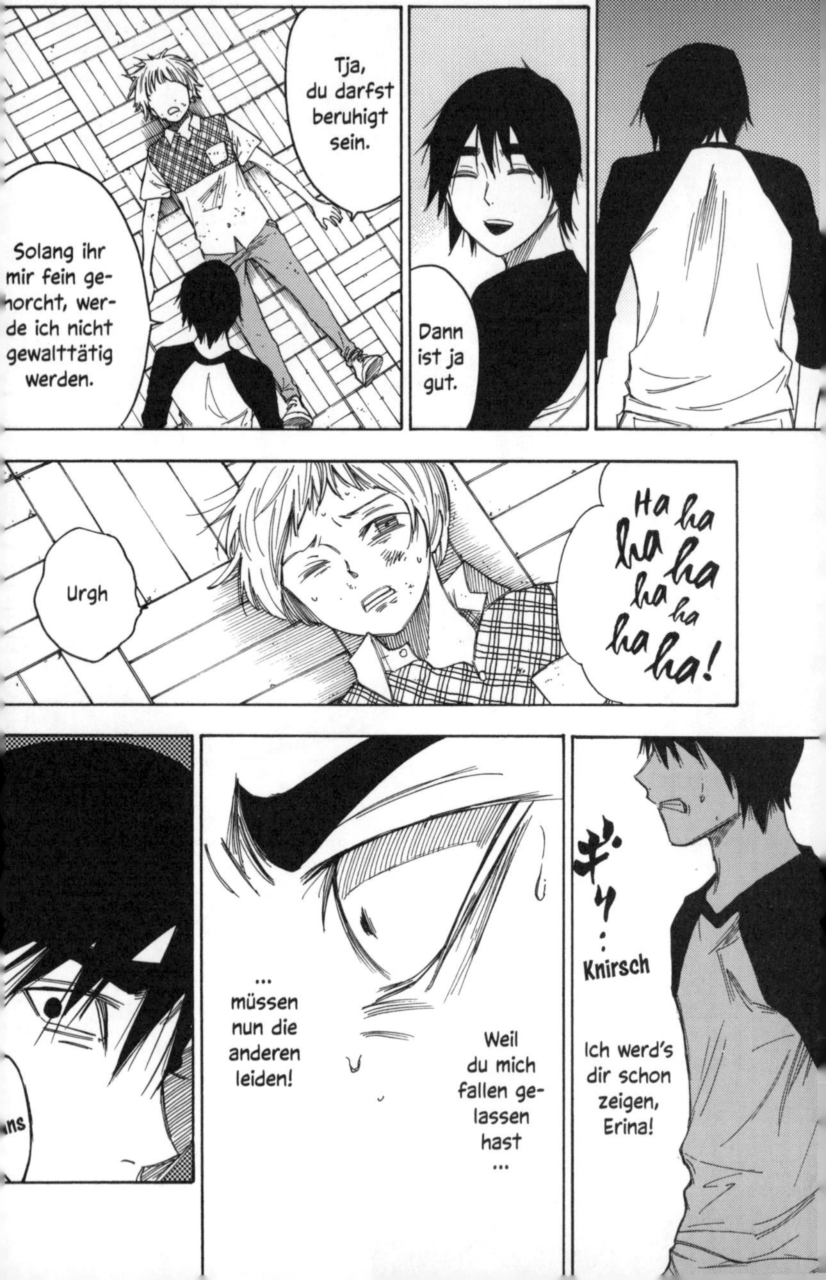

Dann ist ja gut.
Tja, du darfst beruhigt sein.
Solang ihr mir fein gehorcht, werde ich nicht gewalttätig werden.
Ha ha ha ha ha ha ha ha!
Urgh
ギリ
Knirsch
Ich werd's dir schon zeigen, Erina!
Weil du mich fallen gelassen hast …
… müssen nun die anderen leiden!

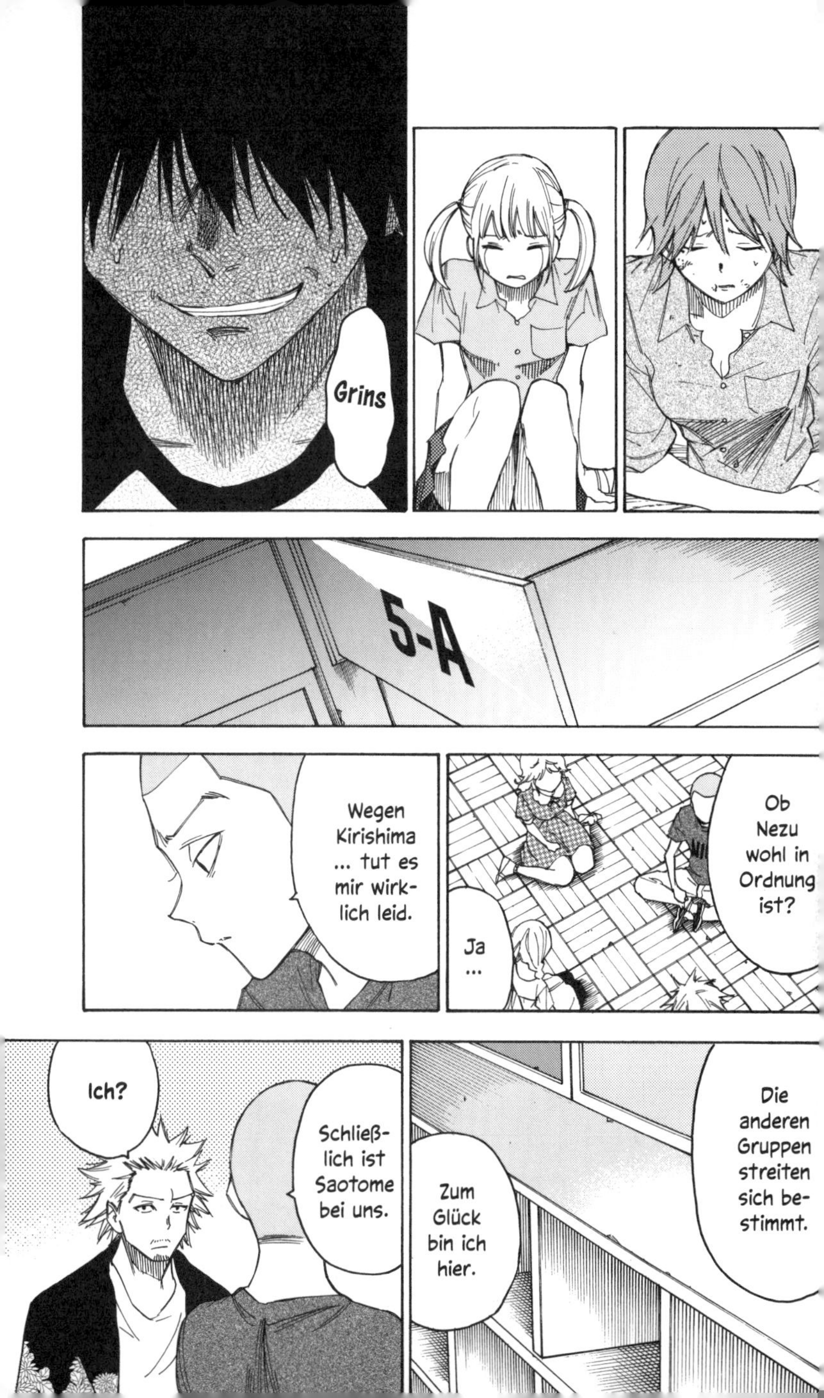
Grins
5-A
Ob Nezu wohl in Ordnung ist?
Ja ...
Wegen Kirishima ... tut es mir wirk-lich leid.
Die anderen Gruppen streiten sich be-stimmt.
Zum Glück bin ich hier.
Schließ-lich ist Saotome bei uns.
Ich?

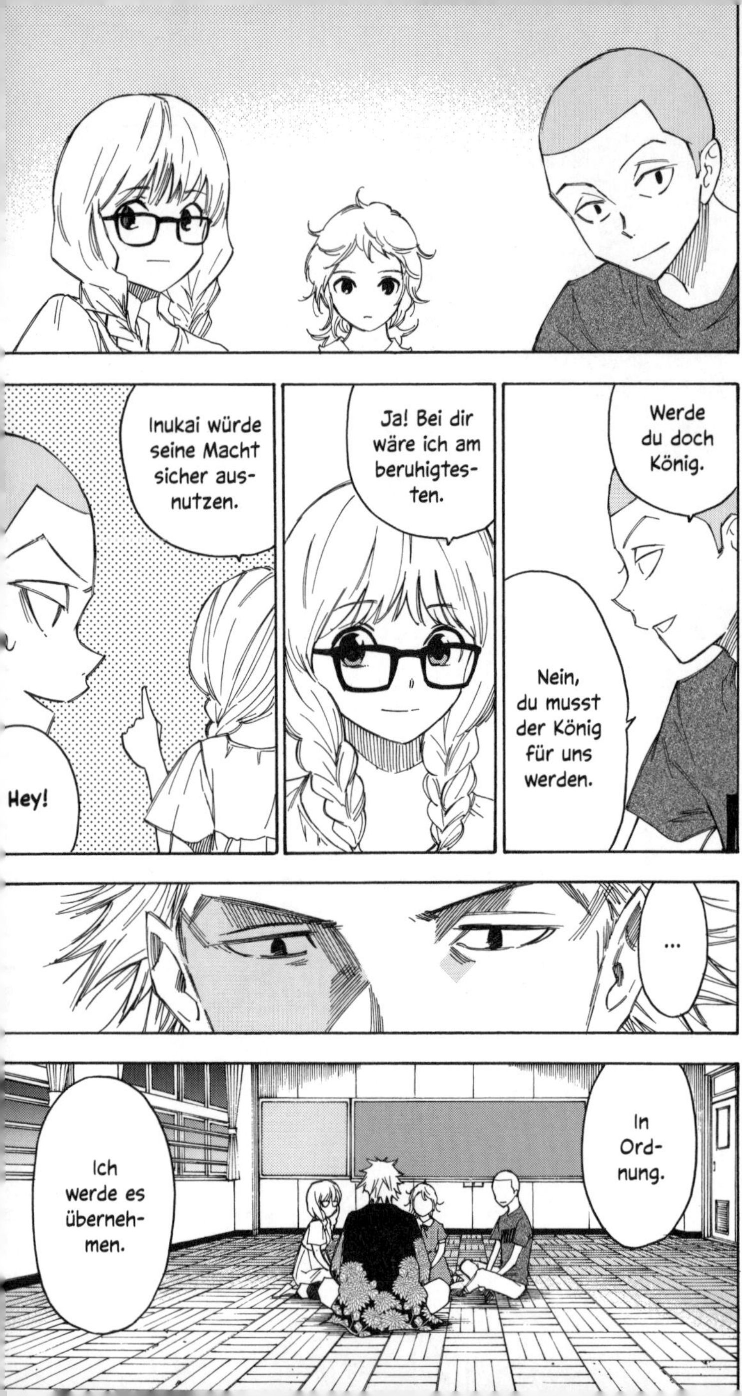

Werde du doch König.
Nein, du musst der König für uns werden.
Ja! Bei dir wäre ich am beruhigtesten.
Inukai würde seine Macht sicher ausnutzen.
Hey!
...
In Ordnung.
Ich werde es übernehmen.

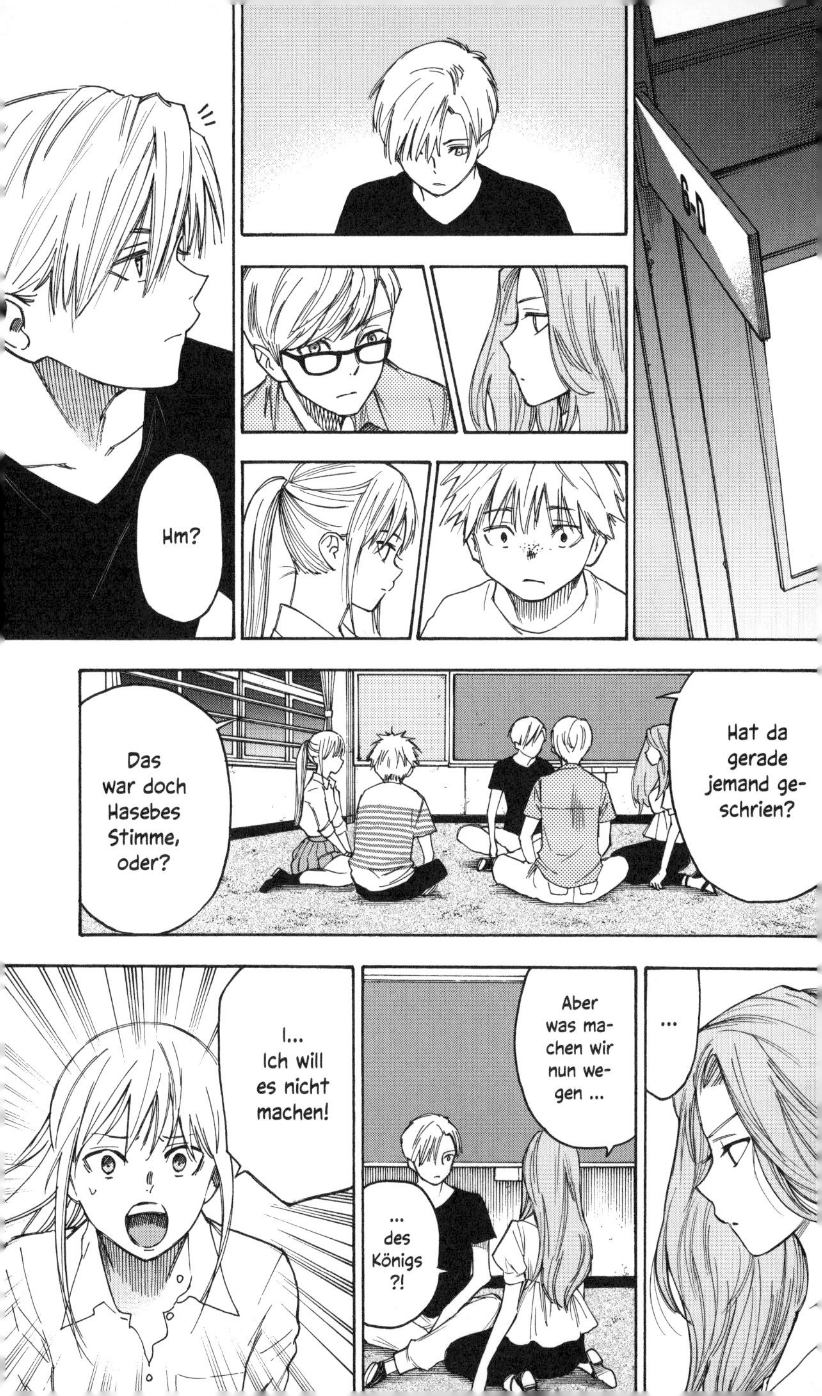
Hm?
Hat da gerade jemand geschrien?
Das war doch Hasebes Stimme, oder?
...
Aber was machen wir nun wegen ...
... des Königs ?!
I... Ich will es nicht machen!

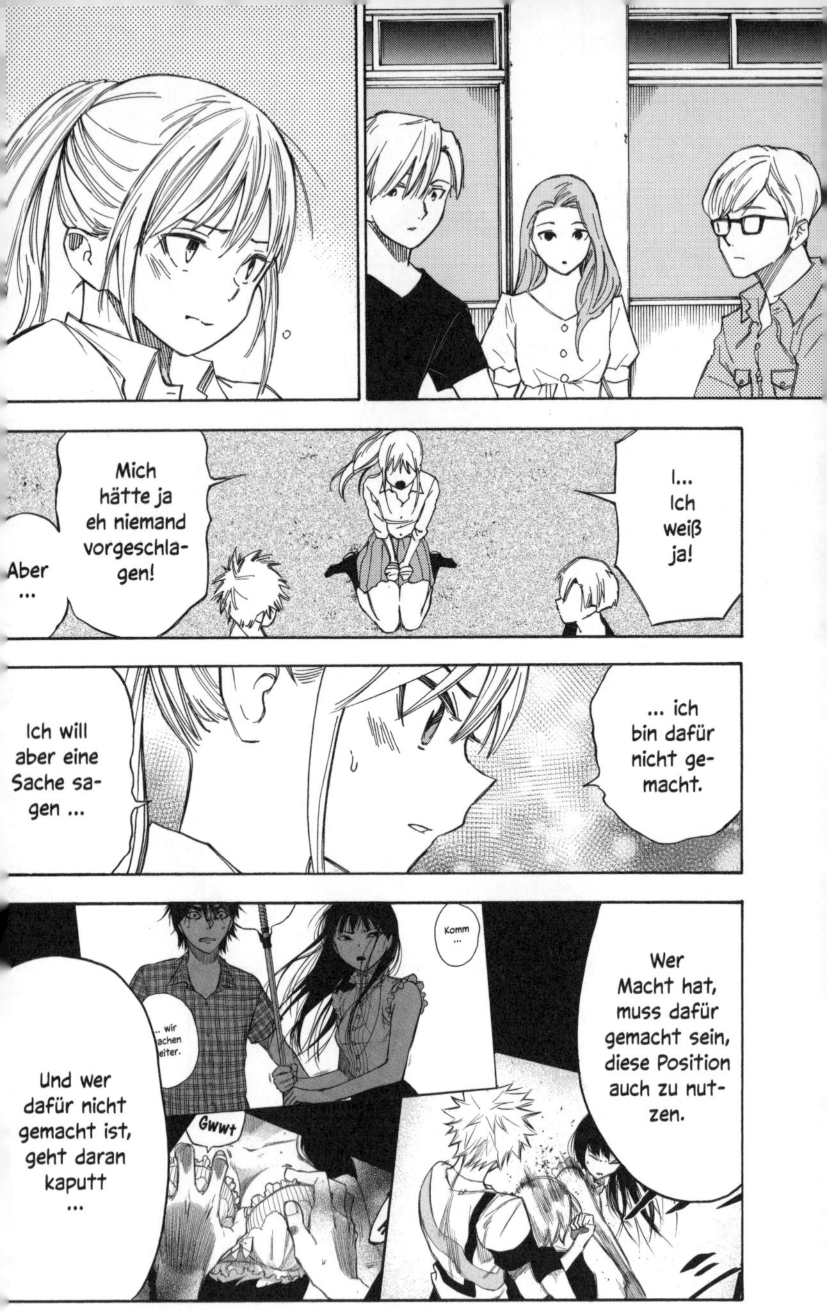
I... Ich weiß ja!
Mich hätte ja eh niemand vorgeschlagen!
Aber ...
... ich bin dafür nicht gemacht.
Ich will aber eine Sache sagen ...
Wer Macht hat, muss dafür gemacht sein, diese Position auch zu nutzen.
Komm ...
... wir
Gwwt
Und wer dafür nicht gemacht ist, geht daran kaputt ...

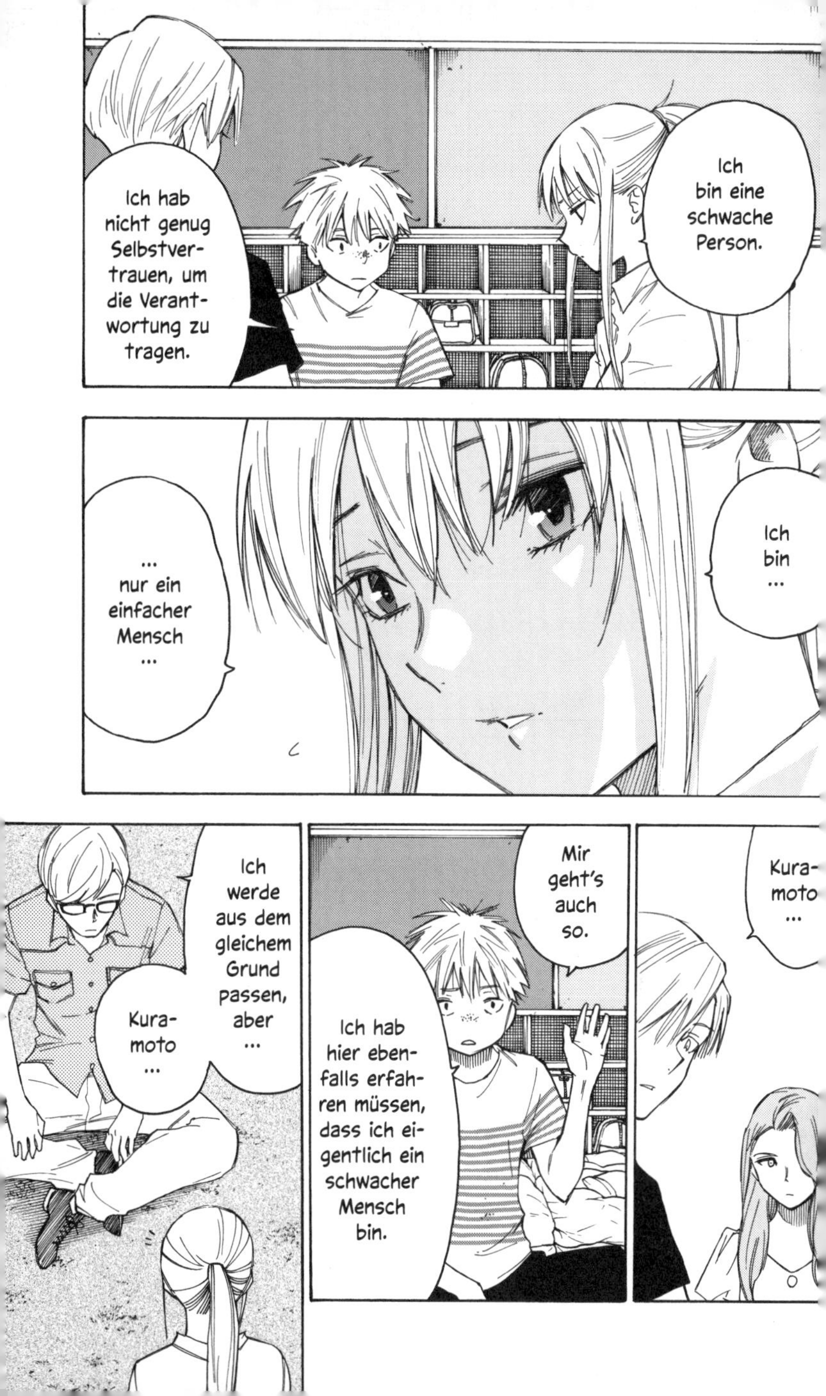
Ich bin eine schwache Person.
Ich hab nicht genug Selbstvertrauen, um die Verantwortung zu tragen.
Ich bin ...
... nur ein einfacher Mensch ...
Kuramoto ...
Mir geht's auch so.
Ich hab hier ebenfalls erfahren müssen, dass ich eigentlich ein schwacher Mensch bin.
Ich werde aus dem gleichem Grund passen, aber ...
Kuramoto ...

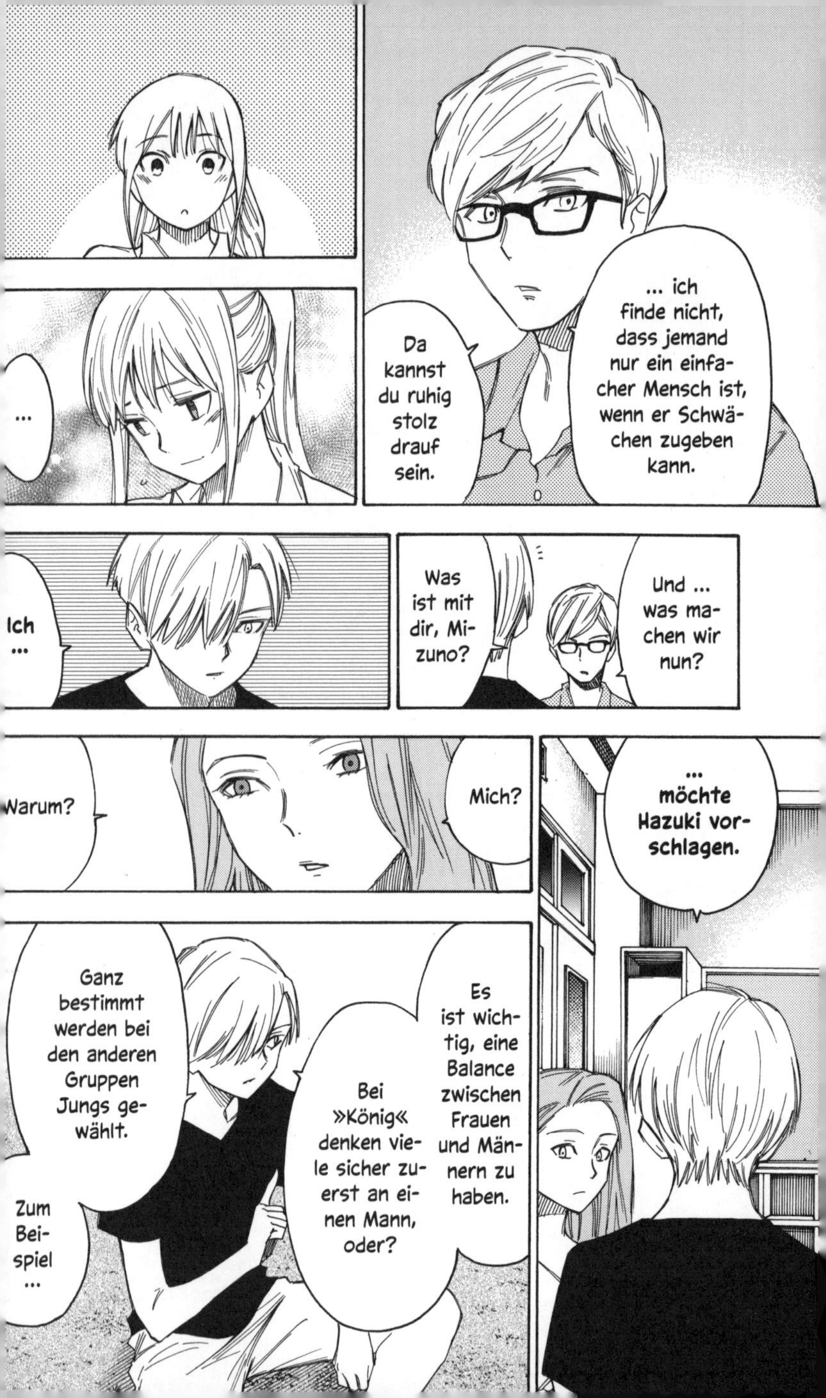

... ich finde nicht, dass jemand nur ein einfacher Mensch ist, wenn er Schwächen zugeben kann.
Da kannst du ruhig stolz drauf sein.
...
Und ... was machen wir nun?
Was ist mit dir, Mizuno?
Ich ...
... möchte Hazuki vorschlagen.
Mich?
Warum?
Es ist wichtig, eine Balance zwischen Frauen und Männern zu haben.
Bei »König« denken viele sicher zuerst an einen Mann, oder?
Ganz bestimmt werden bei den anderen Gruppen Jungs gewählt.
Zum Beispiel ...

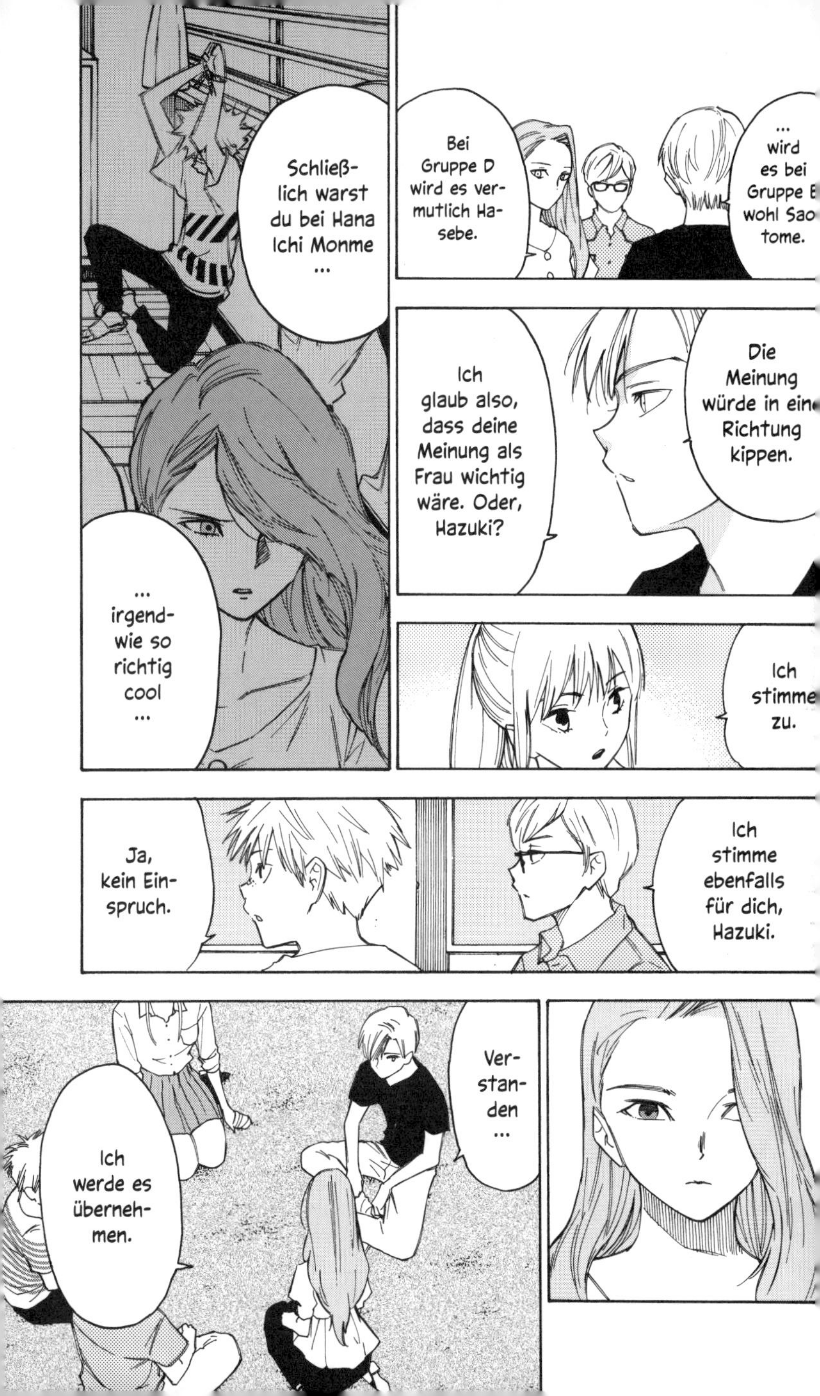

... wird es bei Gruppe E wohl Saotome.
Bei Gruppe D wird es vermutlich Hasebe.
Die Meinung würde in ein Richtung kippen.
Ich glaub also, dass deine Meinung als Frau wichtig wäre. Oder, Hazuki?
Ich stimme zu.
Schließlich warst du bei Hana Ichi Monme ...
... irgendwie so richtig cool ...
Ich stimme ebenfalls für dich, Hazuki.
Ja, kein Einspruch.
Verstanden ...
Ich werde es übernehmen.

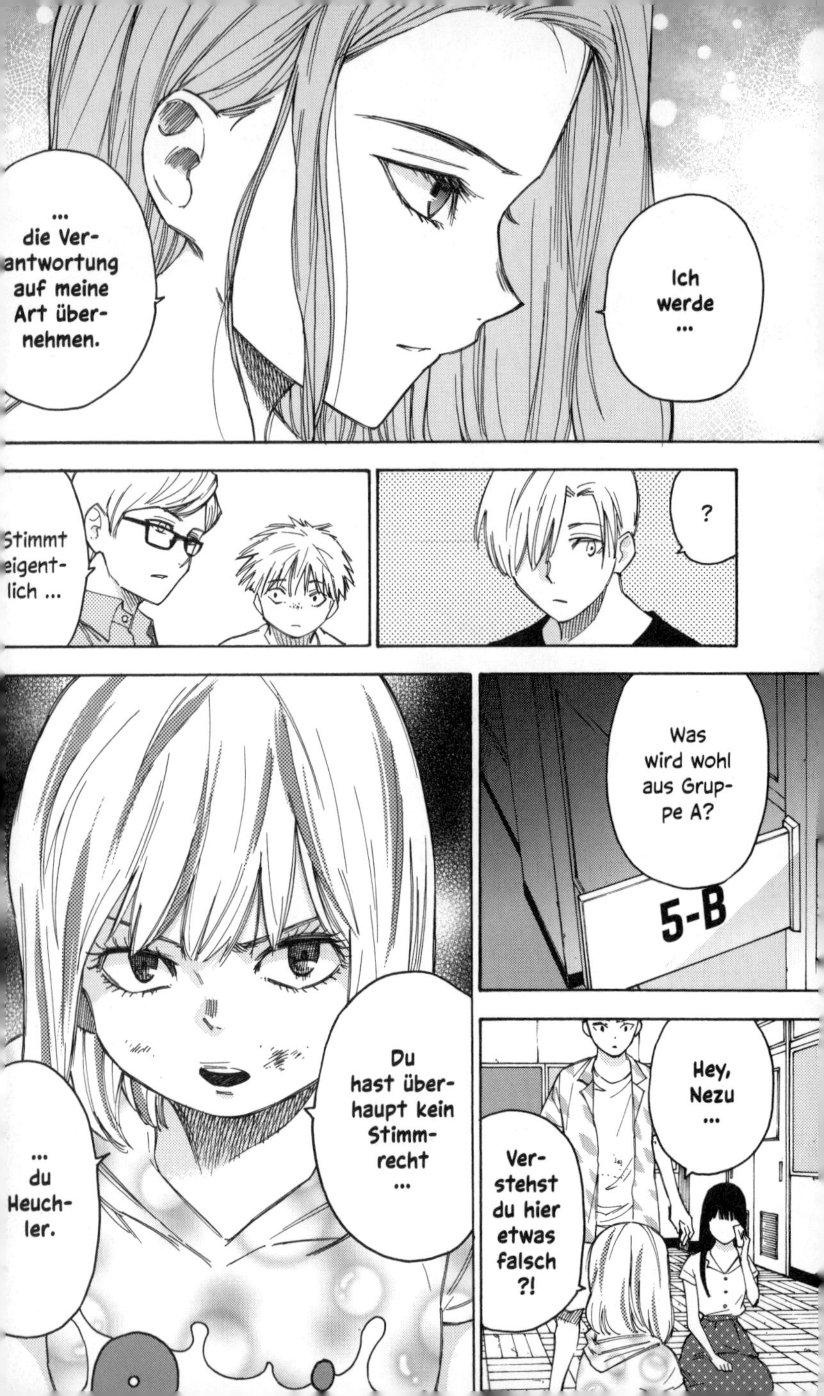
Ich werde ...
... die Verantwortung auf meine Art übernehmen.
?
Stimmt eigentlich ...
Was wird wohl aus Gruppe A?
5-B
Du hast überhaupt kein Stimmrecht ...
... du Heuchler.
Hey, Nezu ...
Verstehst du hier etwas falsch ?!

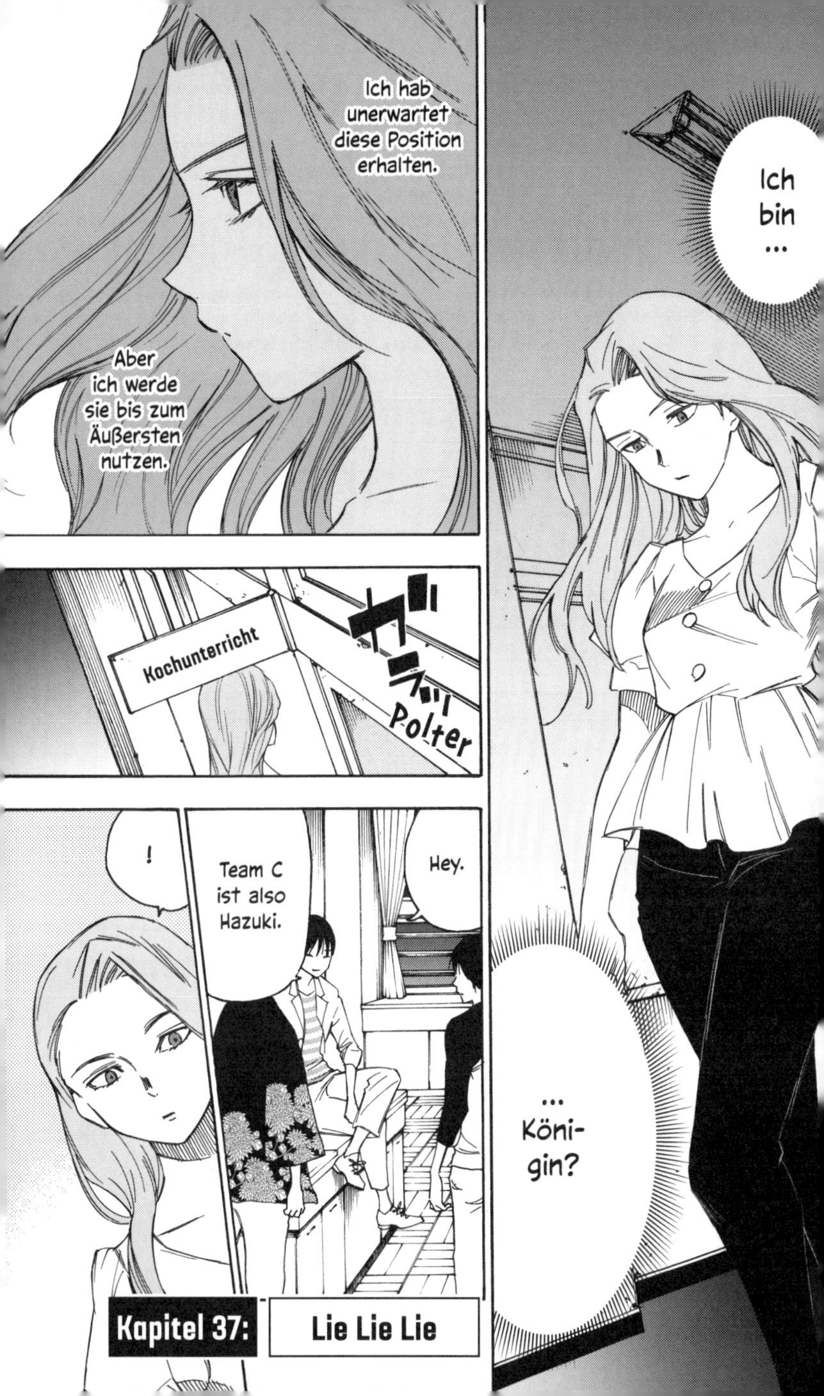
Ich bin ...
... Königin?
Ich hab unerwartet diese Position erhalten.
Aber ich werde sie bis zum Äußersten nutzen.
Kochunterricht
Polter
Hey.
Team C ist also Hazuki.
!
Kapitel 37: Lie Lie Lie

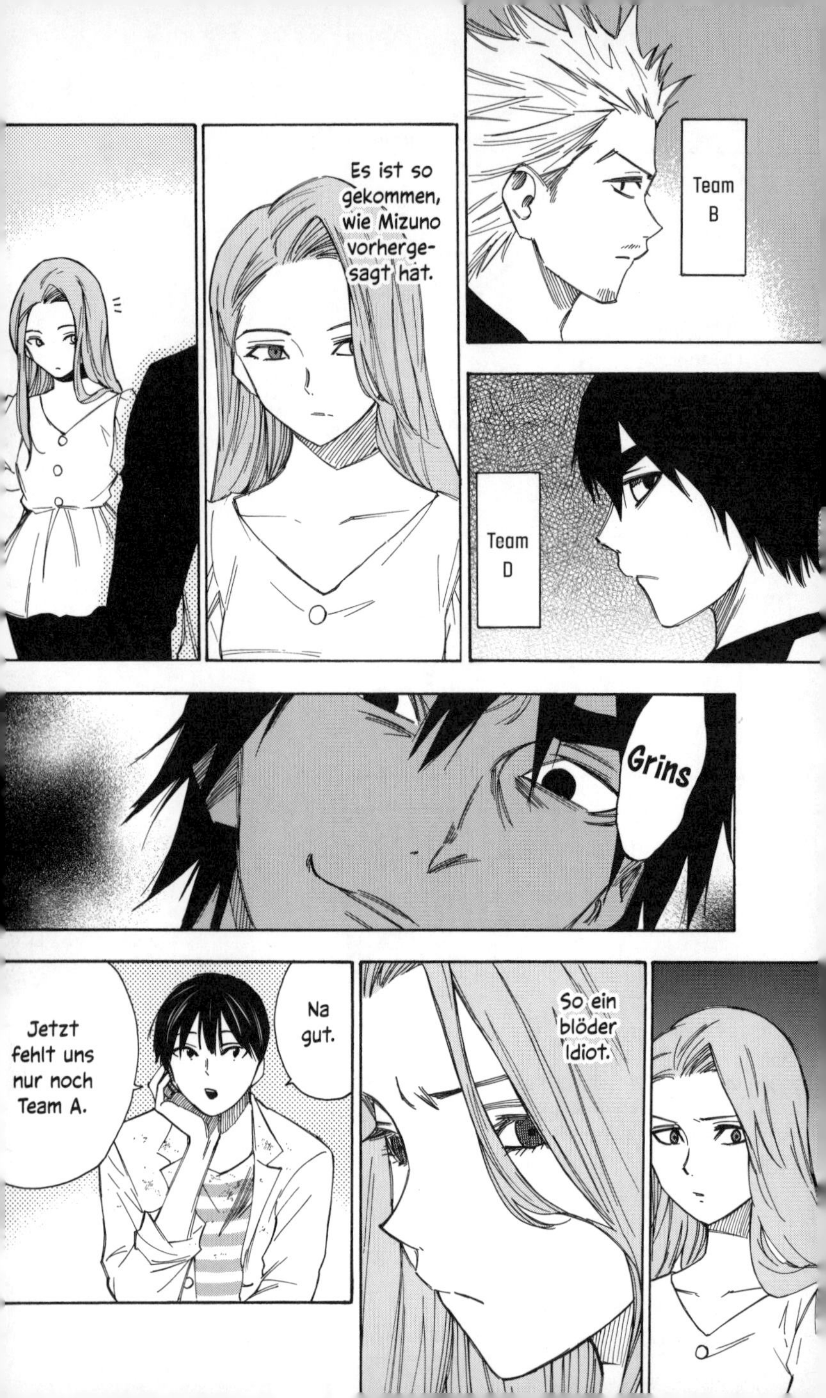
Team B
Team D
Es ist so gekommen, wie Mizuno vorhergesagt hat.
Grins
So ein blöder Idiot.
Na gut.
Jetzt fehlt uns nur noch Team A.

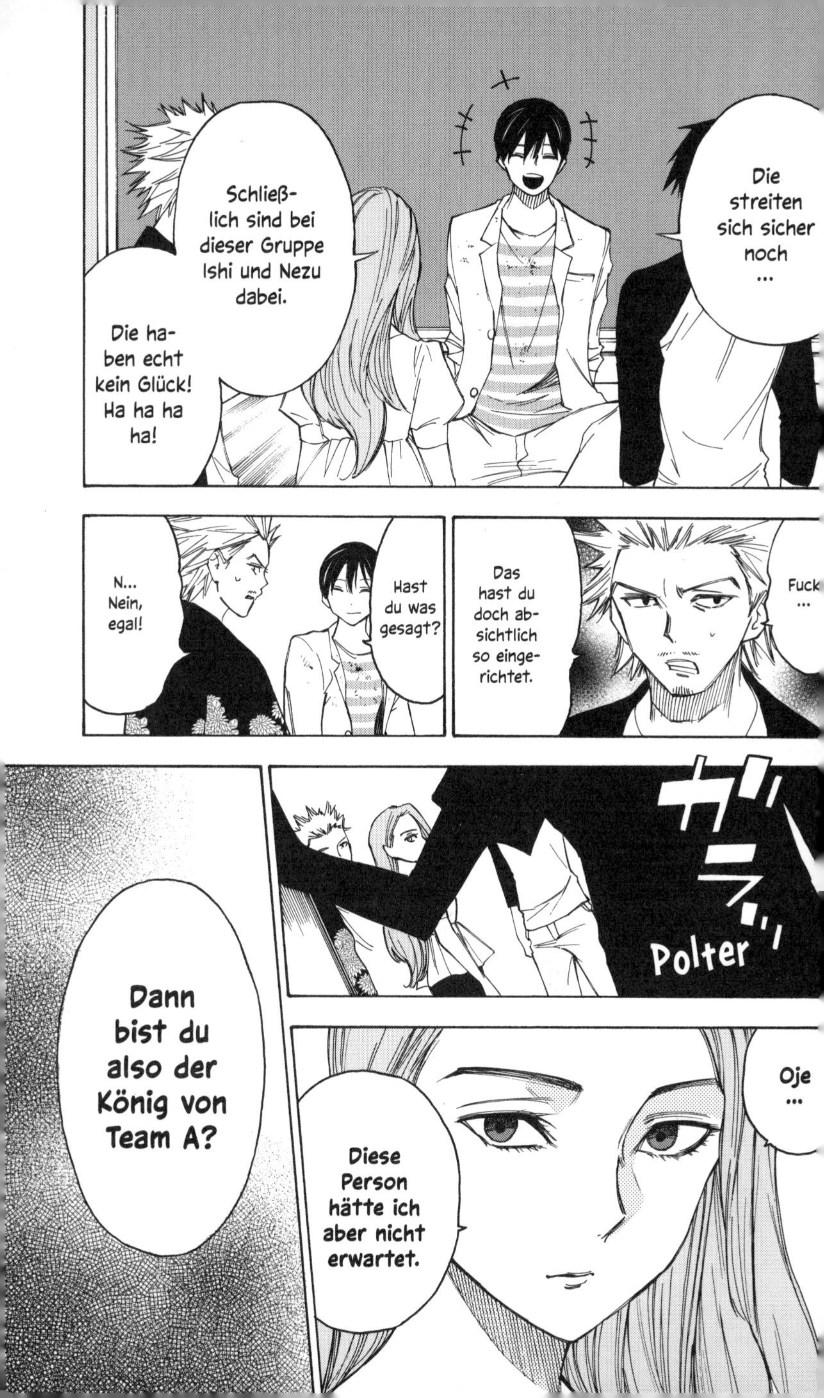
Die streiten sich sicher noch ...
Schließlich sind bei dieser Gruppe Ishi und Nezu dabei.
Die haben echt kein Glück! Ha ha ha ha!
Fuck ...
Das hast du doch absichtlich so eingerichtet.
Hast du was gesagt?
N... Nein, egal!
Polter
Oje ...
Diese Person hätte ich aber nicht erwartet.
Dann bist du also der König von Team A?

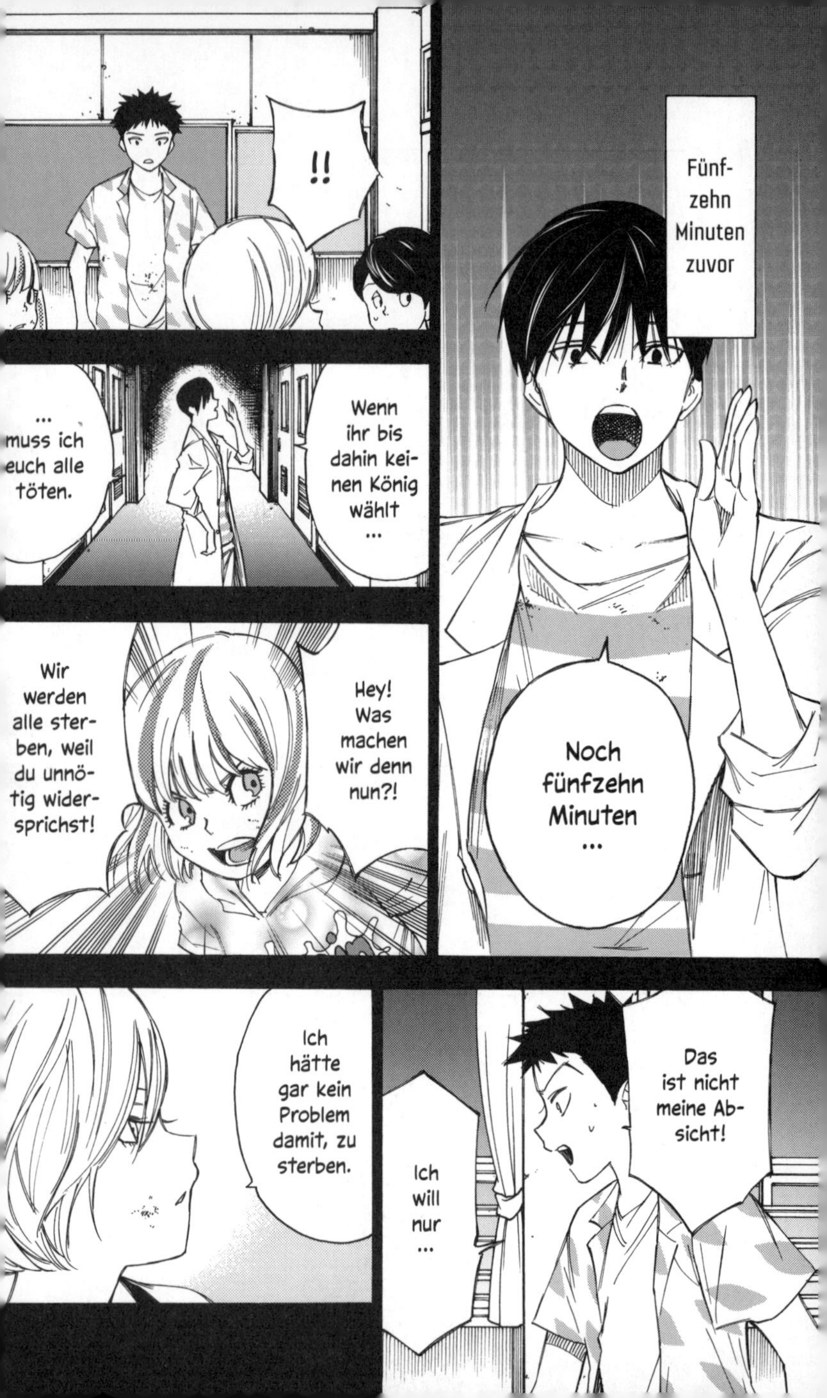

Fünf-
zehn
Minuten
zuvor
Noch fünfzehn Minuten ...
!!
Wenn ihr bis dahin keinen König wählt ...
... muss ich euch alle töten.
Hey! Was machen wir denn nun?!
Wir werden alle sterben, weil du unnötig widersprichst!
Das ist nicht meine Absicht!
Ich will nur ...
Ich hätte gar kein Problem damit, zu sterben.

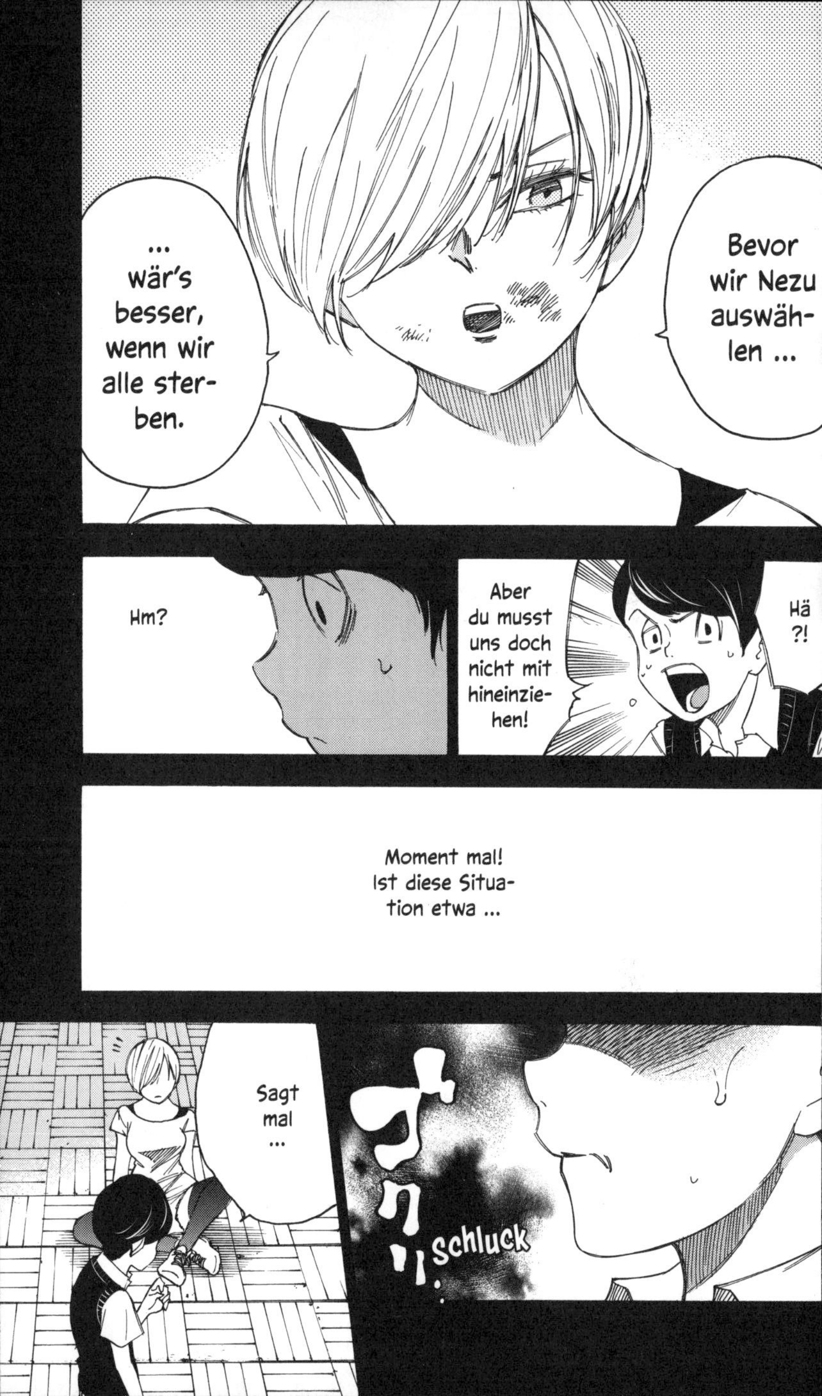
Bevor wir Nezu auswählen ...
... wär's besser, wenn wir alle sterben.
Hä ?!
Aber du musst uns doch nicht mit hineinziehen!
Hm?
Moment mal! Ist diese Situation etwa ...
Schluck
Sagt mal ...

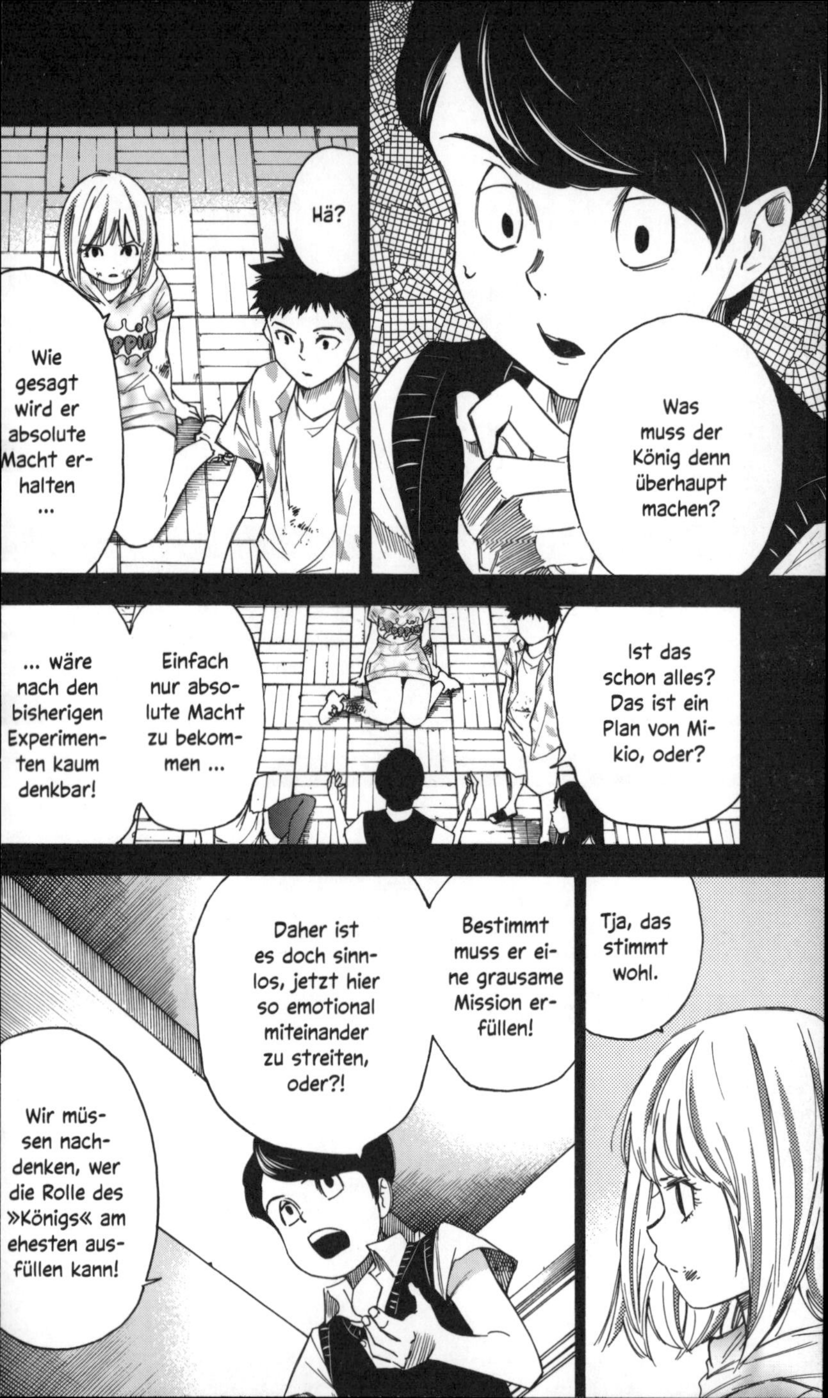
Was muss der König denn überhaupt machen?
Hä?
Wie gesagt wird er absolute Macht erhalten ...
Ist das schon alles? Das ist ein Plan von Mikio, oder?
Einfach nur absolute Macht zu bekommen ...
... wäre nach den bisherigen Experimenten kaum denkbar!
Tja, das stimmt wohl.
Bestimmt muss er eine grausame Mission erfüllen!
Daher ist es doch sinnlos, jetzt hier so emotional miteinander zu streiten, oder?!
Wir müssen nachdenken, wer die Rolle des »Königs« am ehesten ausfüllen kann!

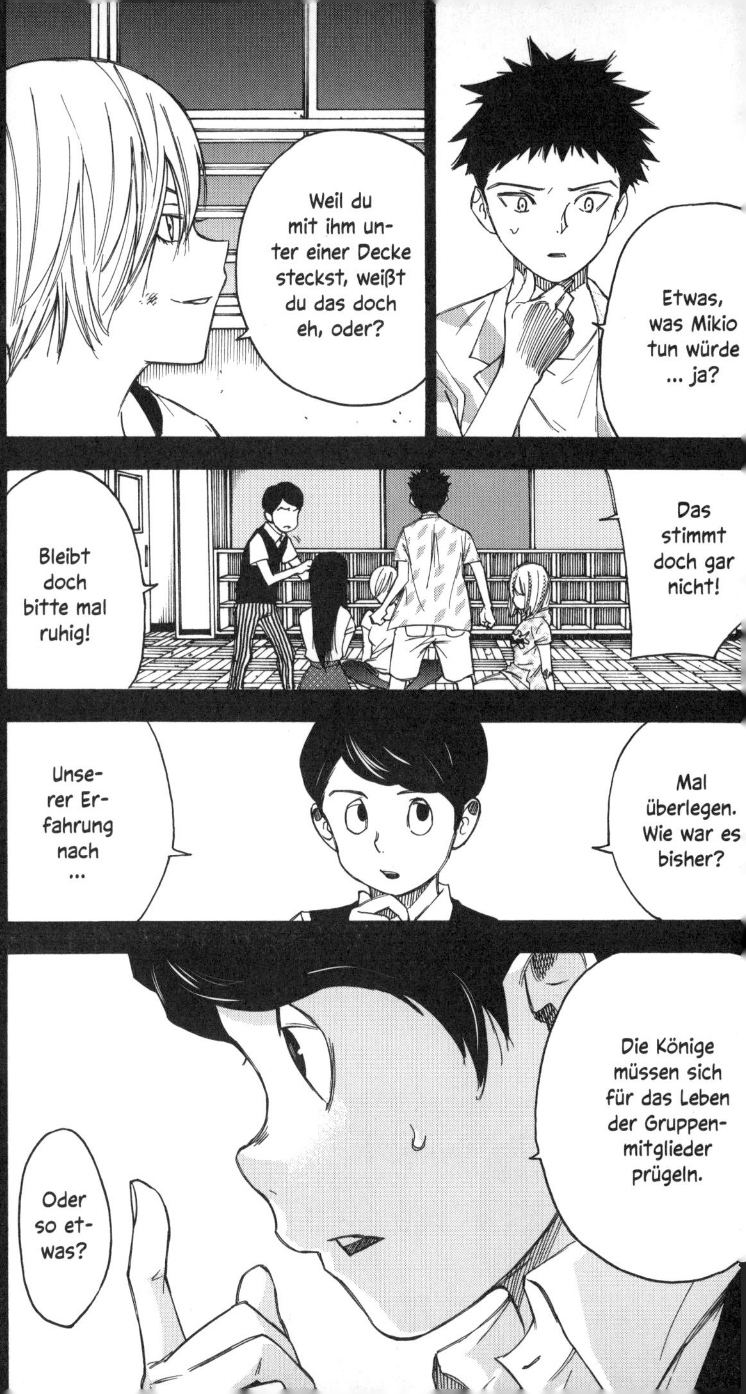
Etwas, was Mikio tun würde ... ja?
Weil du mit ihm unter einer Decke steckst, weißt du das doch eh, oder?
Das stimmt doch gar nicht!
Bleibt doch bitte mal ruhig!
Mal überlegen. Wie war es bisher?
Unserer Erfahrung nach ...
Die Könige müssen sich für das Leben der Gruppenmitglieder prügeln.
Oder so etwas?

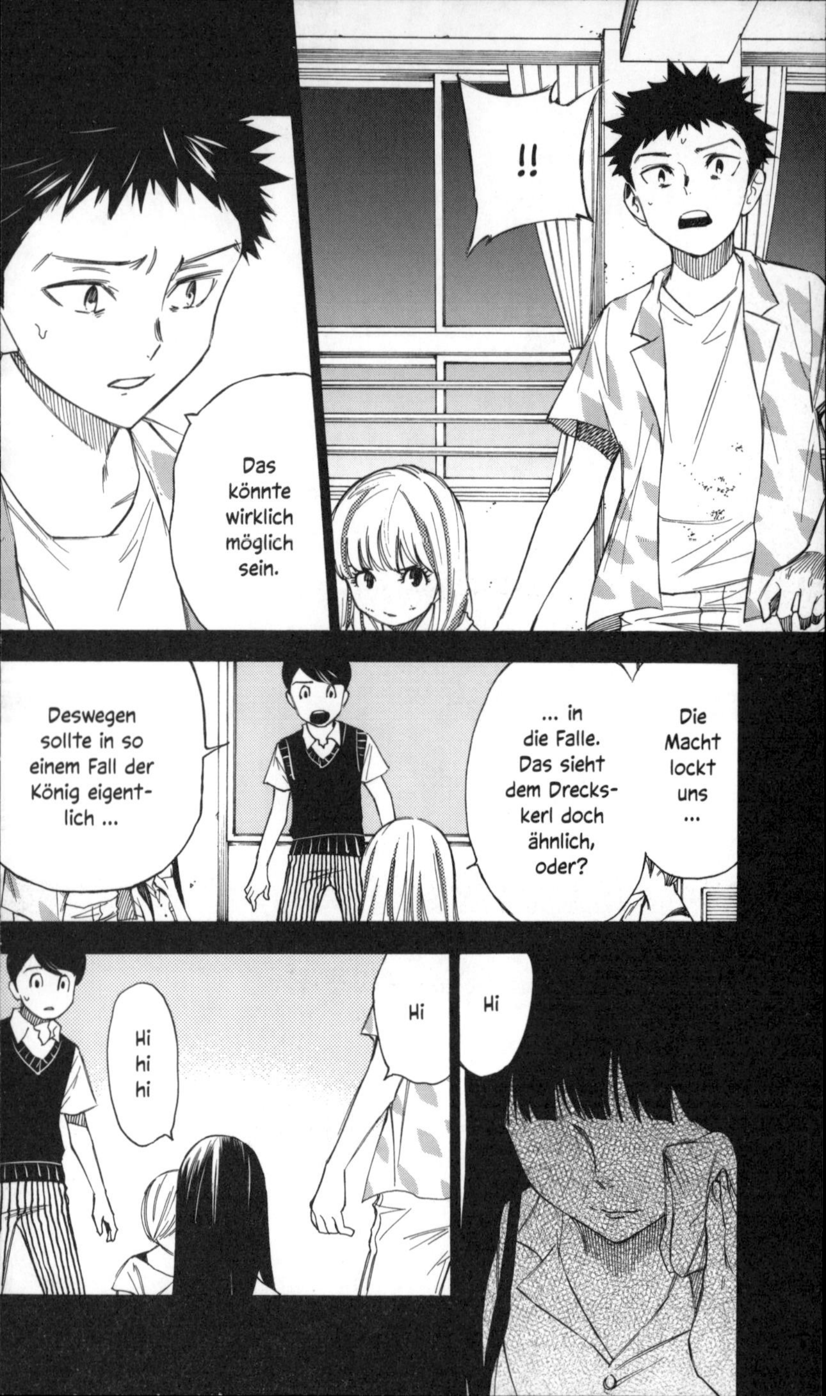
!!
Das könnte wirklich möglich sein.
Die Macht lockt uns ...
... in die Falle. Das sieht dem Dreckskerl doch ähnlich, oder?
Deswegen sollte in so einem Fall der König eigentlich ...
Hi
Hi
Hi hi hi

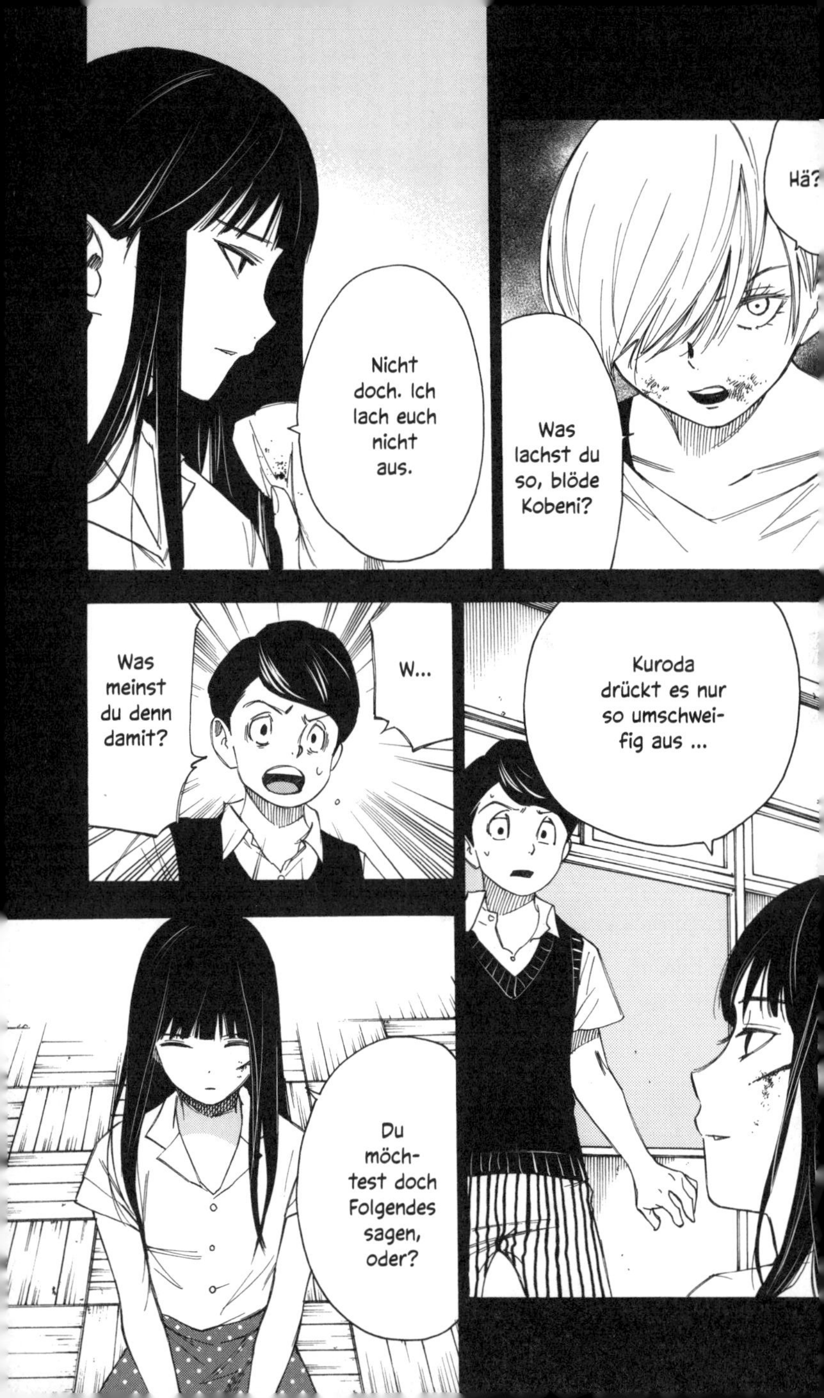
Hä?
Was lachst du so, blöde Kobeni?
Nicht doch. Ich lach euch nicht aus.
Kuroda drückt es nur so umschweifig aus ...
W...
Was meinst du denn damit?
Du möchtest doch Folgendes sagen, oder?

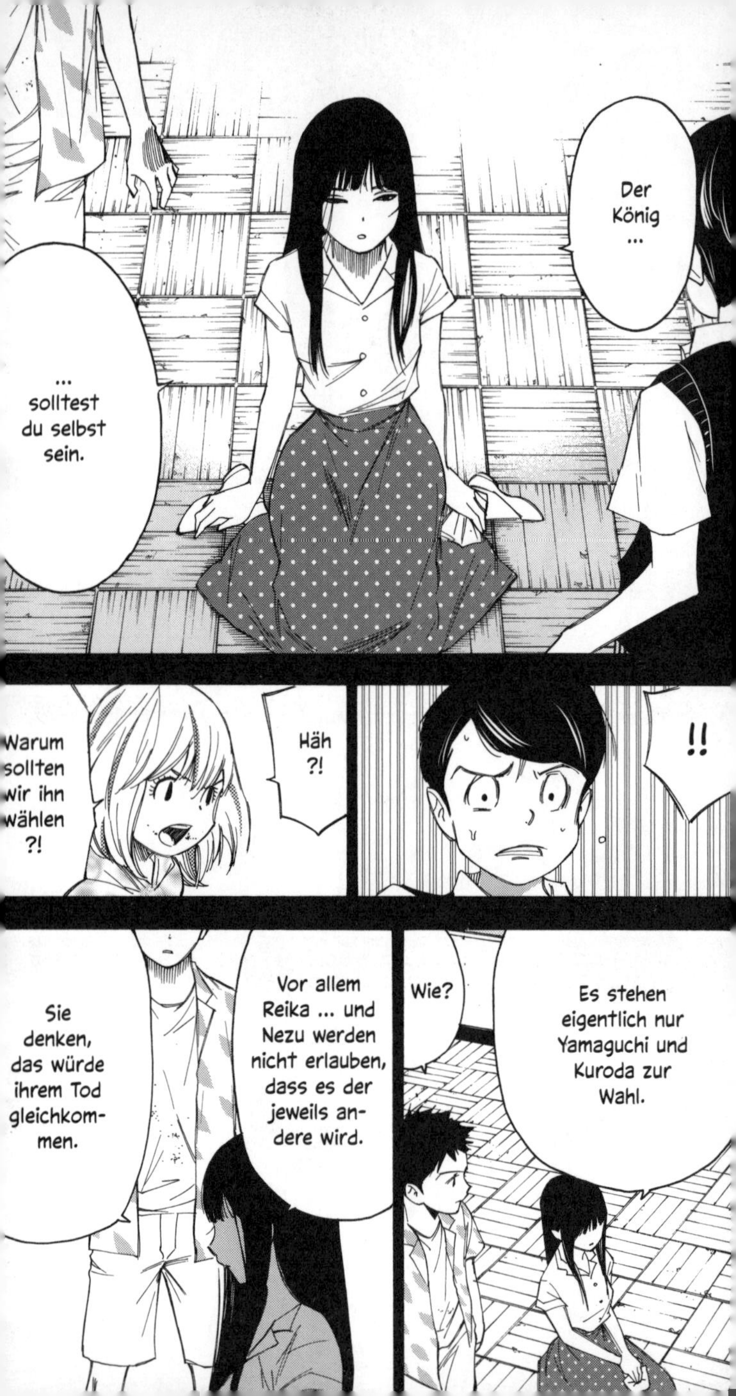

Der König ...
... solltest du selbst sein.
!!
Häh ?!
Warum sollten wir ihn wählen ?!
Es stehen eigentlich nur Yamaguchi und Kuroda zur Wahl.
Wie?
Vor allem Reika ... und Nezu werden nicht erlauben, dass es der jeweils andere wird.
Sie denken, das würde ihrem Tod gleichkommen.

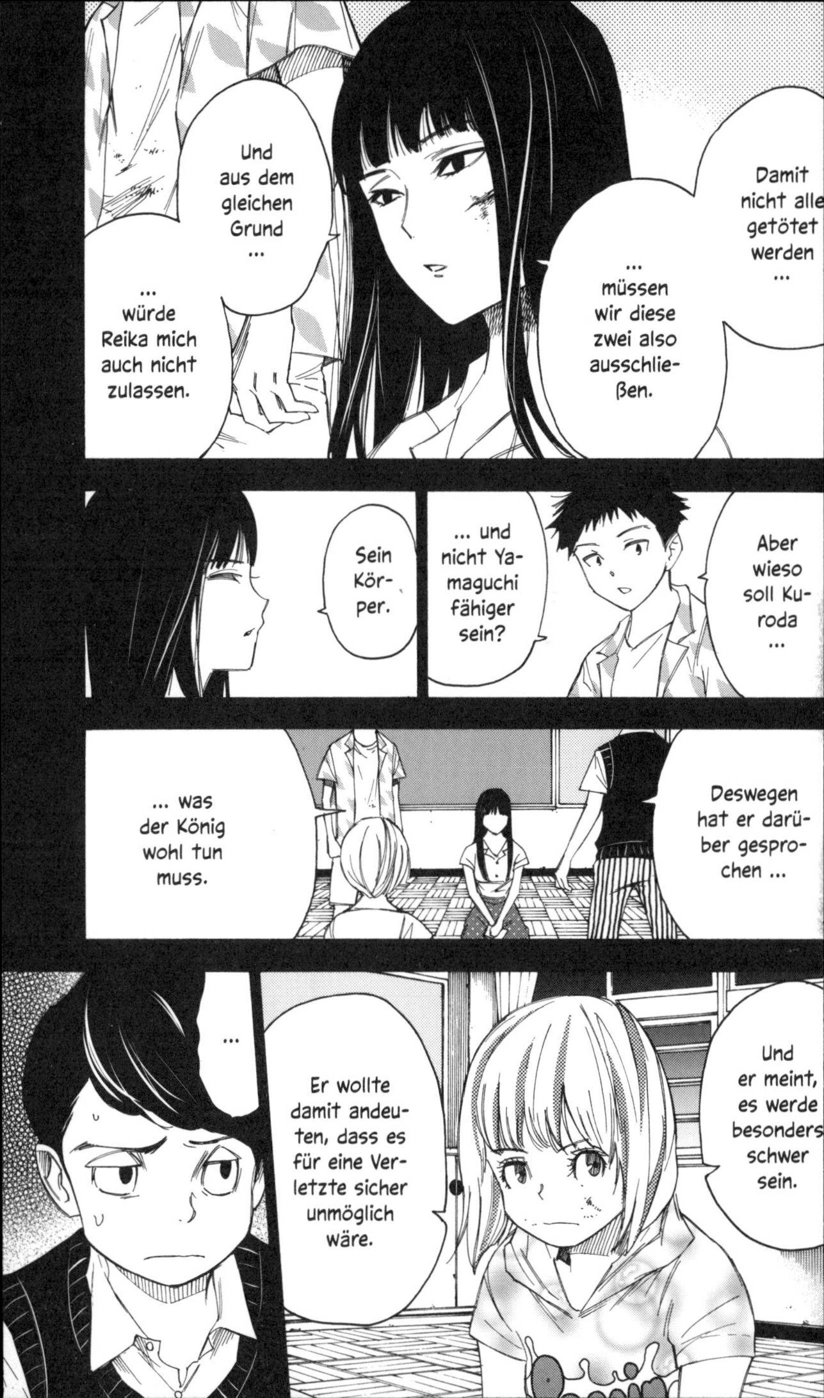

Damit nicht alle getötet werden ...
... müssen wir diese zwei also ausschließen.
Und aus dem gleichen Grund ...
... würde Reika mich auch nicht zulassen.
Aber wieso soll Kuroda ...
... und nicht Yamaguchi fähiger sein?
Sein Körper.
Deswegen hat er darüber gesprochen ...
... was der König wohl tun muss.
Und er meint, es werde besonders schwer sein.
Er wollte damit andeuten, dass es für eine Verletzte sicher unmöglich wäre.
...

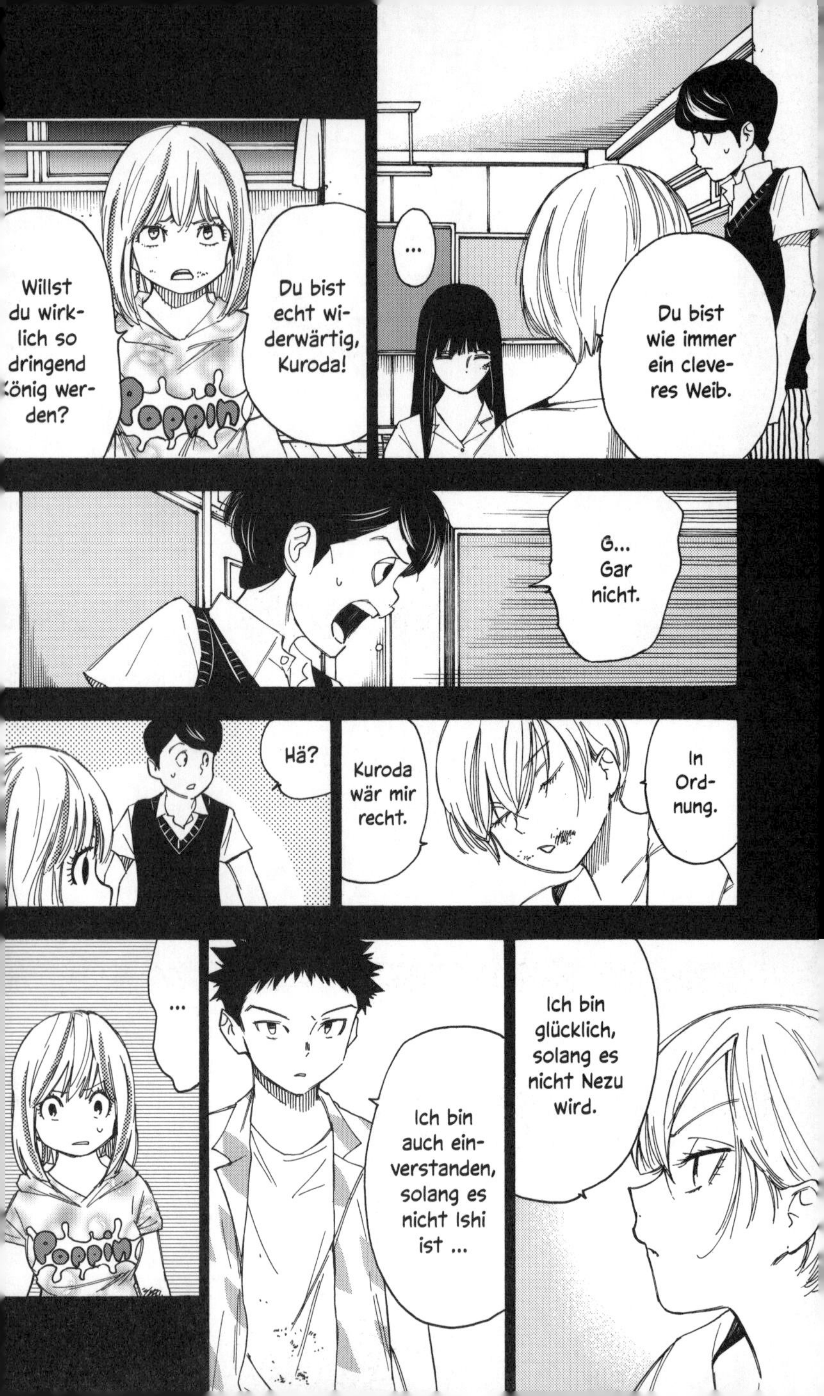

Du bist wie immer ein cleveres Weib.
...
Du bist echt widerwärtig, Kuroda!
Willst du wirklich so dringend König werden?
G... Gar nicht.
In Ordnung.
Kuroda wär mir recht.
Hä?
Ich bin glücklich, solang es nicht Nezu wird.
Ich bin auch einverstanden, solang es nicht Ishi ist ...
...

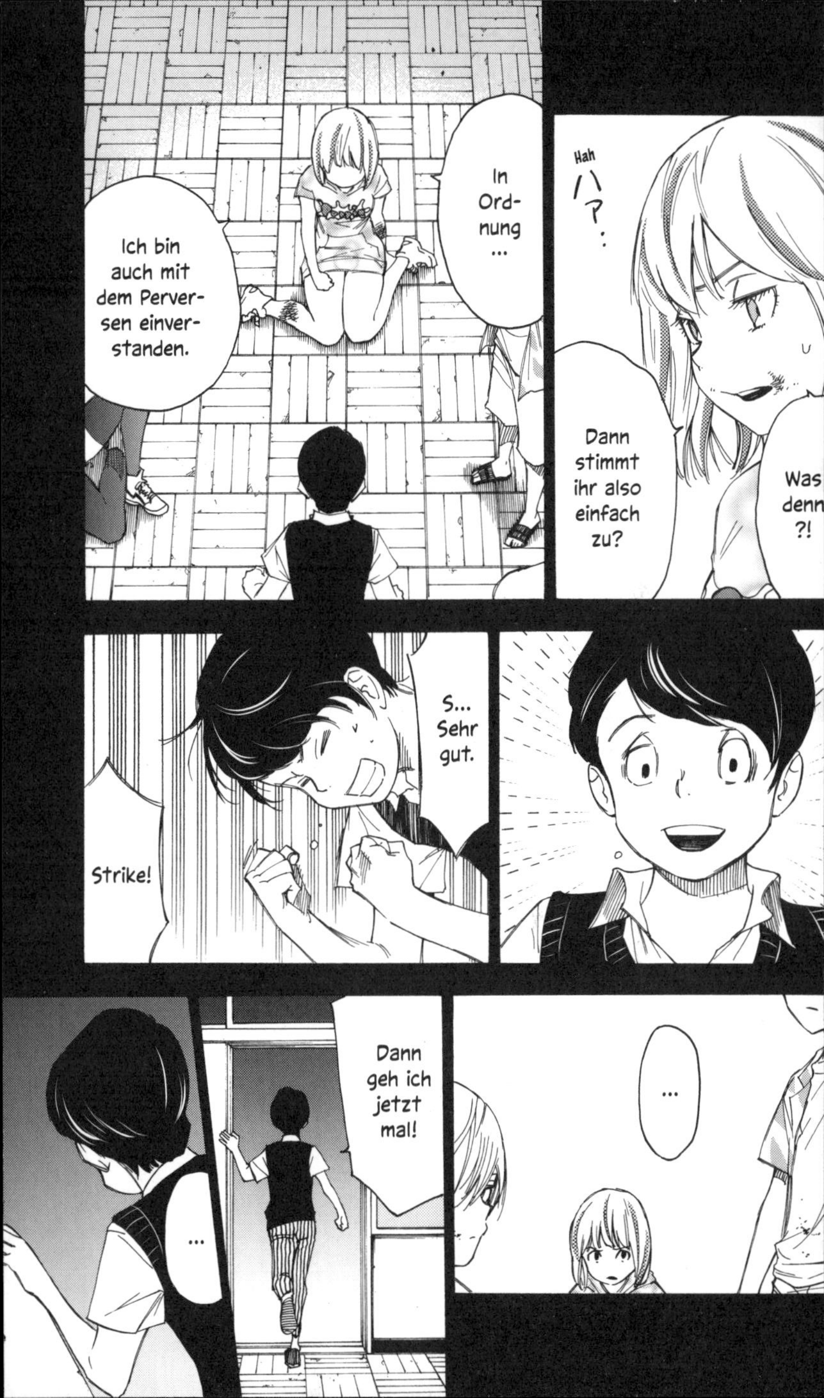
Hah
ハア…
Was denn ?!
Dann stimmt ihr also einfach zu?
In Ord- nung …
Ich bin auch mit dem Perver- sen einver- standen.
…
S… Sehr gut.
Strike!
…
Dann geh ich jetzt mal!
…

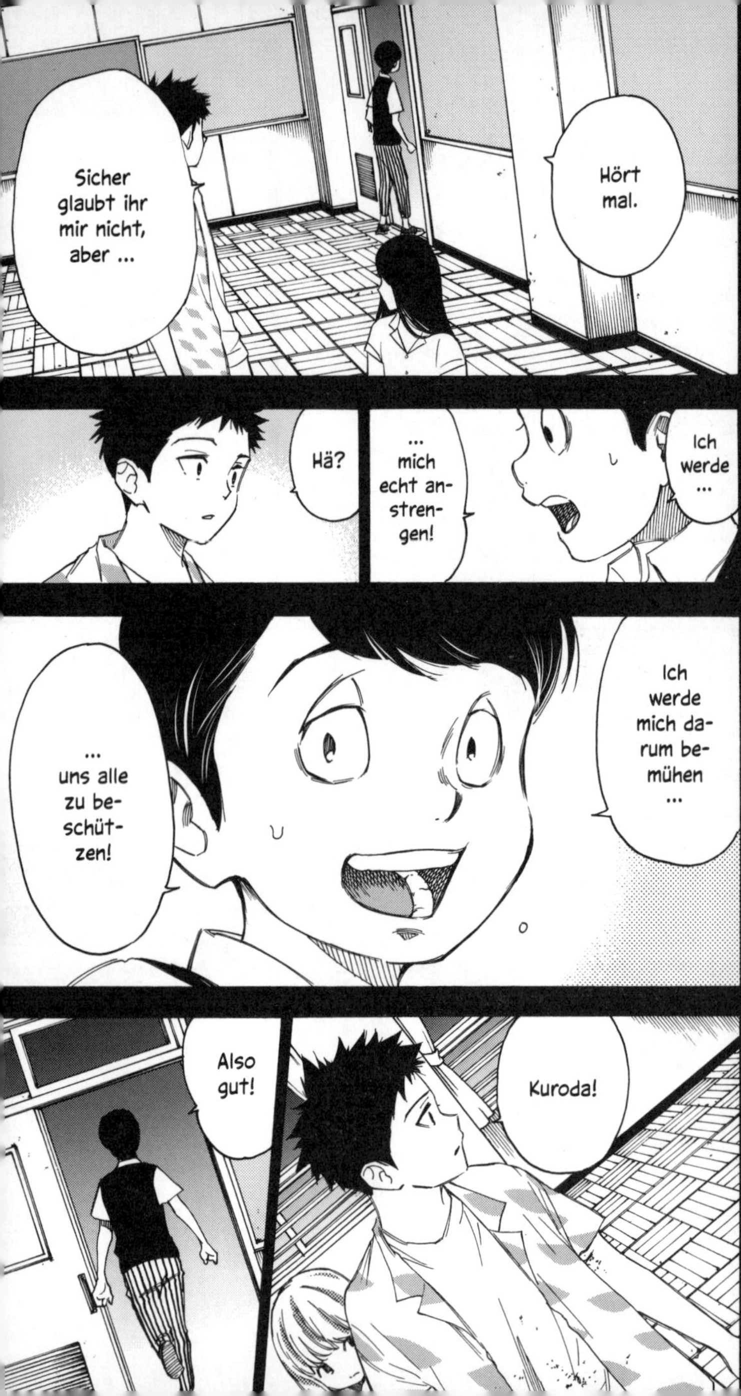
Hört mal.
Sicher glaubt ihr mir nicht, aber ...
Ich werde ...
... mich echt an-stren-gen!
Hä?
Ich werde mich da-rum be-mühen ...
... uns alle zu be-schüt-zen!
Kuroda!
Also gut!

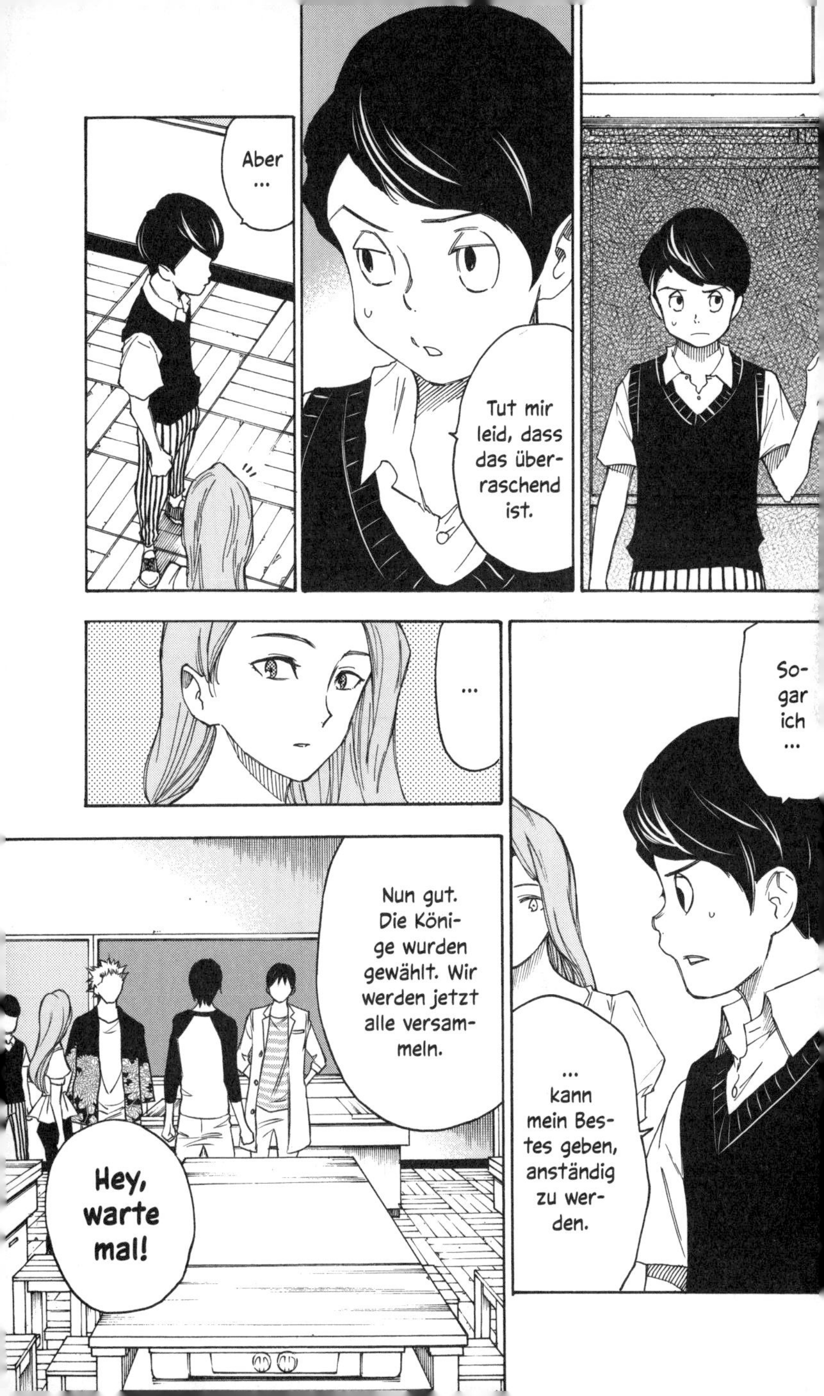
Aber …
Tut mir leid, dass das überraschend ist.
…
Sogar ich …
… kann mein Bestes geben, anständig zu werden.
Nun gut. Die Könige wurden gewählt. Wir werden jetzt alle versammeln.
Hey, warte mal!

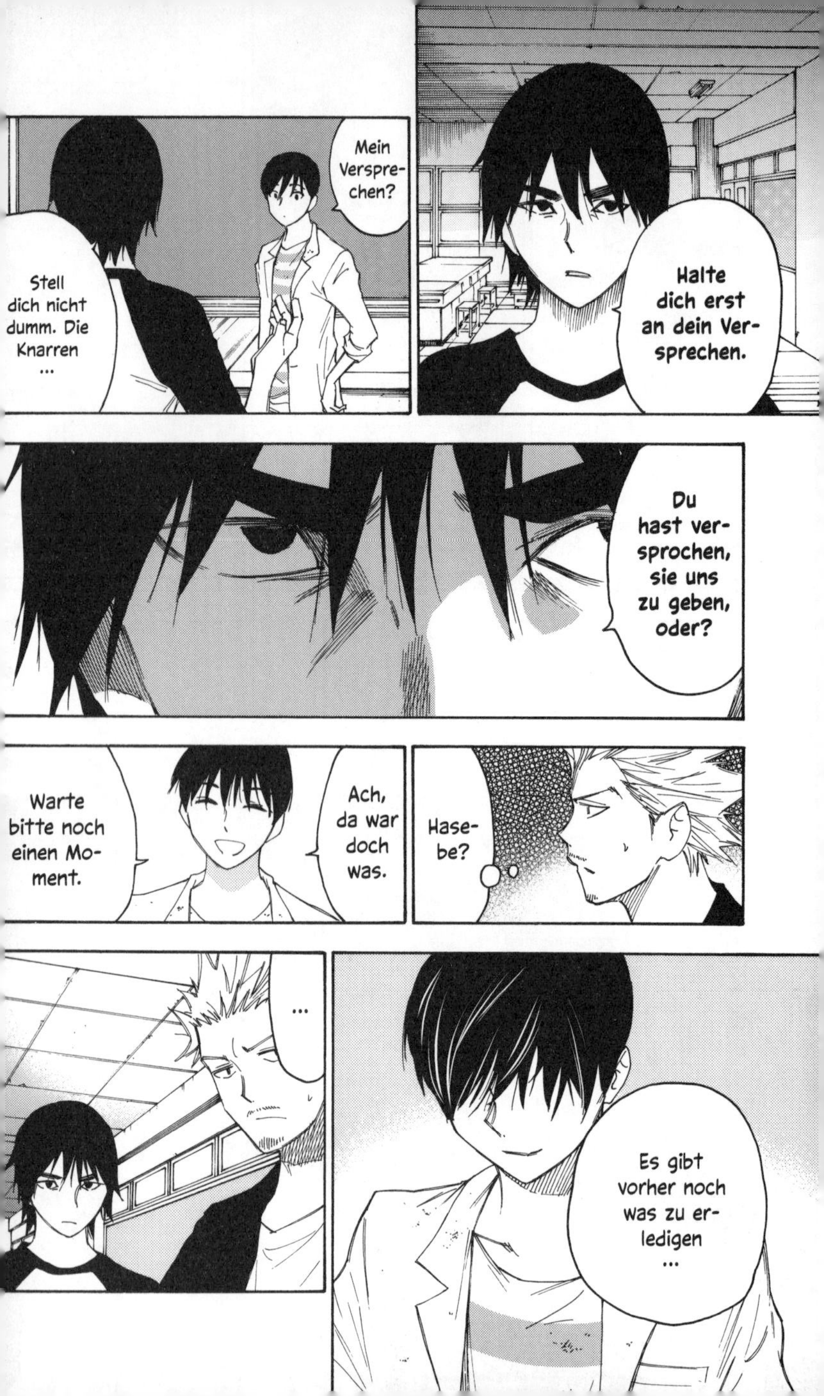

Halte dich erst an dein Versprechen.
Mein Versprechen?
Stell dich nicht dumm. Die Knarren ...
Du hast versprochen, sie uns zu geben, oder?
Hasebe?
Ach, da war doch was.
Warte bitte noch einen Moment.
Es gibt vorher noch was zu erledigen ...
...

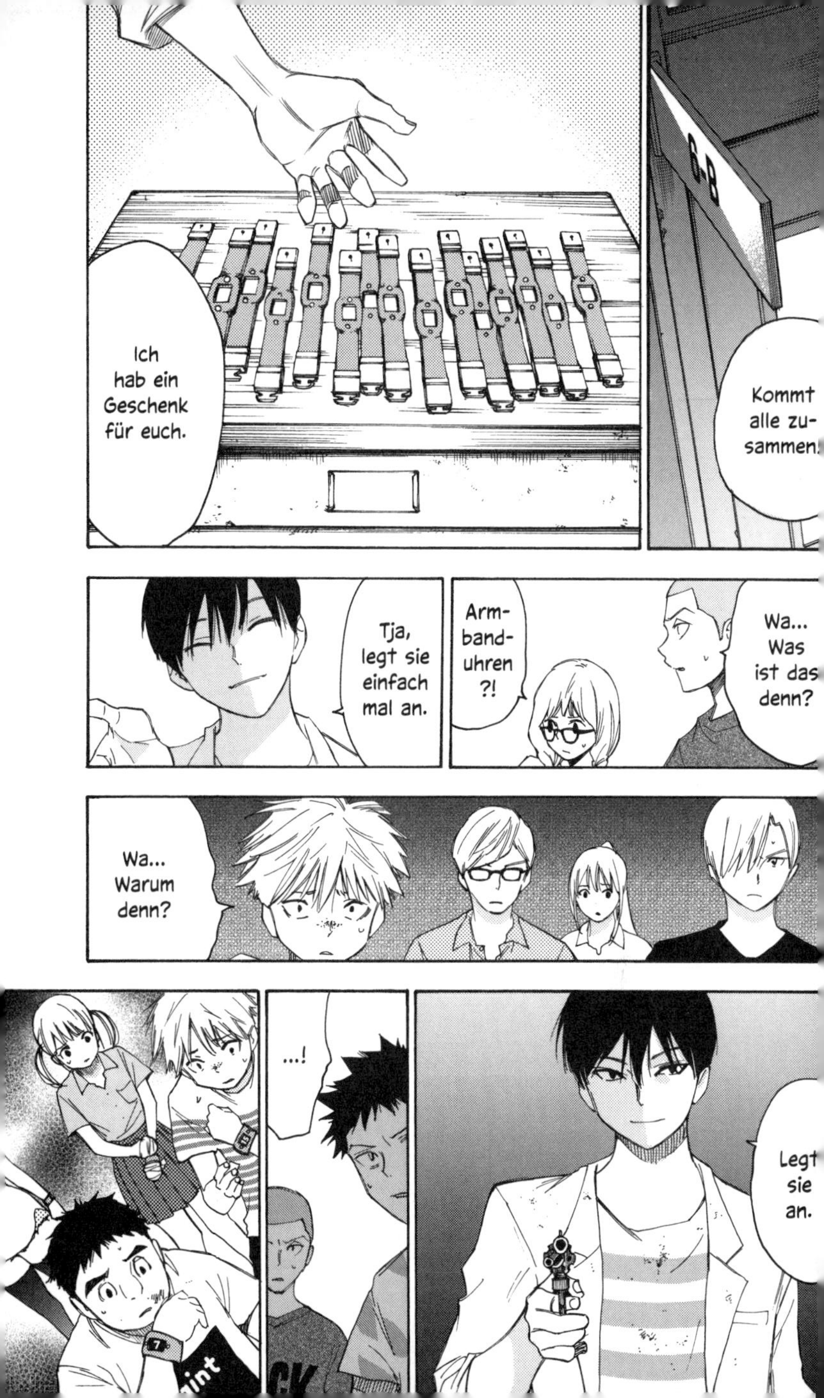
Kommt alle zusammen.
Ich hab ein Geschenk für euch.
Wa... Was ist das denn?
Armbanduhren?!
Tja, legt sie einfach mal an.
Wa... Warum denn?
...!
Legt sie an.

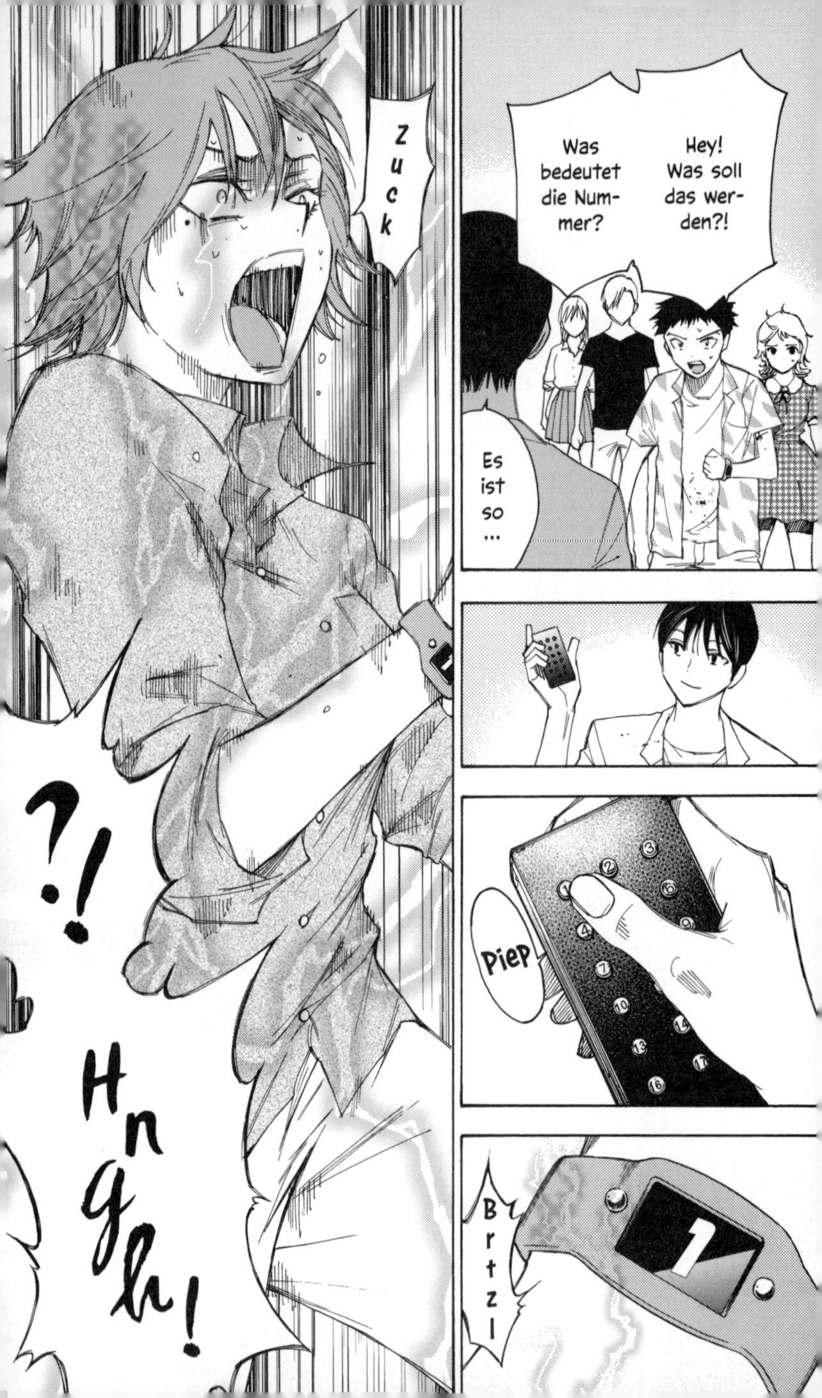
Hey! Was soll das werden?!
Was bedeutet die Nummer?
Es ist so ...
Piep
Brtzl
Zuck
?!
Hngh!

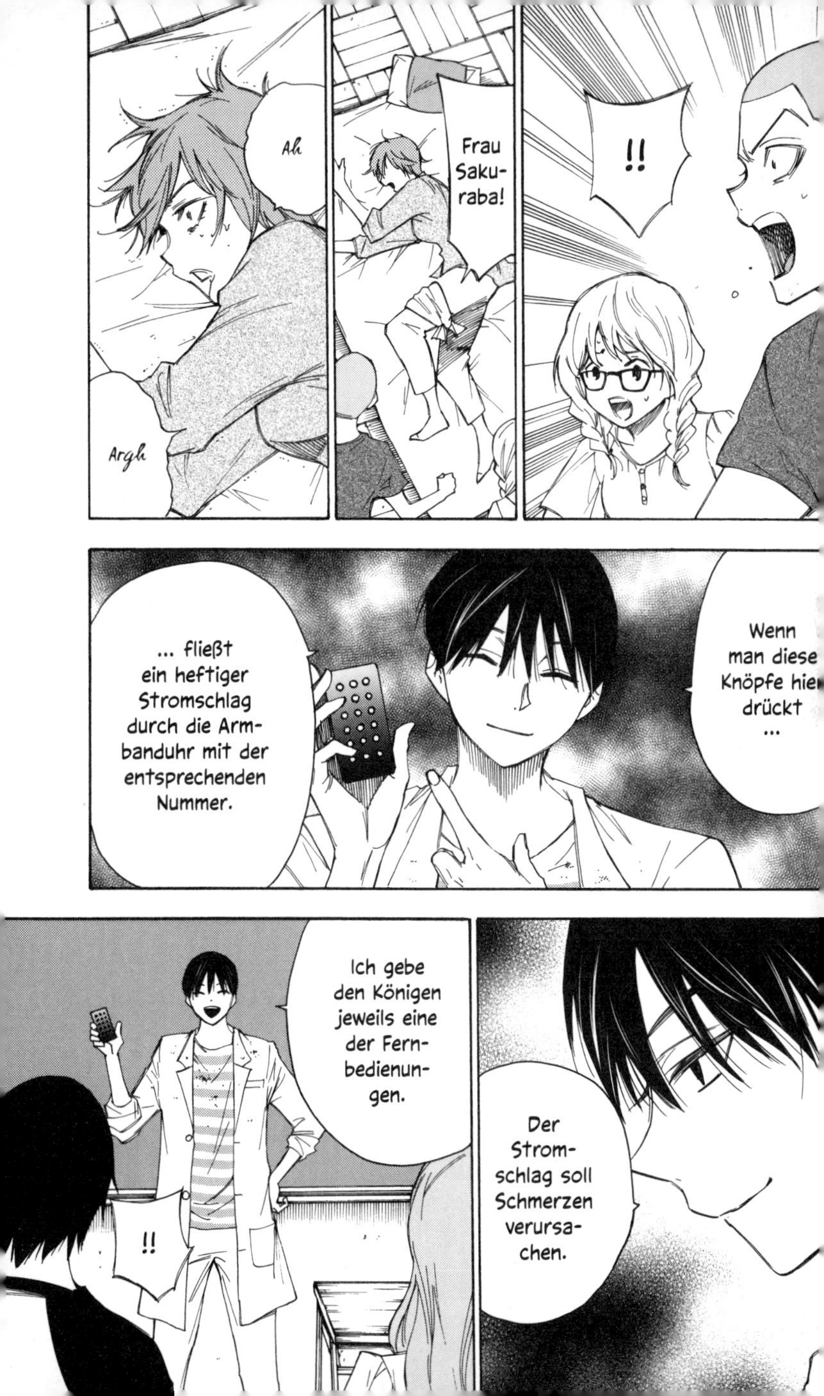
!!
Frau Sakuraba!
Ah
Argh
Wenn man diese Knöpfe hie drückt ...
... fließt ein heftiger Stromschlag durch die Armbanduhr mit der entsprechenden Nummer.
Der Stromschlag soll Schmerzen verursachen.
Ich gebe den Königen jeweils eine der Fernbedienungen.
!!

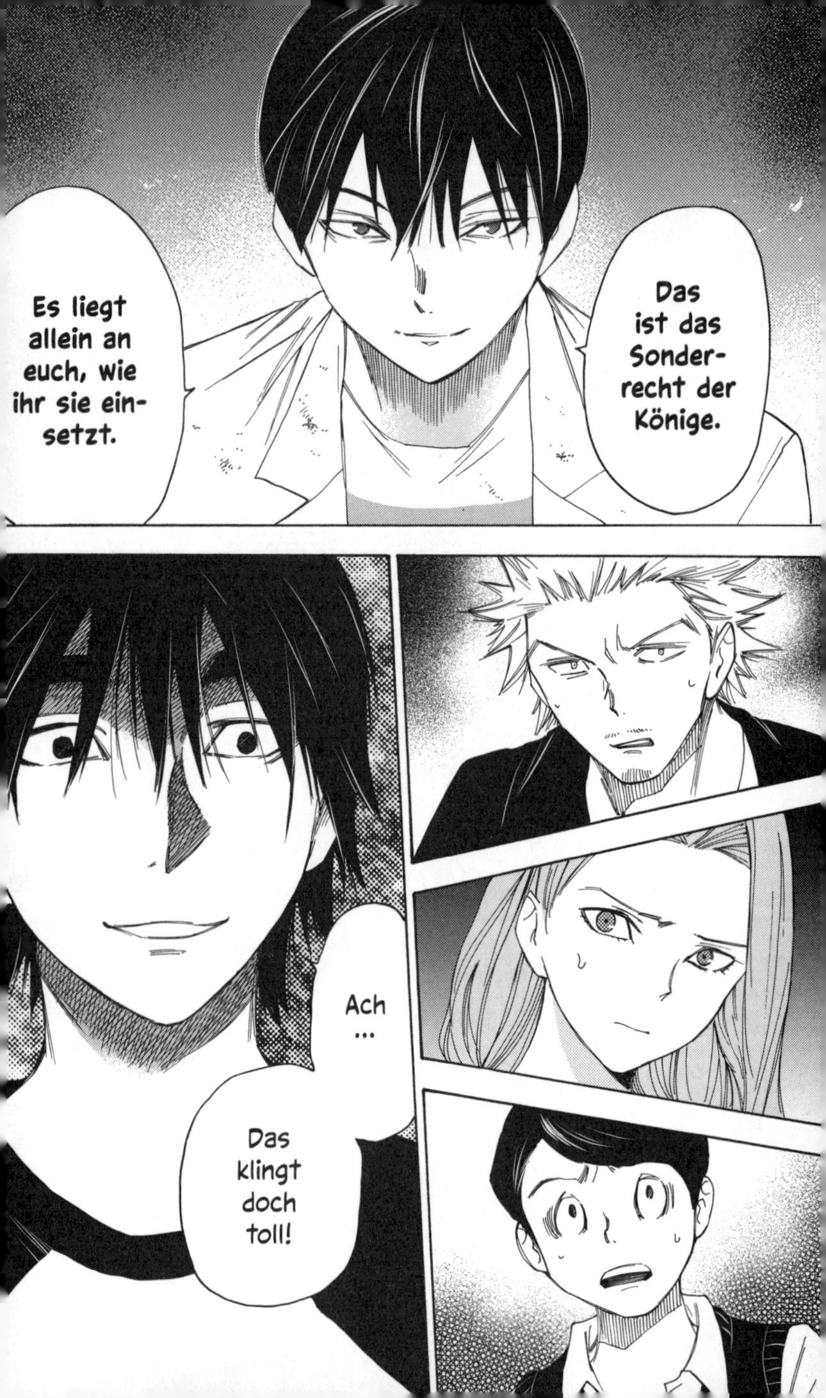
Das ist das Sonder-recht der Könige.
Es liegt allein an euch, wie ihr sie ein-setzt.
Ach ...
Das klingt doch toll!

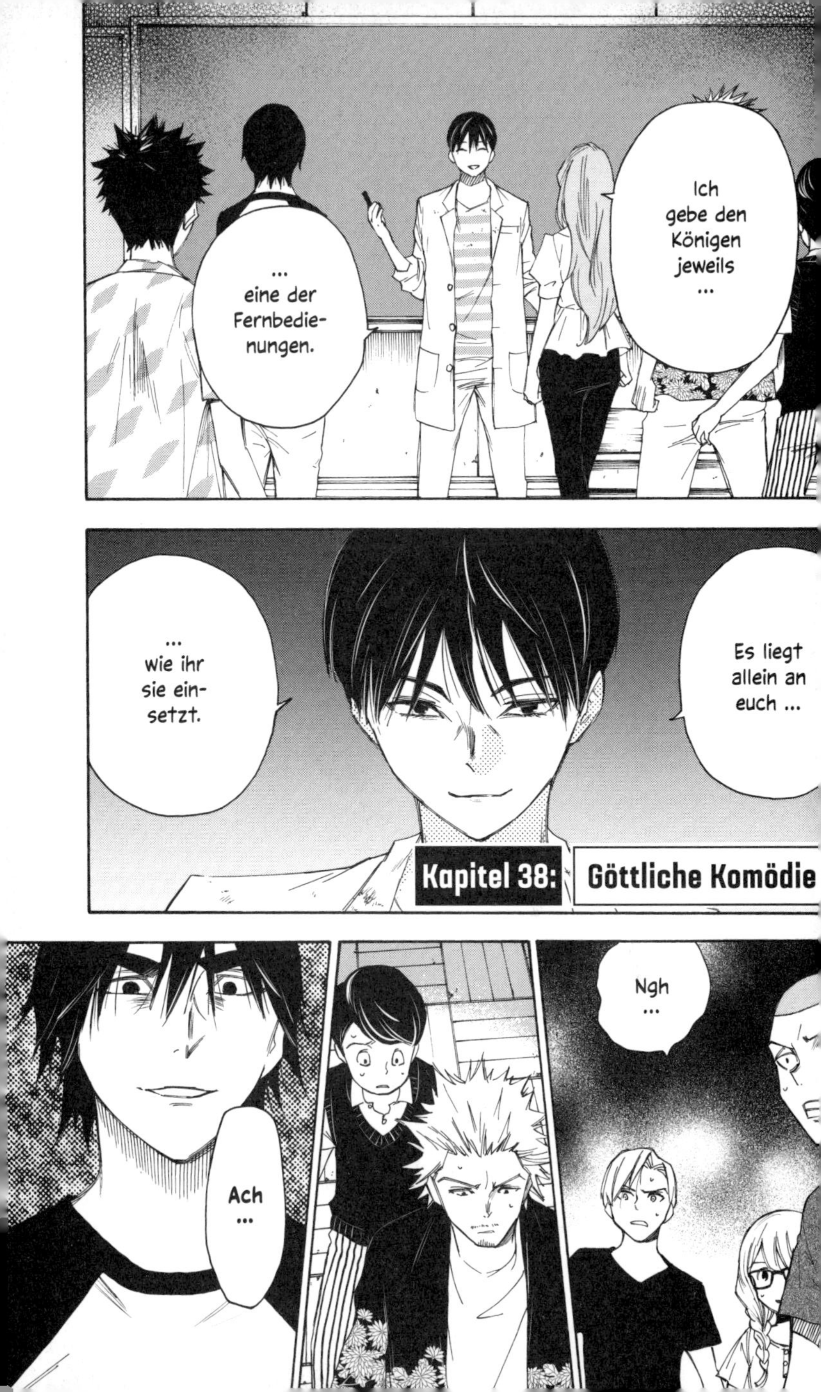

Ich gebe den Königen jeweils ...
... eine der Fernbedienungen.
Es liegt allein an euch ...
... wie ihr sie einsetzt.
Kapitel 38: Göttliche Komödie
Ngh ...
Ach ...

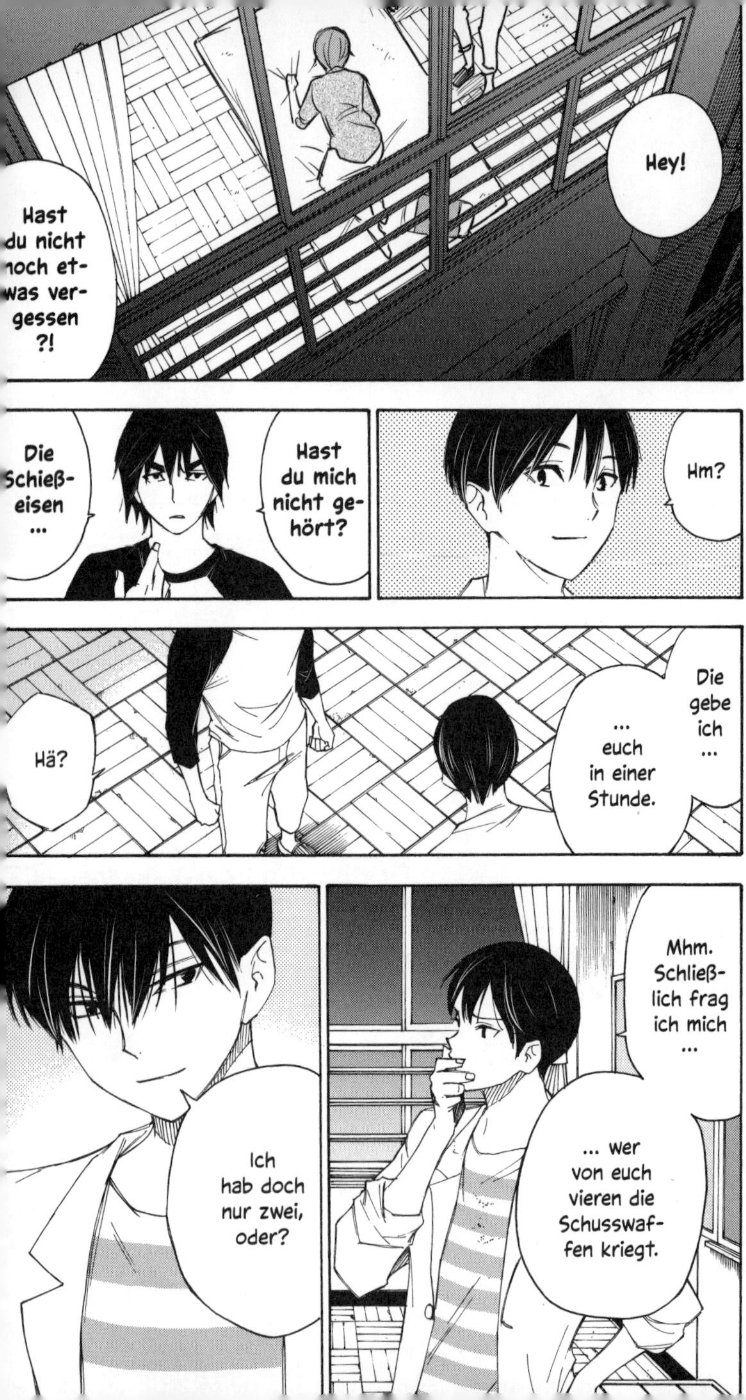

Hey!
Hast du nicht noch etwas vergessen ?!
Hm?
Hast du mich nicht gehört?
Die Schießeisen …
Die gebe ich …
… euch in einer Stunde.
Hä?
Mhm. Schließlich frag ich mich …
… wer von euch vieren die Schusswaffen kriegt.
Ich hab doch nur zwei, oder?

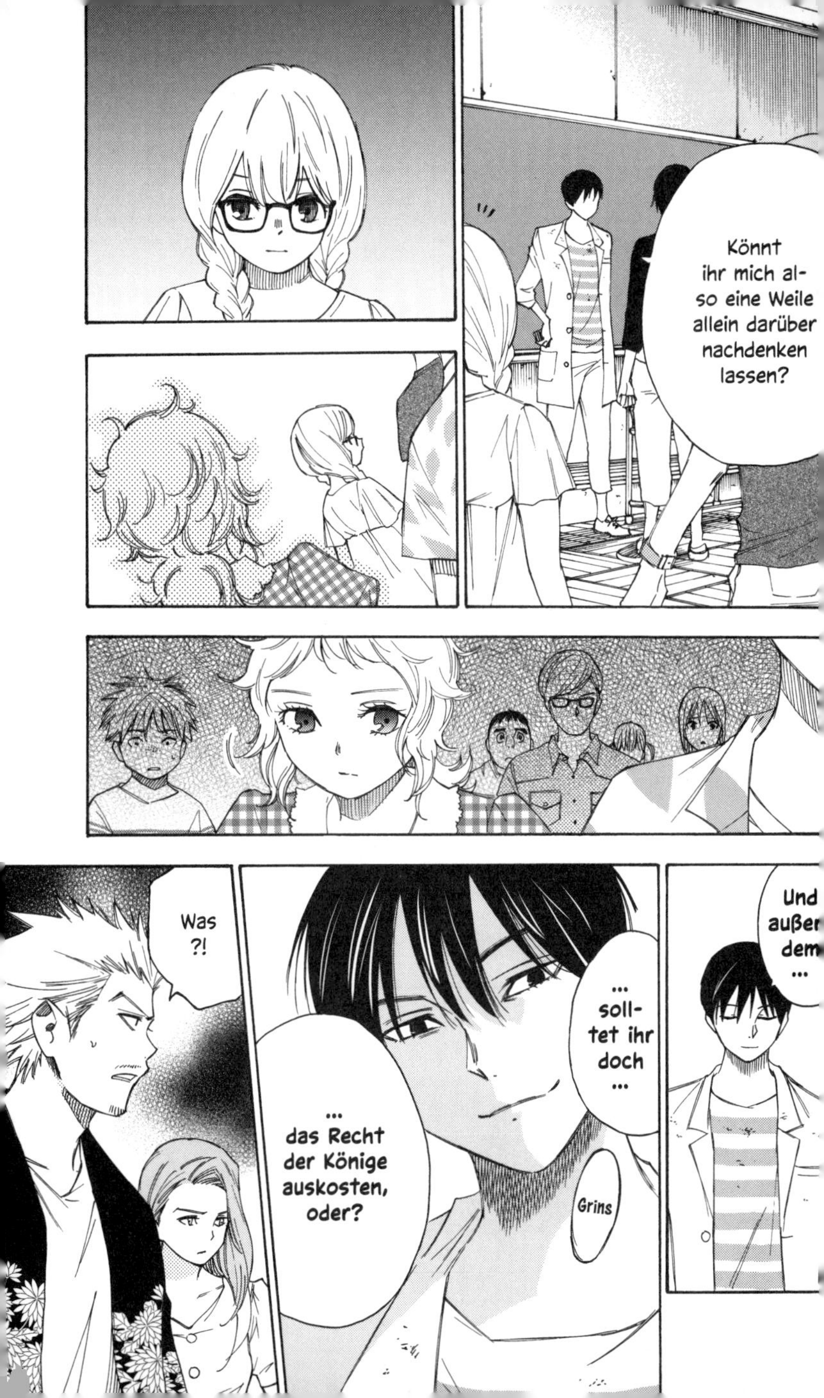
Könnt ihr mich also eine Weile allein darüber nachdenken lassen?
Und außerdem ...
... solltet ihr doch ...
Grins
... das Recht der Könige auskosten, oder?
Was ?!

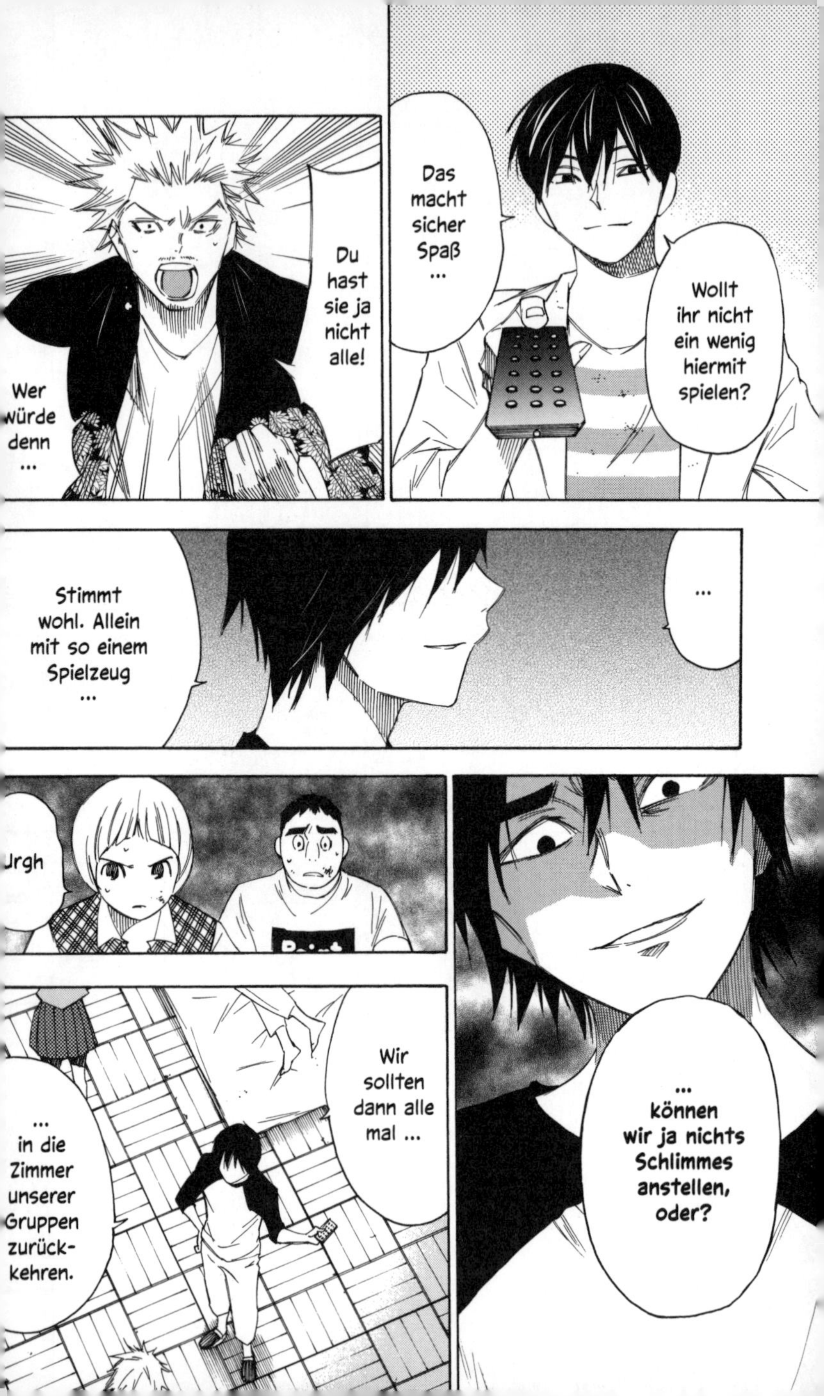
Das macht sicher Spaß ...
Wollt ihr nicht ein wenig hiermit spielen?
Du hast sie ja nicht alle!
Wer würde denn ...
...
Stimmt wohl. Allein mit so einem Spielzeug ...
... können wir ja nichts Schlimmes anstellen, oder?
Urgh
Wir sollten dann alle mal ...
... in die Zimmer unserer Gruppen zurückkehren.

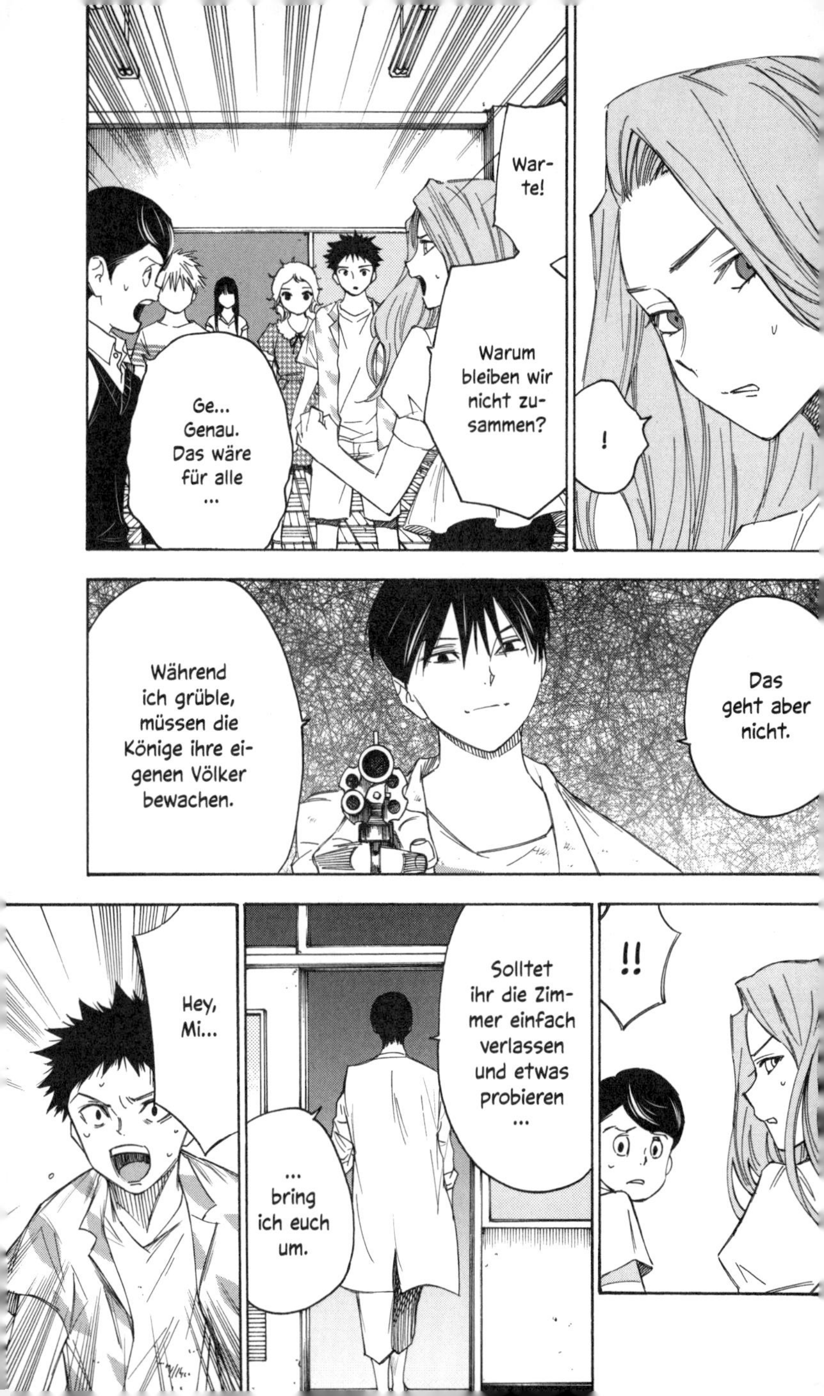
!
War-te!
Warum bleiben wir nicht zu-sammen?
Ge... Genau. Das wäre für alle ...
Das geht aber nicht.
Während ich grüble, müssen die Könige ihre ei-genen Völker bewachen.
!!
Solltet ihr die Zim-mer einfach verlassen und etwas probieren ...
... bring ich euch um.
Hey, Mi...

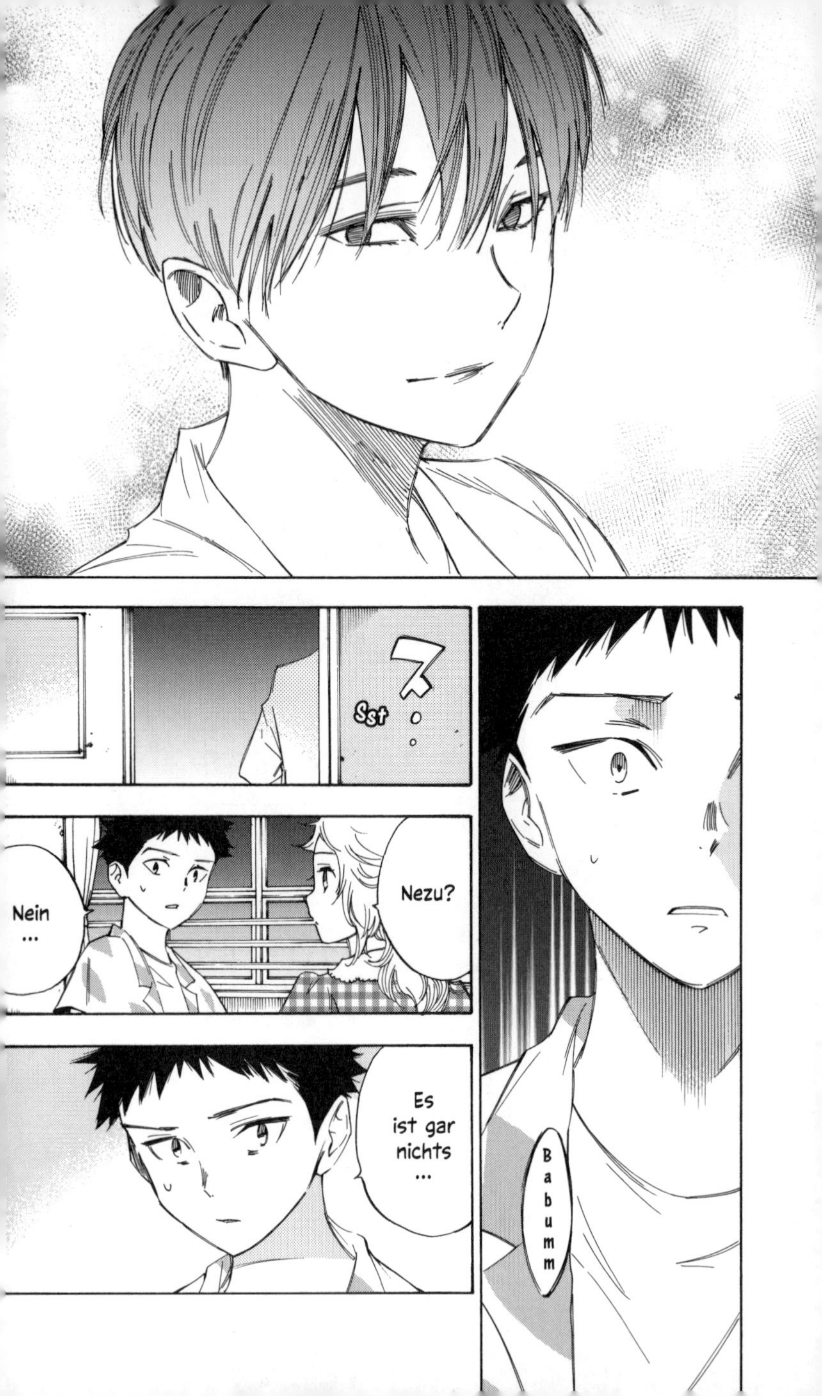

Sst
Nezu?
Nein …
Es ist gar nichts …
Babumm

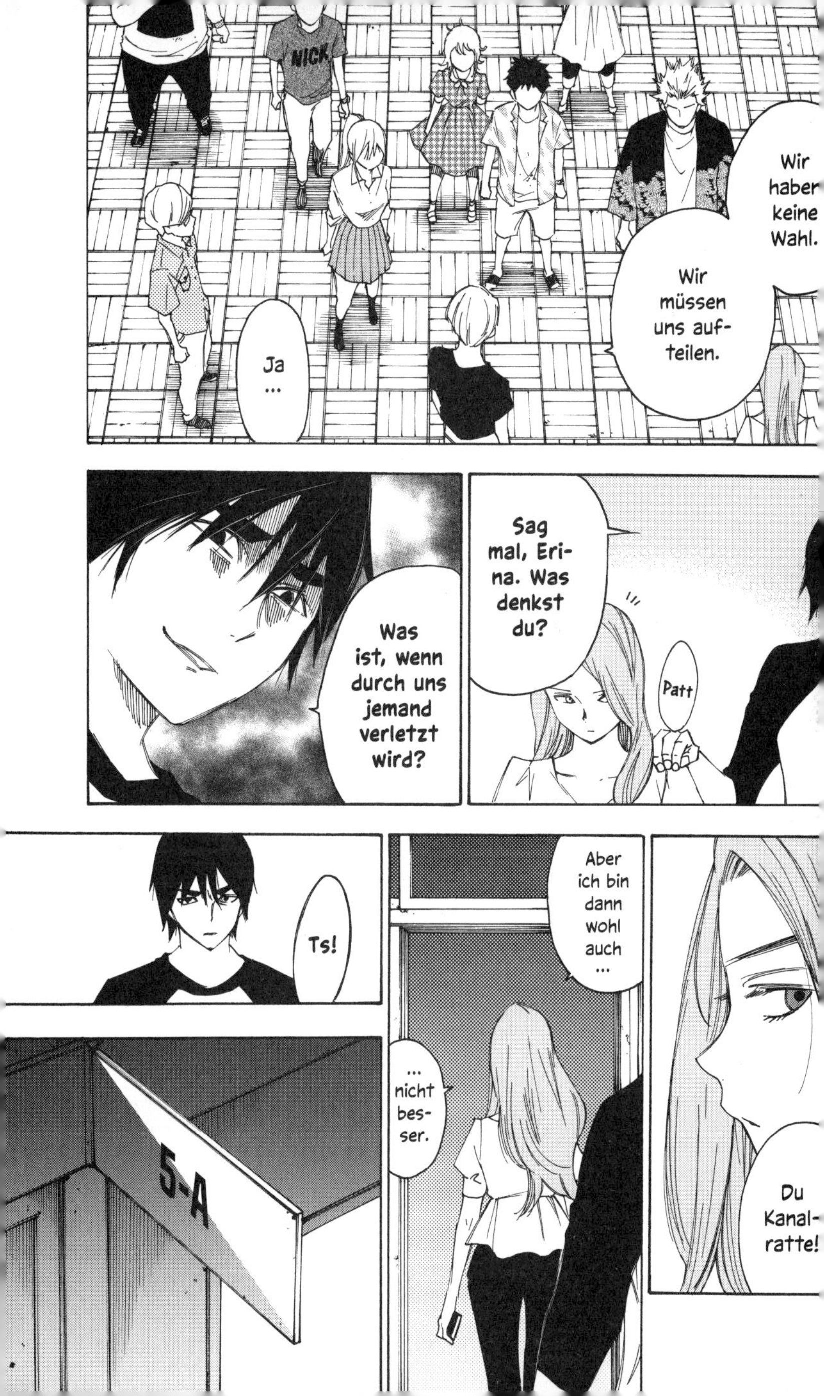

Wir haben keine Wahl.
Wir müssen uns auf- teilen.
Ja ...
Sag mal, Eri- na. Was denkst du?
Patt
Was ist, wenn durch uns jemand verletzt wird?
Du Kanal- ratte!
Aber ich bin dann wohl auch ...
... nicht bes- ser.
Ts!
5-A

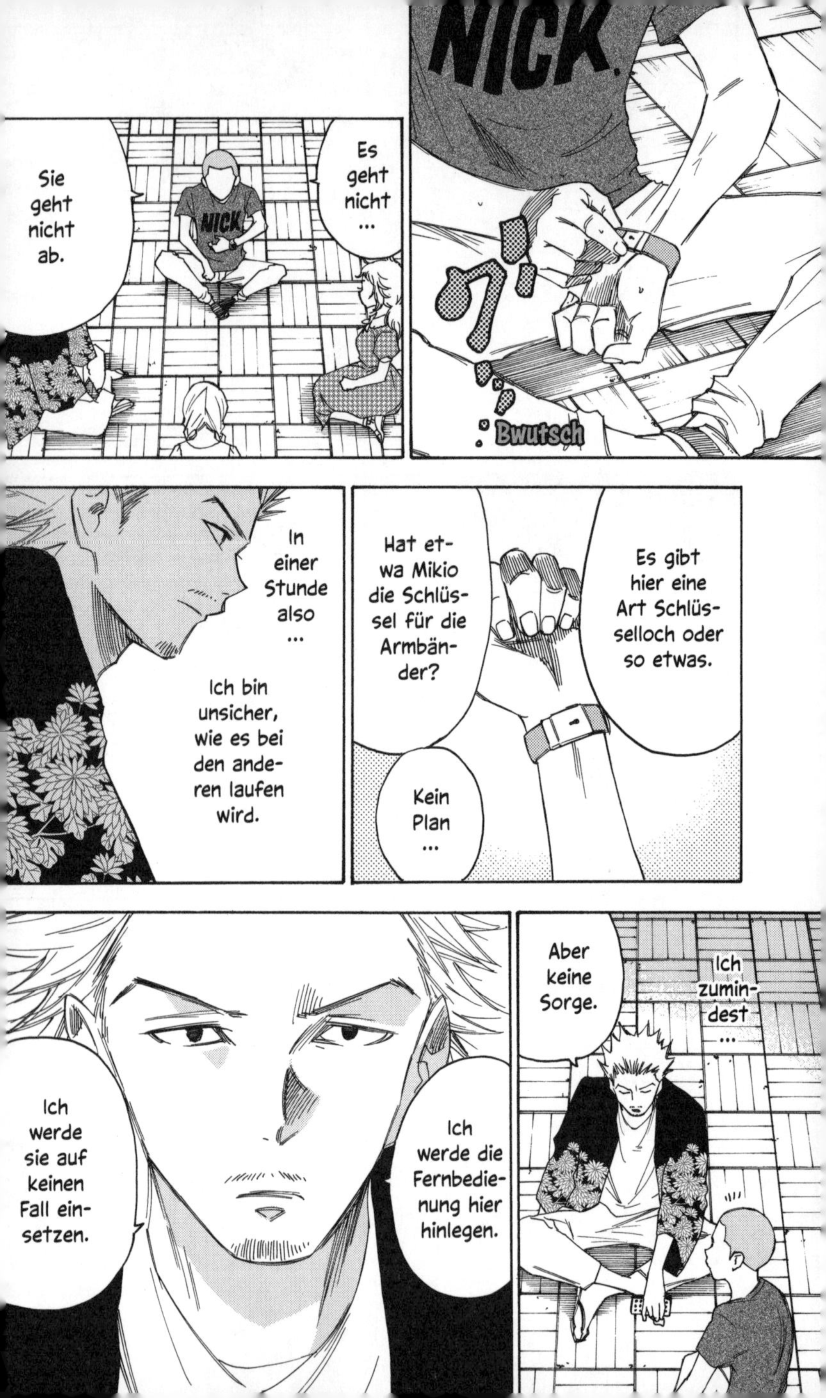
Bwutsch
Es geht nicht ...
Sie geht nicht ab.
Es gibt hier eine Art Schlüsselloch oder so etwas.
Hat etwa Mikio die Schlüssel für die Armbänder?
Kein Plan ...
In einer Stunde also ...
Ich bin unsicher, wie es bei den anderen laufen wird.
Aber keine Sorge.
Ich zumindest ...
Ich werde die Fernbedienung hier hinlegen.
Ich werde sie auf keinen Fall einsetzen.

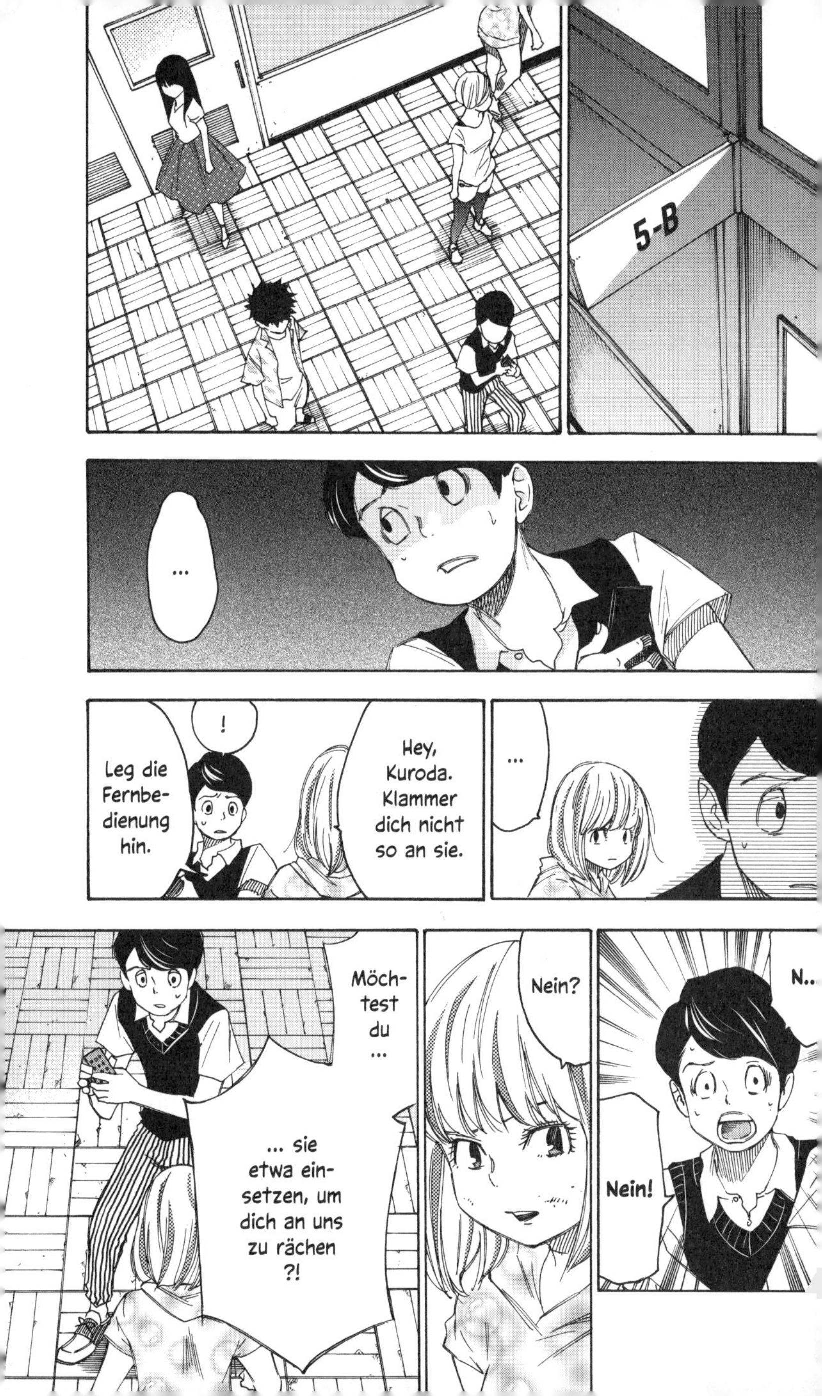
...
...
Hey, Kuroda. Klammer dich nicht so an sie.
!
Leg die Fernbedienung hin.
Möchtest du ...
... sie etwa einsetzen, um dich an uns zu rächen ?!
N...
Nein!
Nein?
5-B

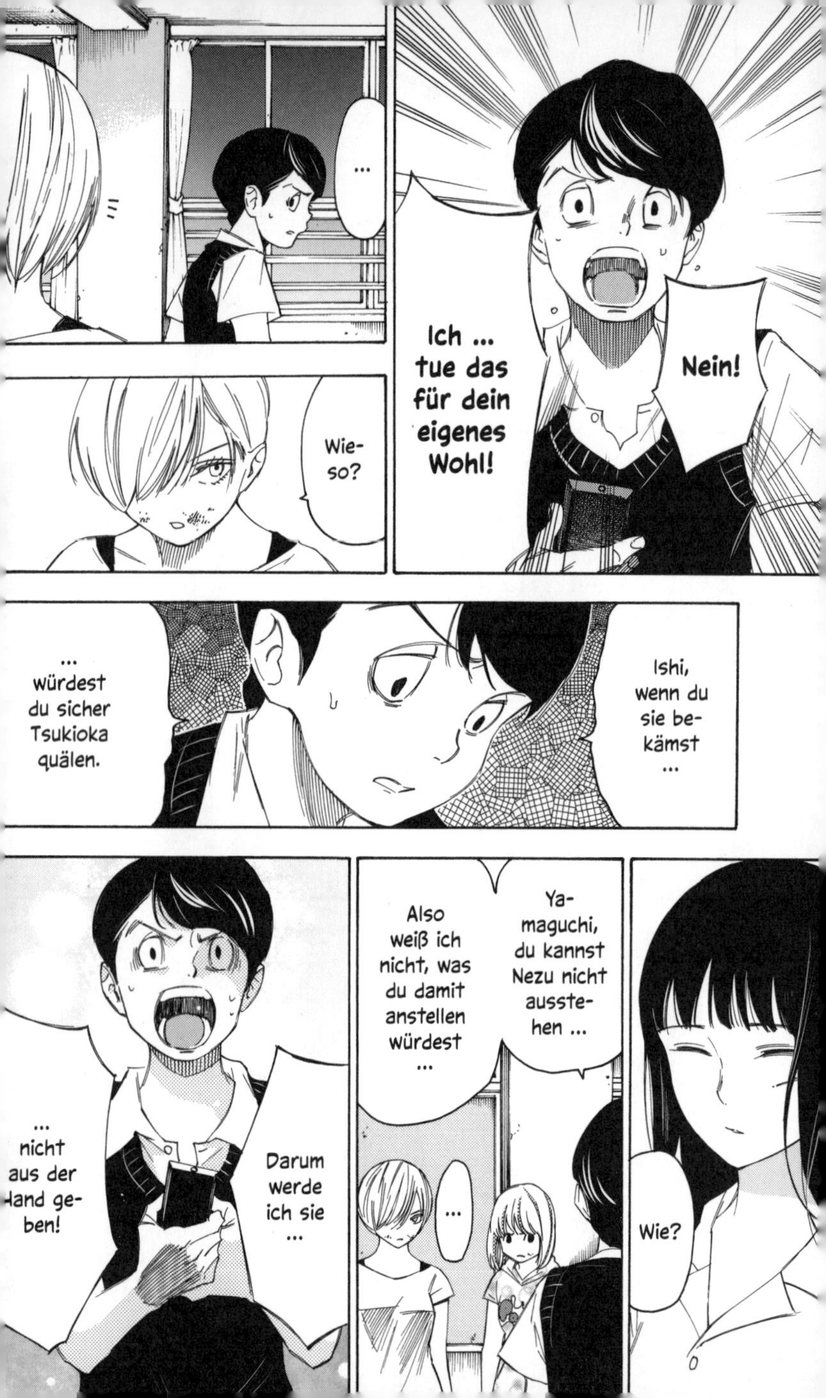

Nein!
Ich ... tue das für dein eigenes Wohl!
...
Wie-so?
Ishi, wenn du sie be-kämst ...
... würdest du sicher Tsukioka quälen.
Wie?
Ya-maguchi, du kannst Nezu nicht ausste-hen ...
Also weiß ich nicht, was du damit anstellen würdest ...
...
Darum werde ich sie ...
... nicht aus der Hand ge-ben!

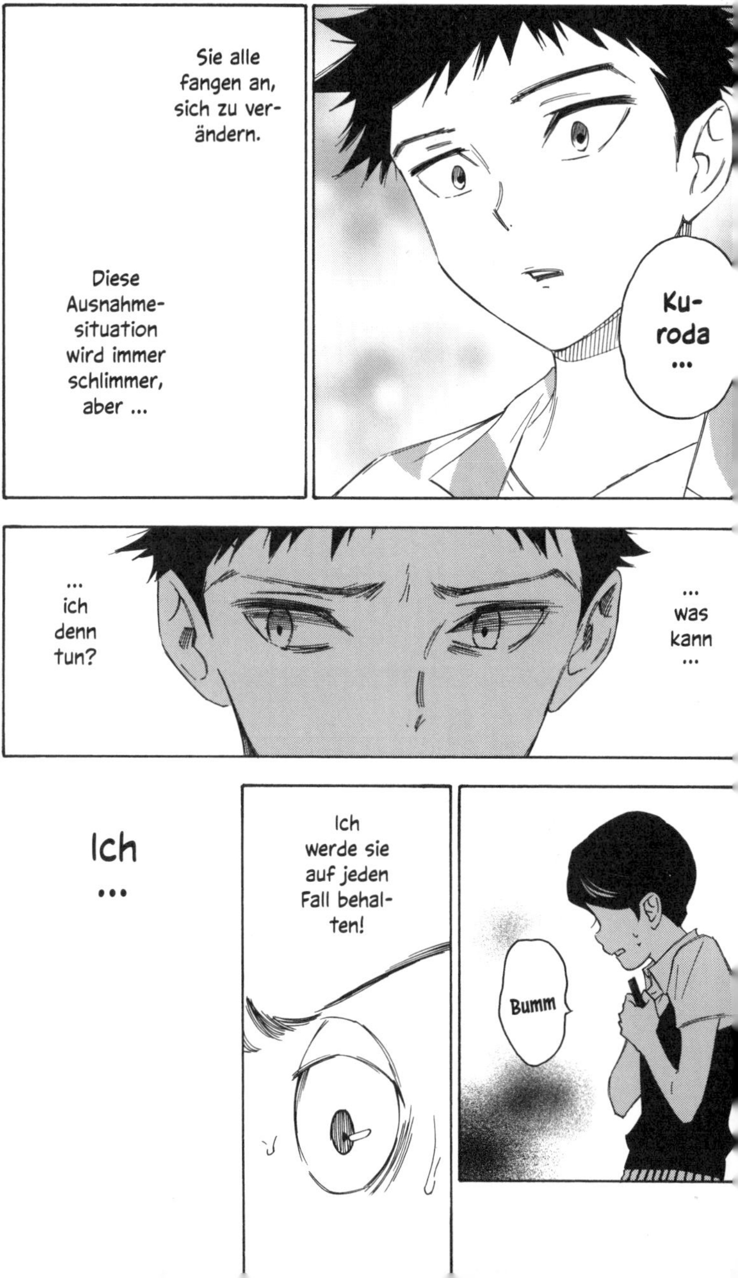
Kuroda …
Sie alle fangen an, sich zu verändern.
Diese Ausnahmesituation wird immer schlimmer, aber …
… was kann …
… ich denn tun?
Bumm
Ich werde sie auf jeden Fall behalten!
Ich …

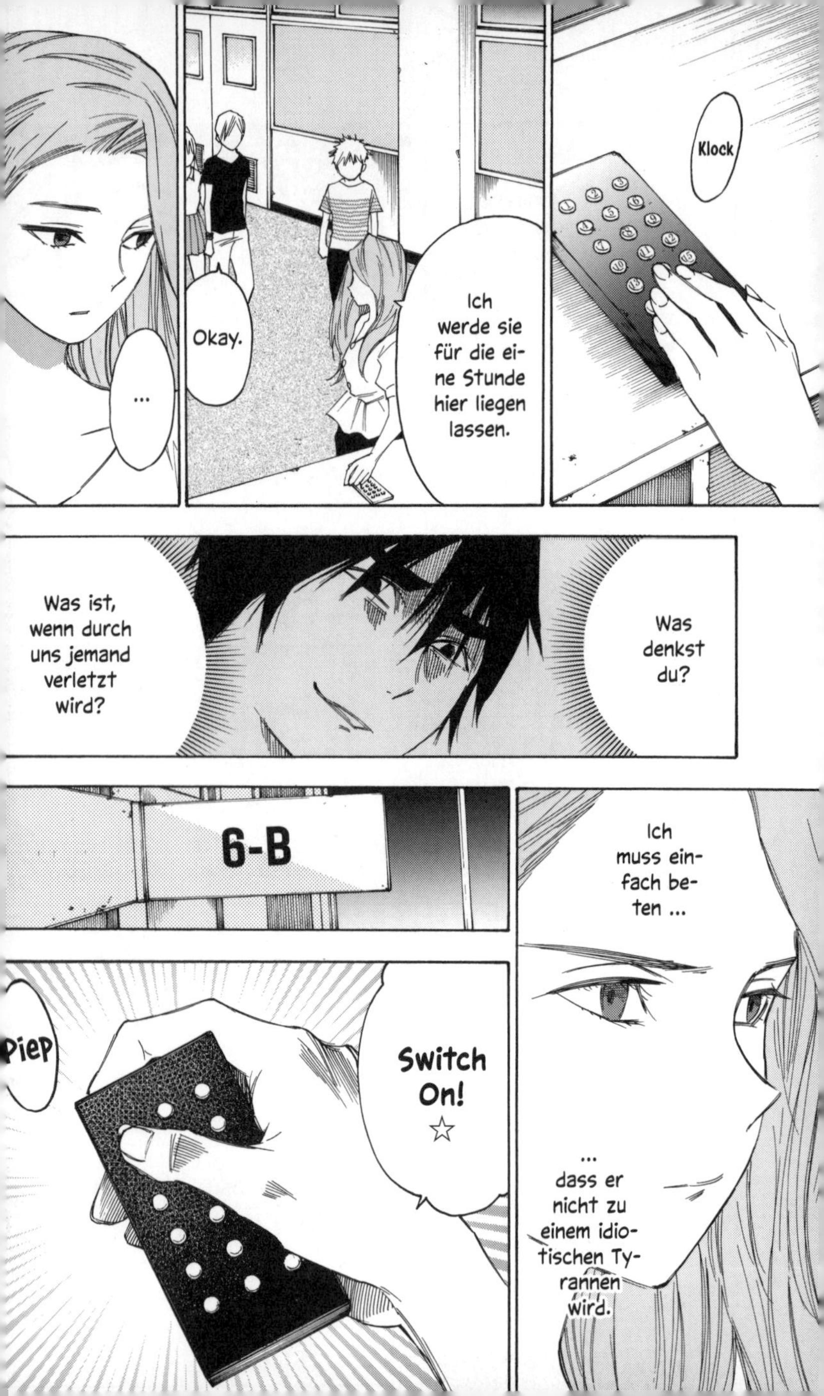

Klock
Ich werde sie für die eine Stunde hier liegen lassen.
Okay.
...
Was denkst du?
Was ist, wenn durch uns jemand verletzt wird?
6-B
Ich muss einfach beten ...
... dass er nicht zu einem idiotischen Tyrannen wird.
Switch On! ☆
Piep

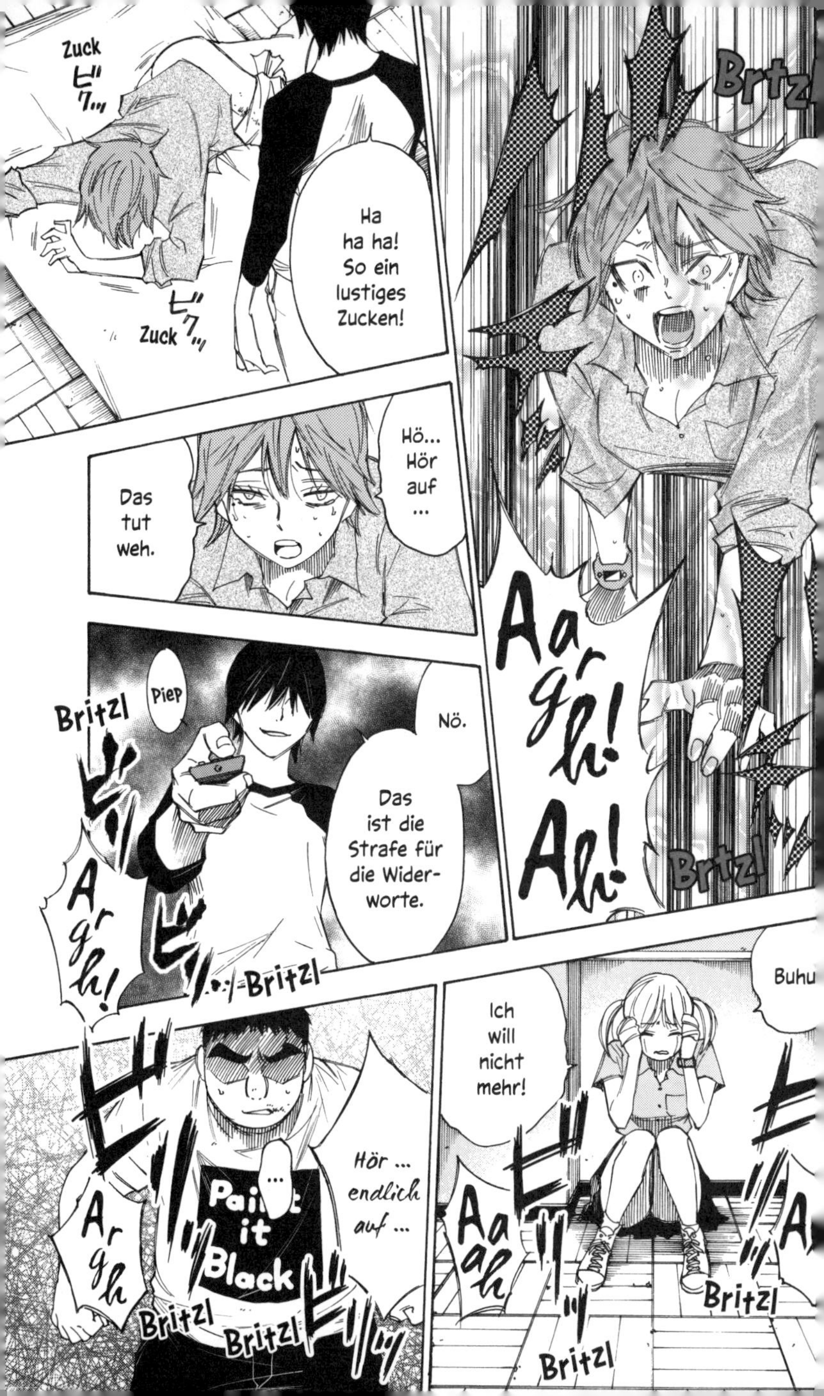
Zuck
Ha ha ha! So ein lustiges Zucken!
Zuck
Hö... Hör auf ...
Das tut weh.
Piep
Britzl
Nö.
Das ist die Strafe für die Widerworte.
Argh!
Britzl
Brtz
Aargh! Ah!
Brtzl
Buhu
Ich will nicht mehr!
Aaah
A
Britzl
Britzl
Hör ... endlich auf ...
...
Paint it Black
Argh
Britzl
Britzl

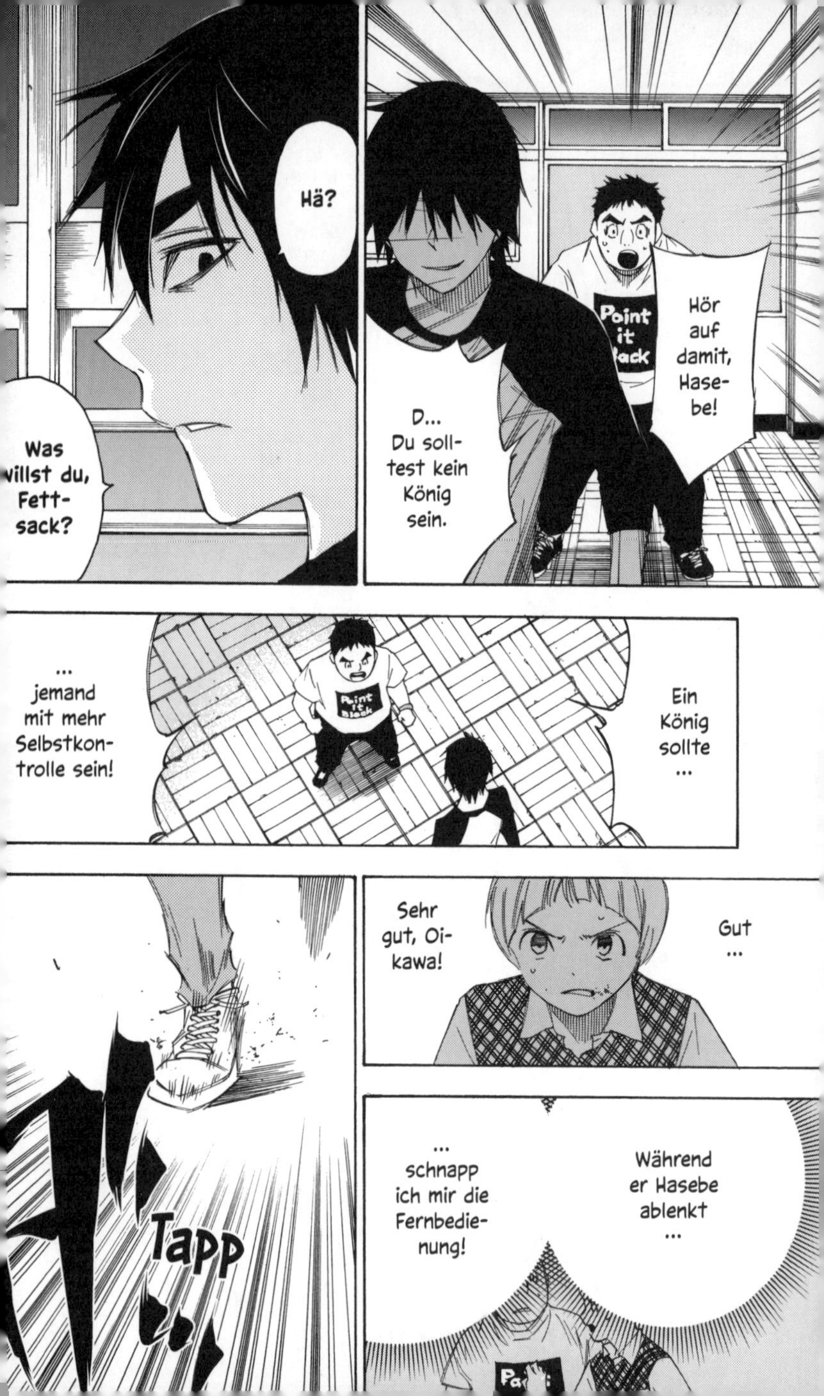
Hör auf damit, Hasebe!
D... Du solltest kein König sein.
Hä?
Was willst du, Fettsack?
Ein König sollte ...
... jemand mit mehr Selbstkontrolle sein!
Gut ...
Sehr gut, Oikawa!
Während er Hasebe ablenkt ...
... schnapp ich mir die Fernbedienung!
Tapp

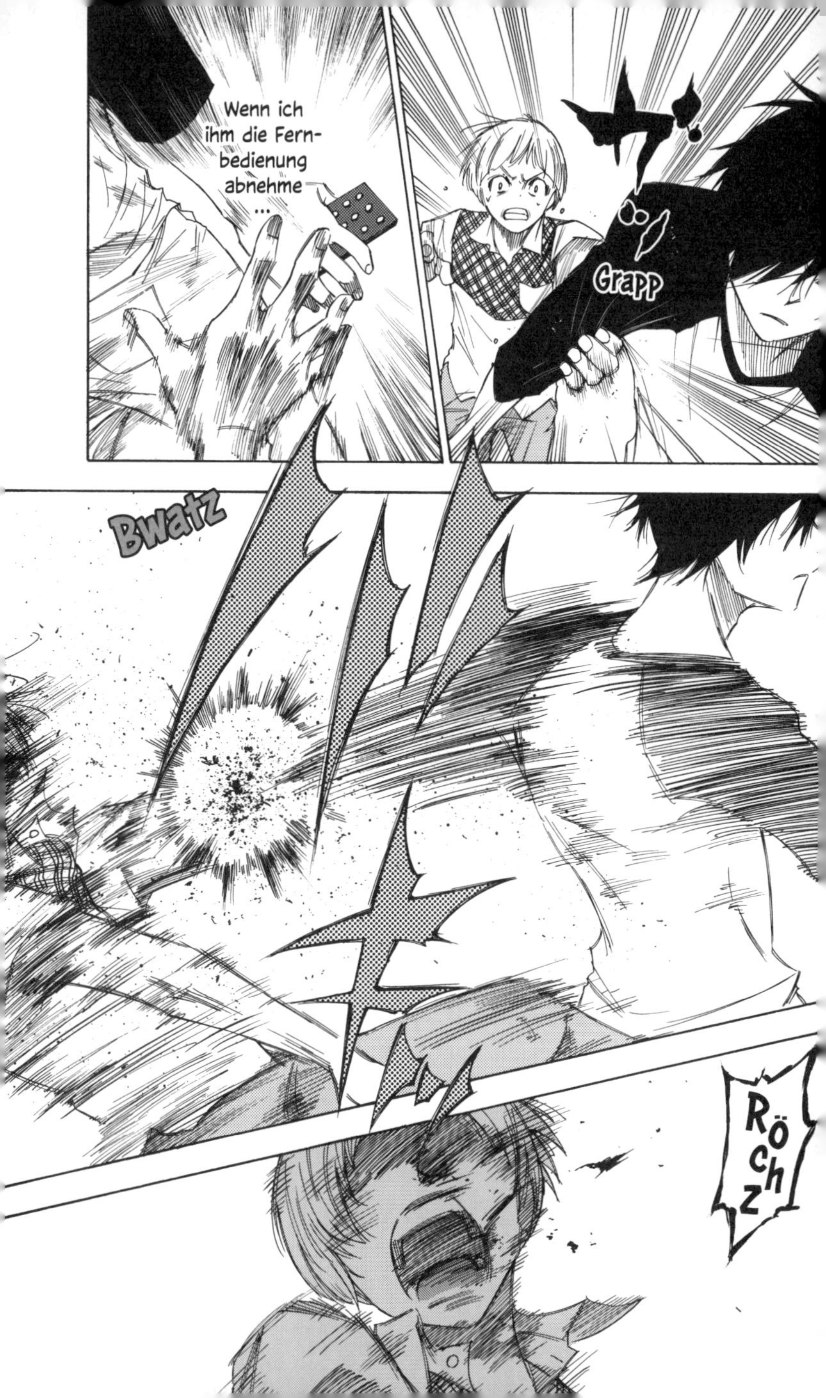

Grapp
Wenn ich ihm die Fern-bedienung abnehme ...
Bwatz
Röchz

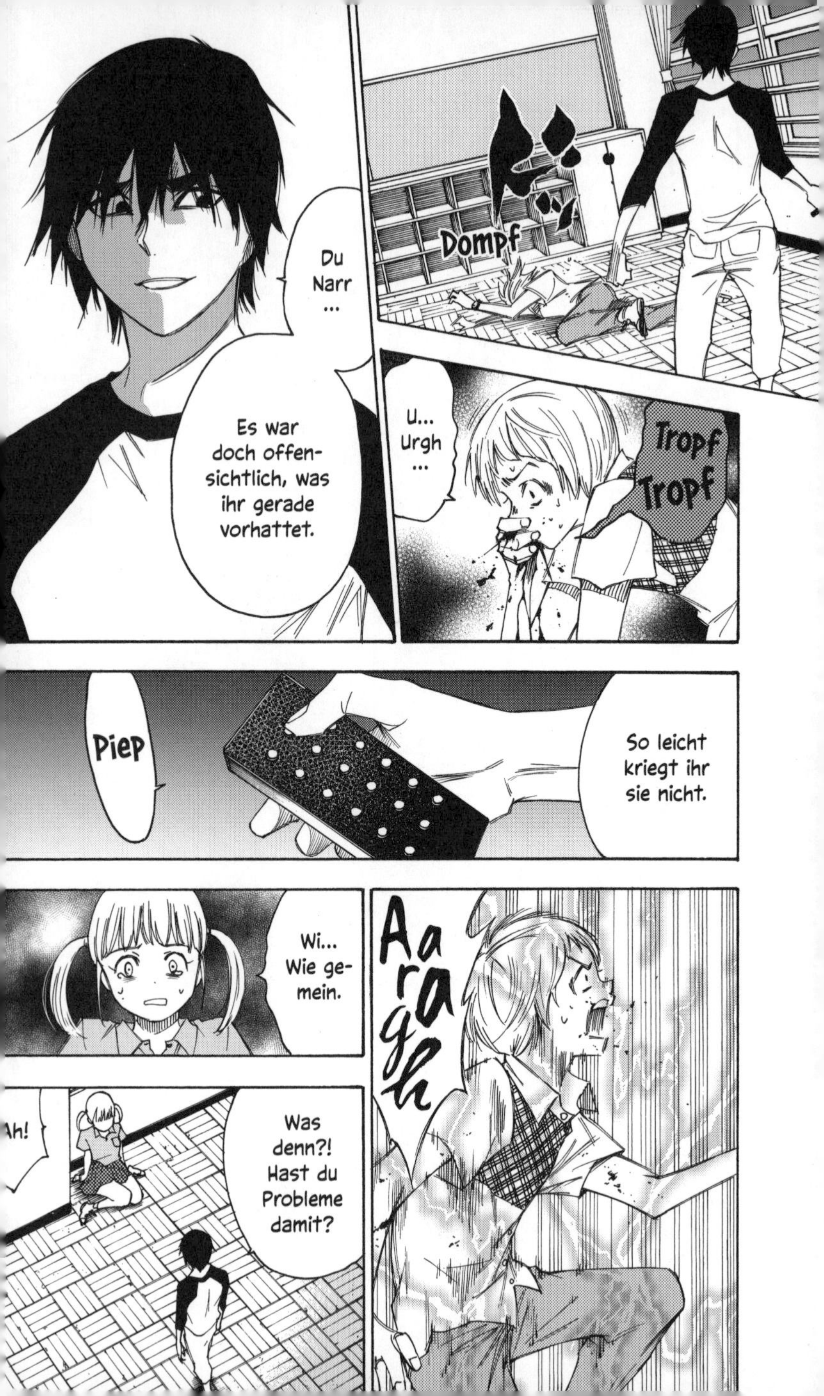
Dompf
U... Urgh ...
Tropf Tropf
Du Narr ...
Es war doch offensichtlich, was ihr gerade vorhattet.
So leicht kriegt ihr sie nicht.
Piep
Aaraghh
Wi... Wie gemein.
Was denn?! Hast du Probleme damit?
h!

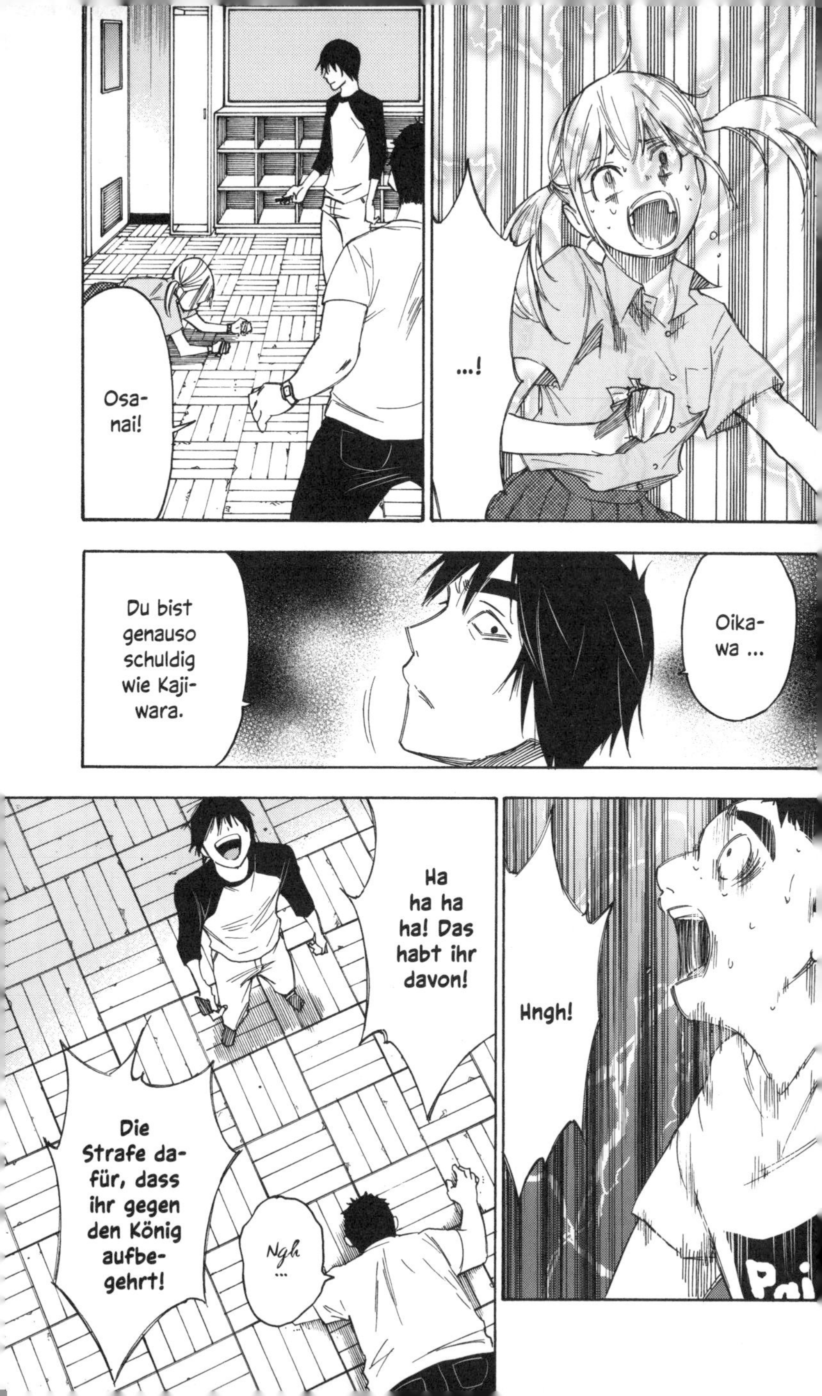
...!
Osa- nai!
Oika- wa ...
Du bist genauso schuldig wie Kaji- wara.
Hngh!
Ha ha ha ha! Das habt ihr davon!
Die Strafe da- für, dass ihr gegen den König aufbe- gehrt!
Ngh ...

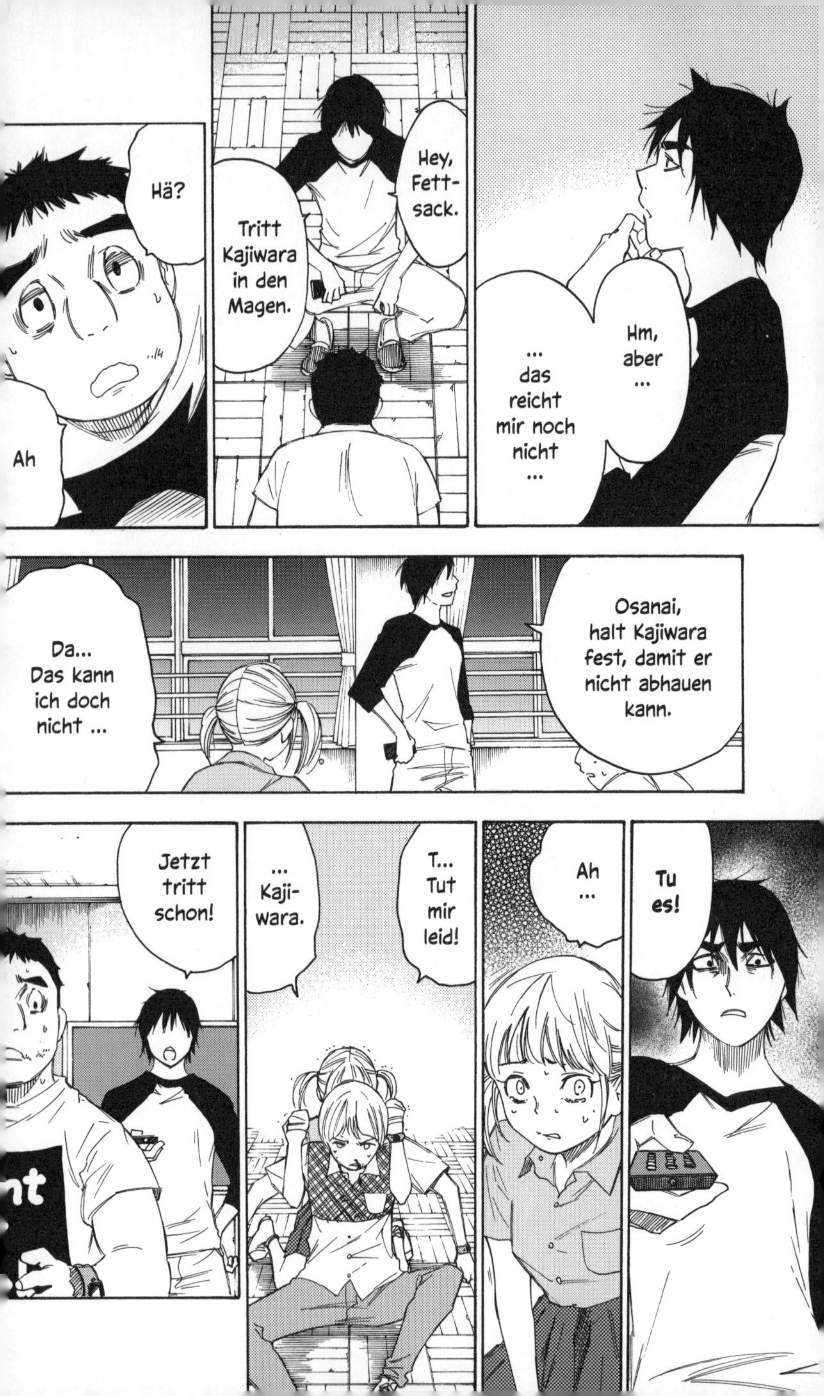
Hm, aber ...
... das reicht mir noch nicht ...
Hey, Fettsack.
Tritt Kajiwara in den Magen.
Hä?
Ah
Osanai, halt Kajiwara fest, damit er nicht abhauen kann.
Da... Das kann ich doch nicht ...
Tu es!
Ah ...
T... Tut mir leid!
... Kajiwara.
Jetzt tritt schon!

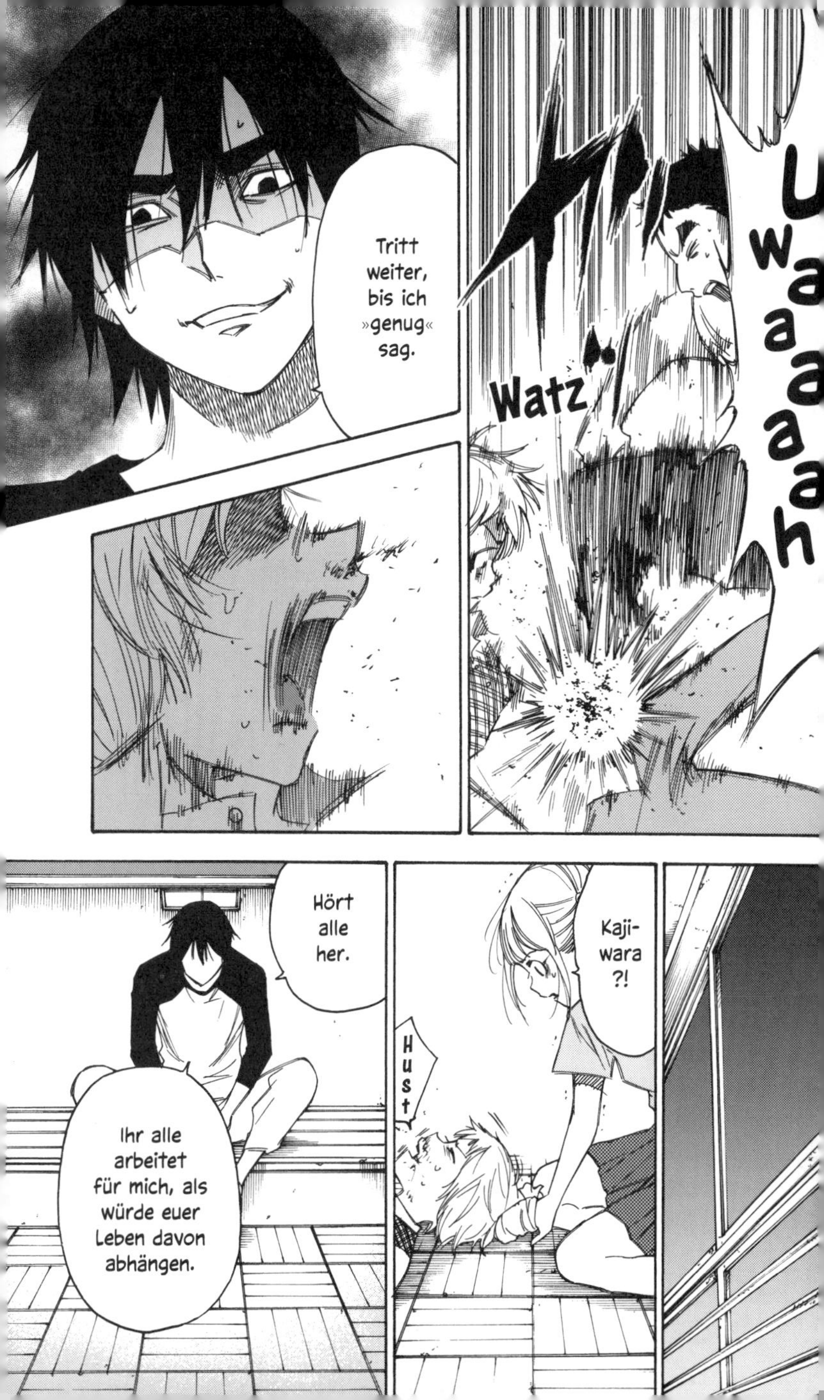
Tritt weiter, bis ich »genug« sag.
Uwaaaaaah
Watz
Hört alle her.
Ihr alle arbeitet für mich, als würde euer Leben davon abhängen.
Kaji-wara ?!
Hust

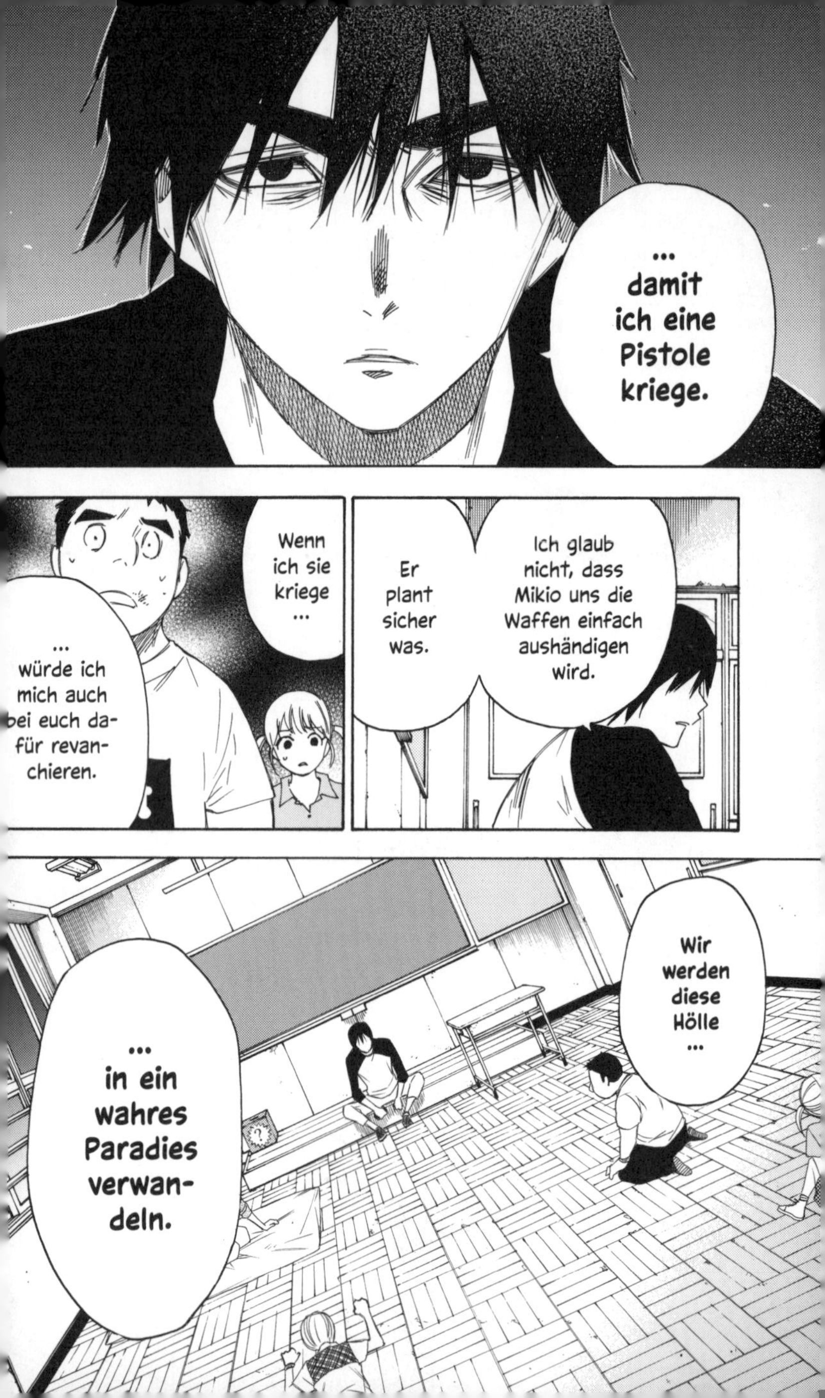
... damit ich eine Pistole kriege.
Ich glaub nicht, dass Mikio uns die Waffen einfach aushändigen wird.
Er plant sicher was.
Wenn ich sie kriege ...
... würde ich mich auch bei euch dafür revanchieren.
Wir werden diese Hölle ...
... in ein wahres Paradies verwandeln.

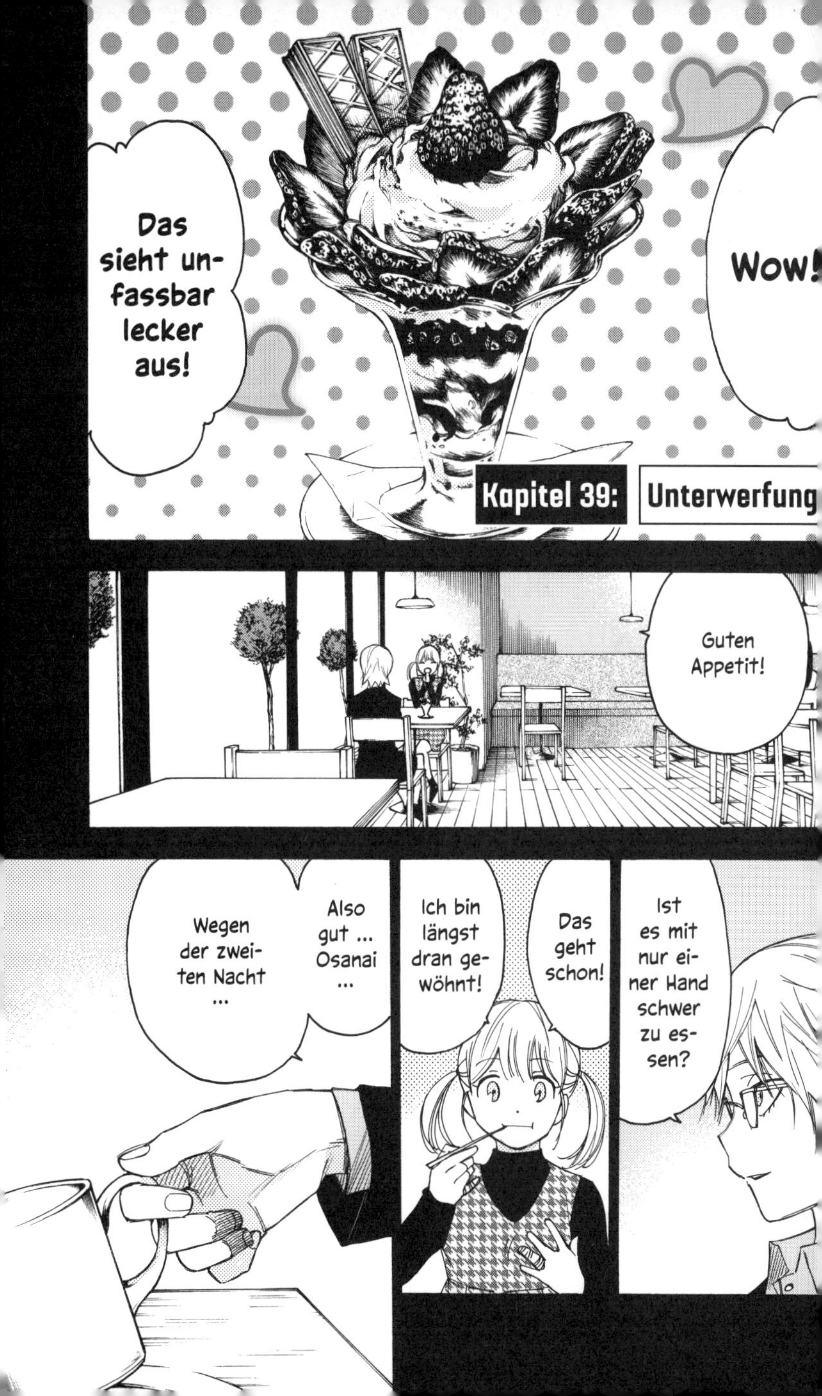
Wow!
Das sieht unfassbar lecker aus!
Kapitel 39: Unterwerfung
Guten Appetit!
Ist es mit nur einer Hand schwer zu essen?
Das geht schon!
Ich bin längst dran gewöhnt!
Also gut … Osanai …
Wegen der zweiten Nacht …

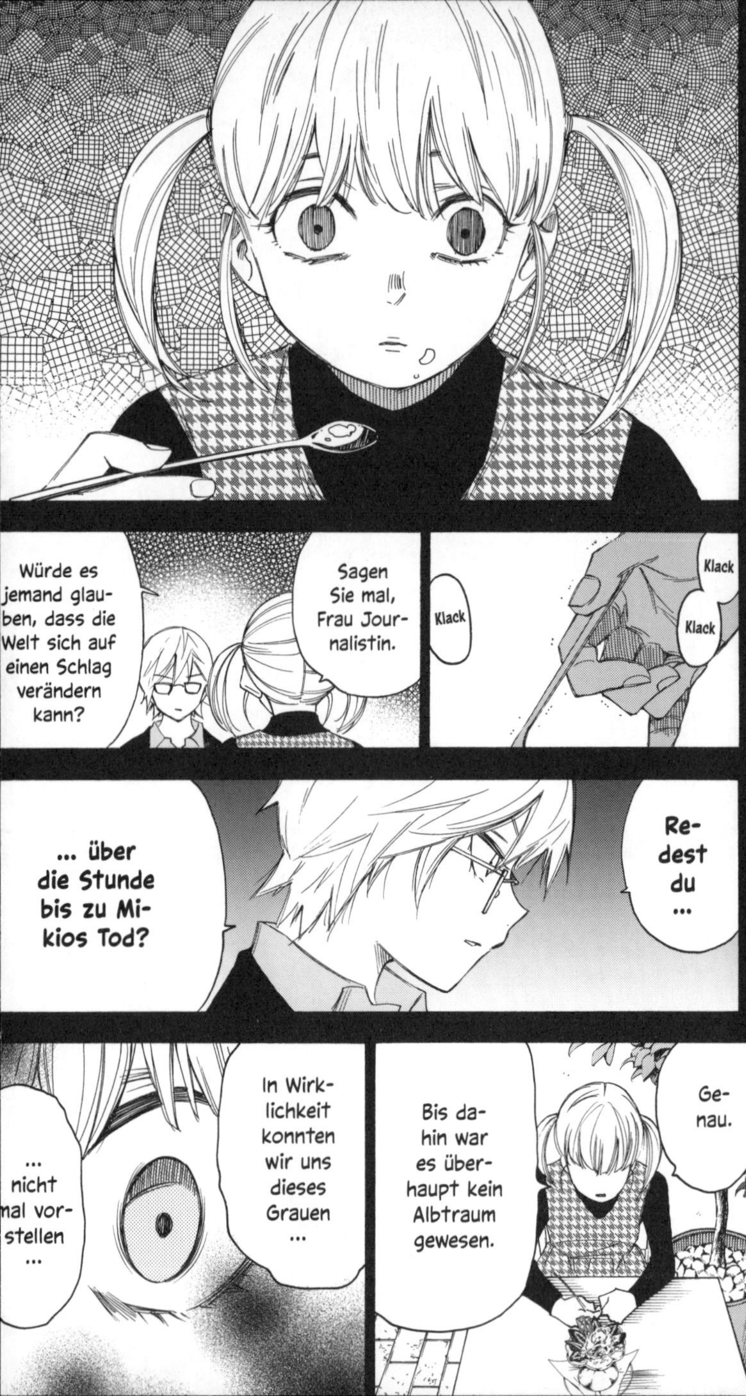

Klack
Klack
Klack
Sagen Sie mal, Frau Journalistin.
Würde es jemand glauben, dass die Welt sich auf einen Schlag verändern kann?
Redest du …
… über die Stunde bis zu Mikios Tod?
Genau.
Bis dahin war es überhaupt kein Albtraum gewesen.
In Wirklichkeit konnten wir uns dieses Grauen …
… nicht mal vorstellen …

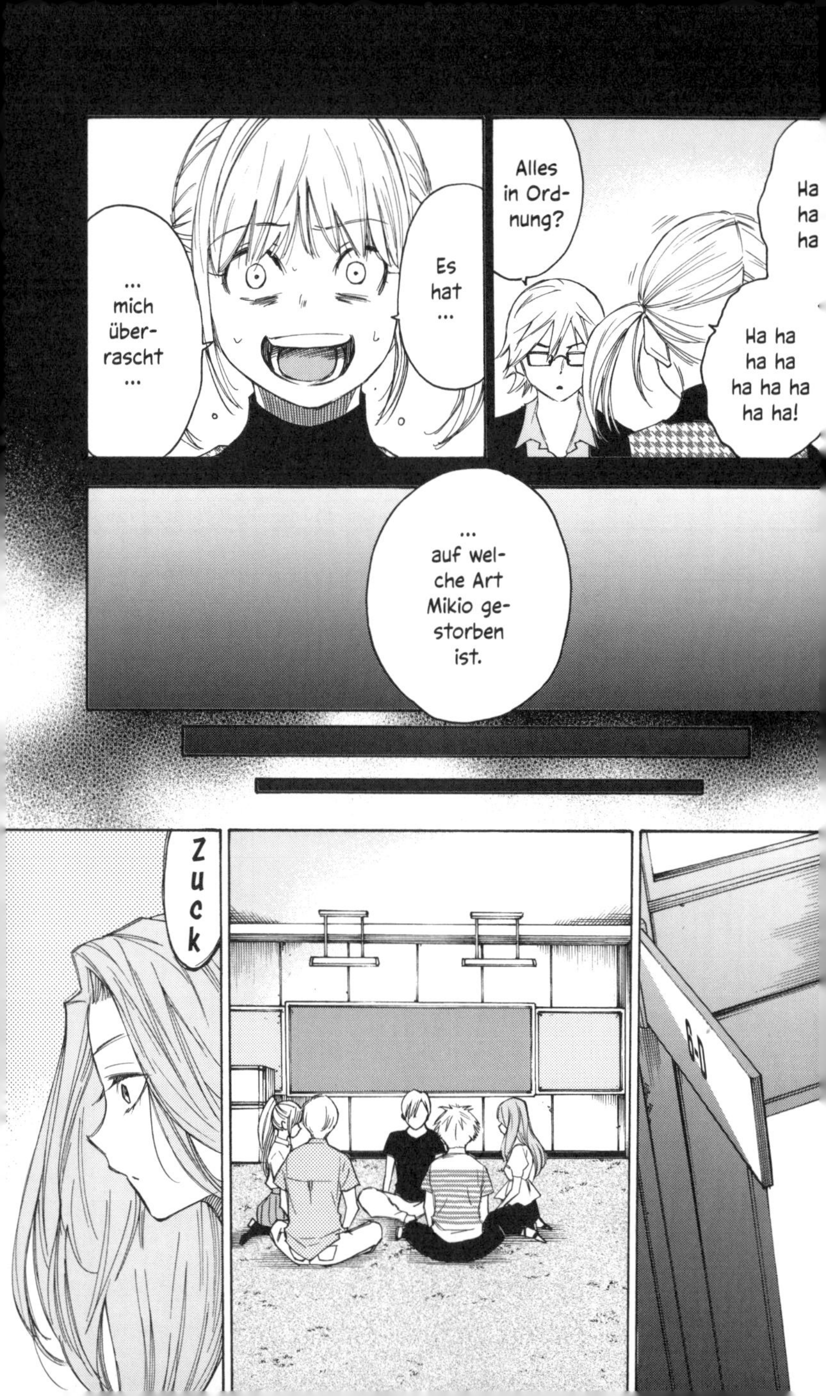
Ha ha ha
Ha ha ha ha ha ha ha ha ha!
Alles in Ordnung?
Es hat ...
... mich überrascht ...
... auf welche Art Mikio gestorben ist.
Zuck

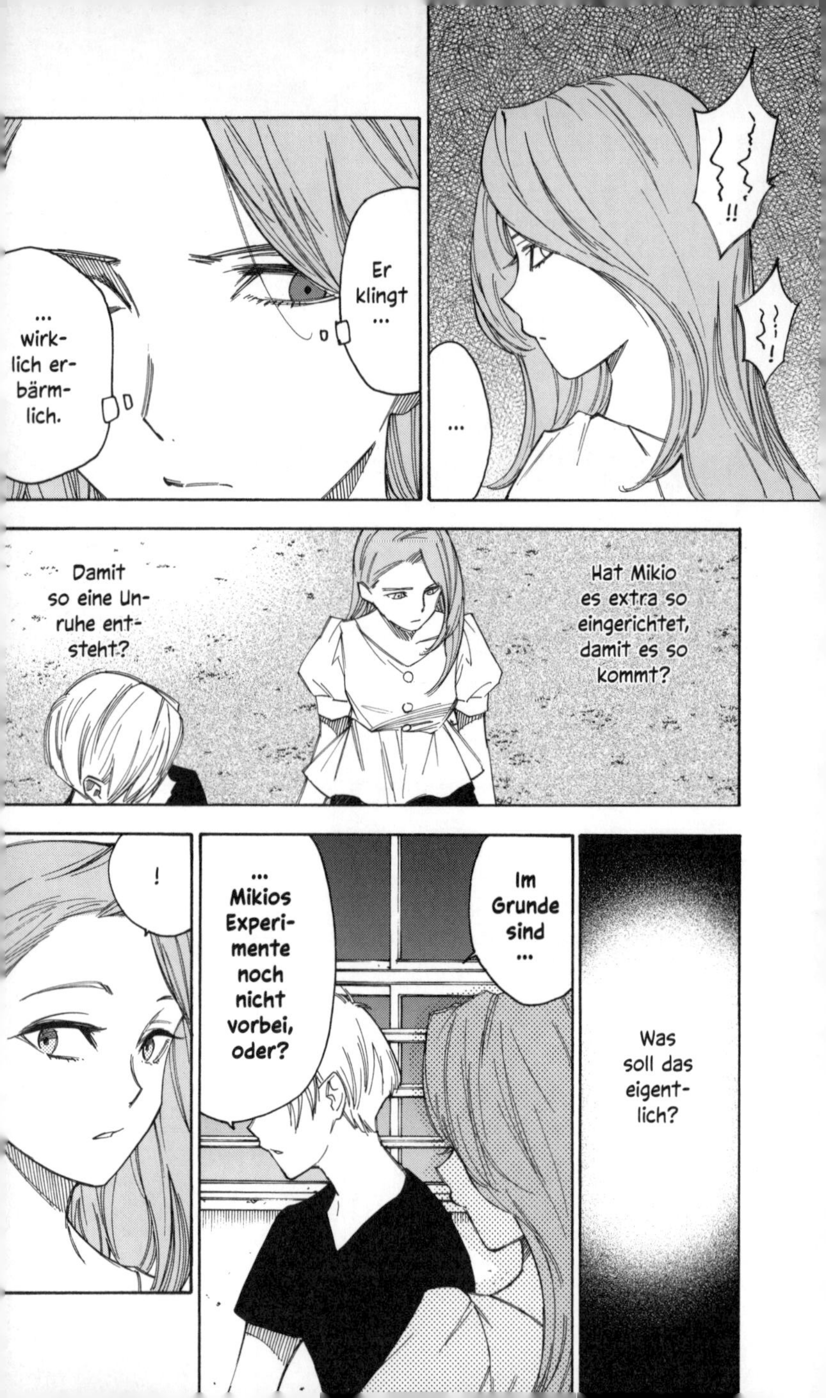

...
Er klingt ...
... wirklich erbärmlich.
Hat Mikio es extra so eingerichtet, damit es so kommt?
Damit so eine Unruhe entsteht?
Was soll das eigentlich?
Im Grunde sind ...
... Mikios Experimente noch nicht vorbei, oder?
!

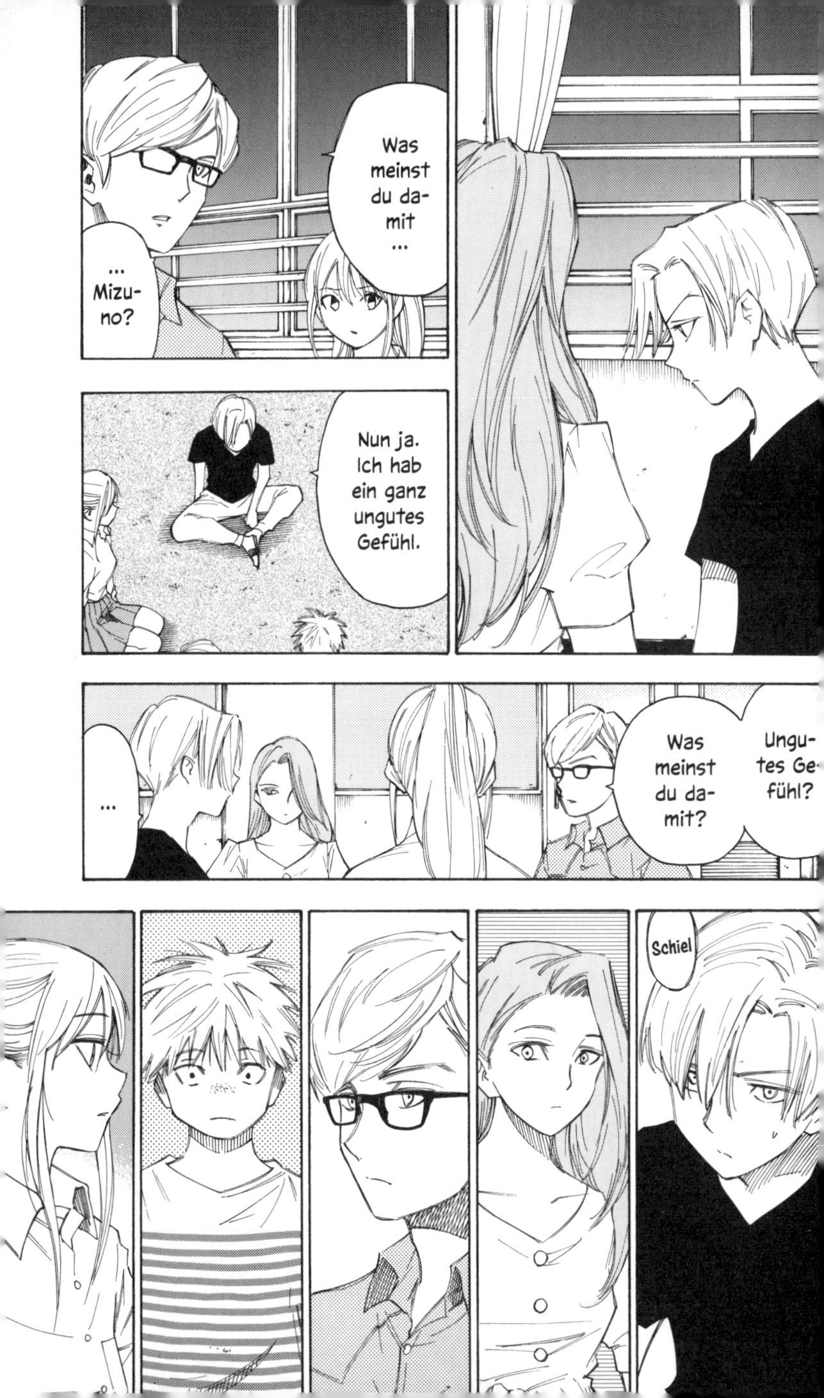
Was meinst du damit ...
... Mizuno?
Nun ja. Ich hab ein ganz ungutes Gefühl.
Ungutes Gefühl?
Was meinst du damit?
...
Schiel

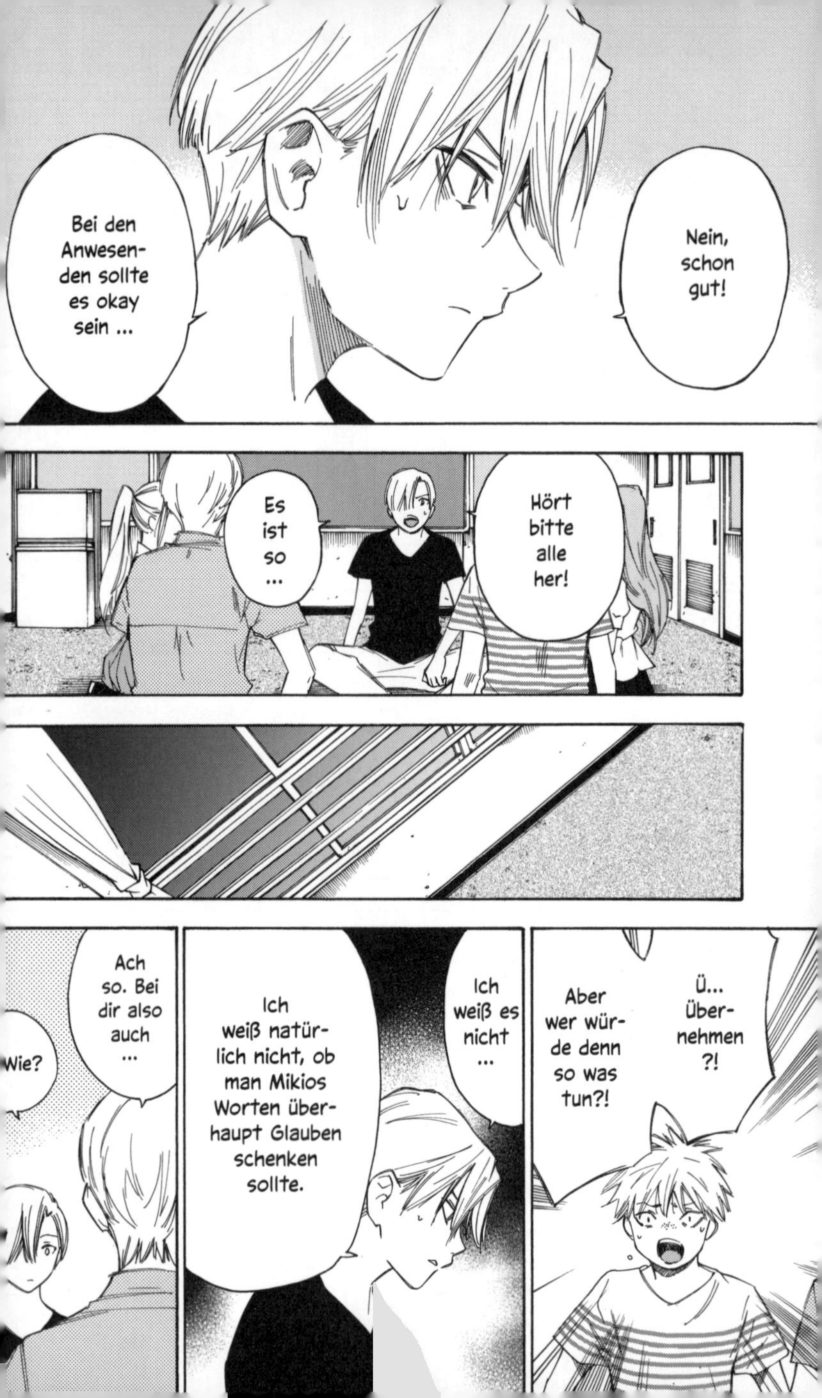
Nein, schon gut!
Bei den Anwesenden sollte es okay sein ...
Hört bitte alle her!
Es ist so ...
Ü... Übernehmen ?!
Aber wer würde denn so was tun?!
Ich weiß es nicht ...
Ich weiß natürlich nicht, ob man Mikios Worten überhaupt Glauben schenken sollte.
Ach so. Bei dir also auch ...
Wie?

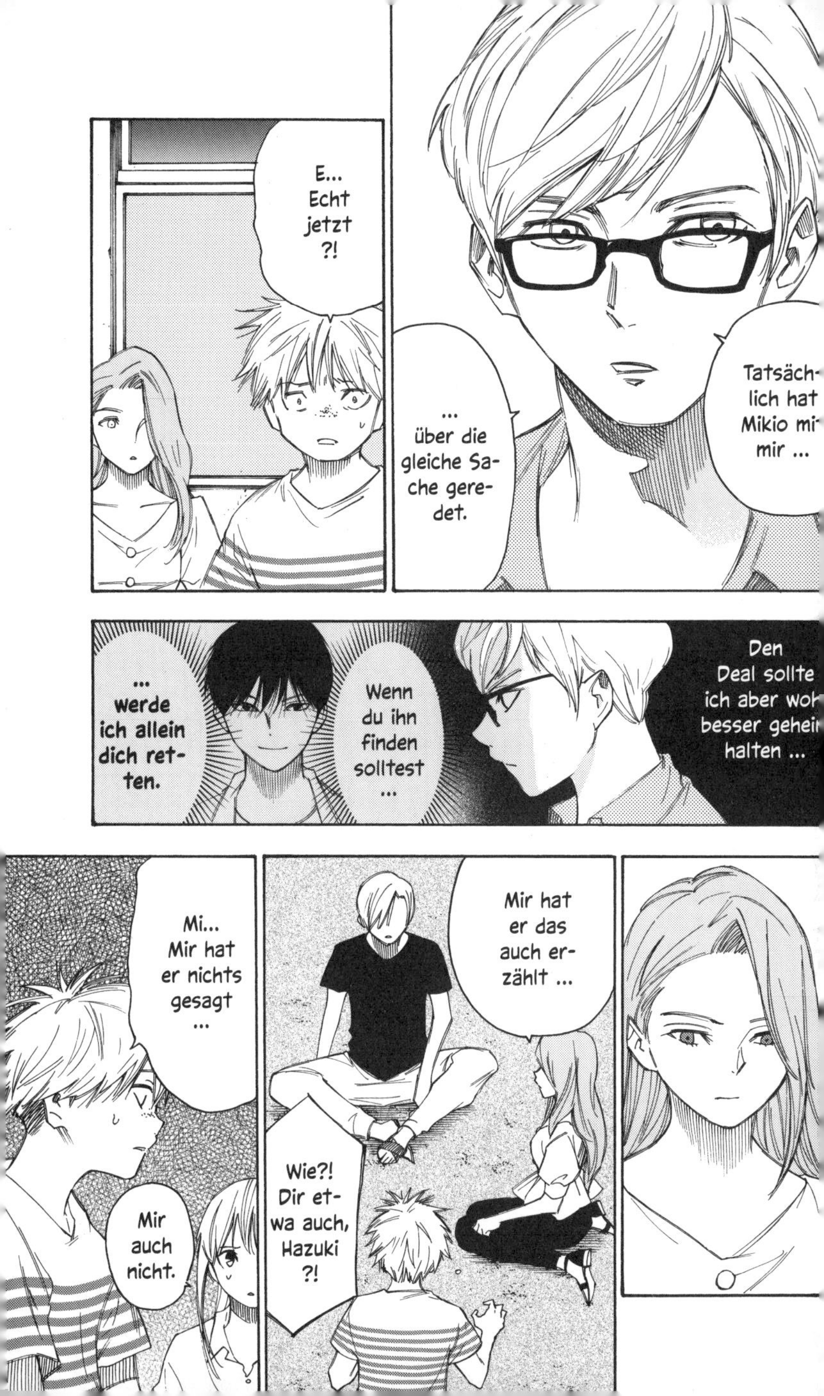
Tatsäch- lich hat Mikio mi mir ...
... über die gleiche Sa- che gere- det.
E... Echt jetzt ?!
Den Deal sollte ich aber woh besser gehei halten ...
Wenn du ihn finden solltest ...
... werde ich allein dich ret- ten.
Mir hat er das auch er- zählt ...
Wie?! Dir et- wa auch, Hazuki ?!
Mi... Mir hat er nichts gesagt ...
Mir auch nicht.

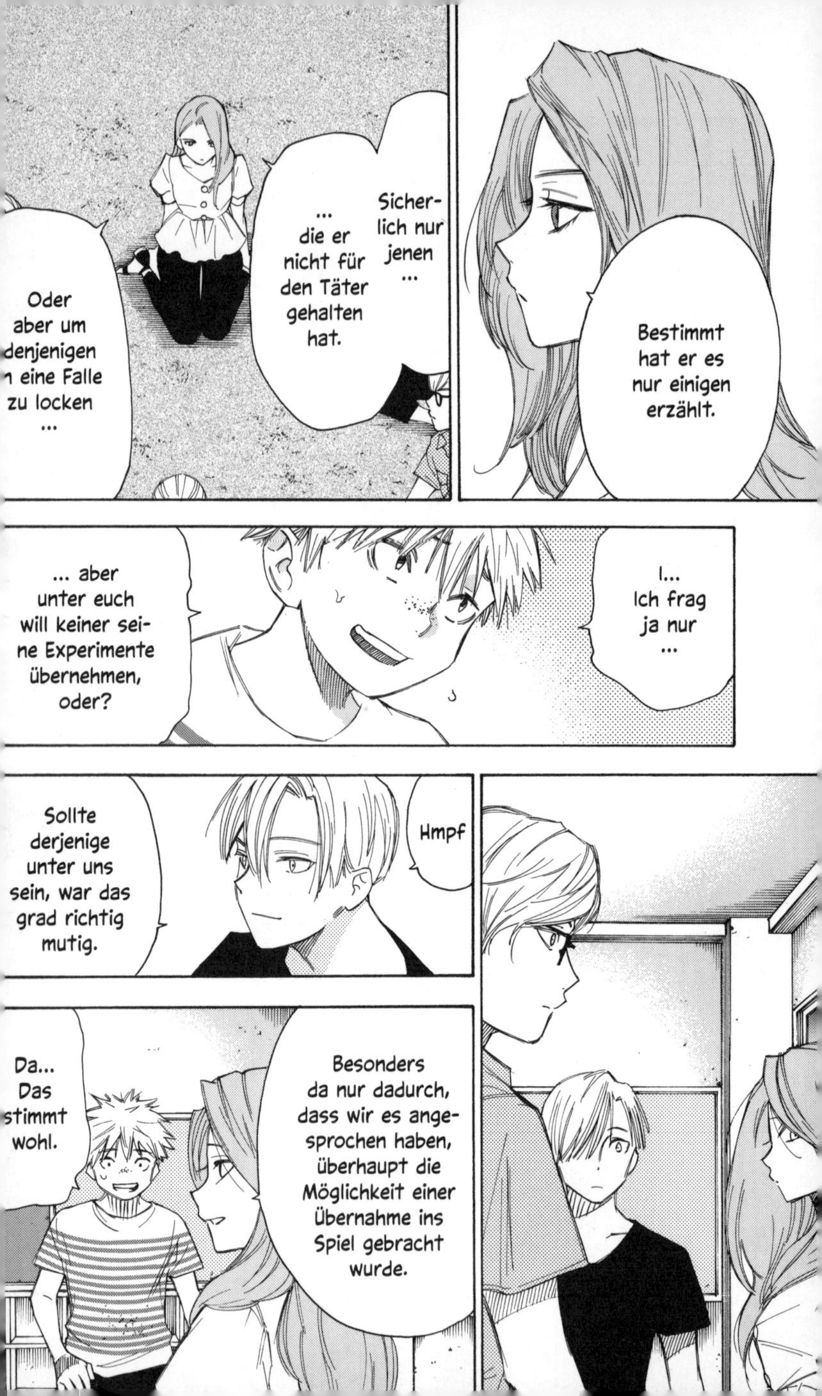

Bestimmt hat er es nur einigen erzählt.
Sicher-lich nur jenen ...
... die er nicht für den Täter gehalten hat.
Oder aber um denjenigen n eine Falle zu locken ...
... aber unter euch will keiner sei-ne Experimente übernehmen, oder?
I... Ich frag ja nur ...
Hmpf
Sollte derjenige unter uns sein, war das grad richtig mutig.
Besonders da nur dadurch, dass wir es ange-sprochen haben, überhaupt die Möglichkeit einer Übernahme ins Spiel gebracht wurde.
Da... Das stimmt wohl.

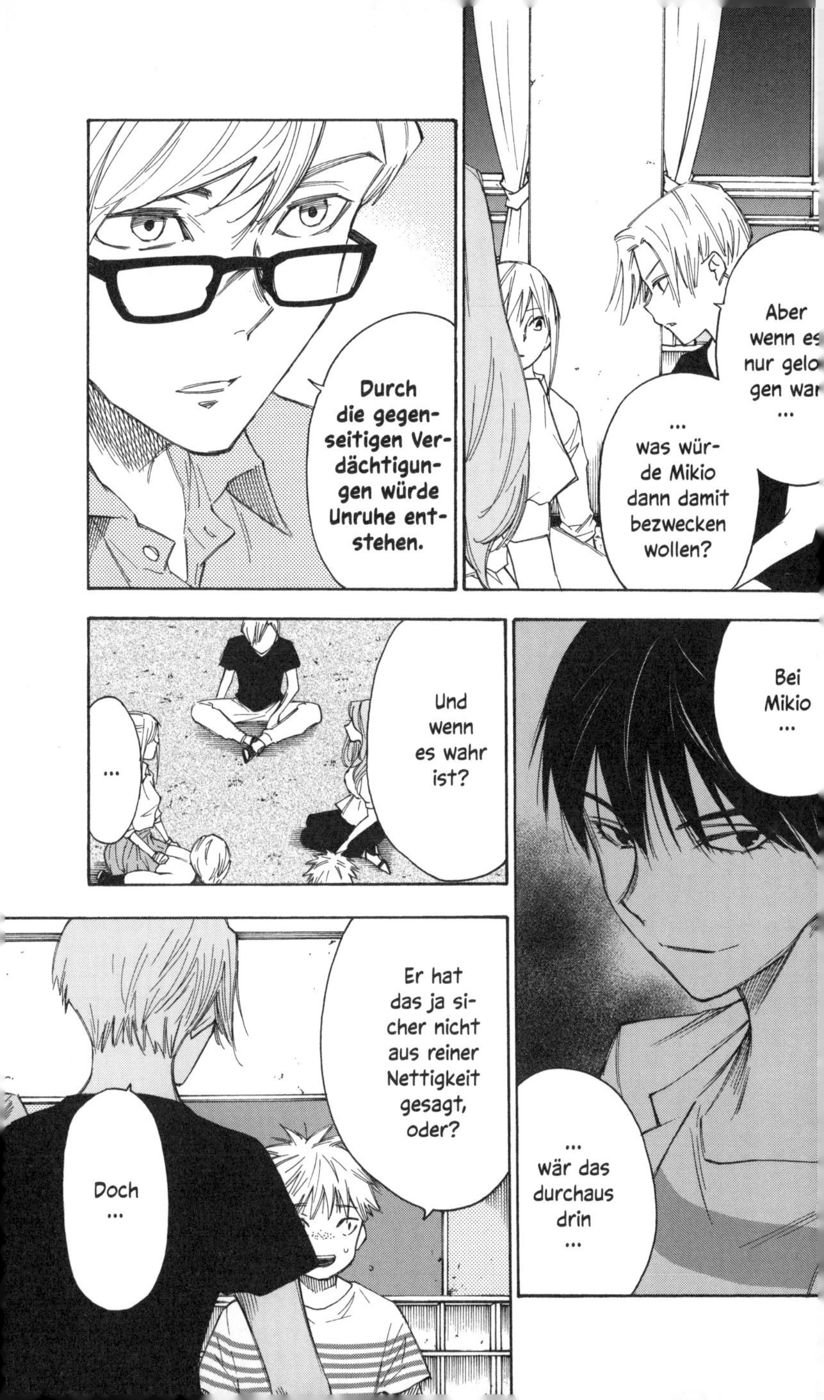
Aber wenn es nur gelo gen war ...
... was würde Mikio dann damit bezwecken wollen?
Durch die gegenseitigen Verdächtigungen würde Unruhe entstehen.
Bei Mikio ...
... wär das durchaus drin ...
Und wenn es wahr ist?
...
Er hat das ja sicher nicht aus reiner Nettigkeit gesagt, oder?
Doch ...

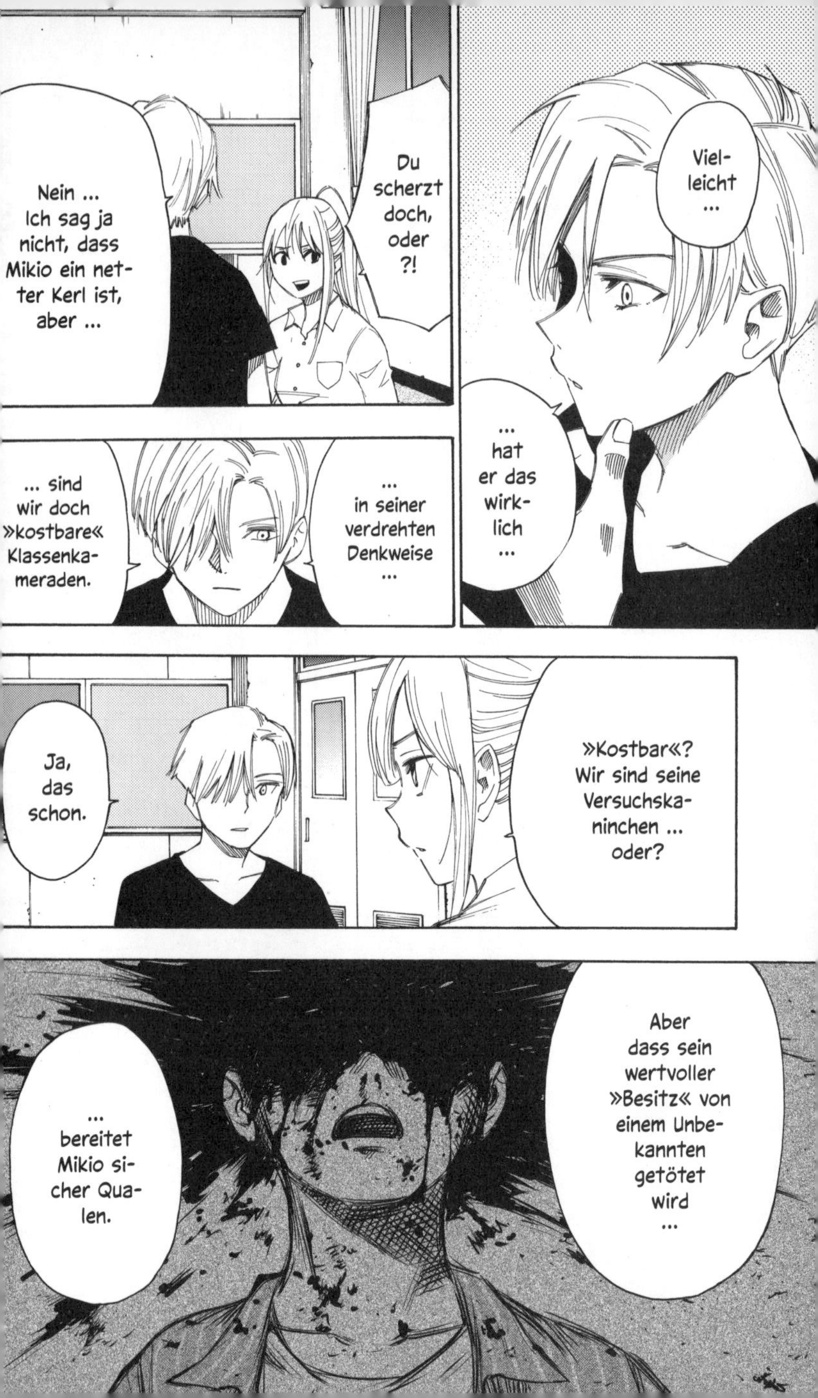

Vielleicht ...
... hat er das wirklich ...
Du scherzt doch, oder ?!
Nein ... Ich sag ja nicht, dass Mikio ein netter Kerl ist, aber ...
... in seiner verdrehten Denkweise ...
... sind wir doch »kostbare« Klassenkameraden.
»Kostbar«? Wir sind seine Versuchskaninchen ... oder?
Ja, das schon.
Aber dass sein wertvoller »Besitz« von einem Unbekannten getötet wird ...
... bereitet Mikio sicher Qualen.

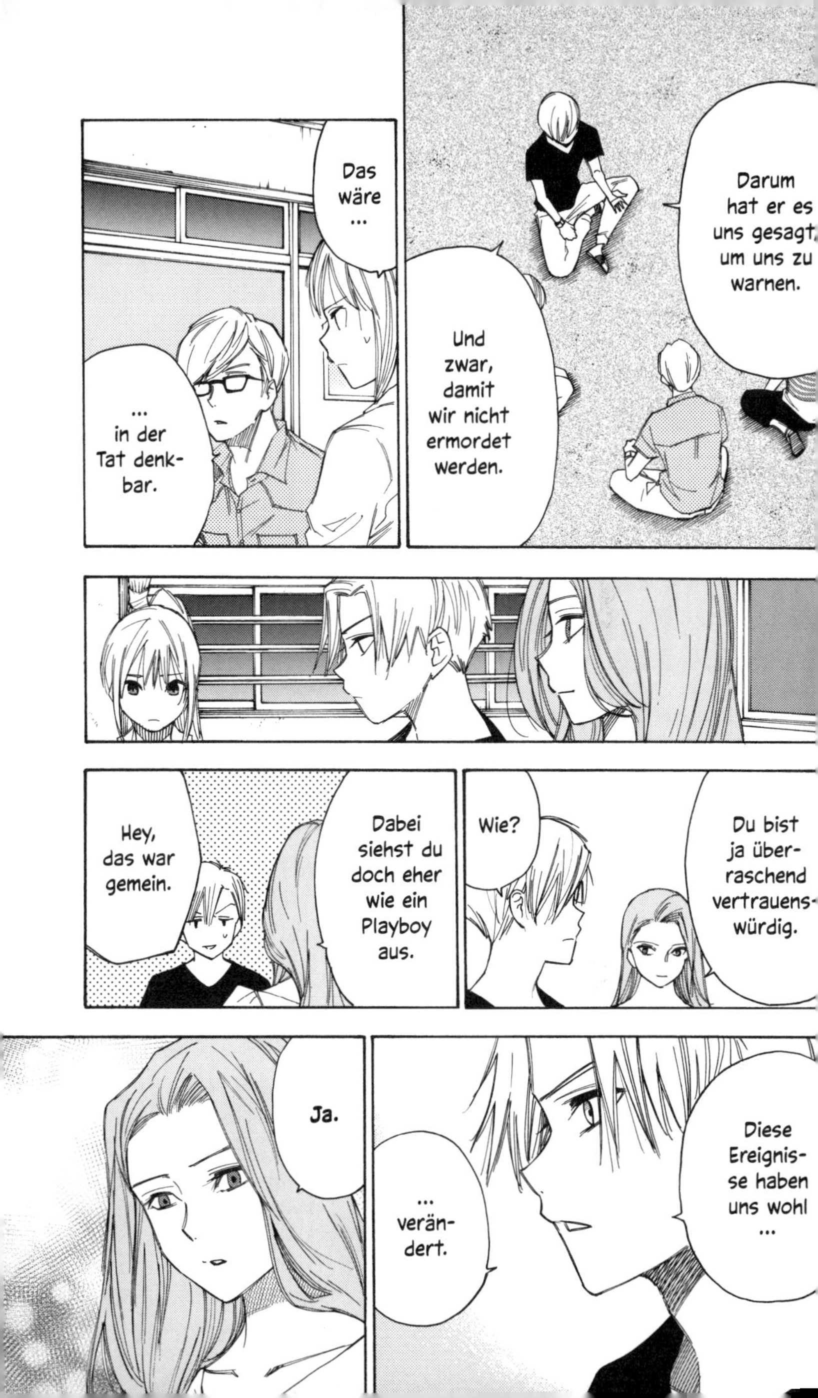
Darum hat er es uns gesagt, um uns zu warnen.
Und zwar, damit wir nicht ermordet werden.
Das wäre ...
... in der Tat denkbar.
Du bist ja überraschend vertrauenswürdig.
Wie?
Dabei siehst du doch eher wie ein Playboy aus.
Hey, das war gemein.
Diese Ereignisse haben uns wohl ...
... verändert.
Ja.

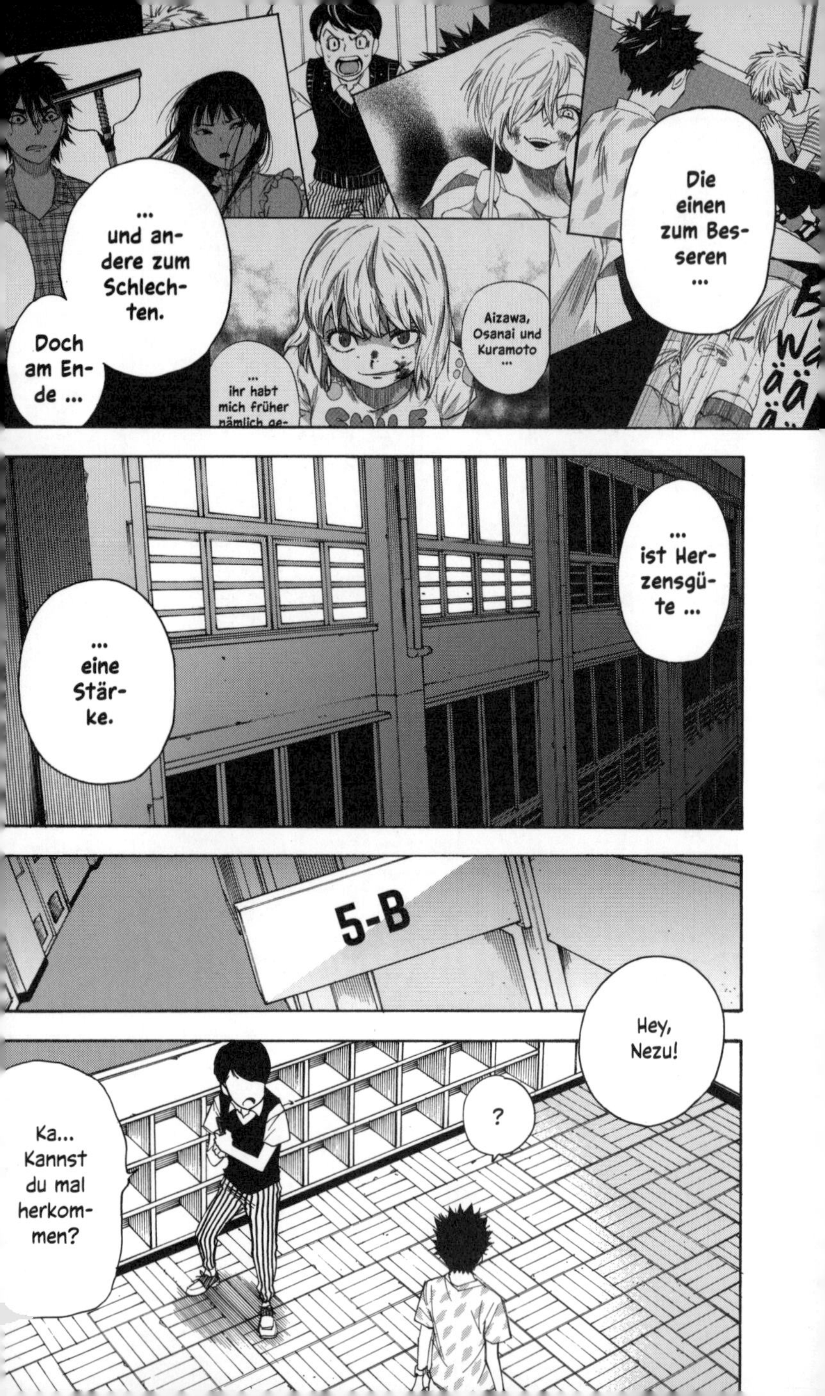
Die einen zum Besseren ...
Aizawa, Osanai und Kuramoto ...
... ihr habt mich früher
... und andere zum Schlechten.
Doch am Ende ...
... ist Herzensgüte ...
... eine Stärke.
5-B
Hey, Nezu!
?
Ka... Kannst du mal herkommen?

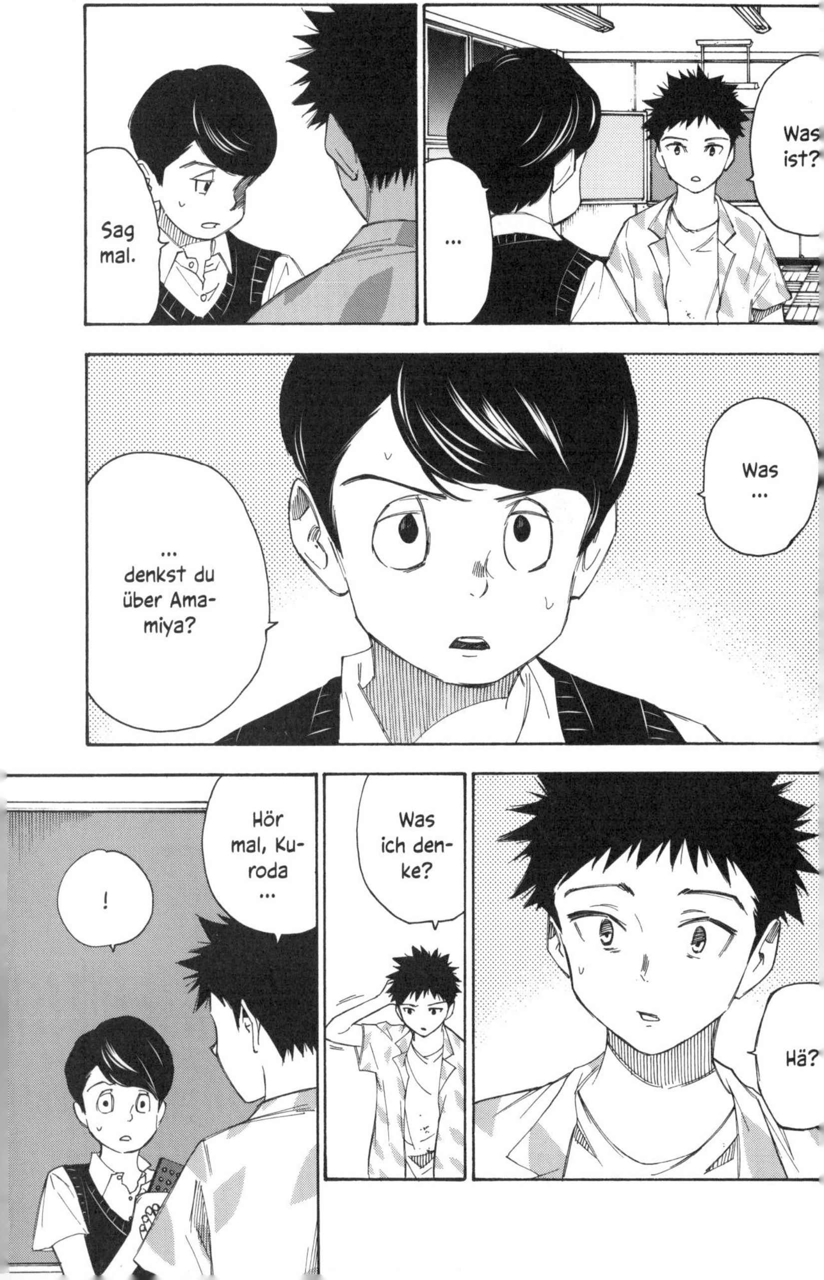
Was ist?
...
Sag mal.
Was ...
... denkst du über Ama-miya?
Hä?
Was ich den-ke?
Hör mal, Ku-roda ...
!

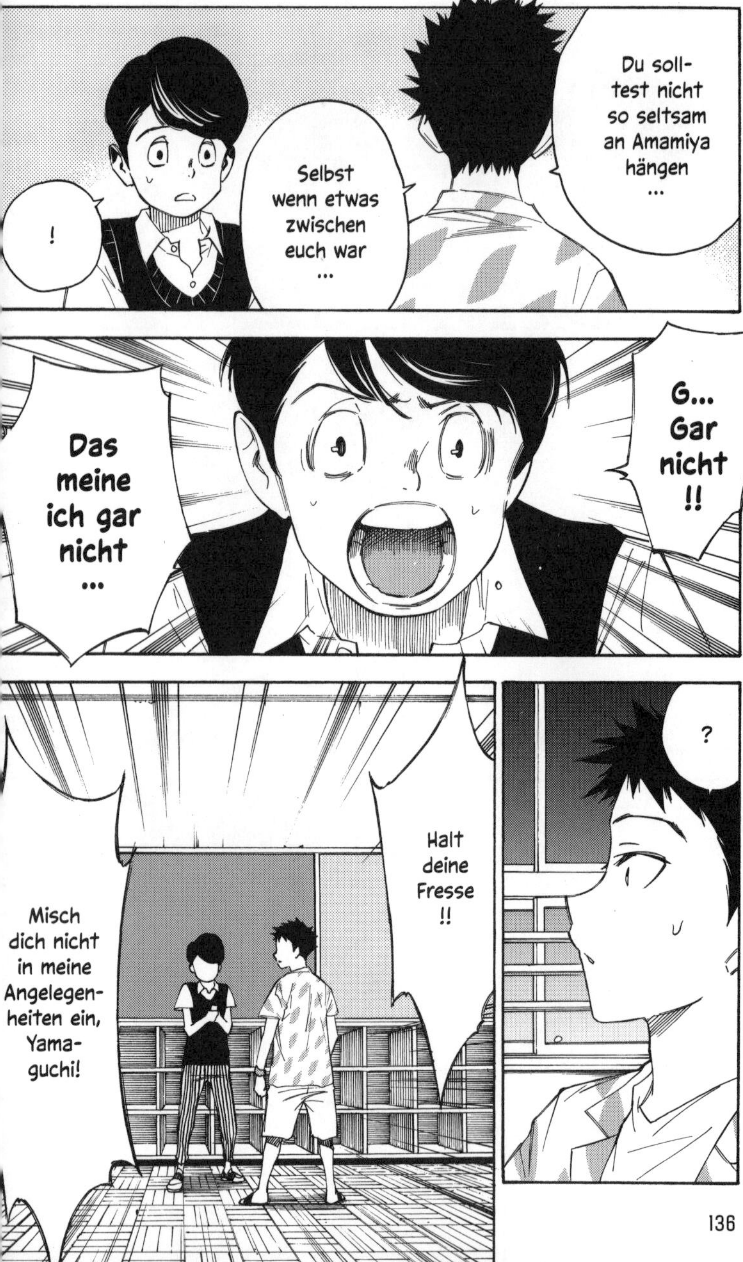
Du soll-
test nicht
so seltsam
an Amamiya
hängen
...
Selbst
wenn etwas
zwischen
euch war
...
!
G...
Gar
nicht
!!
Das
meine
ich gar
nicht
...
?
Halt
deine
Fresse
!!
Misch
dich nicht
in meine
Angelegen-
heiten ein,
Yama-
guchi!

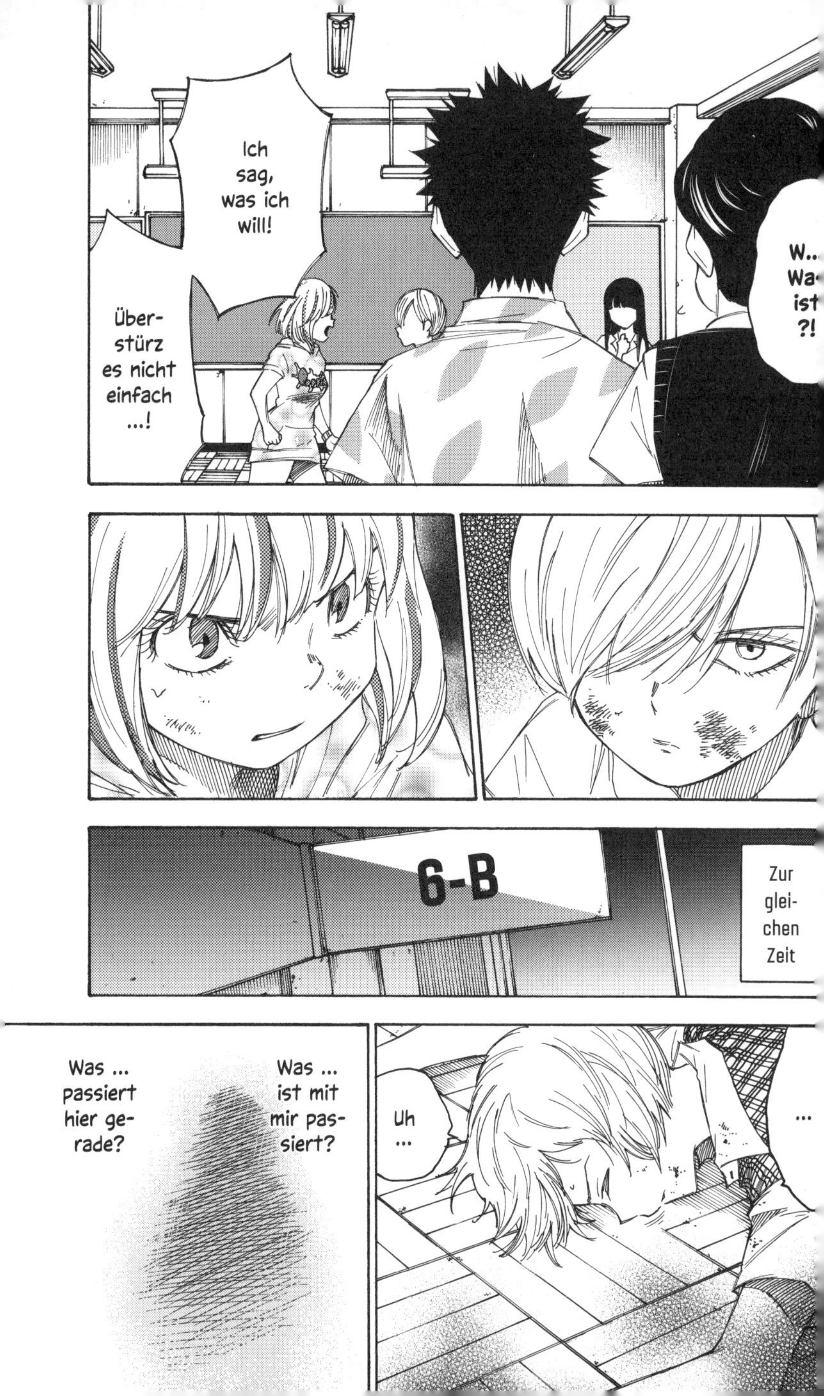
W... Wa- ist ?!
Ich sag, was ich will!
Überstürz es nicht einfach ...!
Zur gleichen Zeit
6-B
...
Uh ...
Was ... ist mit mir passiert?
Was ... passiert hier gerade?

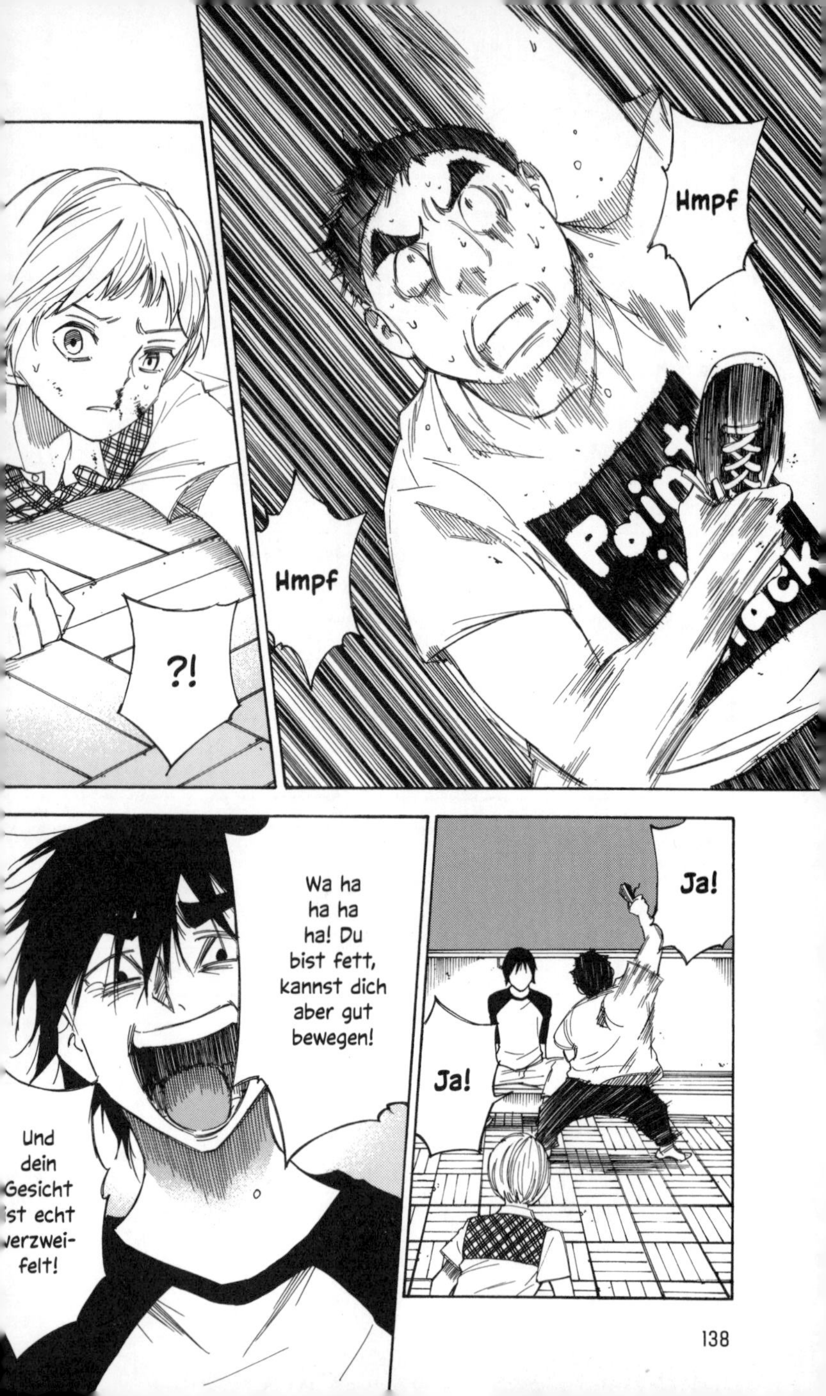
Hmpf
Point Attack
Hmpf
?!
Ja!
Ja!
Wa ha ha ha ha! Du bist fett, kannst dich aber gut bewegen!
Und dein Gesicht ist echt verzwei-felt!

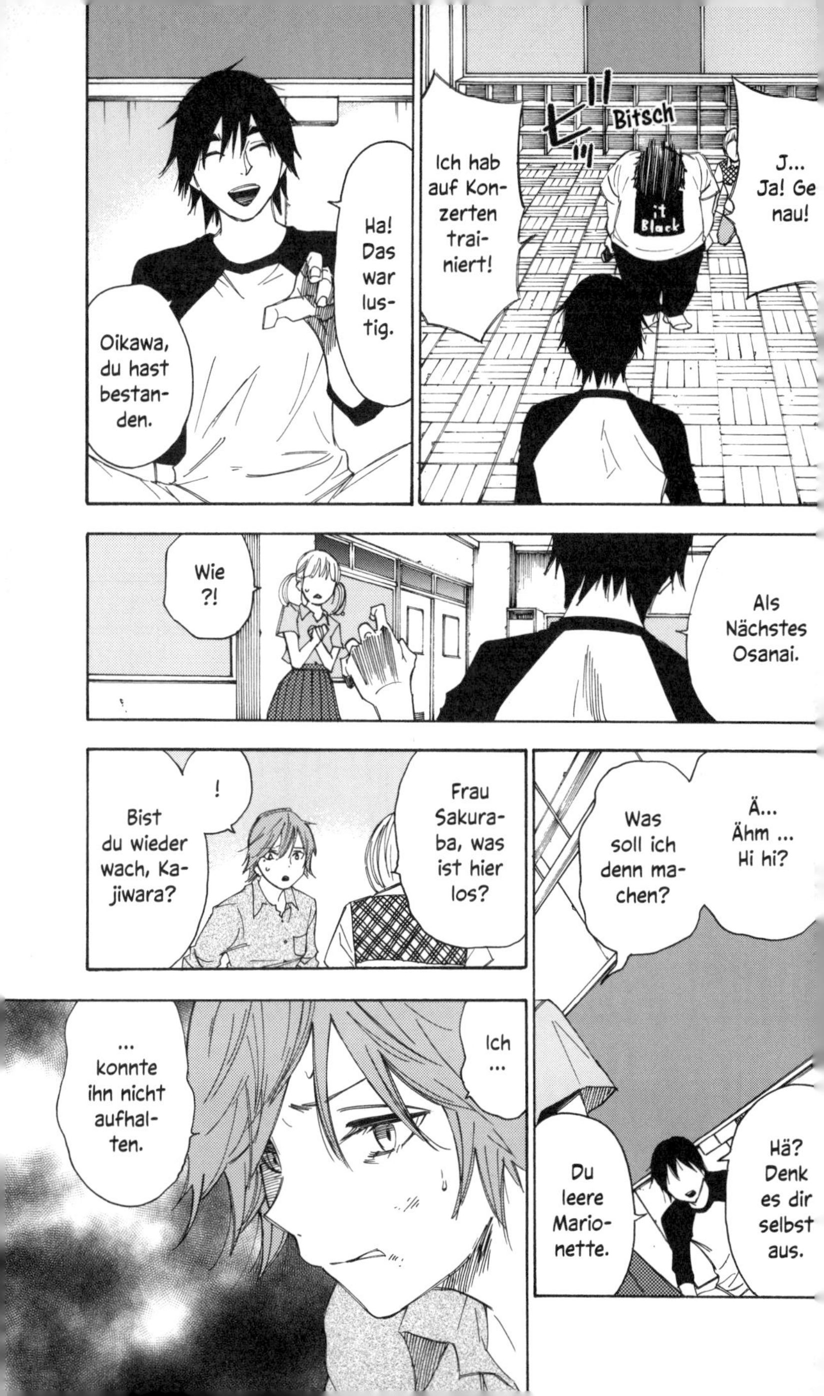
J... Ja! Genau!
Bitsch
Ich hab auf Konzerten trainiert!
Ha! Das war lustig.
Oikawa, du hast bestanden.
Als Nächstes Osanai.
Wie ?!
Ä... Ähm ... Hi hi?
Was soll ich denn machen?
Frau Sakuraba, was ist hier los?
!
Bist du wieder wach, Kajiwara?
Hä? Denk es dir selbst aus.
Du leere Marionette.
Ich ...
... konnte ihn nicht aufhalten.

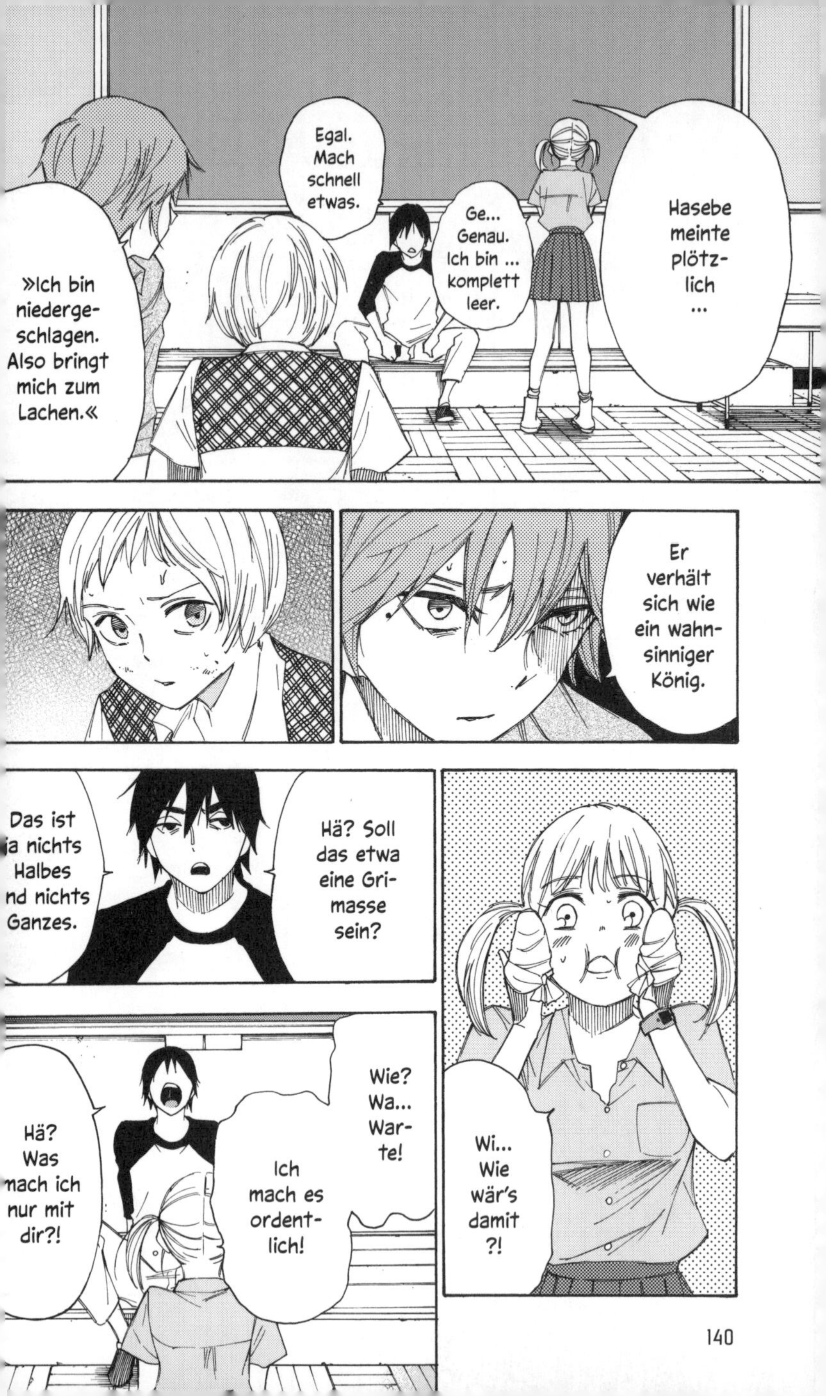
Hasebe meinte plötzlich ...
»Ich bin niederge-schlagen. Also bringt mich zum Lachen.«
Egal. Mach schnell etwas.
Ge... Genau. Ich bin ... komplett leer.
Er verhält sich wie ein wahnsinniger König.
Wi... Wie wär's damit ?!
Hä? Soll das etwa eine Grimasse sein?
Das ist a nichts Halbes nd nichts Ganzes.
Wie? Wa... Warte!
Ich mach es ordentlich!
Hä? Was nach ich nur mit dir?!

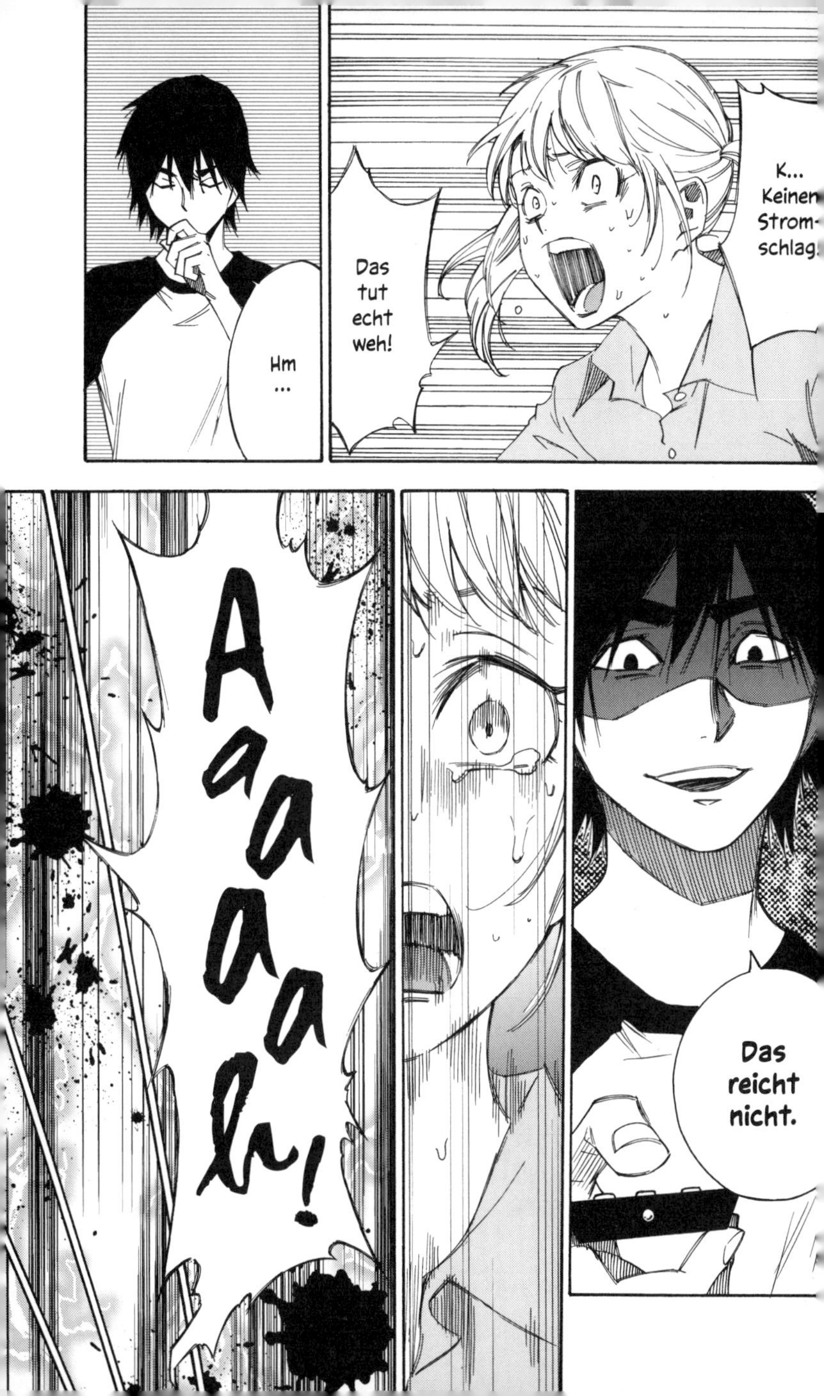
K... Keinen Strom-schlag!
Das tut echt weh!
Hm ...
Das reicht nicht.
Aaaaah!

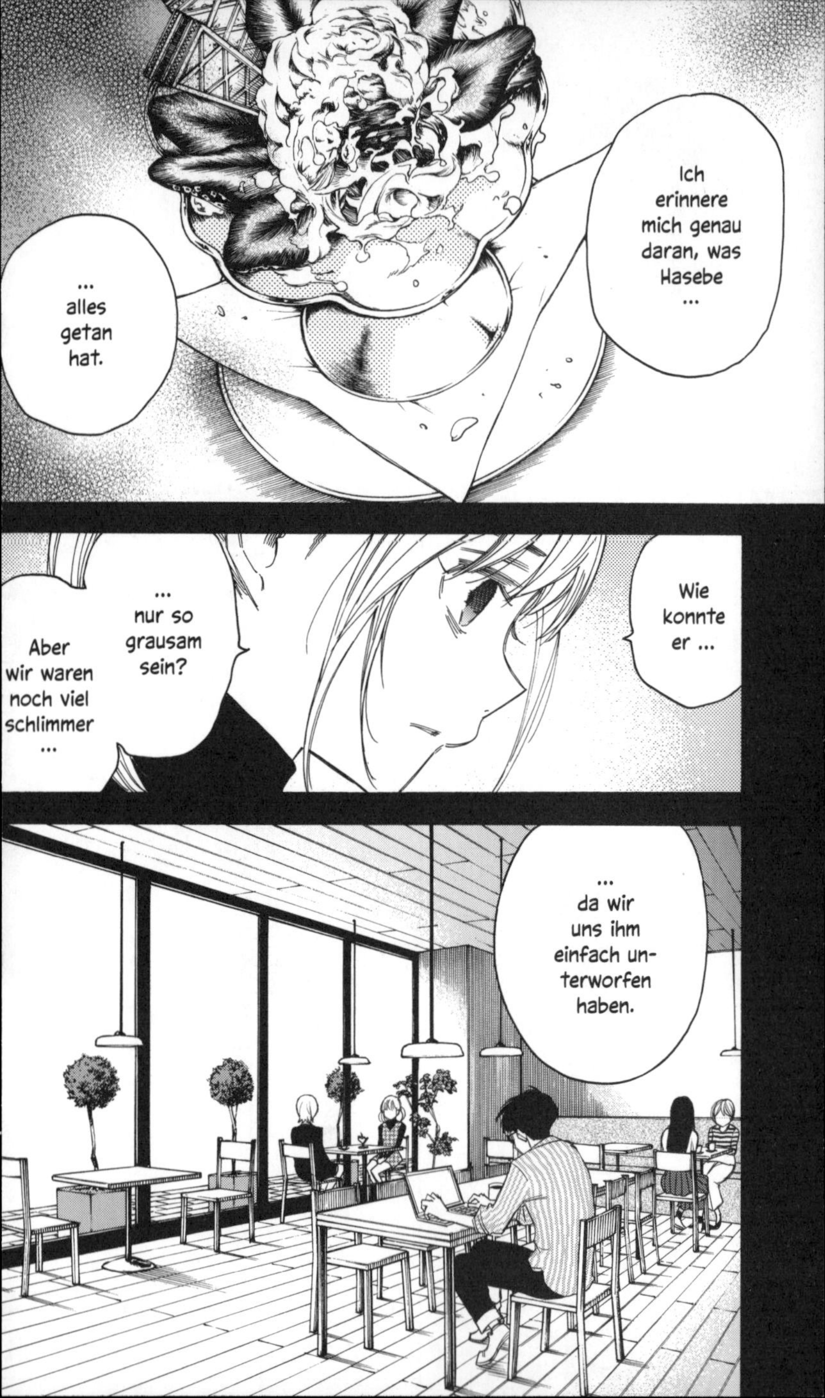
Ich erinnere mich genau daran, was Hasebe ...
... alles getan hat.
Wie konnte er ...
... nur so grausam sein?
Aber wir waren noch viel schlimmer ...
... da wir uns ihm einfach unterworfen haben.

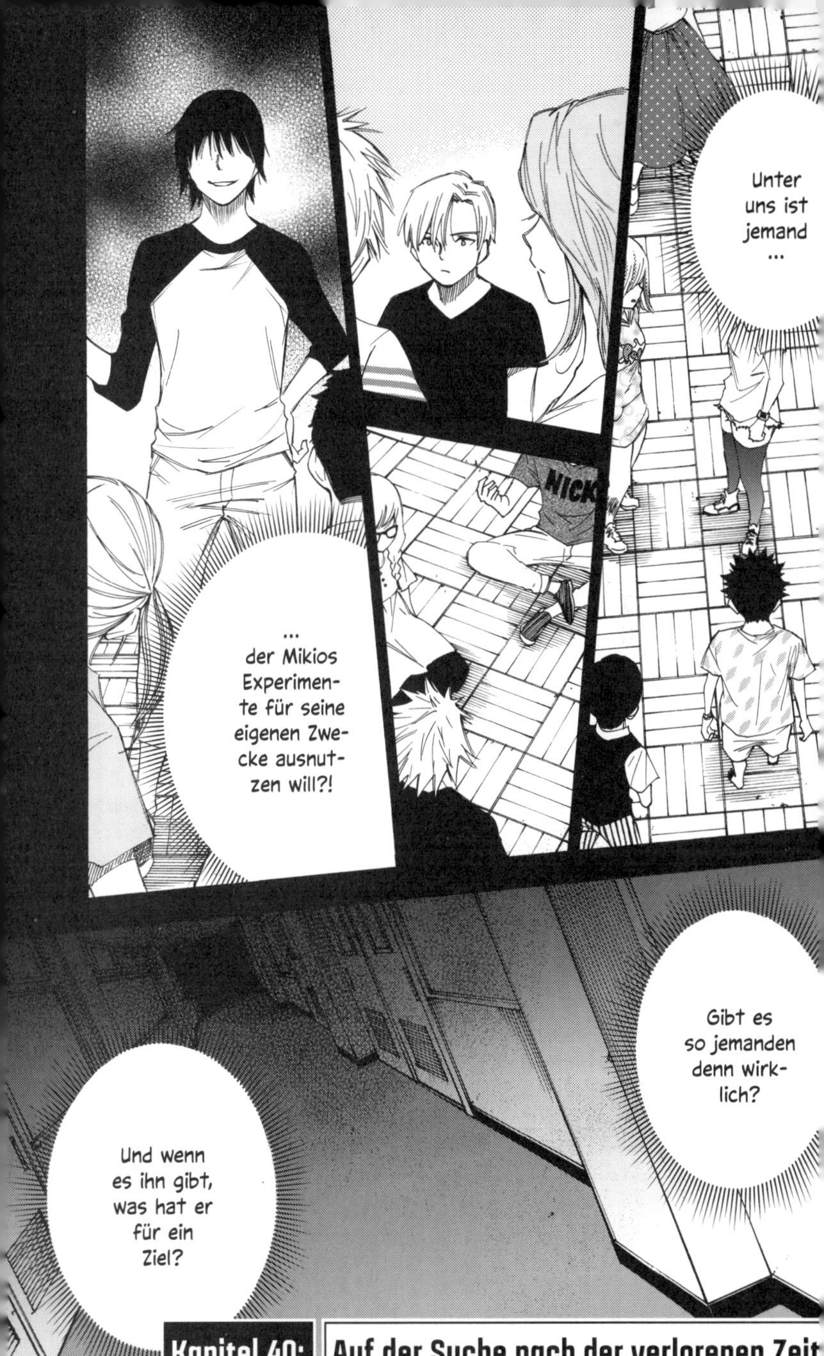

Kapitel 40: Auf der Suche nach der verlorenen Zeit

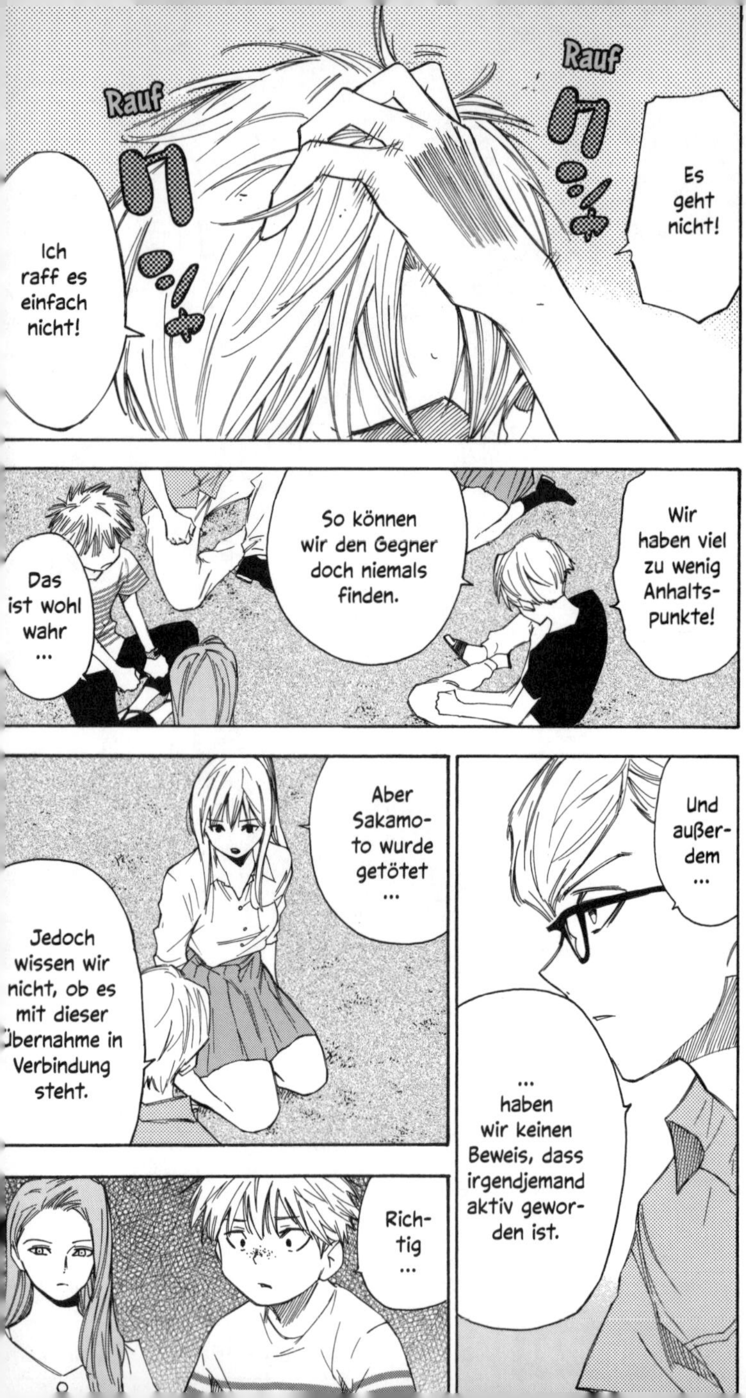
Rauf
Es geht nicht!
Rauf
Ich raff es einfach nicht!
Wir haben viel zu wenig Anhalts-punkte!
So können wir den Gegner doch niemals finden.
Das ist wohl wahr ...
Und außer-dem ...
... haben wir keinen Beweis, dass irgendjemand aktiv gewor-den ist.
Aber Sakamo-to wurde getötet ...
Jedoch wissen wir nicht, ob es mit dieser Übernahme in Verbindung steht.
Rich-tig ...

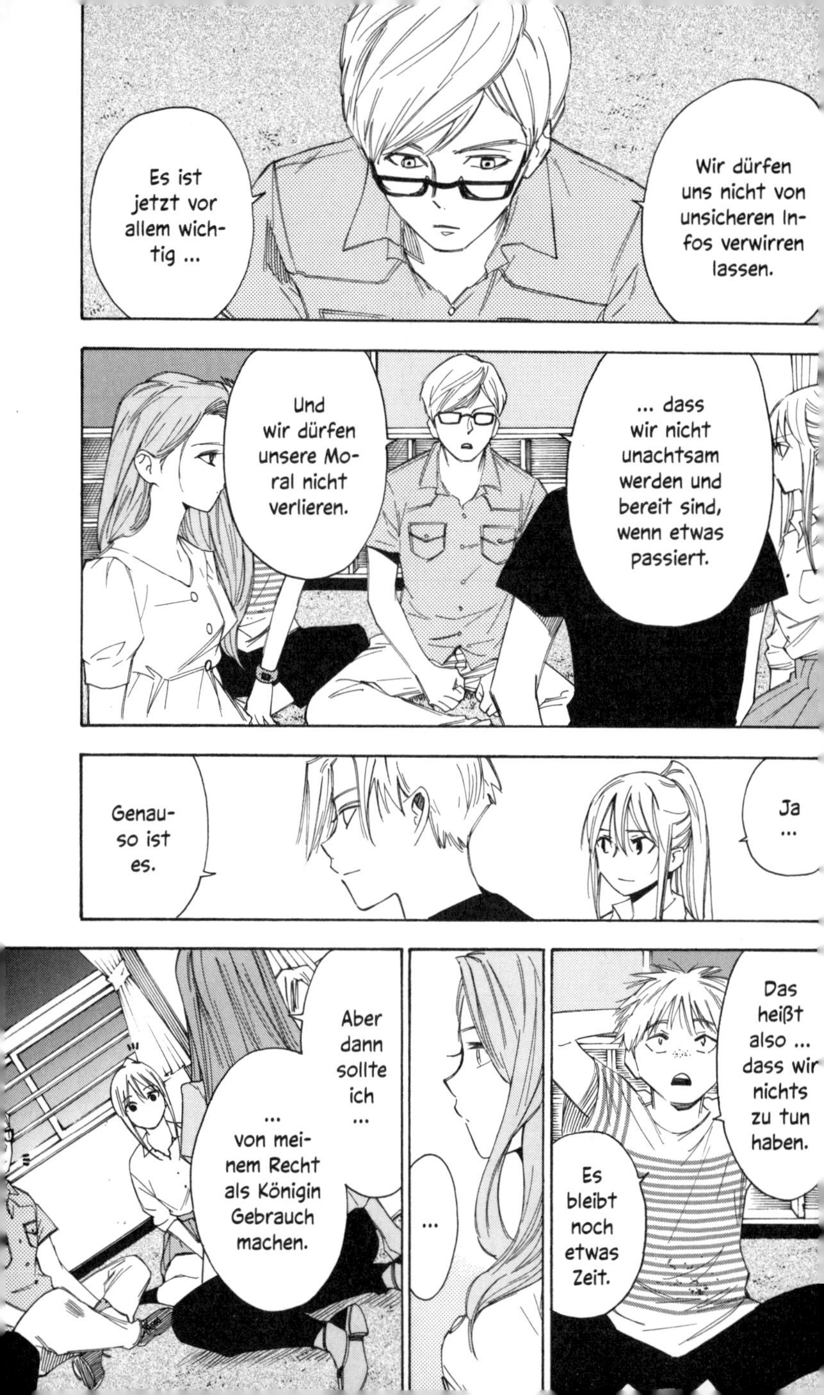
Wir dürfen uns nicht von unsicheren Infos verwirren lassen.
Es ist jetzt vor allem wichtig ...
... dass wir nicht unachtsam werden und bereit sind, wenn etwas passiert.
Und wir dürfen unsere Moral nicht verlieren.
Ja ...
Genauso ist es.
Das heißt also ... dass wir nichts zu tun haben.
Es bleibt noch etwas Zeit.
...
Aber dann sollte ich ...
... von meinem Recht als Königin Gebrauch machen.

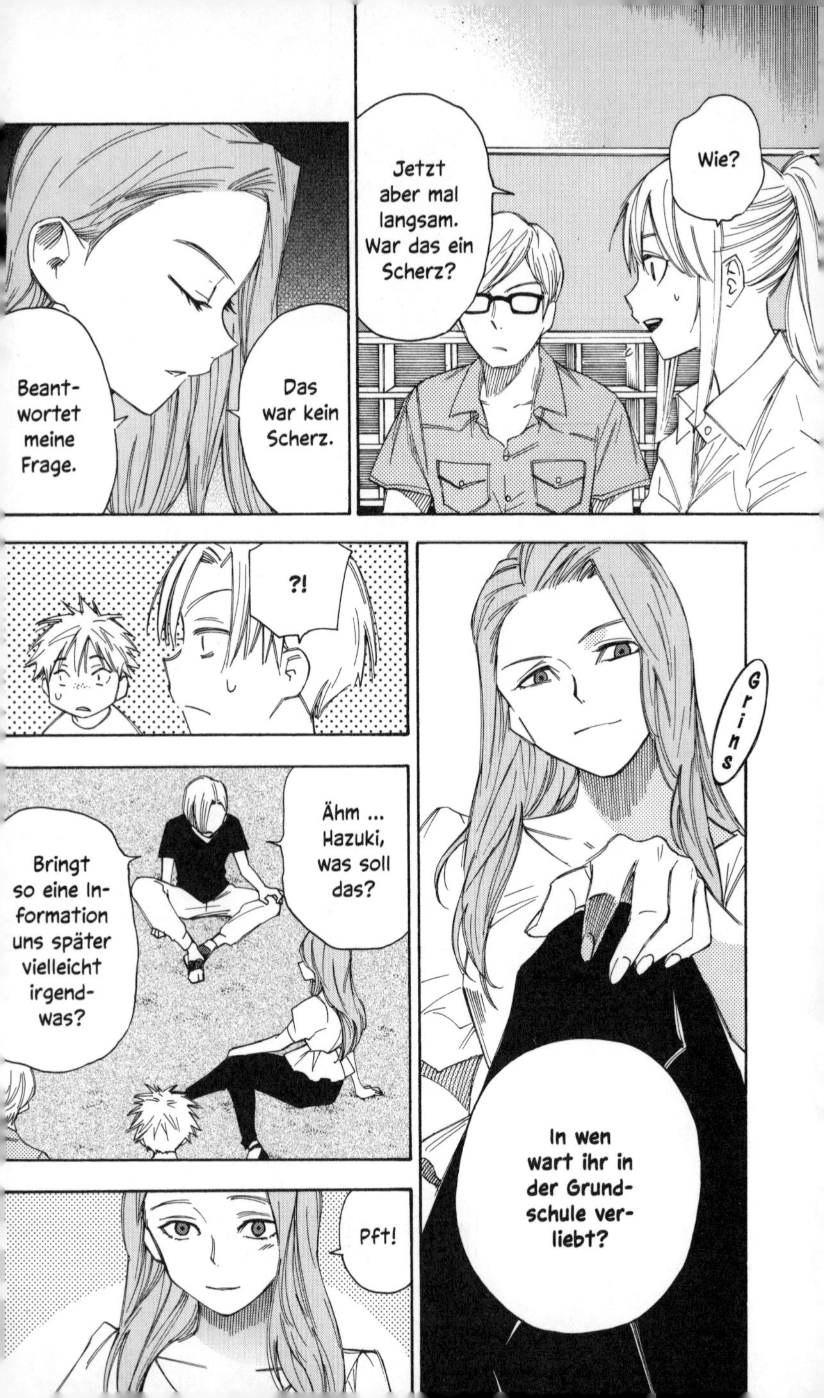
Wie?
Jetzt aber mal langsam. War das ein Scherz?
Das war kein Scherz.
Beantwortet meine Frage.
Grins
In wen wart ihr in der Grundschule verliebt?
?!
Ähm ... Hazuki, was soll das?
Bringt so eine Information uns später vielleicht irgendwas?
Pft!

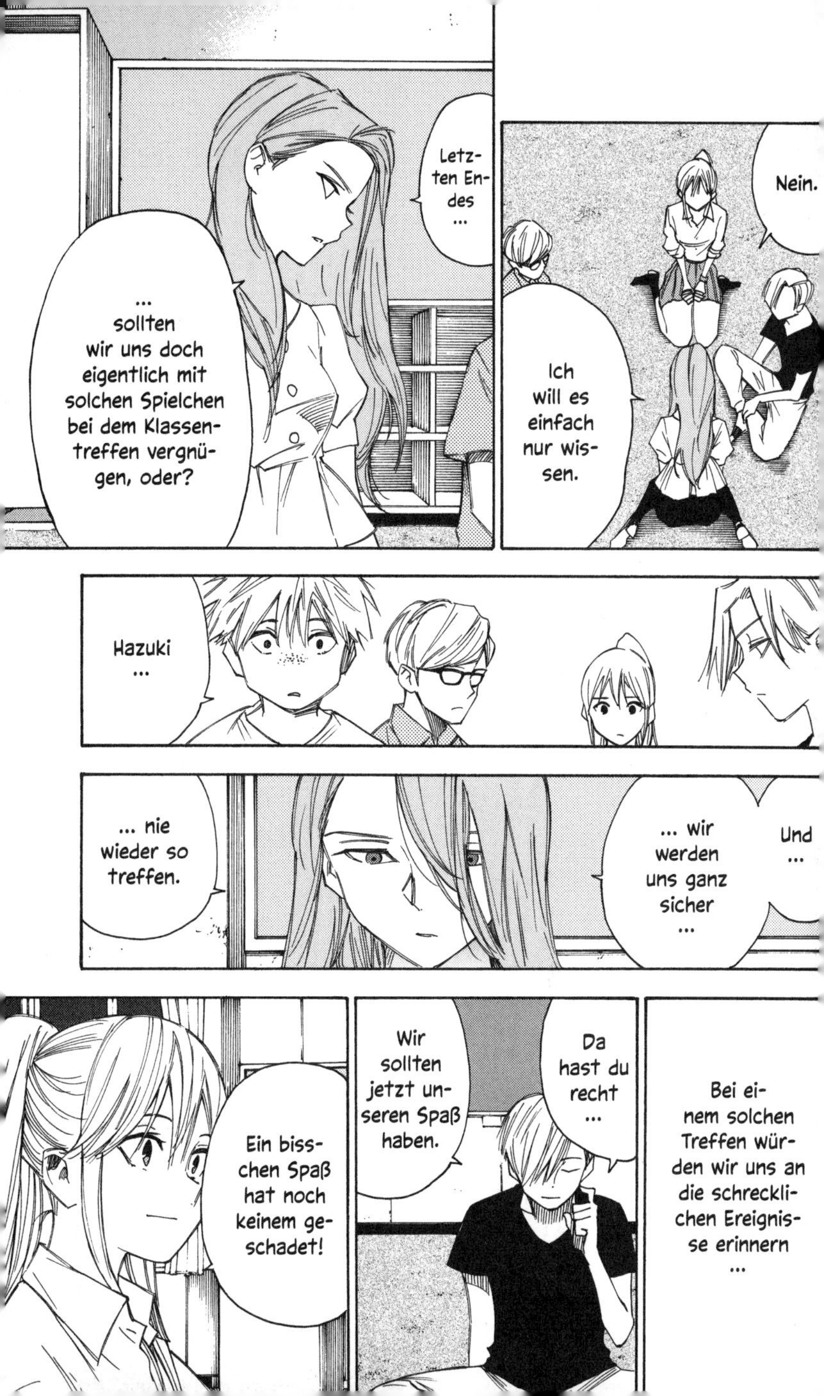

Letzten Endes …
… sollten wir uns doch eigentlich mit solchen Spielchen bei dem Klassentreffen vergnügen, oder?
Nein.
Ich will es einfach nur wissen.
Hazuki …
Und …
… wir werden uns ganz sicher …
… nie wieder so treffen.
Bei einem solchen Treffen würden wir uns an die schrecklichen Ereignisse erinnern …
Da hast du recht …
Wir sollten jetzt unseren Spaß haben.
Ein bisschen Spaß hat noch keinem geschadet!

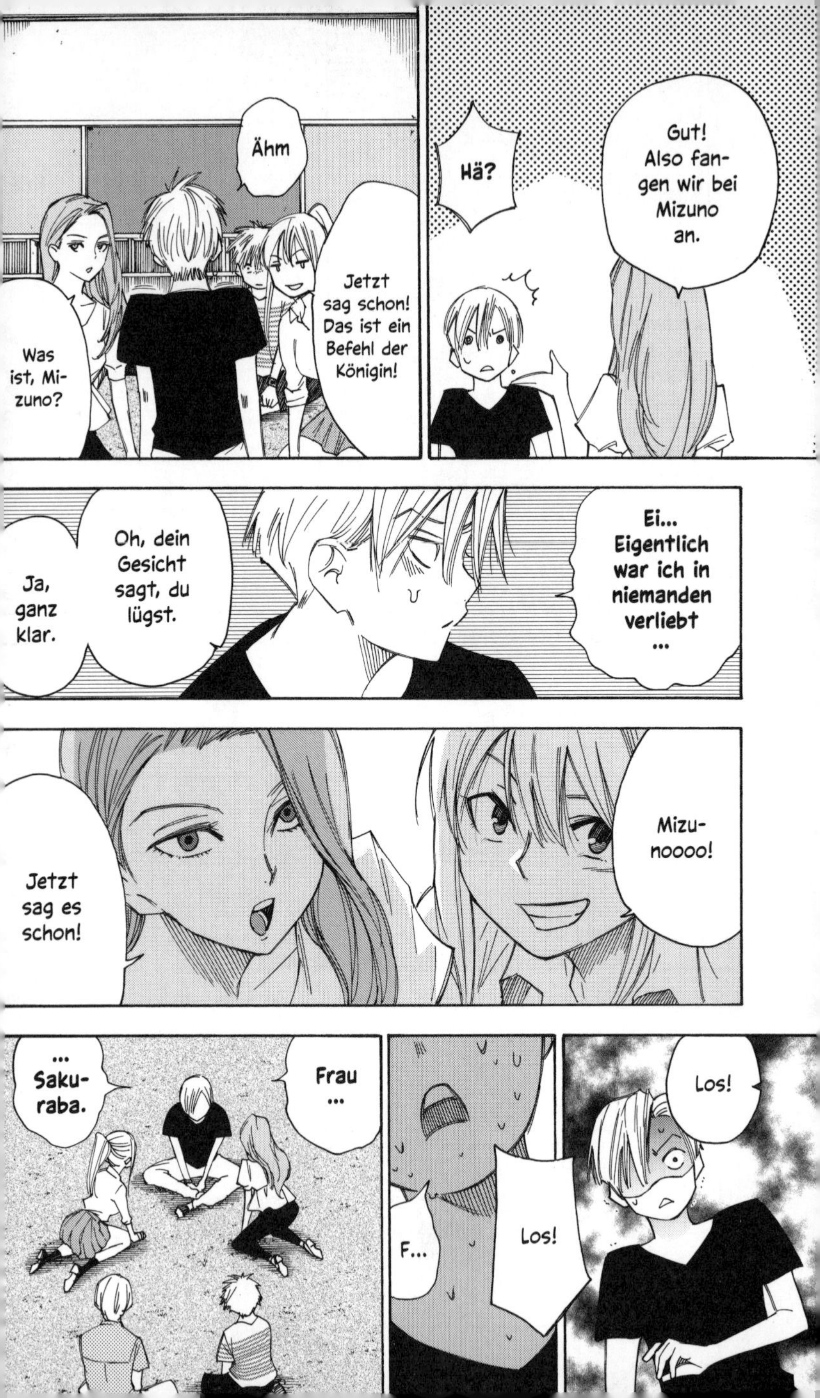
Gut! Also fangen wir bei Mizuno an.
Hä?
Ähm
Jetzt sag schon! Das ist ein Befehl der Königin!
Was ist, Mizuno?
Ei... Eigentlich war ich in niemanden verliebt ...
Oh, dein Gesicht sagt, du lügst.
Ja, ganz klar.
Mizunoooo!
Jetzt sag es schon!
Los!
Los!
F...
Frau ...
... Sakuraba.

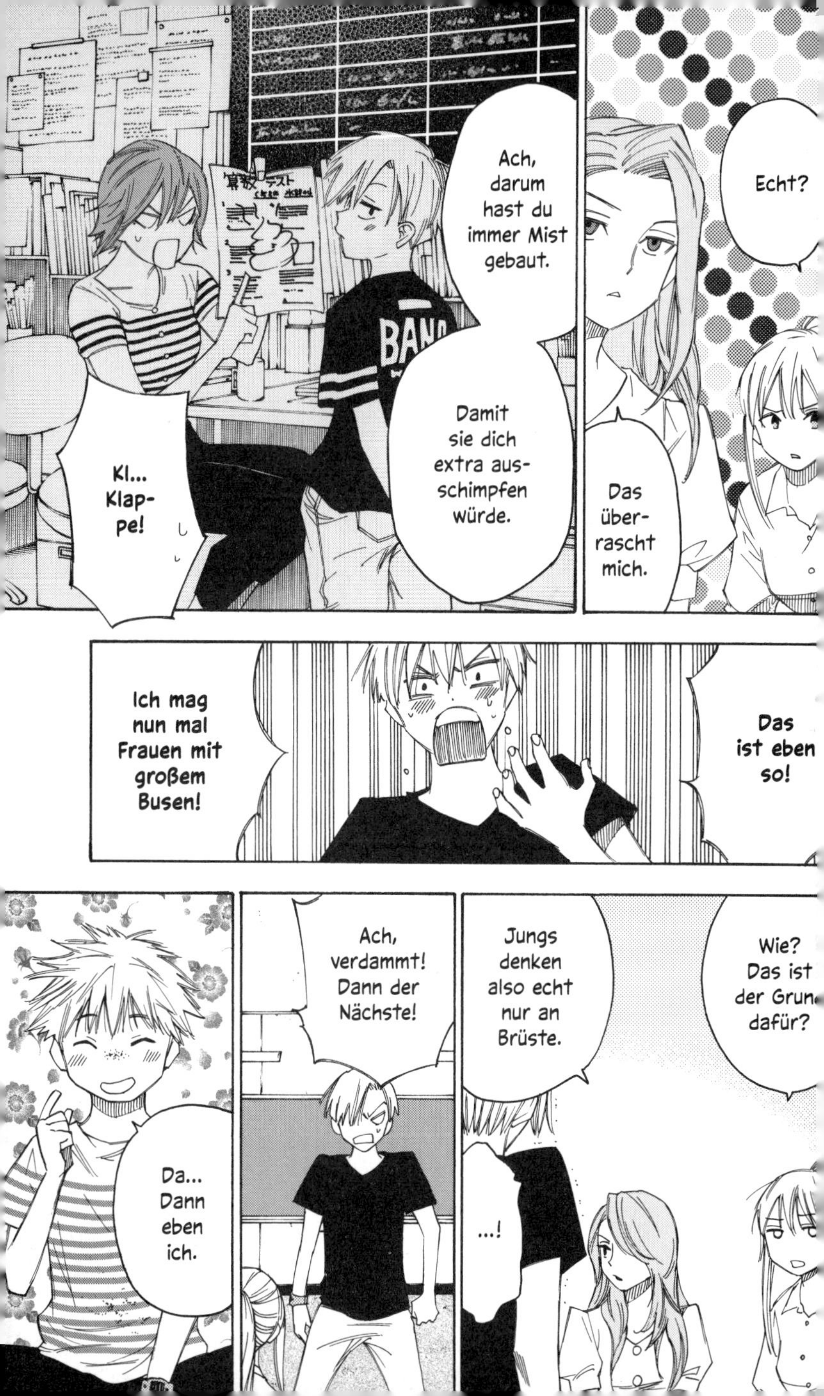
Echt?
Das überrascht mich.
Ach, darum hast du immer Mist gebaut.
Damit sie dich extra ausschimpfen würde.
Kl... Klappe!
Das ist eben so!
Ich mag nun mal Frauen mit großem Busen!
Wie? Das ist der Grun dafür?
Jungs denken also echt nur an Brüste.
...!
Ach, verdammt! Dann der Nächste!
Da... Dann eben ich.

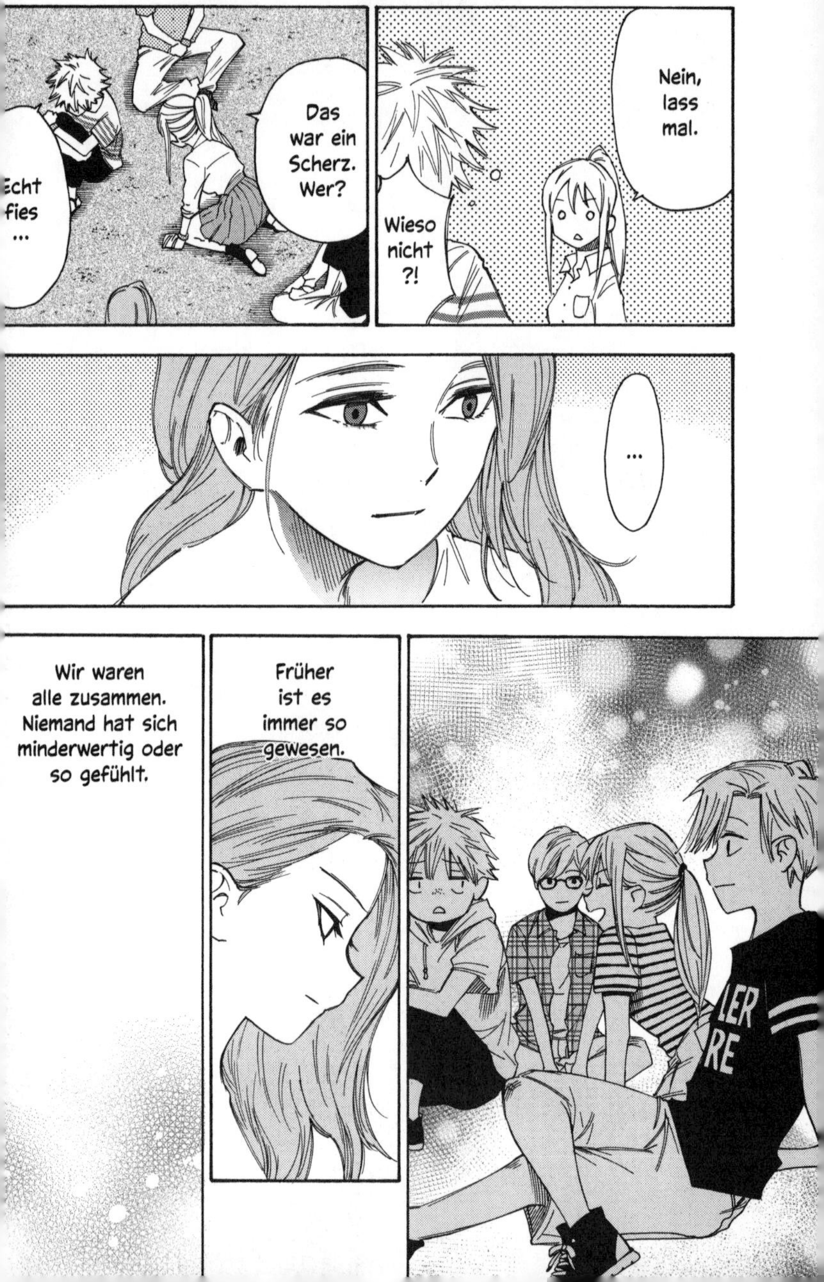
Nein, lass mal.
Wieso nicht?!
Das war ein Scherz. Wer?
Echt fies ...
...
Früher ist es immer so gewesen.
Wir waren alle zusammen. Niemand hat sich minderwertig oder so gefühlt.

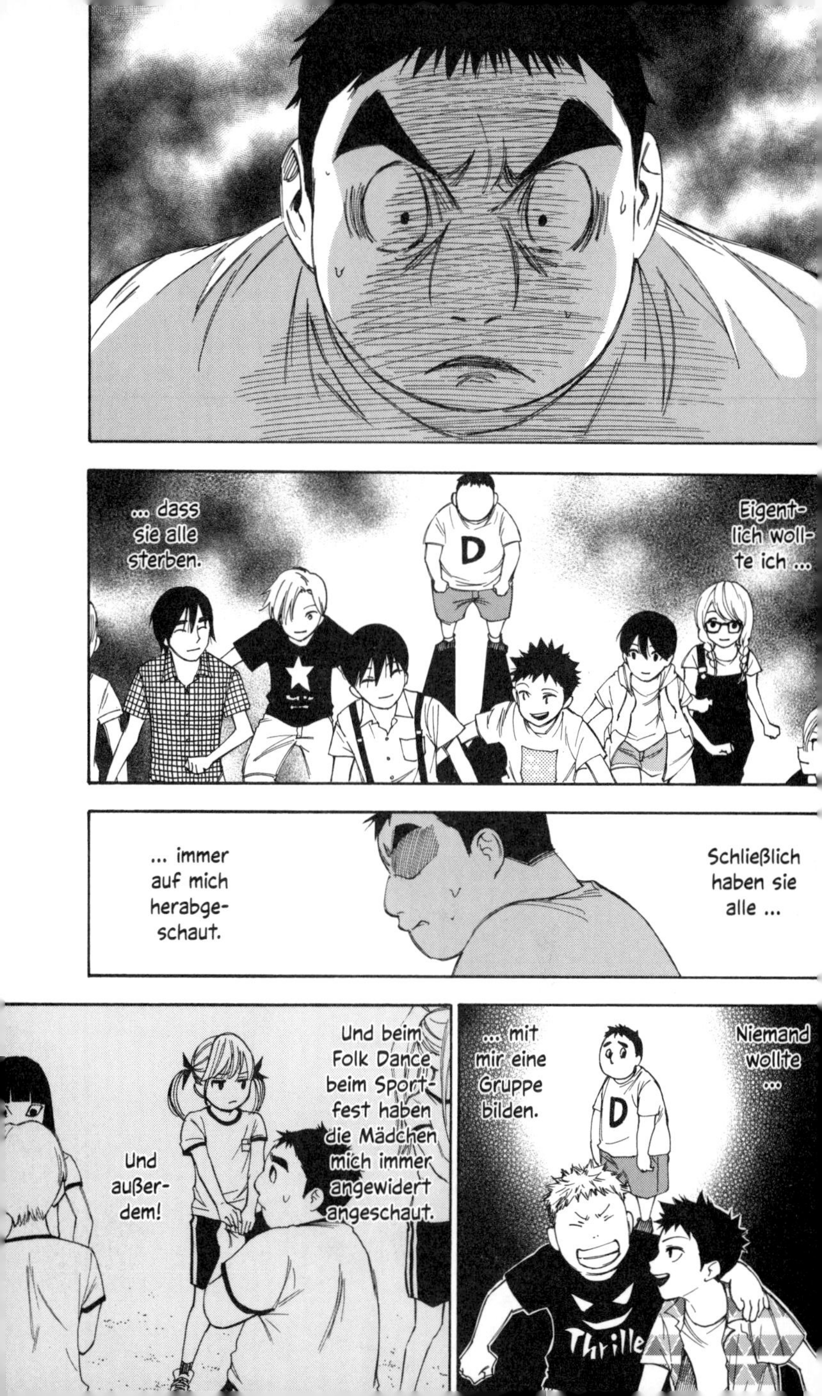
Eigentlich wollte ich ...
... dass sie alle sterben.
Schließlich haben sie alle ...
... immer auf mich herabgeschaut.
Niemand wollte ...
... mit mir eine Gruppe bilden.
Und außerdem!
Und beim Folk Dance beim Sportfest haben die Mädchen mich immer angewidert angeschaut.
D
Thrille

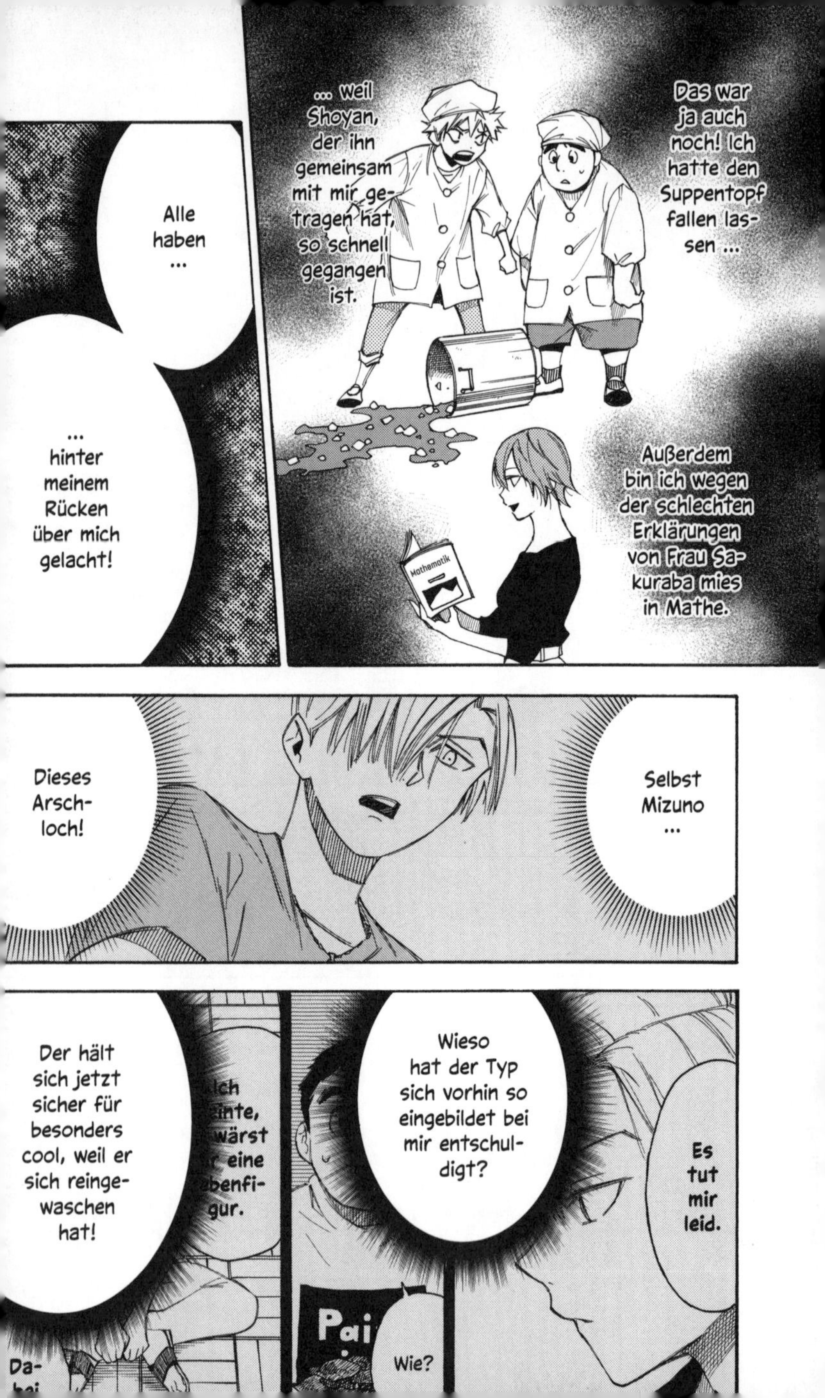
Das war ja auch noch! Ich hatte den Suppentopf fallen lassen ...
... weil Shoyan, der ihn gemeinsam mit mir getragen hat, so schnell gegangen ist.
Außerdem bin ich wegen der schlechten Erklärungen von Frau Sakuraba mies in Mathe.
Mathematik
Alle haben ...
... hinter meinem Rücken über mich gelacht!
Selbst Mizuno ...
Dieses Arschloch!
Es tut mir leid.
Wieso hat der Typ sich vorhin so eingebildet bei mir entschuldigt?
Wie?
Der hält sich jetzt sicher für besonders cool, weil er sich reingewaschen hat!
Da-

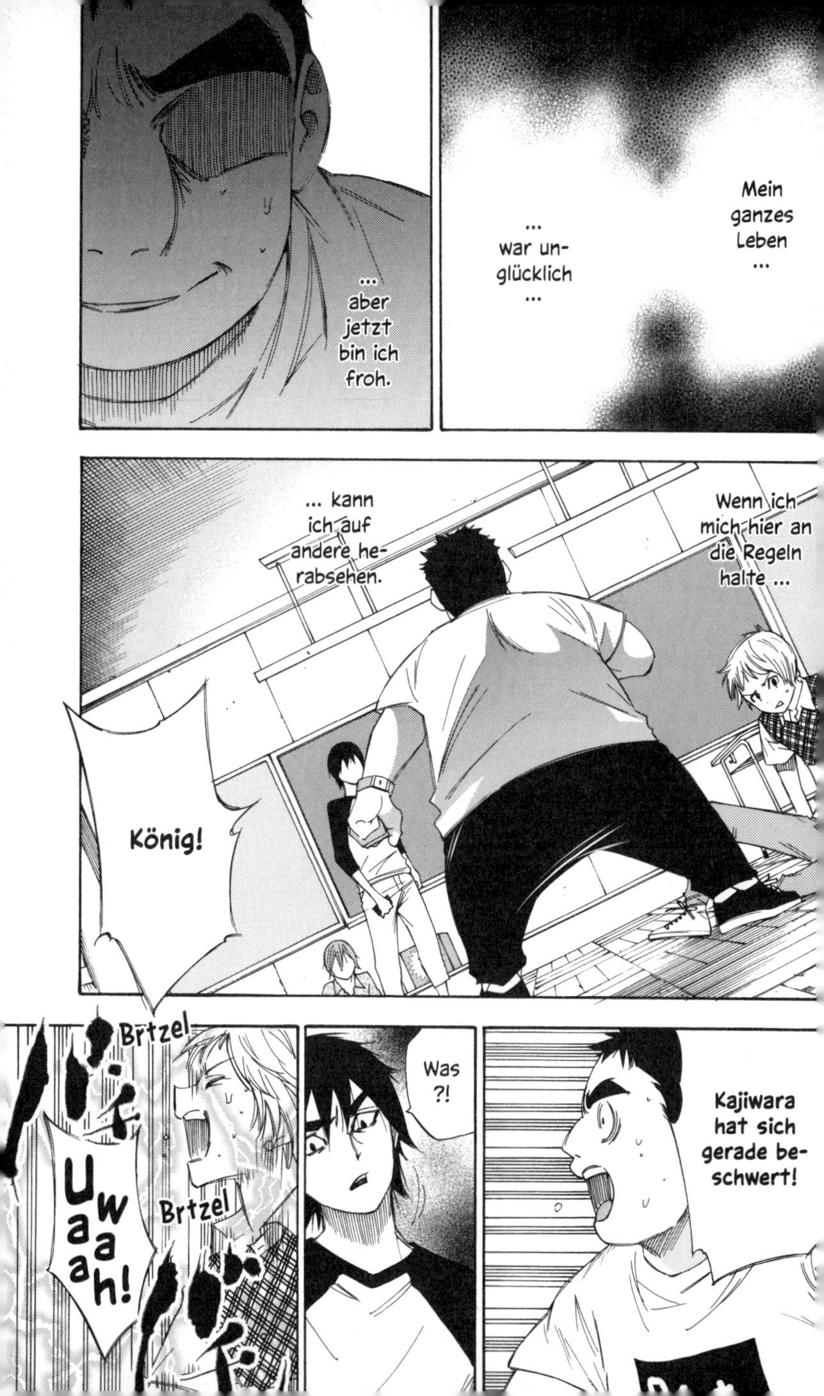

Mein ganzes Leben ...
... war unglücklich ...
... aber jetzt bin ich froh.
Wenn ich mich hier an die Regeln halte ...
... kann ich auf andere herabsehen.
König!
Kajiwara hat sich gerade beschwert!
Was ?!
Brtzel
Uwaaah!
Brtzel

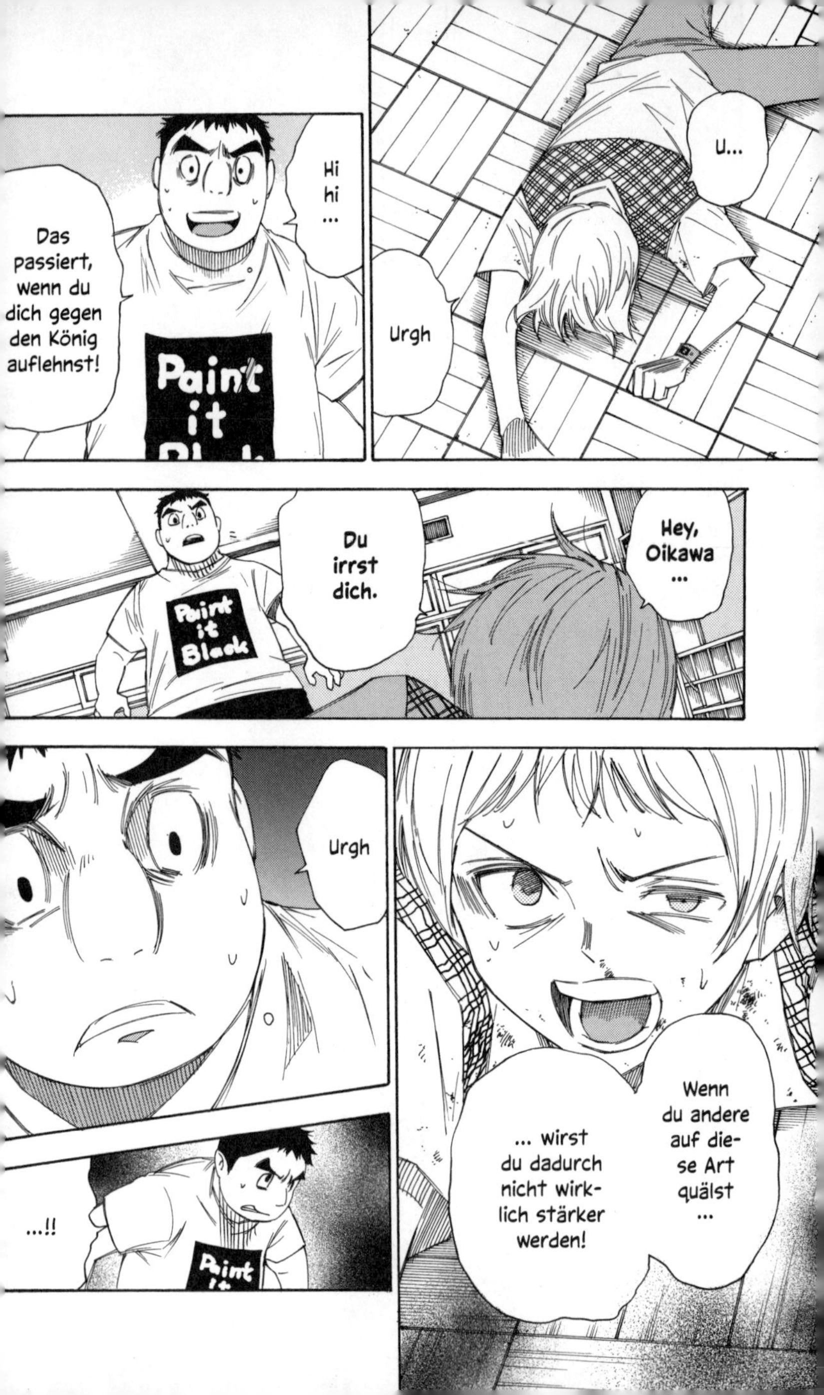
U...
Urgh
Hi hi ...
Das passiert, wenn du dich gegen den König auflehnst!
Hey, Oikawa ...
Du irrst dich.
Paint it Black
Wenn du andere auf die-se Art quälst ...
... wirst du dadurch nicht wirk-lich stärker werden!
Urgh
...!!

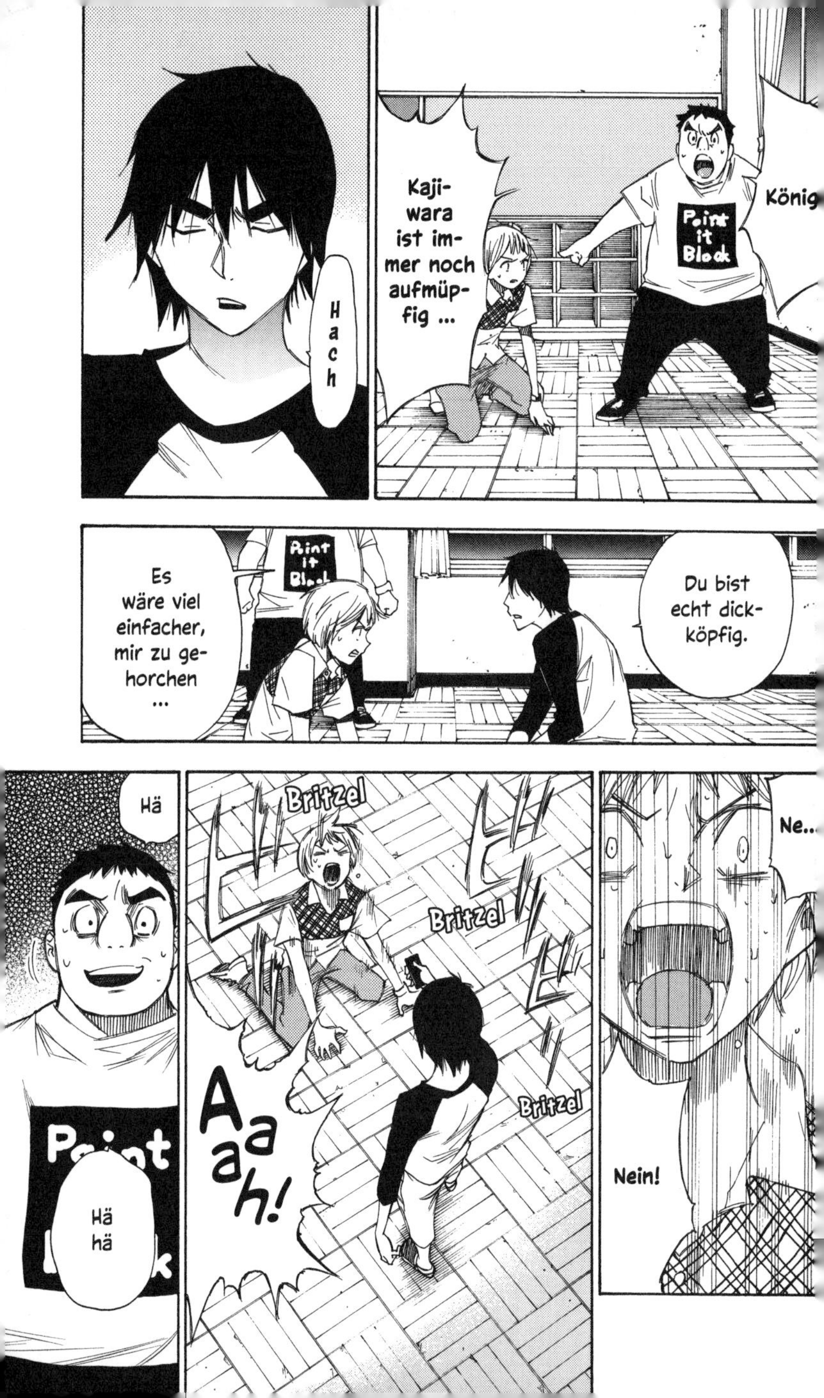
König
Kaji-wara ist im-mer noch aufmüp-fig ...
Hach
Du bist echt dick-köpfig.
Es wäre viel einfacher, mir zu ge-horchen ...
Ne...
Nein!
Britzel
Britzel
Britzel
Aaah!
Hä
Hä hä

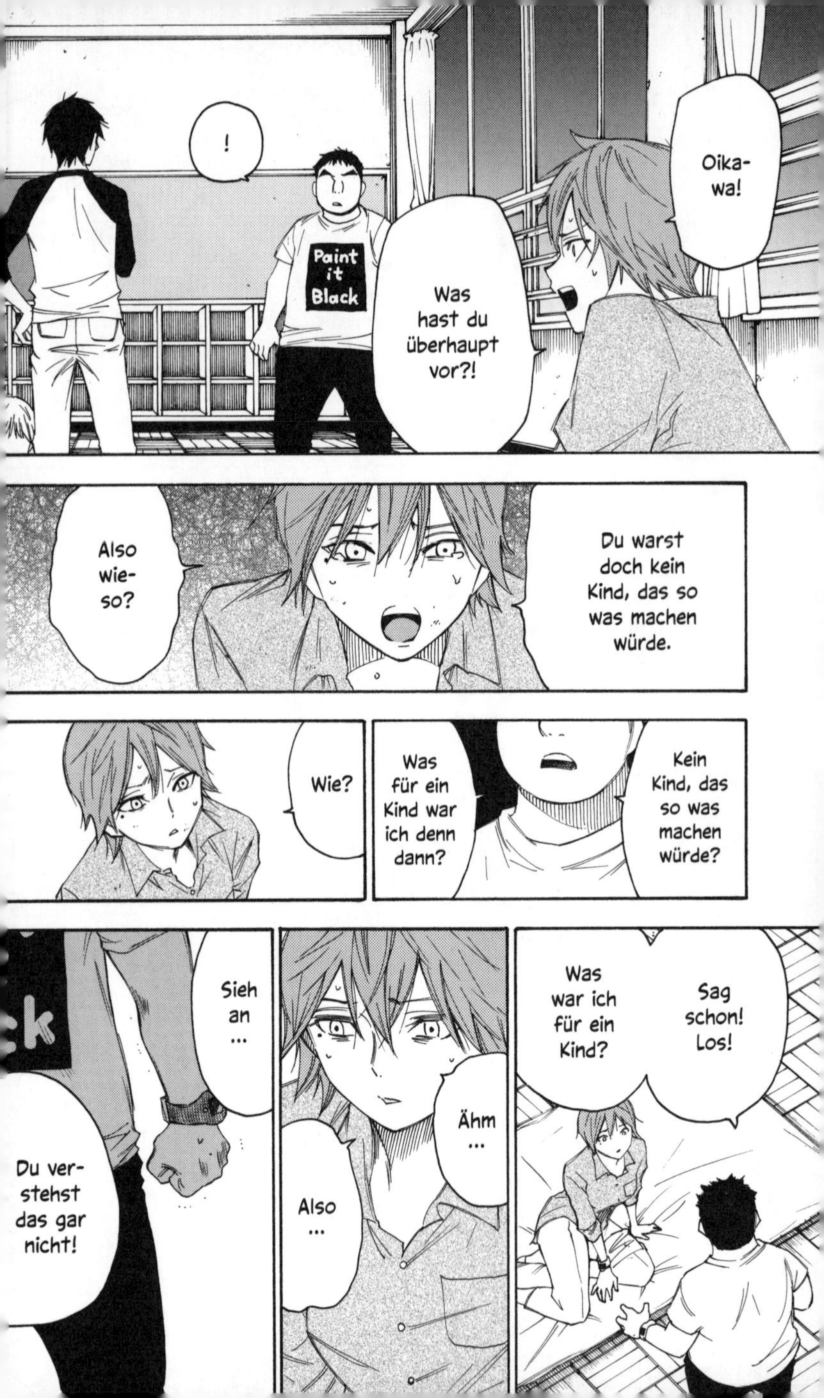

Oika-wa!
Was hast du überhaupt vor?!
!
Du warst doch kein Kind, das so was machen würde.
Also wie-so?
Kein Kind, das so was machen würde?
Was für ein Kind war ich denn dann?
Wie?
Sag schon! Los!
Was war ich für ein Kind?
Ähm ...
Also ...
Sieh an ...
Du verstehst das gar nicht!
Paint it Black

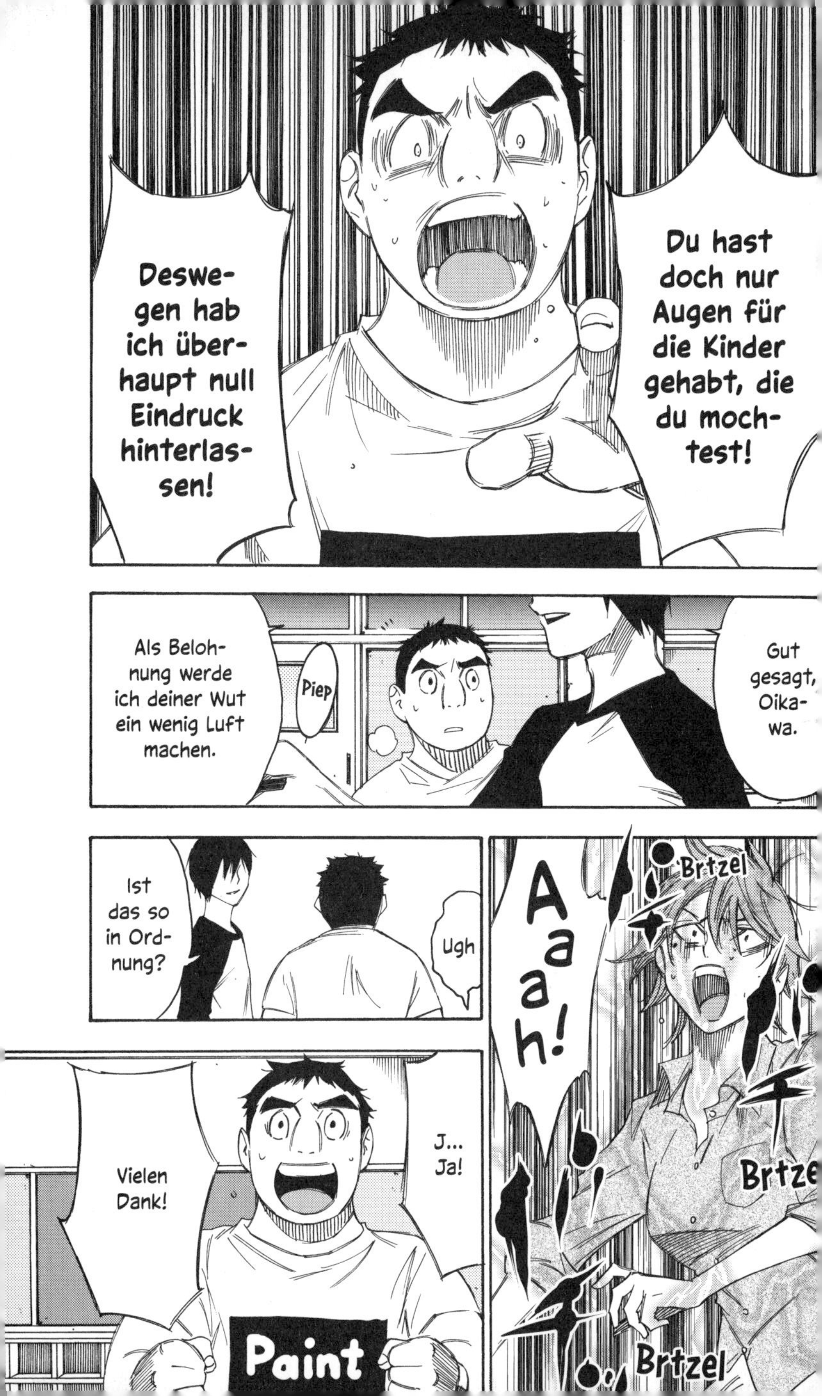
Du hast doch nur Augen für die Kinder gehabt, die du mochtest!
Deswegen hab ich überhaupt null Eindruck hinterlassen!
Gut gesagt, Oikawa.
Als Belohnung werde ich deiner Wut ein wenig Luft machen.
Piep
Aaah!
Brtzel
Brtze
Brtzel
Ugh
Ist das so in Ordnung?
J... Ja!
Vielen Dank!
Paint

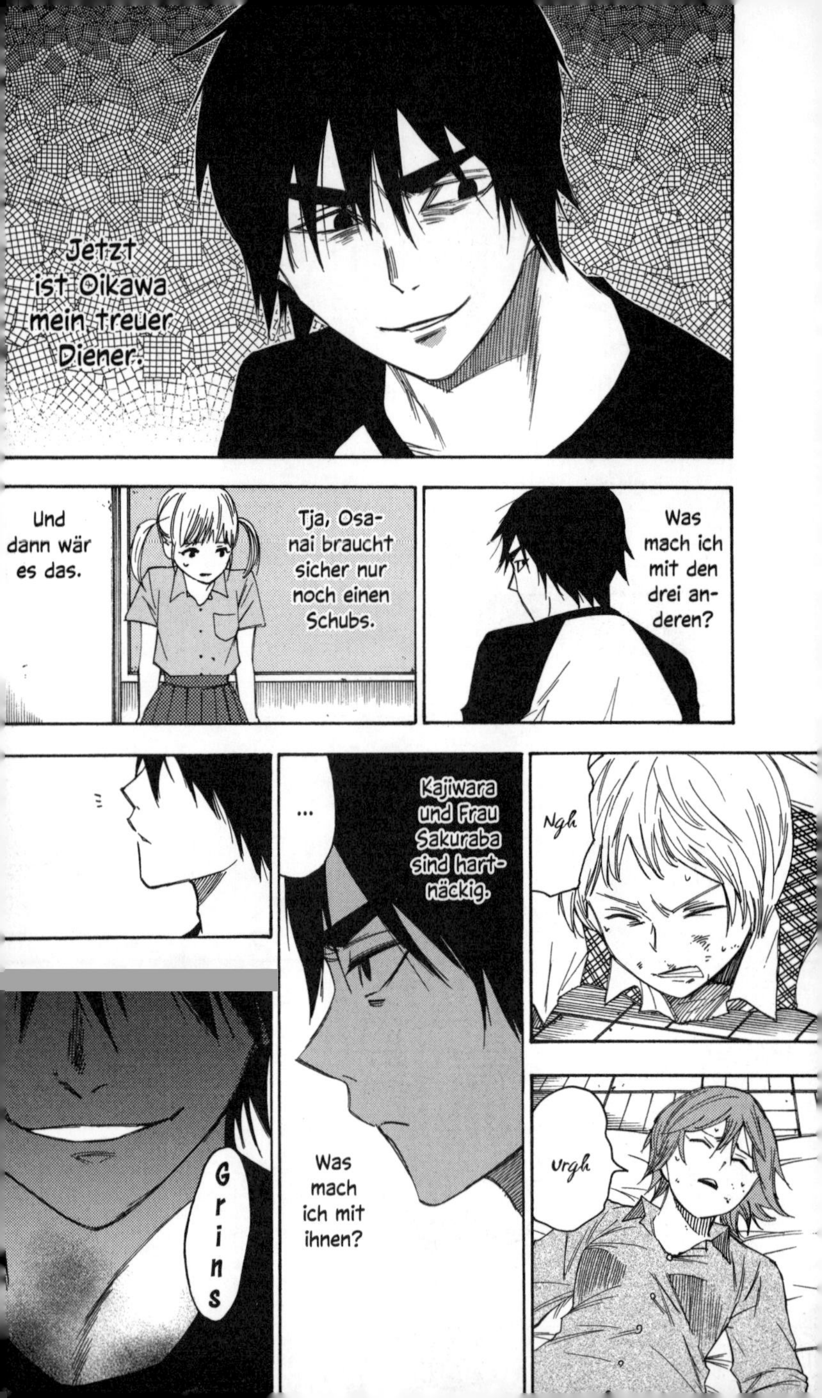
Jetzt ist Oikawa mein treuer Diener.
Was mach ich mit den drei anderen?
Tja, Osanai braucht sicher nur noch einen Schubs.
Und dann wär es das.
Ngh
Kajiwara und Frau Sakuraba sind hartnäckig.
...
Urgh
Was mach ich mit ihnen?
Grins

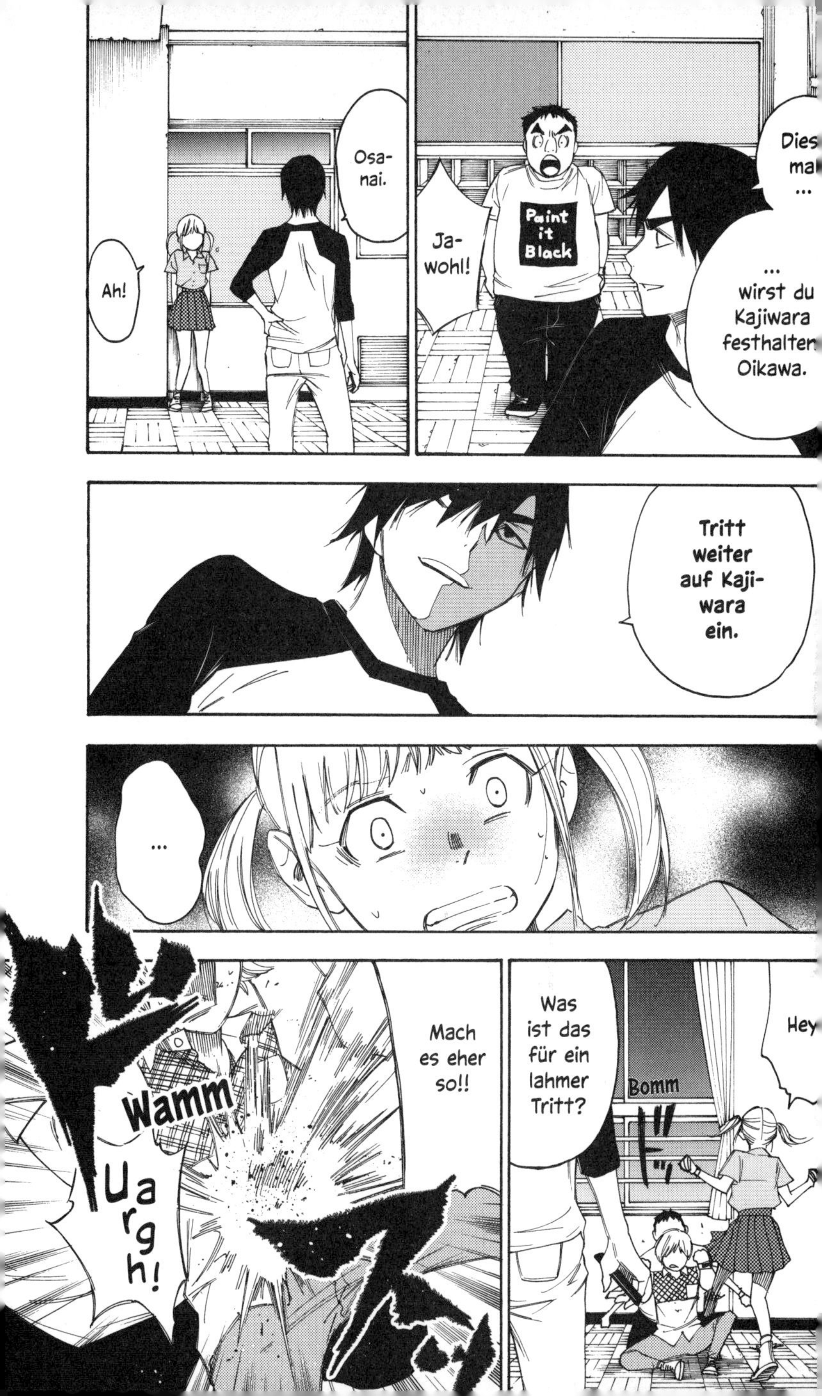

Dies
ma
...
... wirst du Kajiwara festhalten
Oikawa.
Ja-wohl!
Osa-nai.
Ah!
Tritt weiter auf Kaji-wara ein.
...
Hey
Was ist das für ein lahmer Tritt?
Bomm
Mach es eher so!!
Wamm
Urgh!

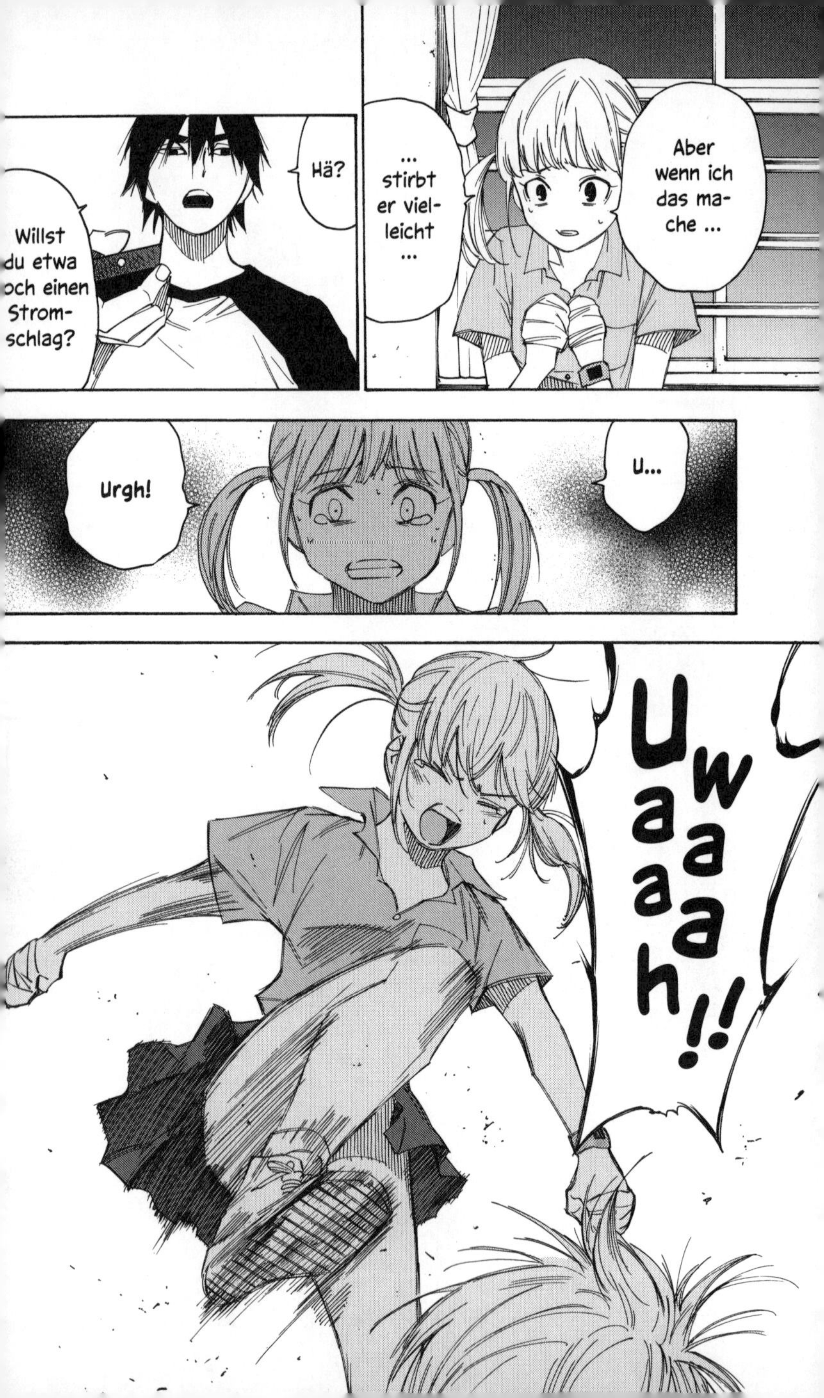

Aber wenn ich das mache ...
... stirbt er vielleicht ...
Hä?
Willst du etwa och einen Strom-schlag?
U...
Urgh!
Uwaaaah!!

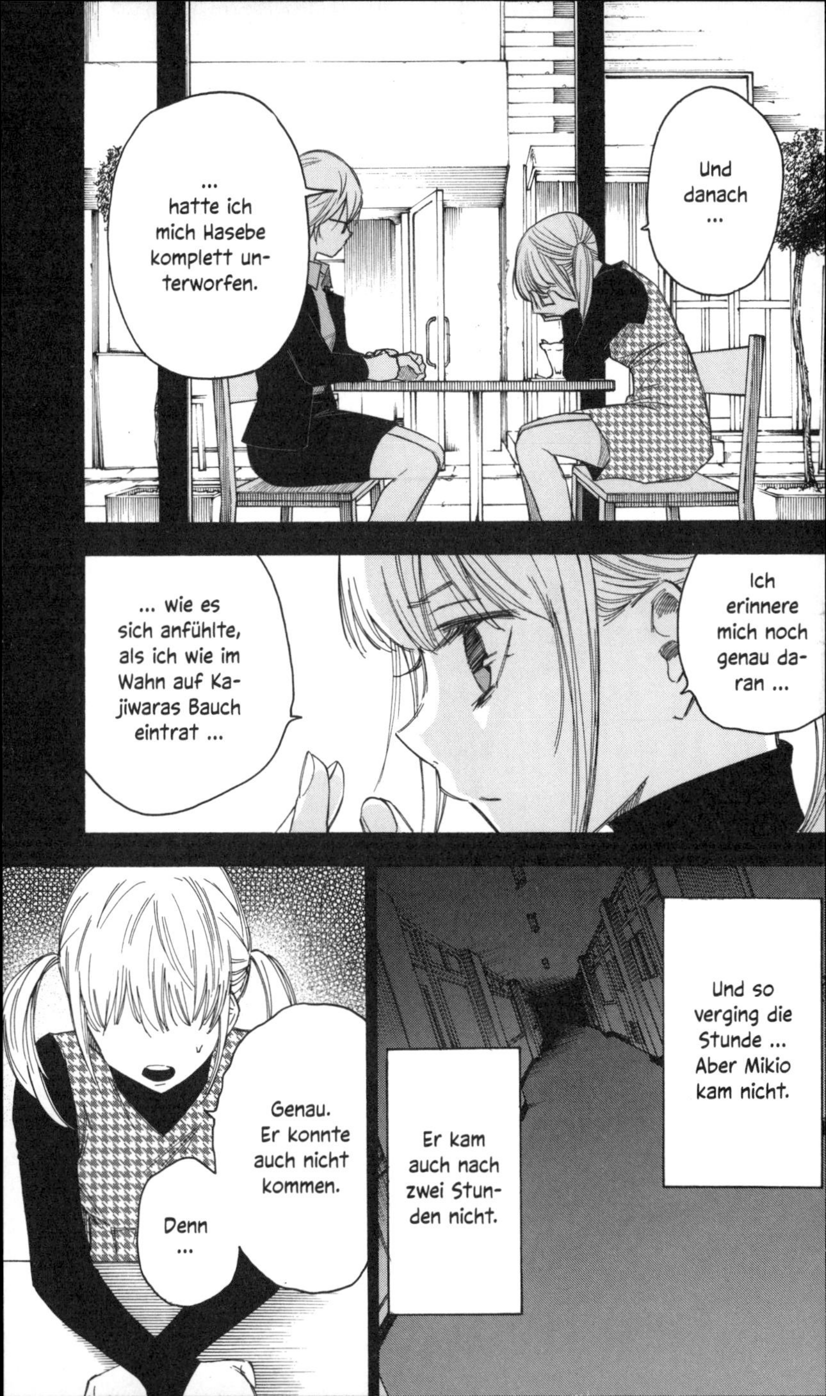
Und danach ...
... hatte ich mich Hasebe komplett unterworfen.
Ich erinnere mich noch genau daran ...
... wie es sich anfühlte, als ich wie im Wahn auf Kajiwaras Bauch eintrat ...
Und so verging die Stunde ... Aber Mikio kam nicht.
Er kam auch nach zwei Stunden nicht.
Genau. Er konnte auch nicht kommen.
Denn ...

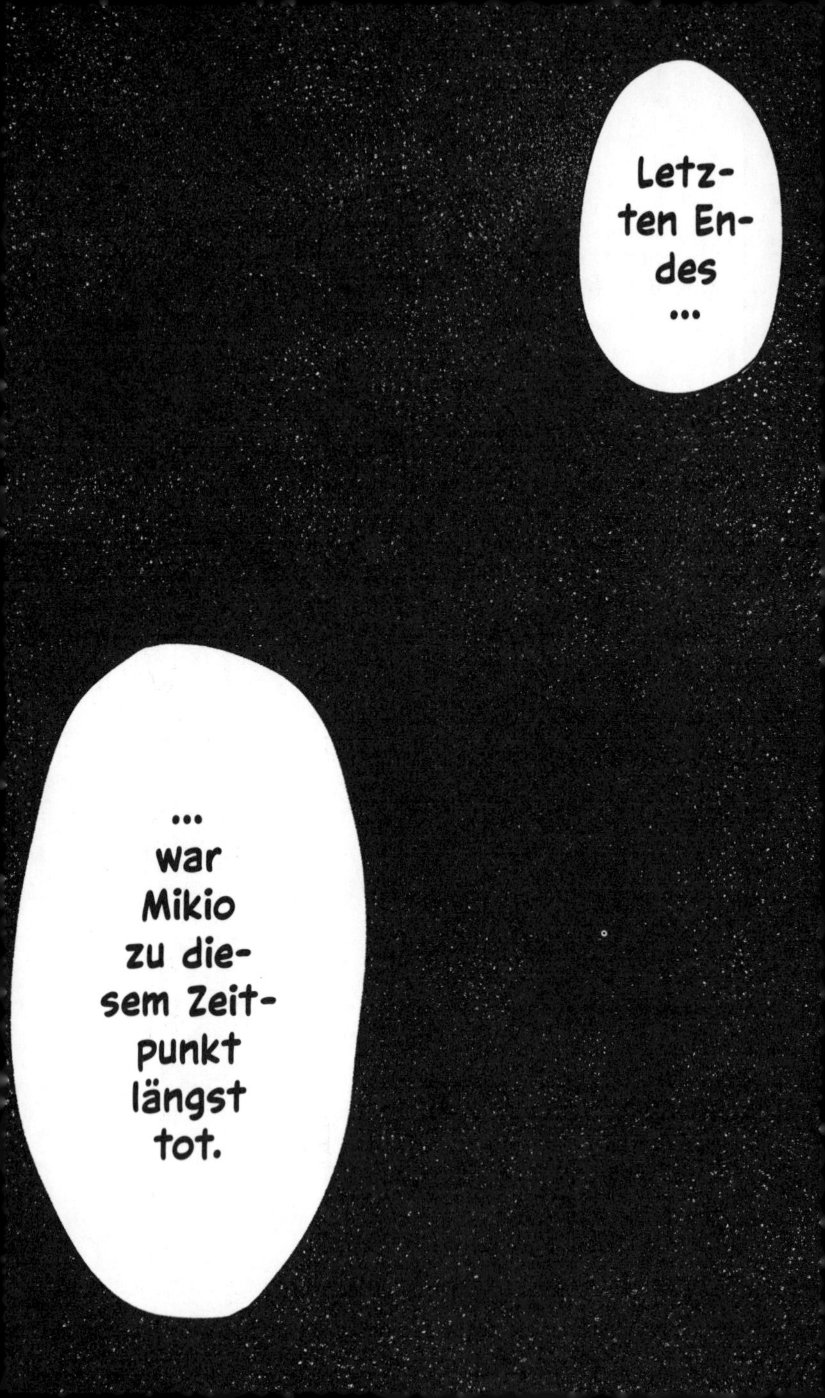
Letz-ten En-des …
… war Mikio zu die-sem Zeit-punkt längst tot.

Kapitel 41: Vom Winde verweht

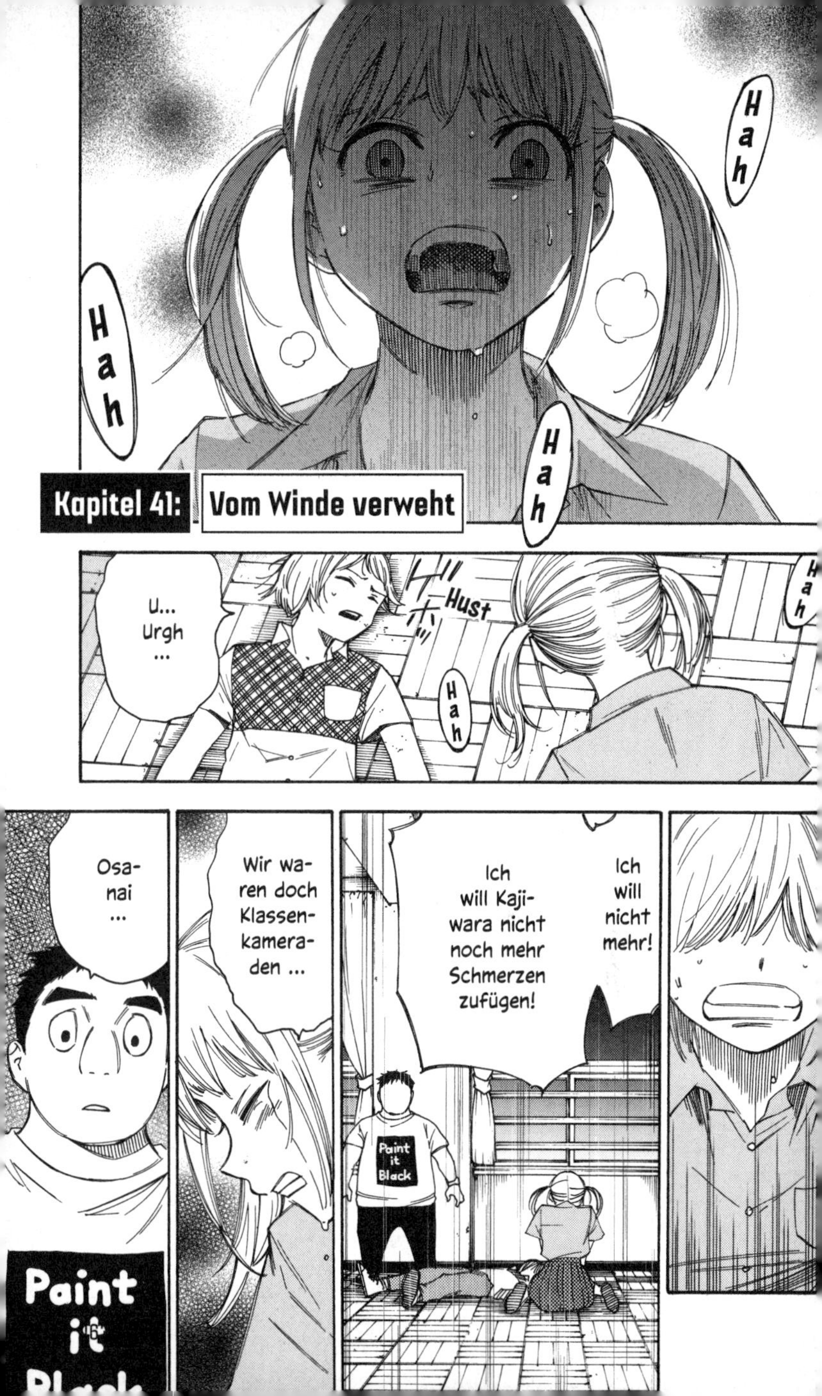

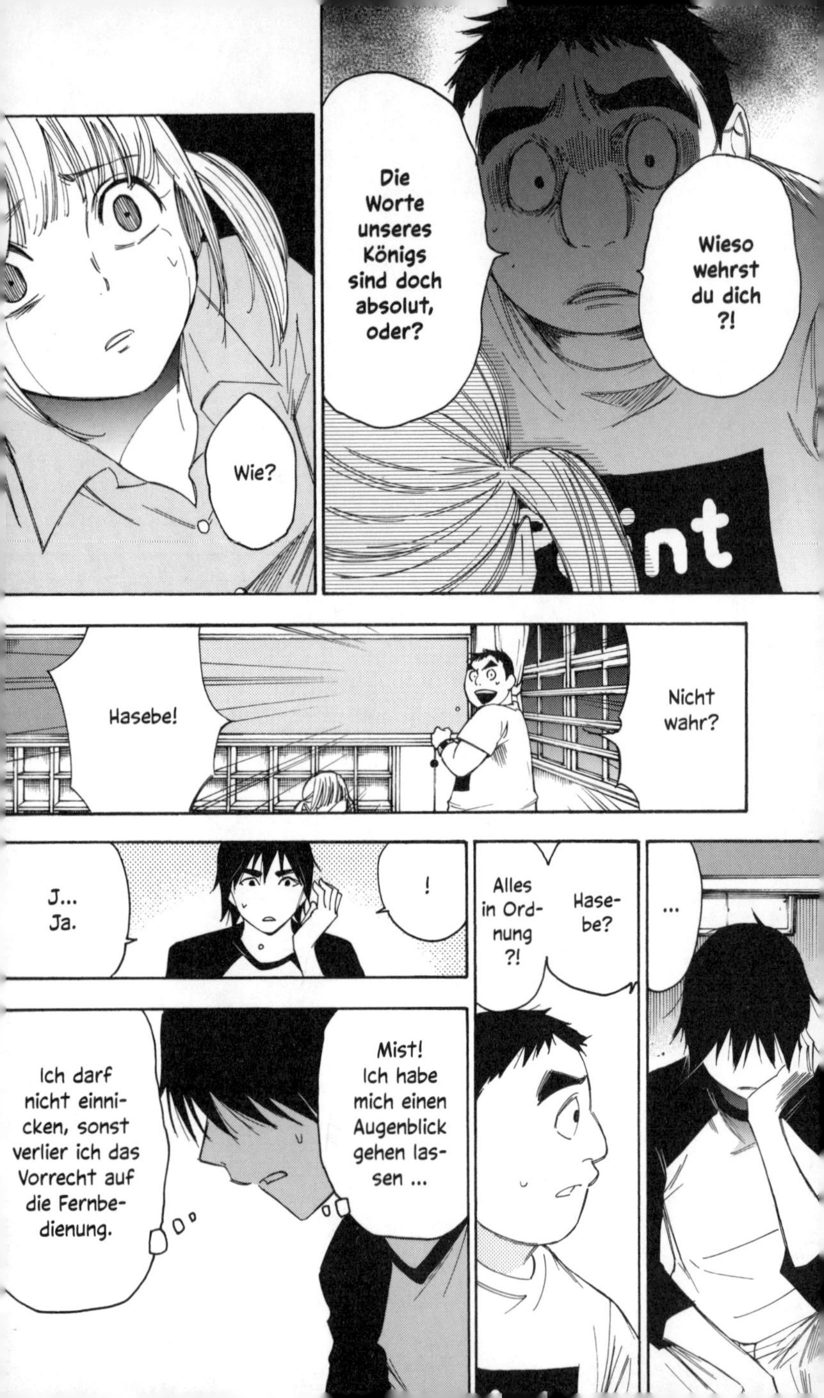
Wieso wehrst du dich ?!
Die Worte unseres Königs sind doch absolut, oder?
Wie?
Nicht wahr?
Hasebe!
...
Hasebe?
Alles in Ordnung ?!
!
J... Ja.
Mist! Ich habe mich einen Augenblick gehen lassen ...
Ich darf nicht einnicken, sonst verlier ich das Vorrecht auf die Fernbedienung.

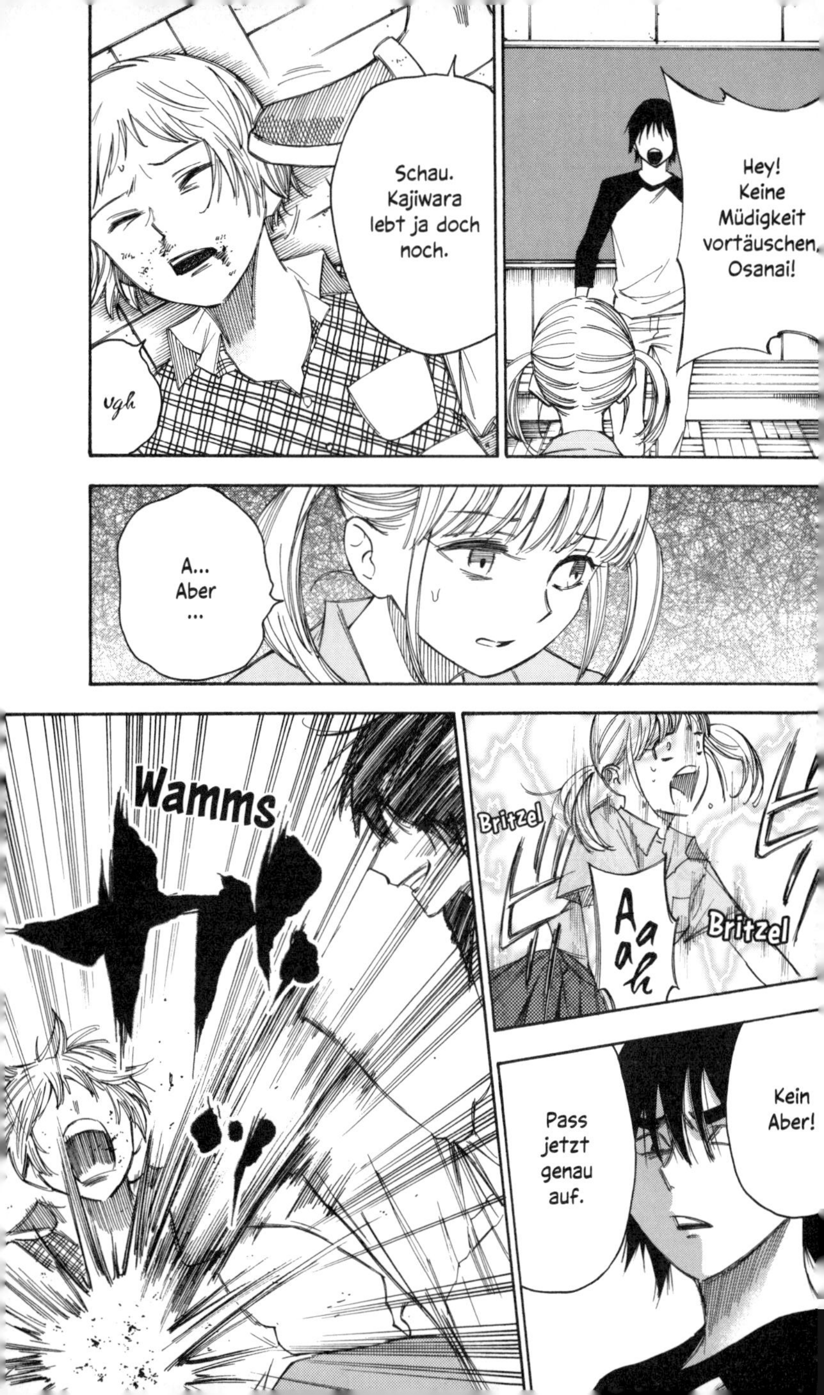

Hey! Keine Müdigkeit vortäuschen, Osanai!
Schau. Kajiwara lebt ja doch noch.
ugh
A... Aber ...
Britzel
Aaah
Britzel
Kein Aber!
Pass jetzt genau auf.
Wamms

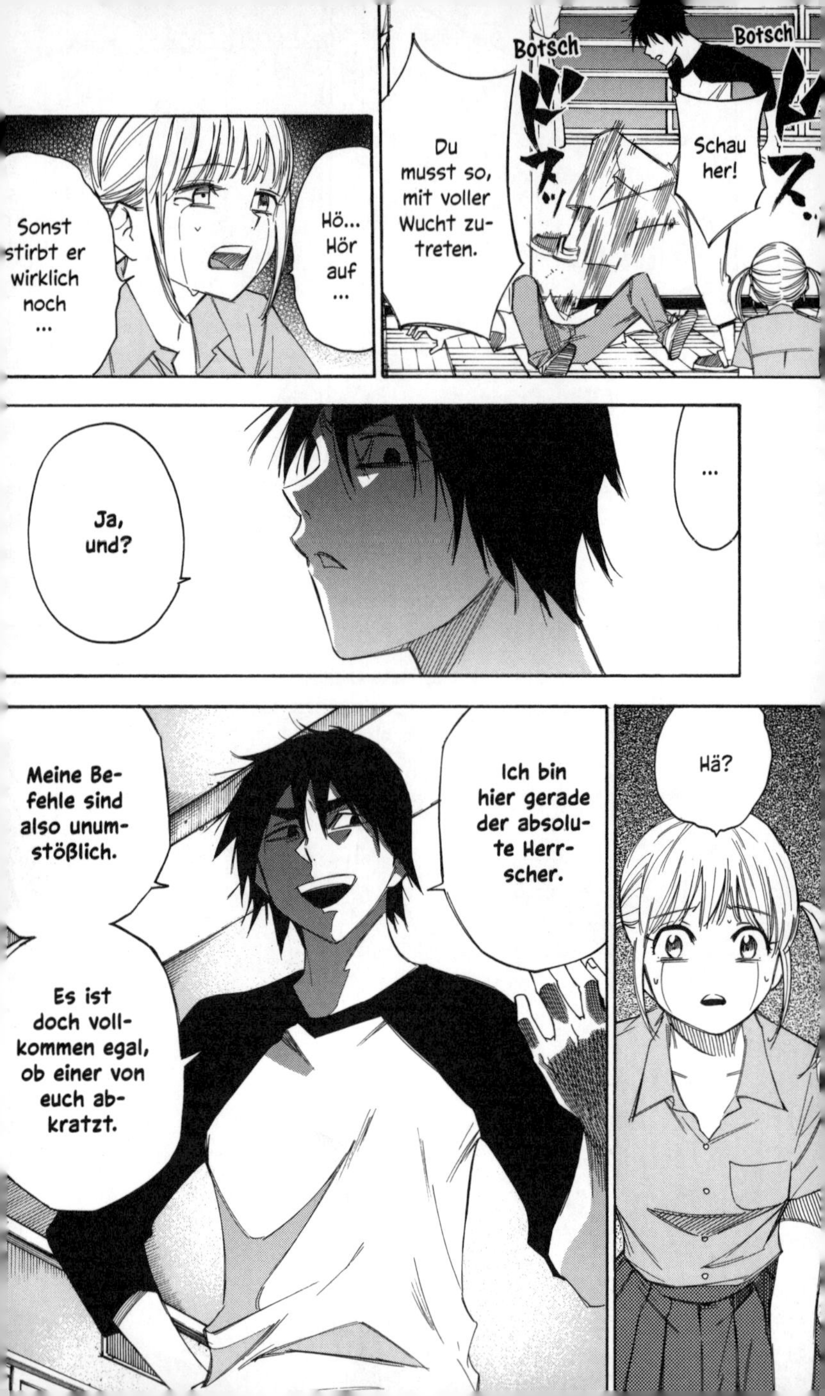
Botsch
Botsch
Schau her!
Du musst so, mit voller Wucht zutreten.
Hö… Hör auf …
Sonst stirbt er wirklich noch …
…
Ja, und?
Hä?
Ich bin hier gerade der absolute Herrscher.
Meine Befehle sind also unumstößlich.
Es ist doch vollkommen egal, ob einer von euch abkratzt.

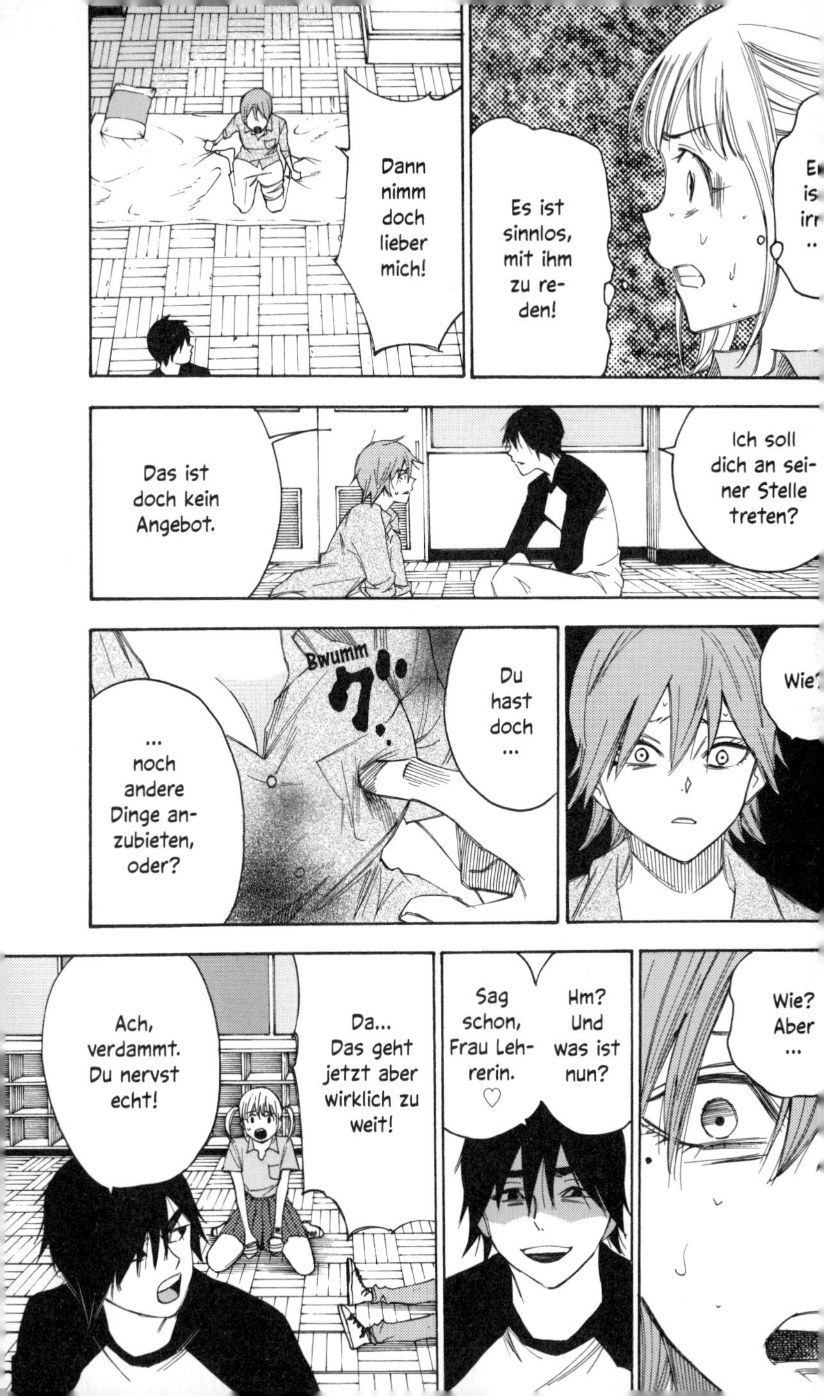
Es ist sinnlos, mit ihm zu reden!
Dann nimm doch lieber mich!
Ich soll dich an seiner Stelle treten?
Das ist doch kein Angebot.
Wie
Du hast doch ...
Bwumm
... noch andere Dinge anzubieten, oder?
Wie? Aber ...
Hm? Und was ist nun?
Sag schon, Frau Lehrerin. ♡
Da... Das geht jetzt aber wirklich zu weit!
Ach, verdammt. Du nervst echt!

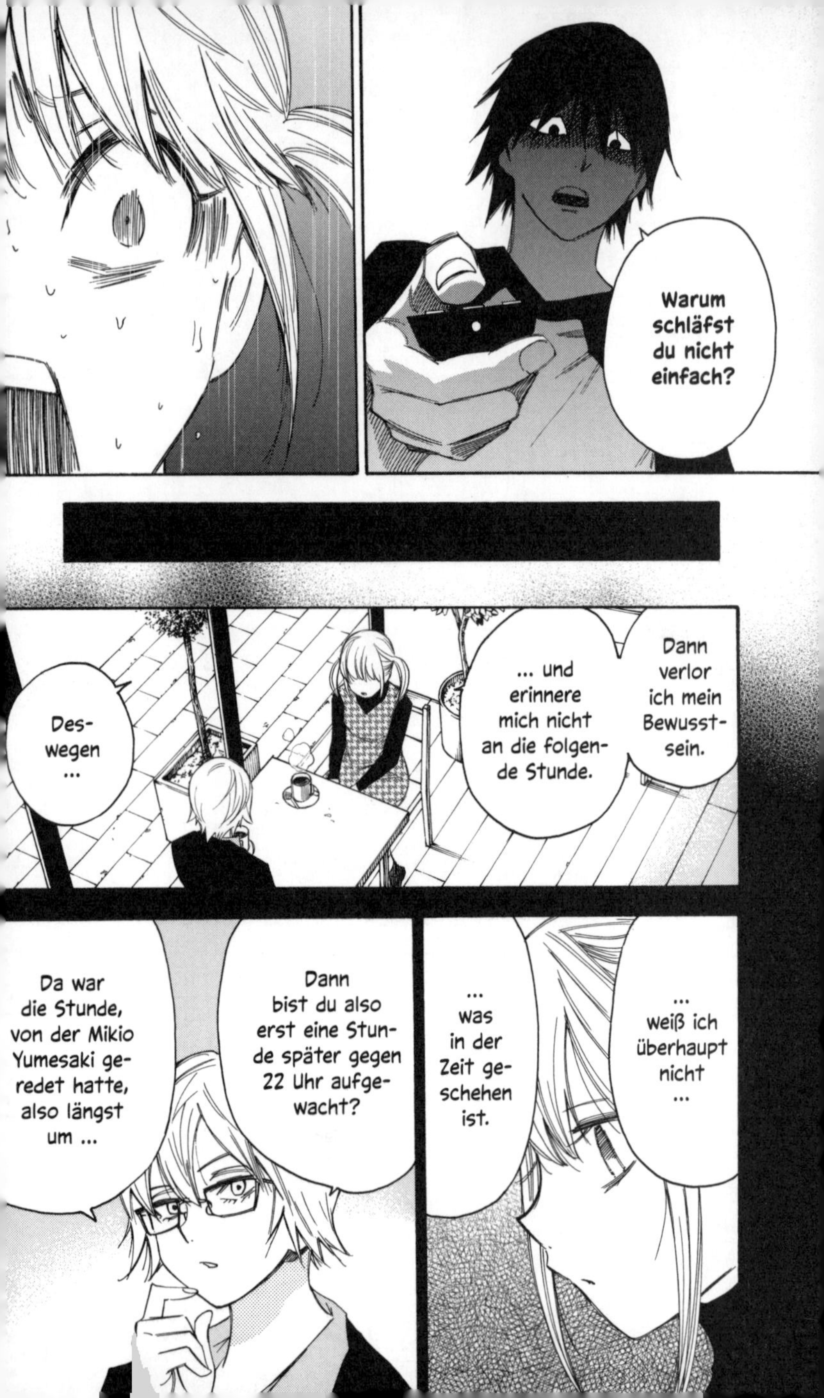
Warum schläfst du nicht einfach?
Dann verlor ich mein Bewusstsein.
... und erinnere mich nicht an die folgende Stunde.
Deswegen ...
... weiß ich überhaupt nicht ...
... was in der Zeit geschehen ist.
Dann bist du also erst eine Stunde später gegen 22 Uhr aufgewacht?
Da war die Stunde, von der Mikio Yumesaki geredet hatte, also längst um ...

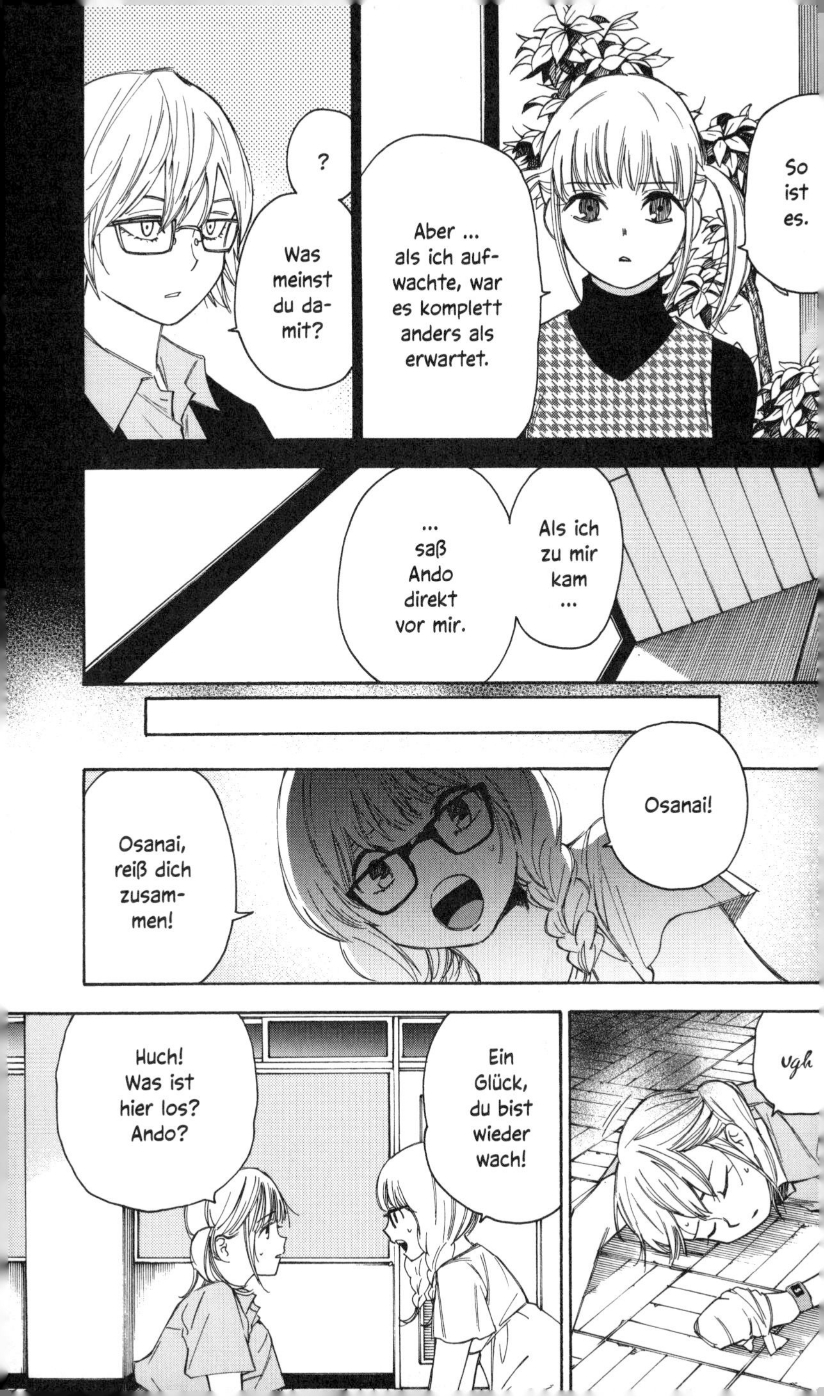

So ist es.
Aber ... als ich aufwachte, war es komplett anders als erwartet.
?
Was meinst du damit?
Als ich zu mir kam ...
... saß Ando direkt vor mir.
Osanai!
Osanai, reiß dich zusammen!
Ugh
Ein Glück, du bist wieder wach!
Huch! Was ist hier los? Ando?

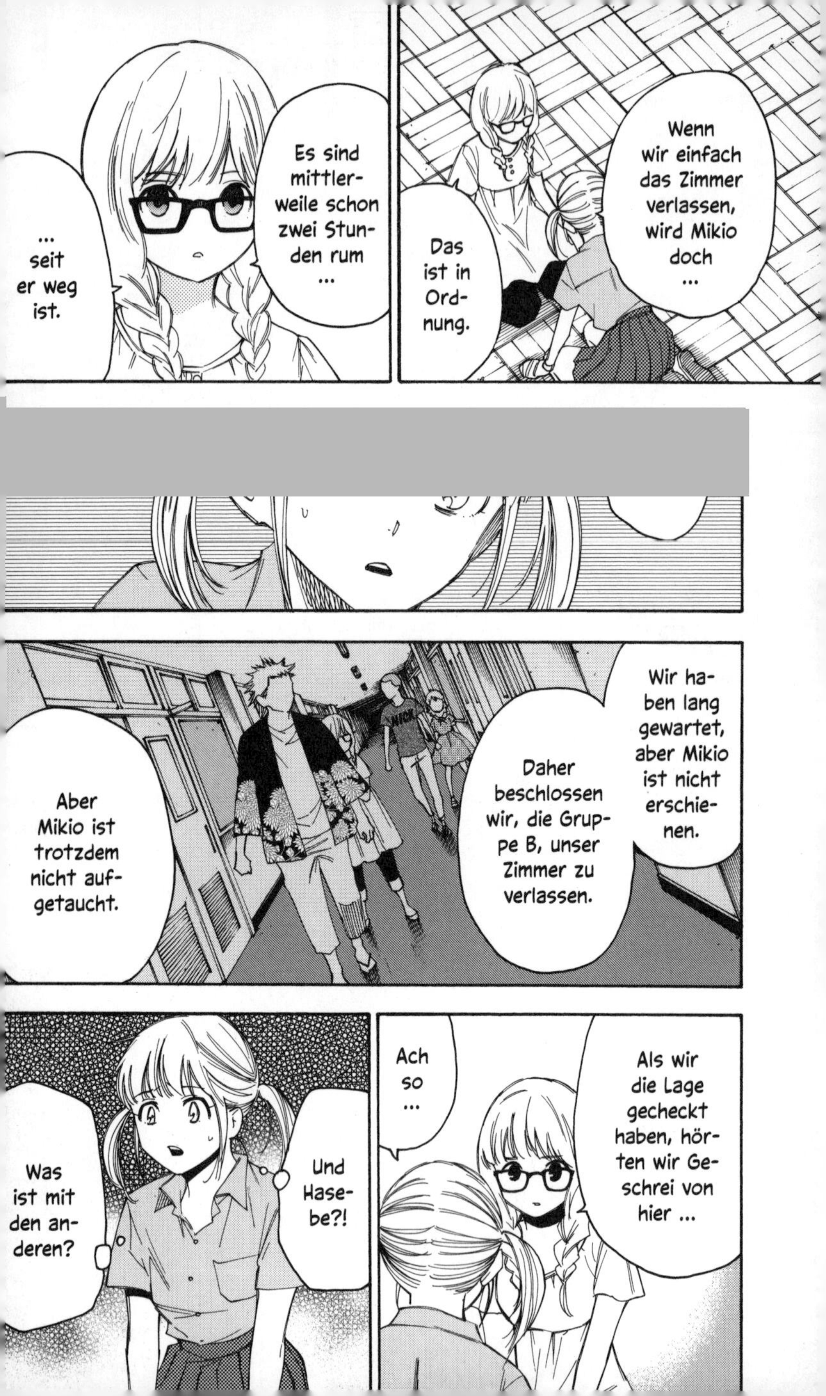
Wenn wir einfach das Zimmer verlassen, wird Mikio doch …
Das ist in Ordnung.
Es sind mittlerweile schon zwei Stunden rum …
… seit er weg ist.
Wir haben lang gewartet, aber Mikio ist nicht erschienen.
Daher beschlossen wir, die Gruppe B, unser Zimmer zu verlassen.
Aber Mikio ist trotzdem nicht aufgetaucht.
Als wir die Lage gecheckt haben, hörten wir Geschrei von hier …
Ach so …
Und Hasebe?!
Was ist mit den anderen?

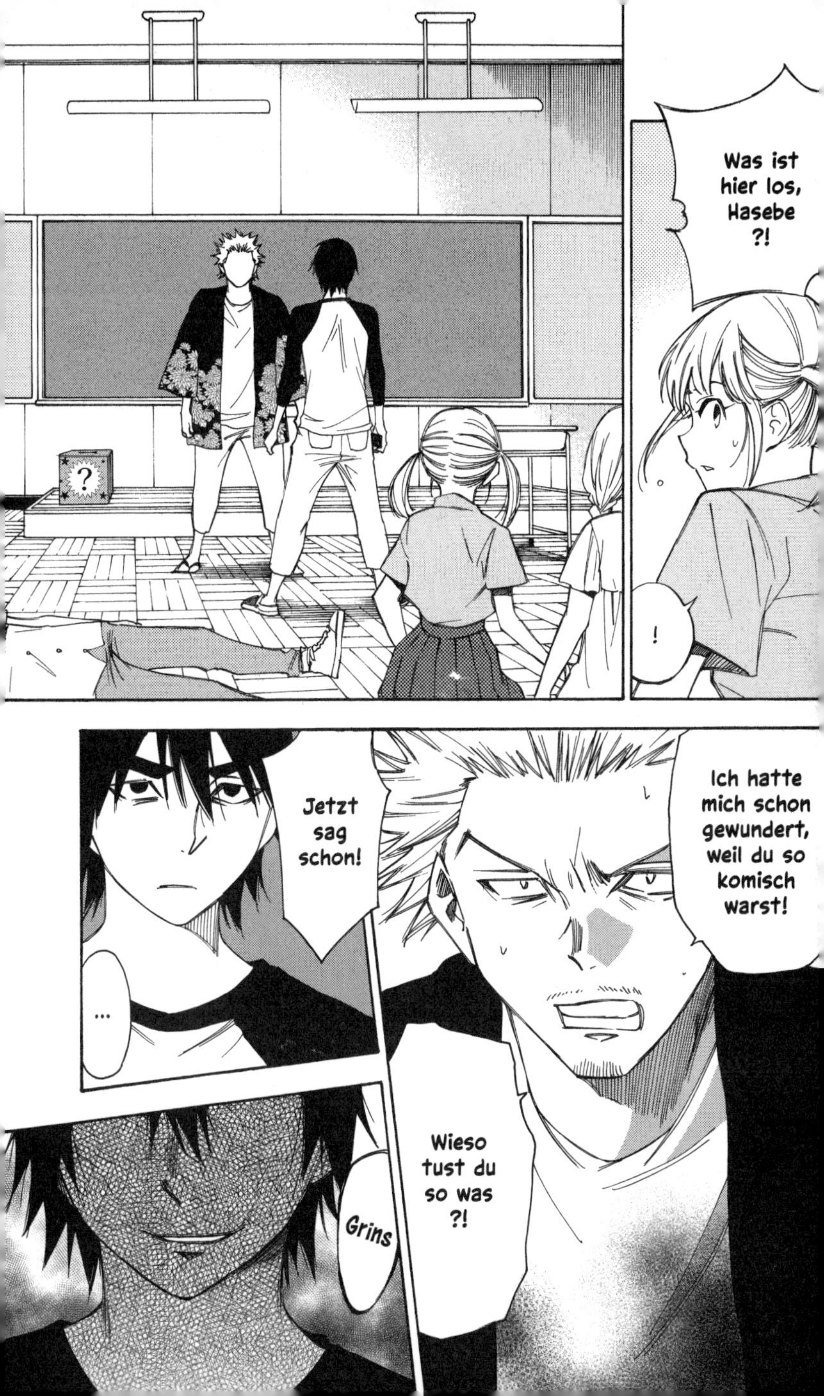
Was ist hier los, Hasebe ?!
!
Ich hatte mich schon gewundert, weil du so komisch warst!
Jetzt sag schon!
...
Wieso tust du so was ?!
Grins

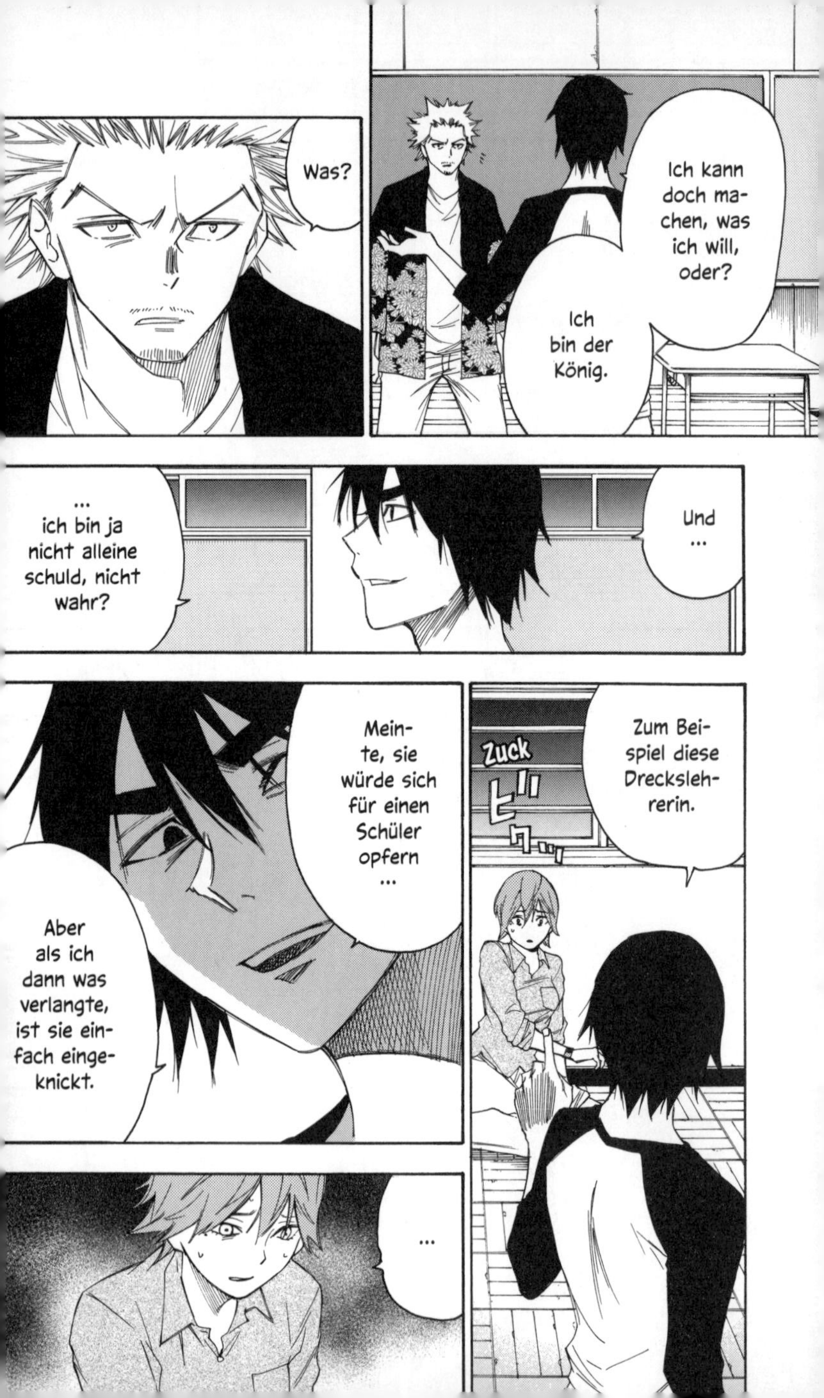
Ich kann doch machen, was ich will, oder?
Ich bin der König.
Was?
Und ...
... ich bin ja nicht alleine schuld, nicht wahr?
Zum Beispiel diese Dreckslehrerin.
ZUCK
Meinte, sie würde sich für einen Schüler opfern ...
Aber als ich dann was verlangte, ist sie einfach eingeknickt.
...

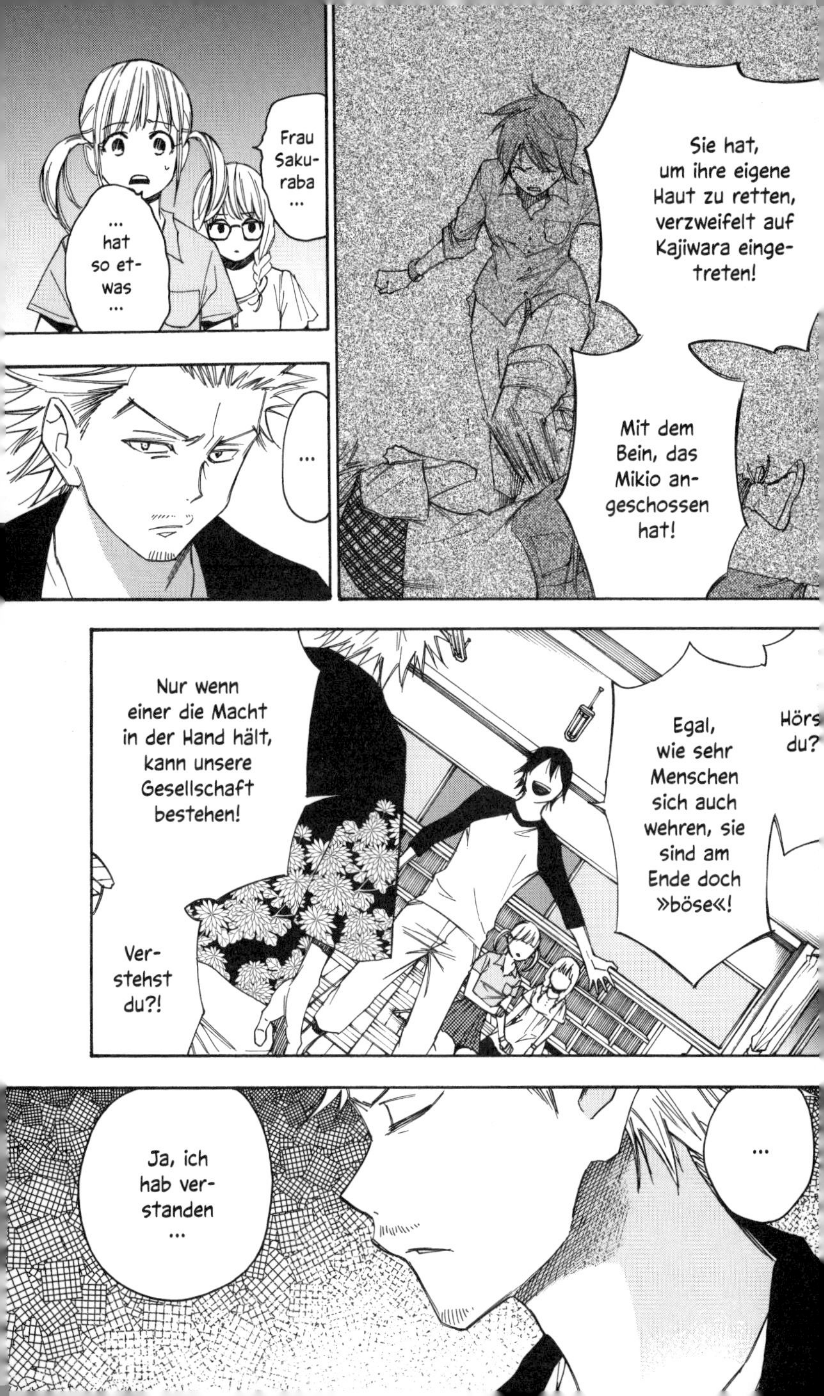
Sie hat, um ihre eigene Haut zu retten, verzweifelt auf Kajiwara eingetreten!
Mit dem Bein, das Mikio angeschossen hat!
Frau Sakuraba ...
... hat so etwas ...
...
Hörs du?
Egal, wie sehr Menschen sich auch wehren, sie sind am Ende doch »böse«!
Nur wenn einer die Macht in der Hand hält, kann unsere Gesellschaft bestehen!
Verstehst du?!
...
Ja, ich hab verstanden ...

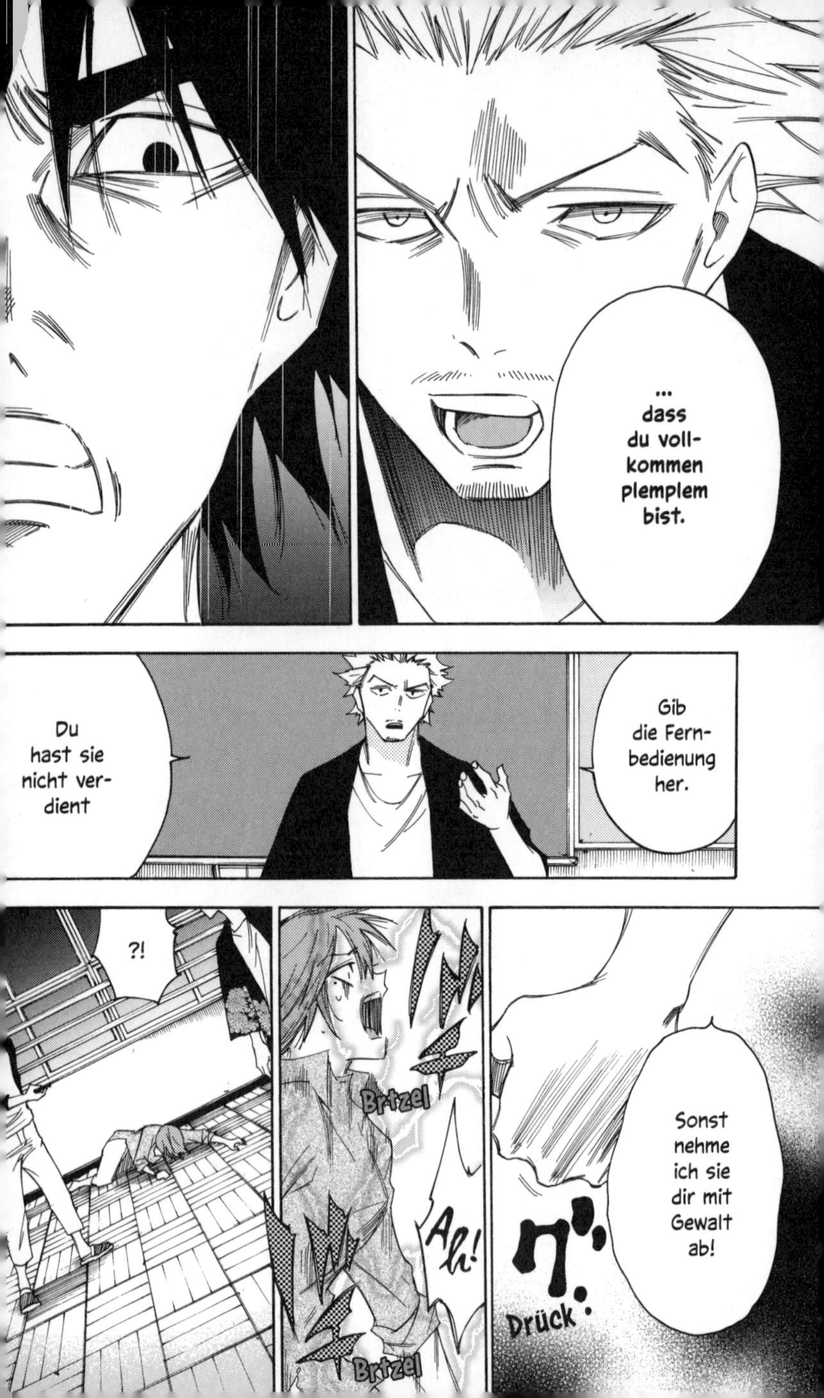

... dass du voll-kommen plemplem bist.
Gib die Fern-bedienung her.
Du hast sie nicht ver-dient
Sonst nehme ich sie dir mit Gewalt ab!
Drück
Ah!
Brtzel
Brtzel
?!

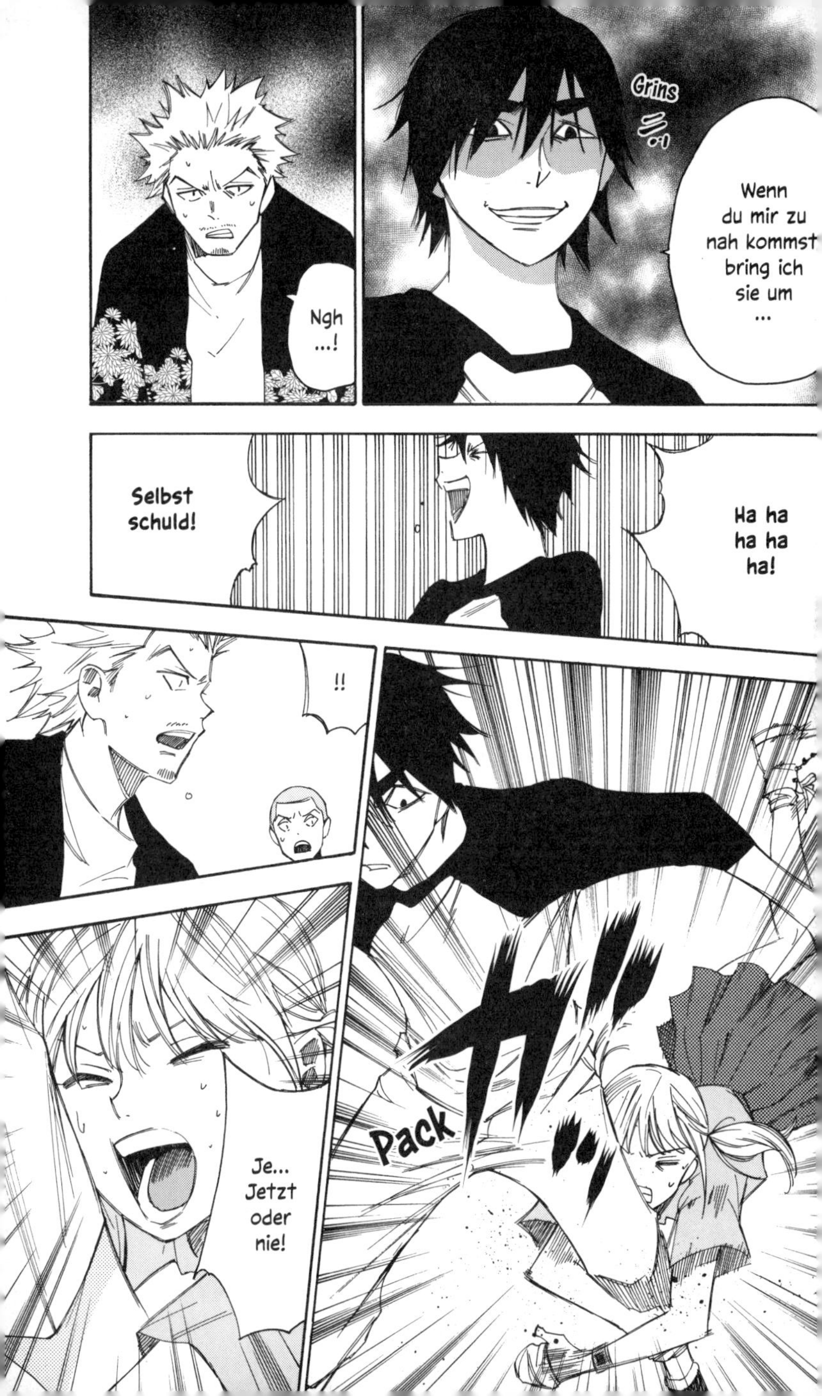
Grins
Wenn du mir zu nah kommst bring ich sie um ...
Ngh ...!
Ha ha ha ha ha!
Selbst schuld!
!!
Pack
Je... Jetzt oder nie!

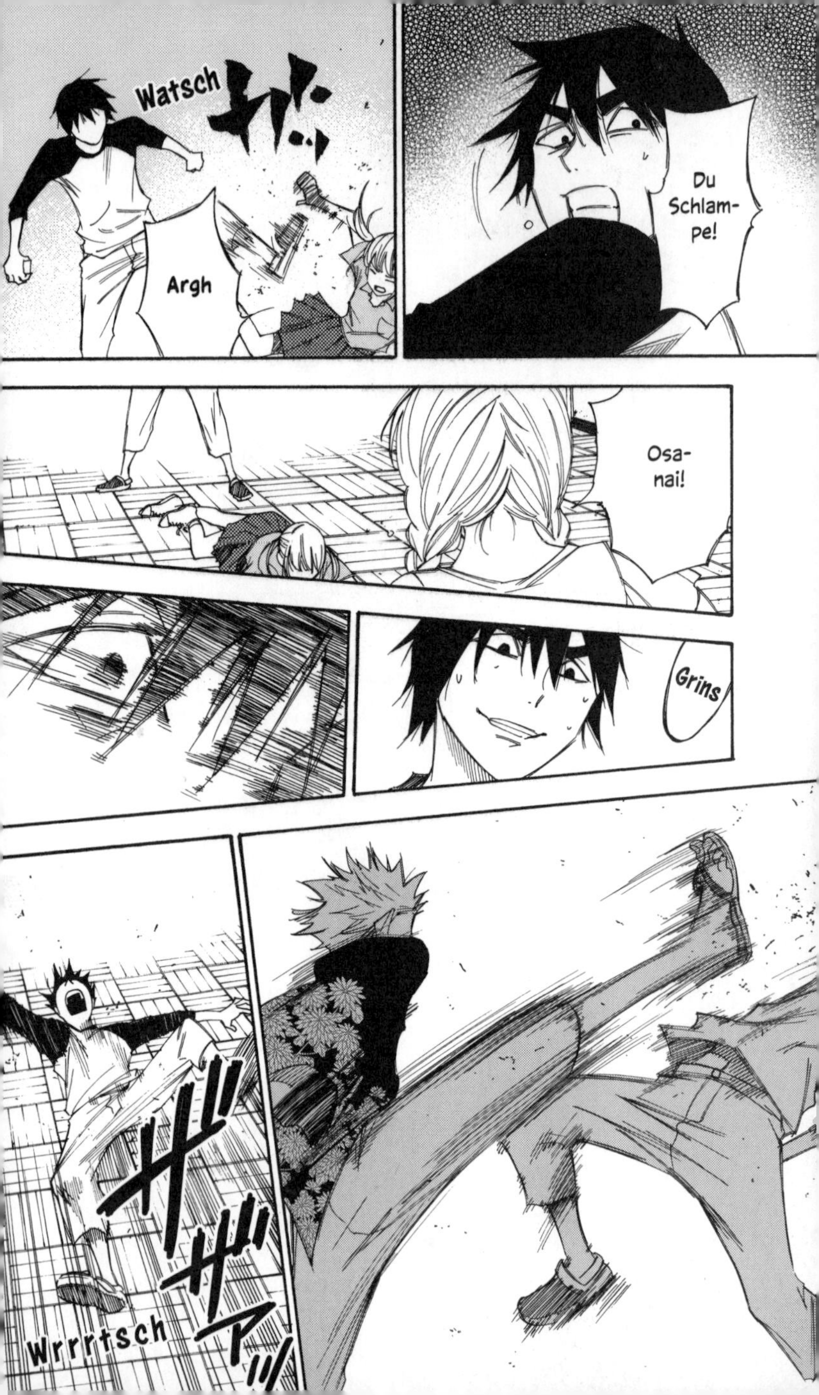
Du Schlampe!
Watsch
Argh
Osanai!
Grins
Wrrrtsch

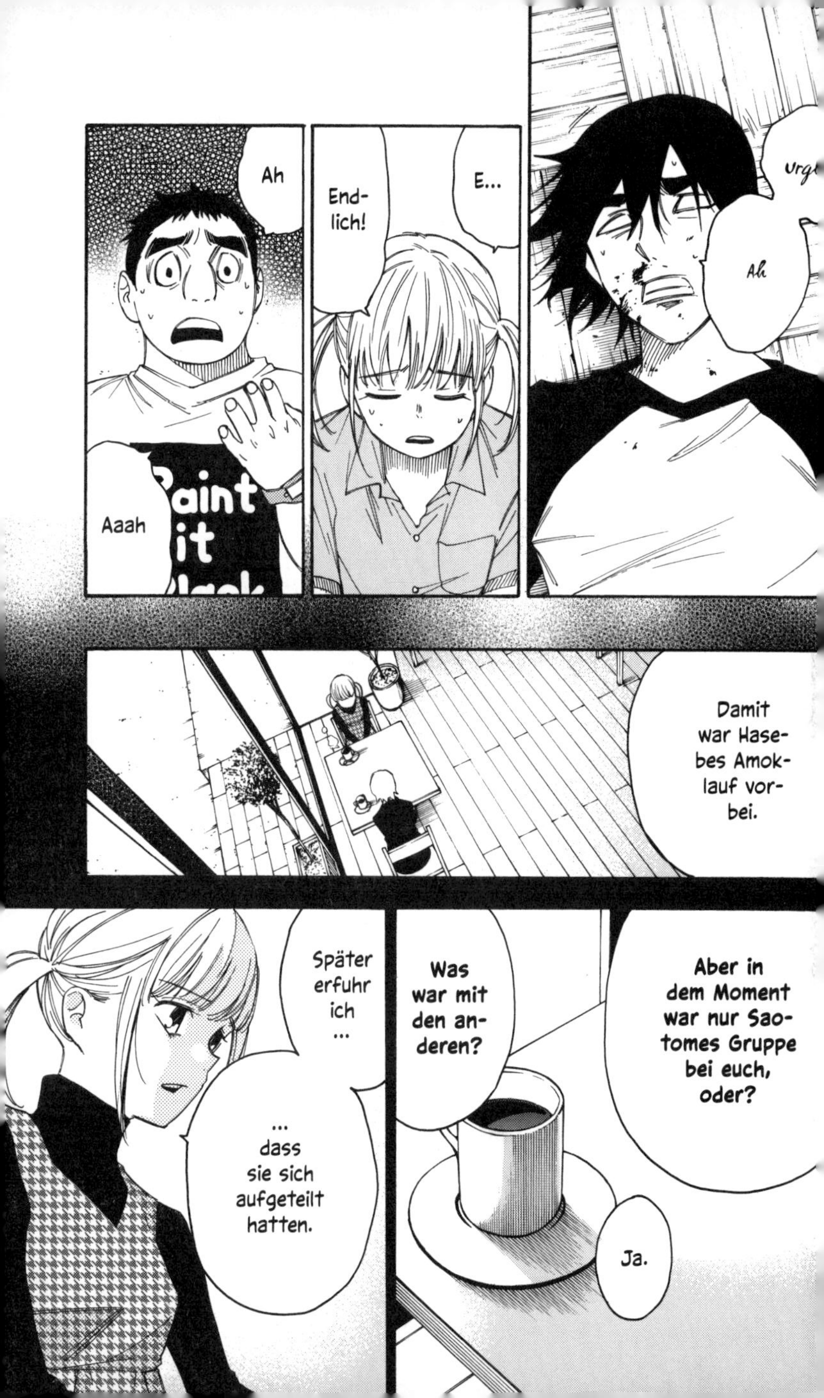
Urg
Ah
E...
Endlich!
Ah
Aaah
Damit war Hasebes Amoklauf vorbei.
Aber in dem Moment war nur Saotomes Gruppe bei euch, oder?
Ja.
Was war mit den anderen?
Später erfuhr ich ...
... dass sie sich aufgeteilt hatten.

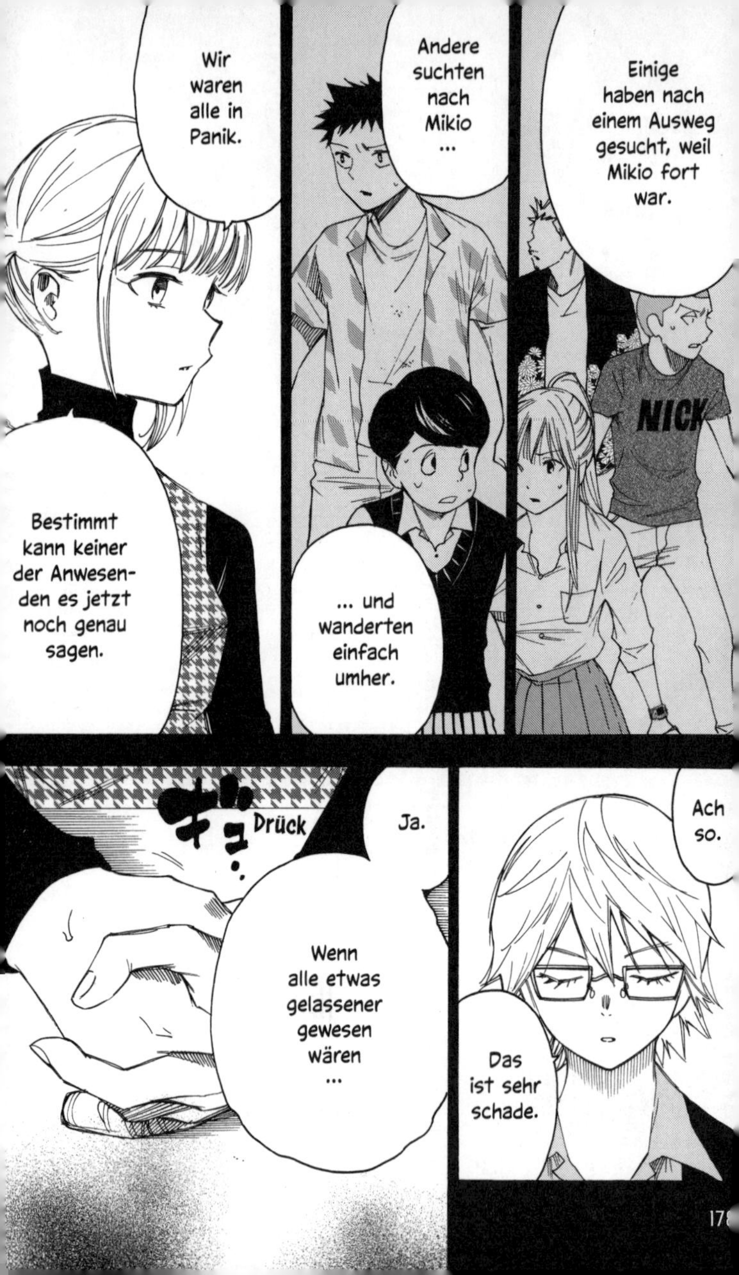
Einige haben nach einem Ausweg gesucht, weil Mikio fort war.
Andere suchten nach Mikio ...
... und wanderten einfach umher.
Wir waren alle in Panik.
Bestimmt kann keiner der Anwesenden es jetzt noch genau sagen.
Ach so.
Das ist sehr schade.
Ja.
Wenn alle etwas gelassener gewesen wären ...
Drück

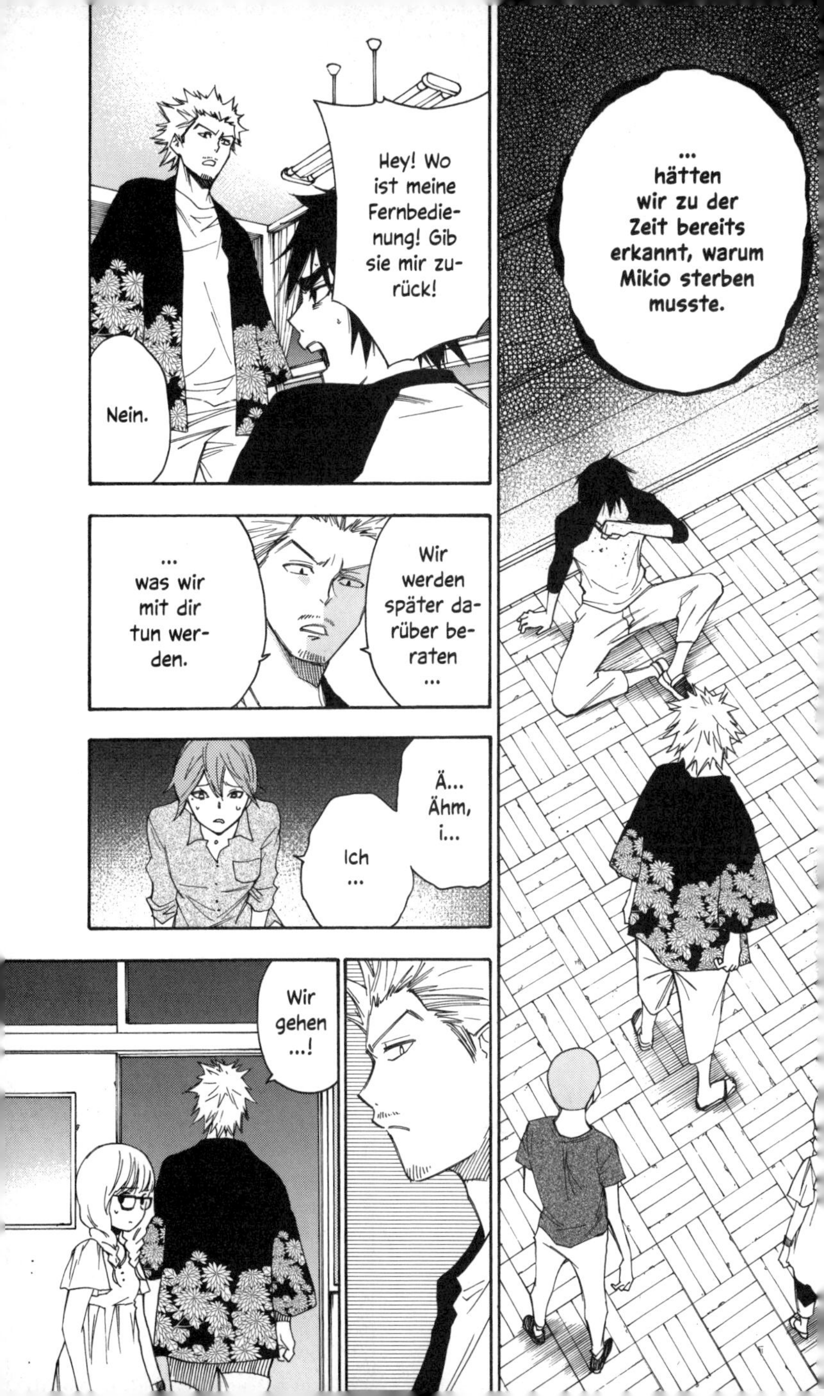

... hätten wir zu der Zeit bereits erkannt, warum Mikio sterben musste.
Hey! Wo ist meine Fernbedie-nung! Gib sie mir zu-rück!
Nein.
Wir werden später da-rüber be-raten ...
... was wir mit dir tun wer-den.
Ä... Ähm, i...
Ich ...
Wir gehen ...!

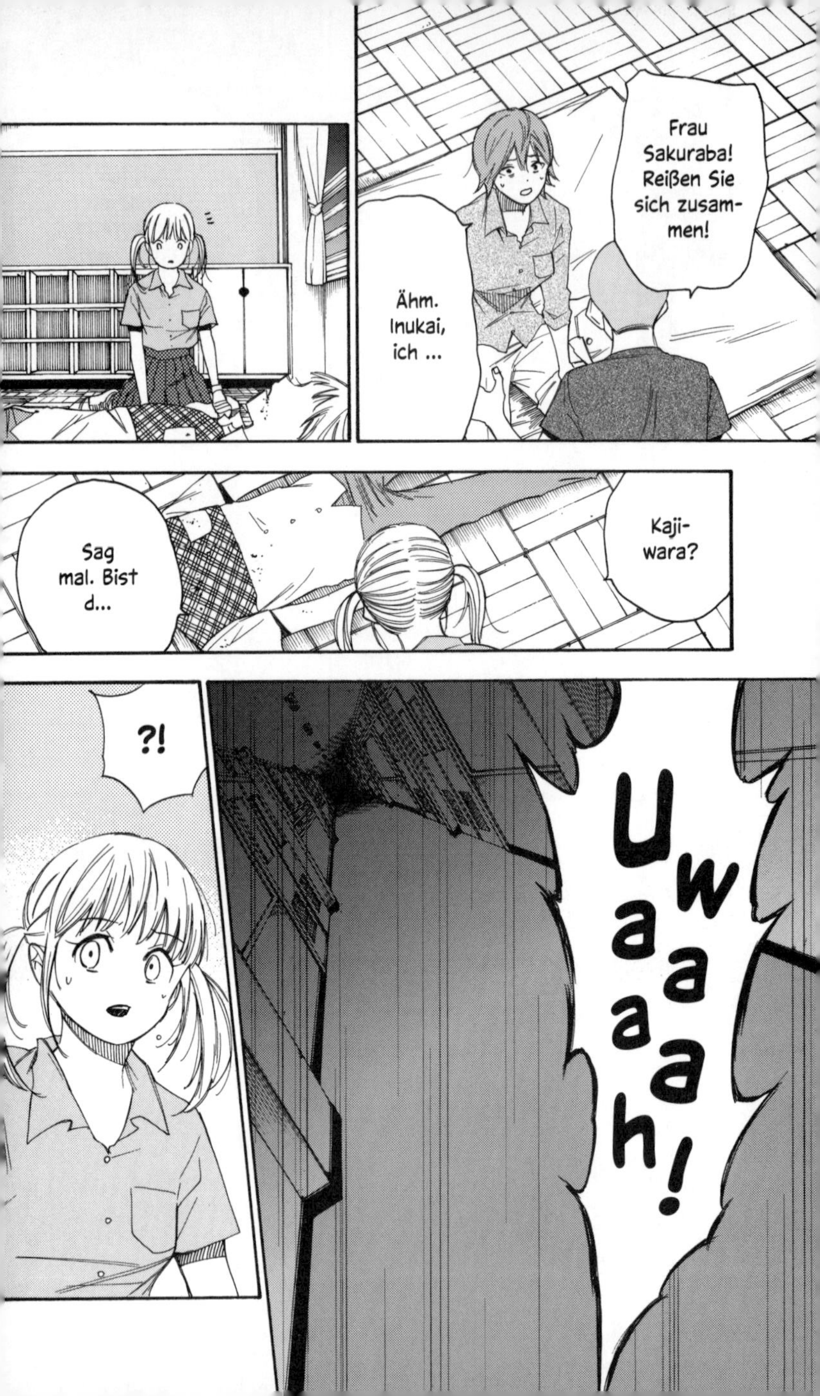
Frau Sakuraba! Reißen Sie sich zusammen!
Ähm. Inukai, ich ...
Kaji-wara?
Sag mal. Bist d...
Uwaaaaah!
?!

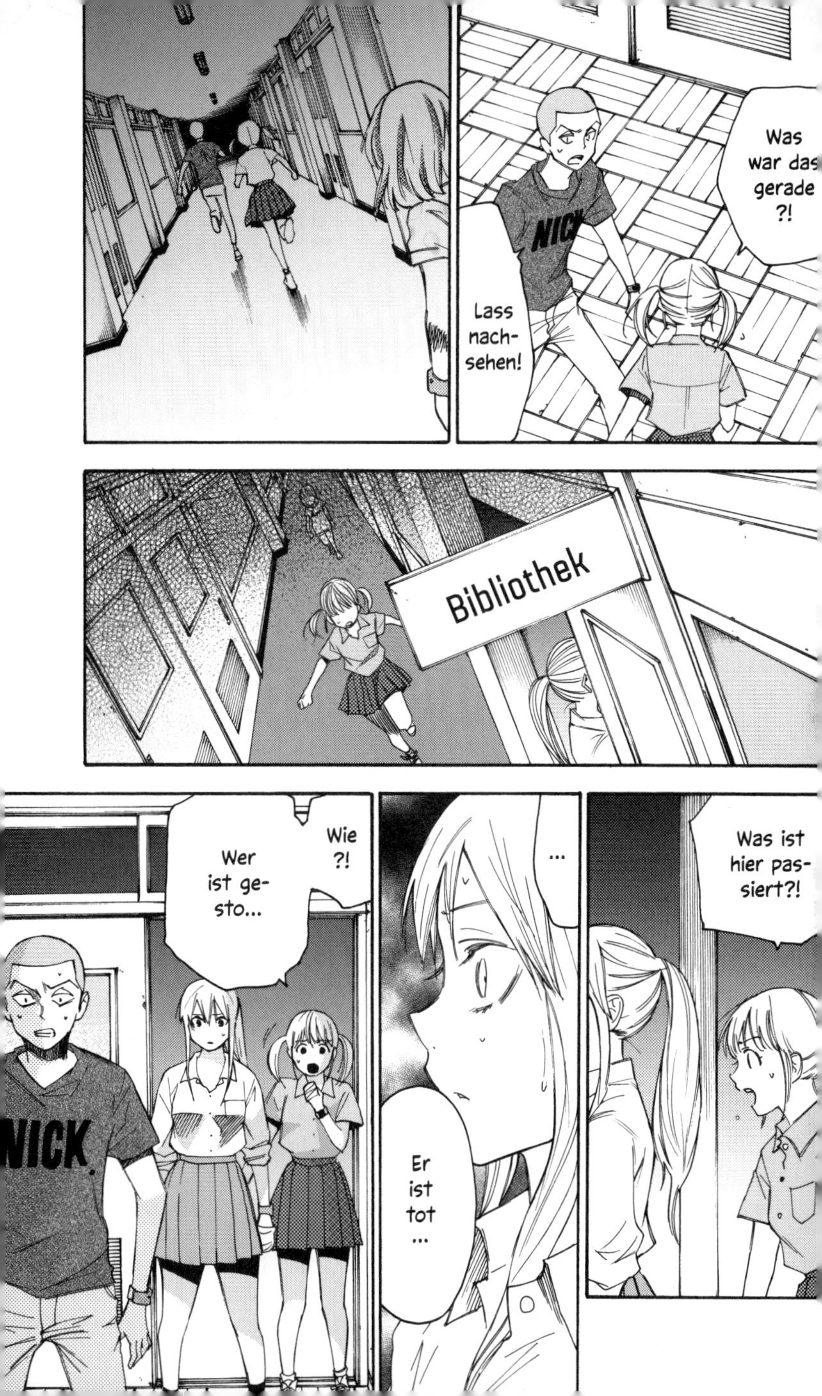
Was war das gerade?!
Lass nachsehen!
Bibliothek
Was ist hier passiert?!
...
Er ist tot ...
Wie?!
Wer ist gesto...

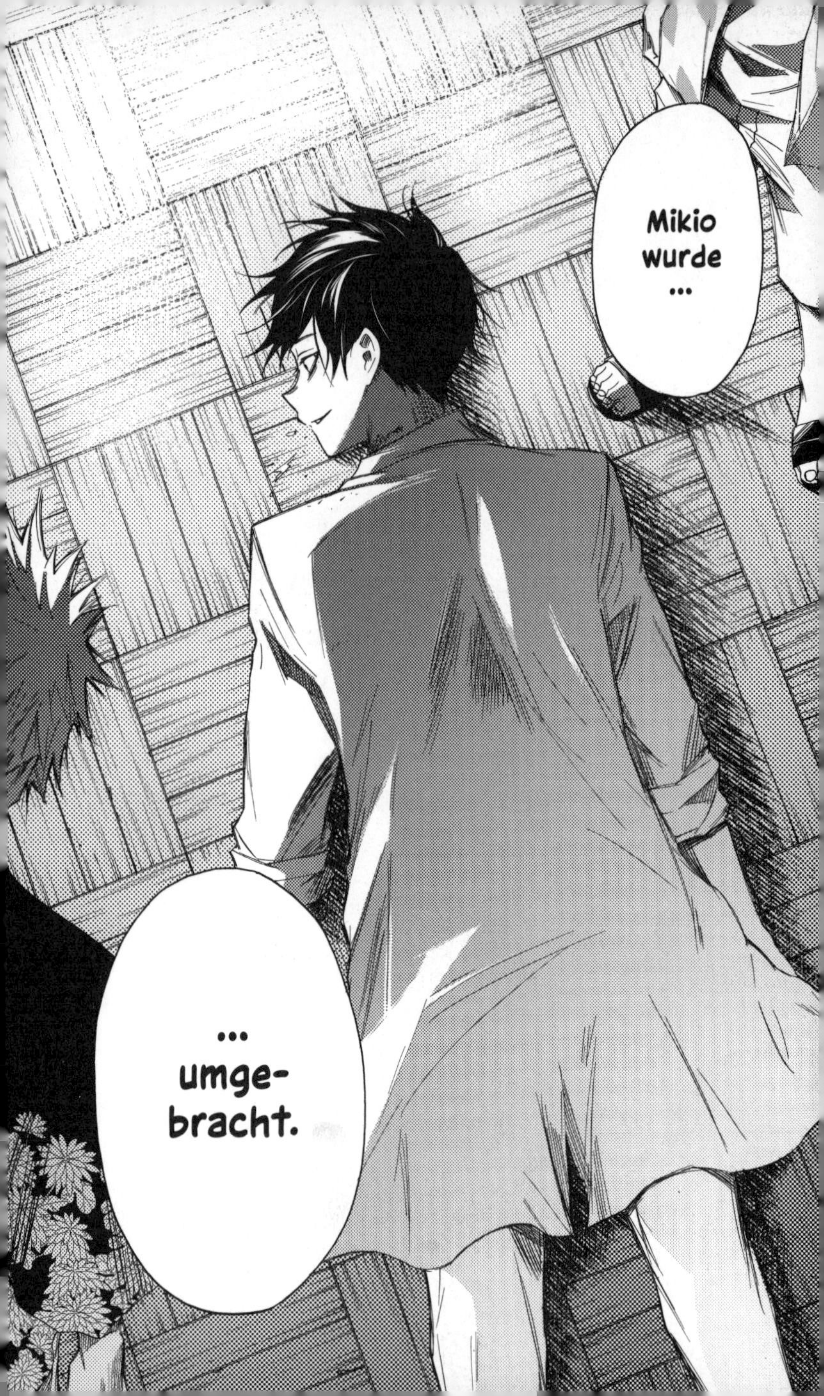
Mikio wurde ...
... umgebracht.

Die Schatten aus unserer Vergangenheit

Fortsetzung in Band 6

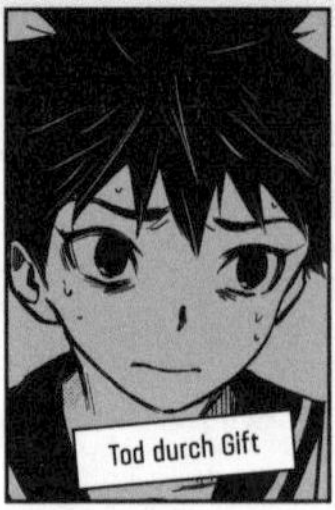

Sumire Aizawa

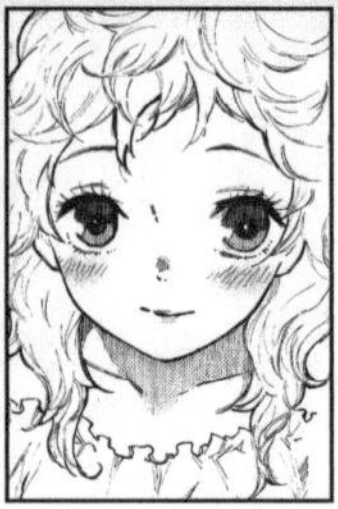
Suzuko Amamiya

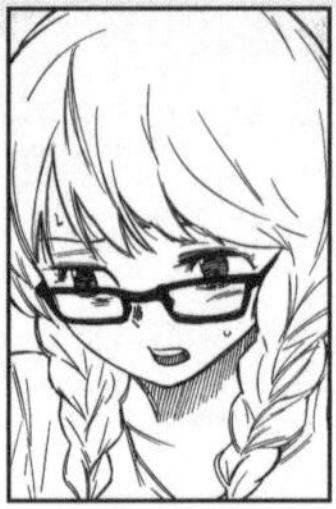
Iroha Ando

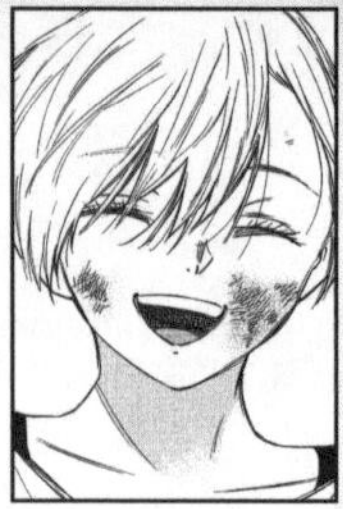
Reika Ishi

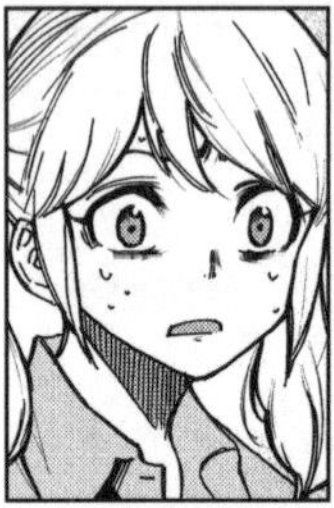
Aya Osanai

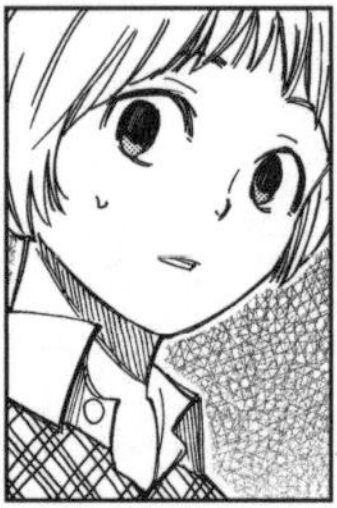
Gen Kajiwara

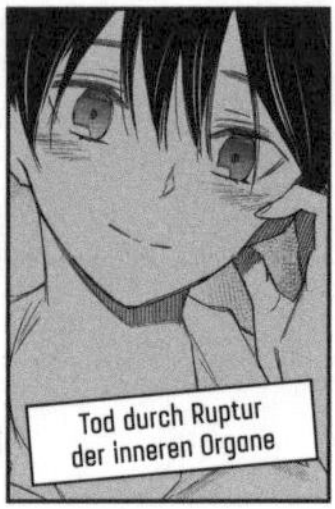

Mirai Kirishima

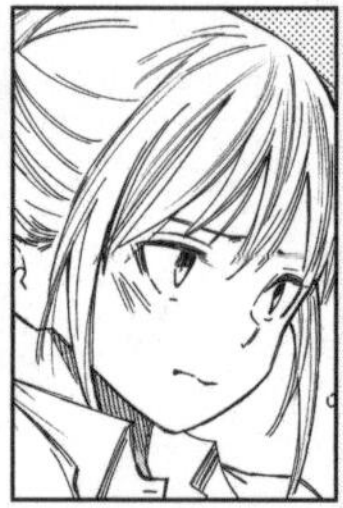
Yumi Kuramoto

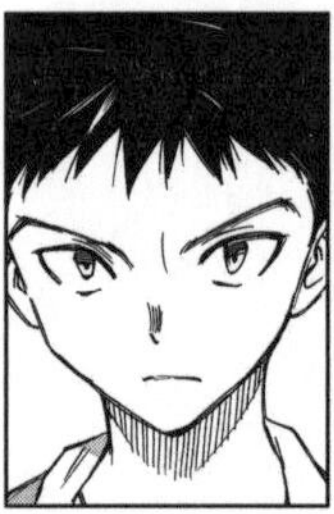
Toru Sanada (Nezu)

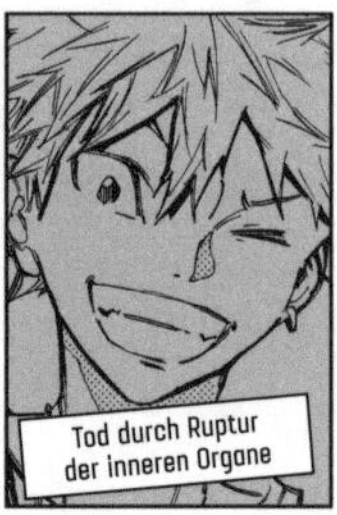

Shoya Sugita

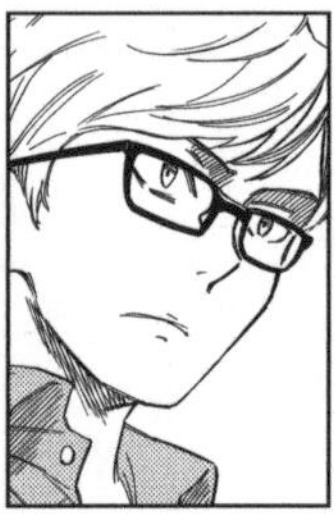
Kohei Tachibana

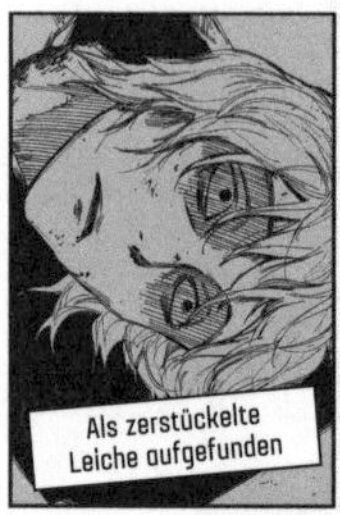

Junta Taniguchi

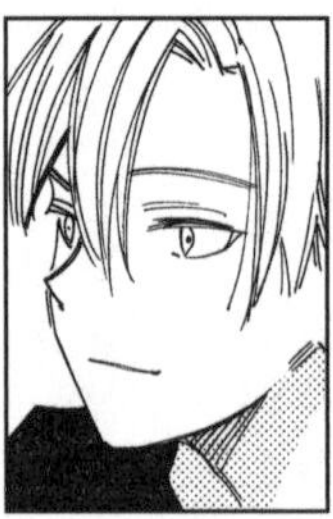
Kaito Mizuno

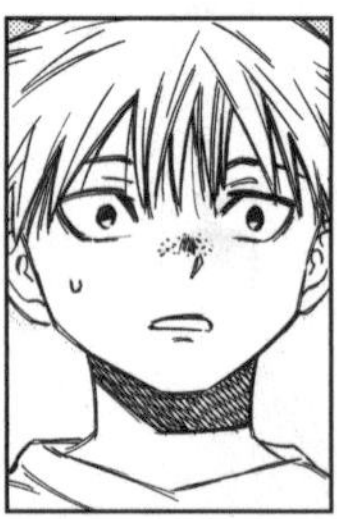
Hayato Mizoguchi

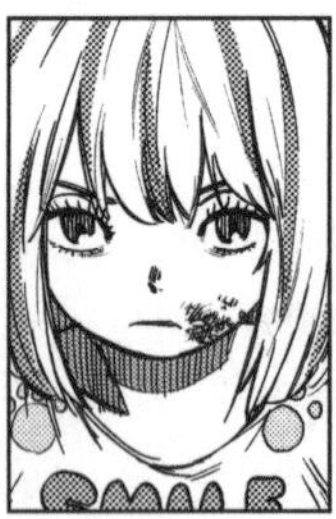
Marika Yamaguchi

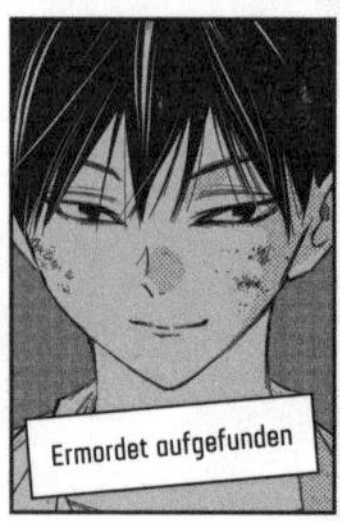

Mikio Yumesaki

Die 6-B der Shinozuka-Grundschule

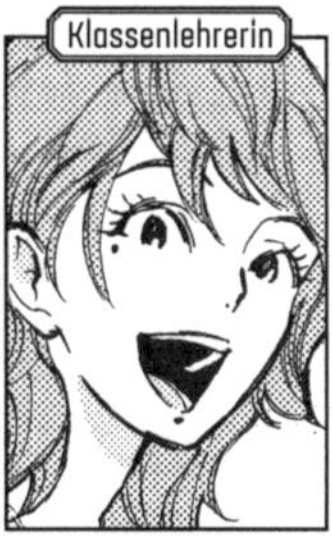

Kyoko Sakuraba

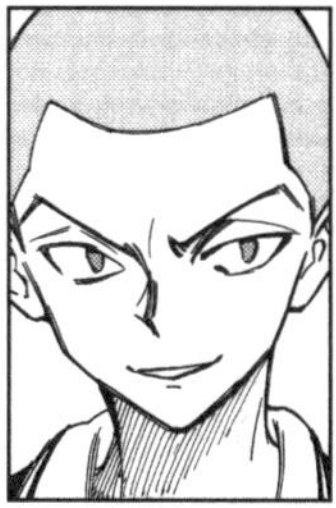

Yoichiro Inukai

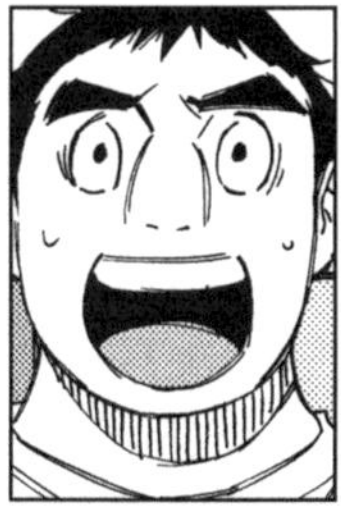

Tatsuo Oikawa

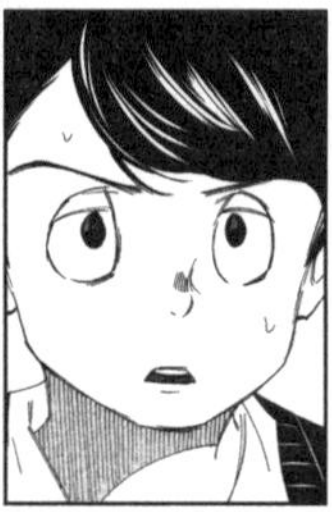

Daiki Kuroda

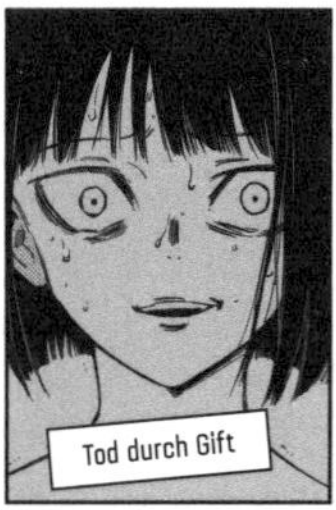

Yui Koshimizu

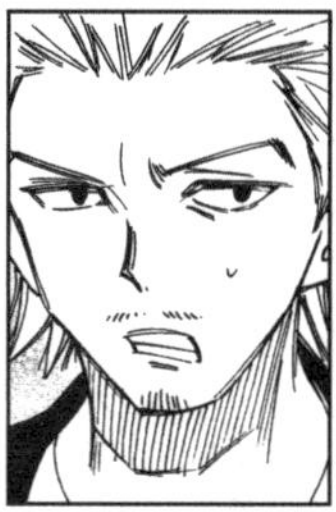

Kikuya Saotome

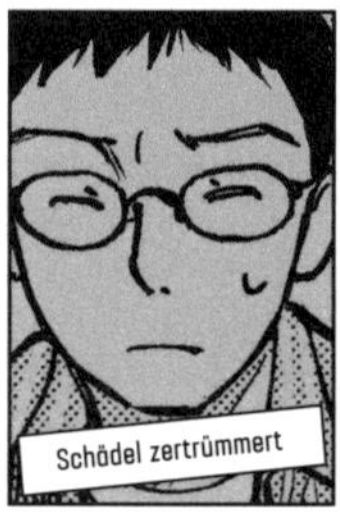

Taisei Sakamoto

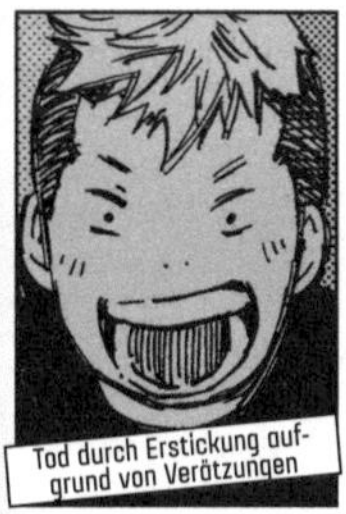

Takashi Chuza

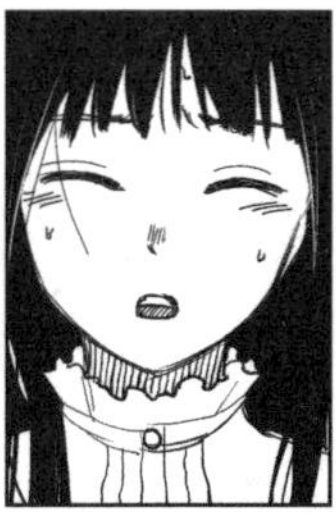

Kobeni Tsukioka

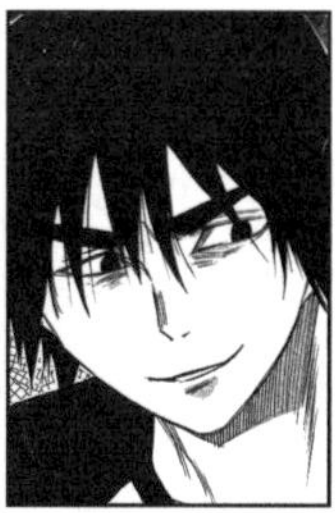

Kouji Hasebe

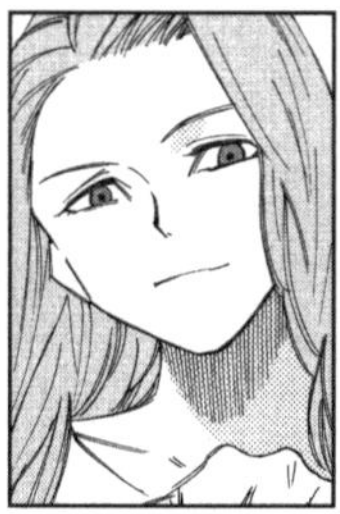

Erina Hazuki

Vorfall »Eingesperrte Schüler« beim Ehemaligentreffen an der Shinozuka-Grundschule – Ablauf der Ereignisse

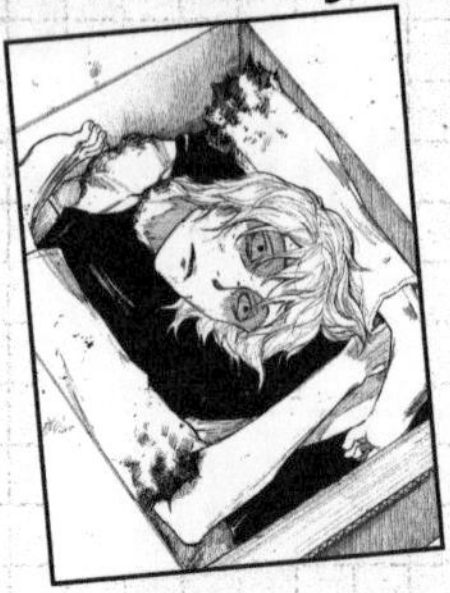

19. August

12 Uhr: Beginn des Vorfalls »Eingesperrte Schüler« beim Ehemaligentreffen an der Shinozuka-Grundschule.

13 Uhr: Die zerstückelte Leiche von Junta Taniguchi wird gefunden. Takashi Chuza [Takapon] möchte aus der Schule fliehen, gerät aber in einen Säurenebel, den Mikio Yumesaki vorbereitet hat. Durch chemische Verätzungen kann er nicht mehr atmen und verstirbt.

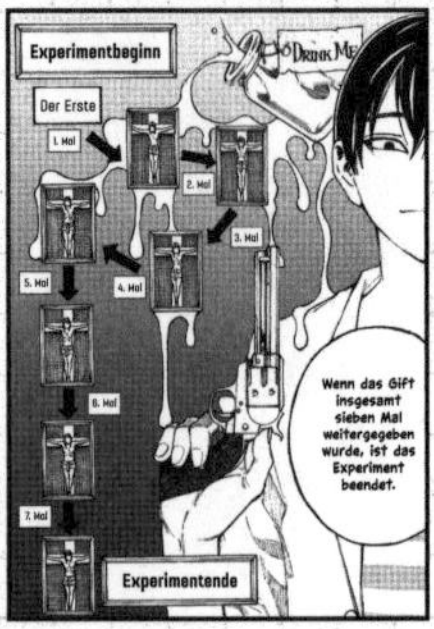

13:30 Uhr: Das erste Experiment, der »Gift-Staffellauf« [Testlauf] beginnt.

14 Uhr: Beginn des richtigen »Gift-Staffellaufs«. Es wird aufgedeckt, dass Kohei Tachibana [Klassensprecher] früher Suzuko Amamiya gemobbt hat.

15 Uhr: Beim Freundschaftsquiz kann Toru Sanada nicht antworten und Yui Koshimizu stirbt durch Gift.

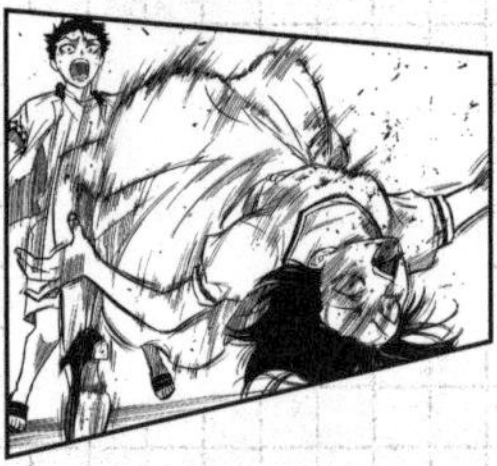

16:30 Uhr: »Gift-Staffellauf« wird abgeschlossen.

17 Uhr: Alle beginnen damit, das Curry zu essen, das Mikio zubereitet hat.

18 Uhr: Beim Abendessen kommt heraus, das zwei Giftfläschchen gestohlen wurden. Marika Yamaguchi vergiftet mit dem gestohlenen Gift Sumire Aizawa, die daran verstirbt. Weil Mirai Kirishima ein Giftfläschchen hatte, wird sie von Kaito Mizuno zu Boden gestoßen.

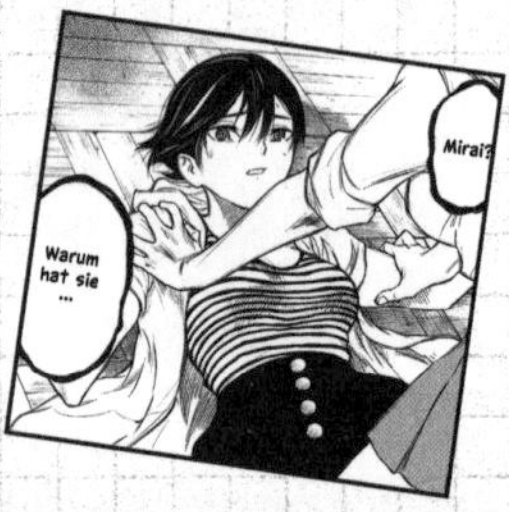

18:30 Uhr: Marika Yamaguchis Tat wurde von Shoya Sugita (Shoyan) aufgezeichnet. Mit diesem Beweismittel erpresst er sie und greift sie an, wird aber zurückgeschlagen. Nachdem ihre Tat herausgekommen ist, beginnt Mikio, wie von Gen Kajiwara vorgeschlagen, mit dem zweiten Experiment: dem »Klassengericht«.

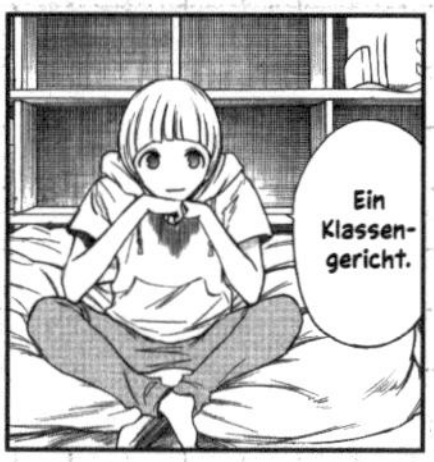

19 Uhr: Weil sie Yamaguchi früher gemobbt hatten, werden Aya Osanai und Yumi Kuramoto auch vor Gericht gestellt.

19:30 Uhr: Das Gericht fällt das Urteil: Yamaguchi sollen »ein Arm und ein Bein gebrochen werden«. Osanai und Kuramoto soll »ein Finger an jeder Hand gebrochen werden«. Weil Nezu bei der Vollstreckung eigenmächtig handelt, wird er von Mikio geschlagen und verliert das Bewusstsein. Doch direkt vor dem Schlag flüsterte Mikio Nezu ins Ohr: »Komm während des Essens ins Kochunterrichtszimmer.«

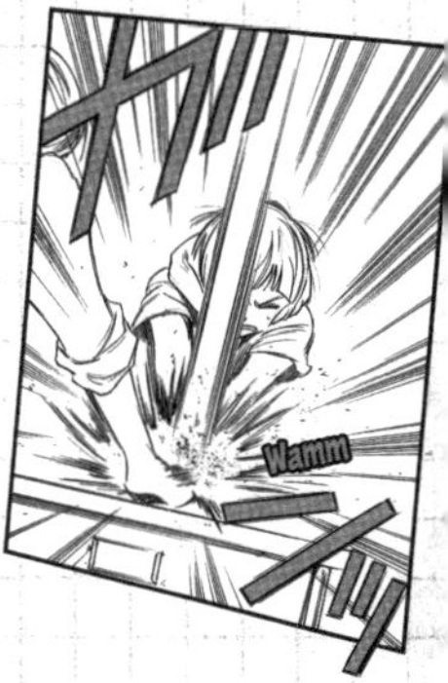

20:30 Uhr: Nezu wacht wieder auf. Auf Mikios Anweisungen hin werden alle in vier Gruppen aufgeteilt. Mit der Anordnung, sich zu »vertragen«, sollen sie Zeit miteinander verbringen.

21:30 Uhr: Die Anführer und Vizeanführer der Gruppen versammeln sich in der Lehrküche. Es beginnt das dritte Experiment: »Stanford-Prison-Experiment X Gefangenendilemma«.

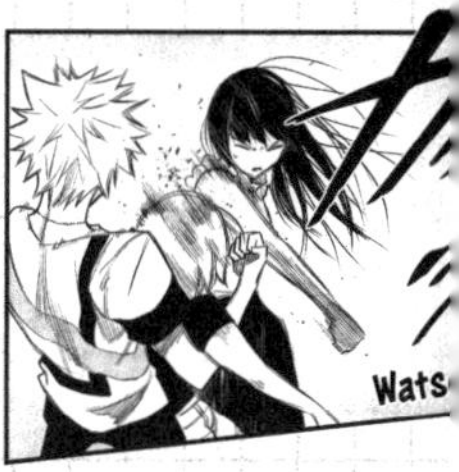

22 Uhr: Aus Misstrauen wird Kobeni Tsukioka mit Kouji Hasebe gewalttätig gegen Reika Ishi. Am Ende werden dadurch Reika Ishi, Suzuko Amamiya und Shoyan schwer verletzt.

20. August

0 Uhr: Ende des Prison-Experiments.

- Innerhalb der nächsten 8 Stunden wird Taisei Sakamoto von irgendjemandem ermordet.

- In der Nacht verlässt Iroha Ando das Klassenzimmer.

9 Uhr: Kikuya Saotome tritt mit dem Plan, »Mikio anzugreifen«, an Mizuno heran.

Uhr: Die Leiche von Taisei Sakamoto wird mit zertrümmertem Kopf aufgefunden.

Mikio braucht zwei Stunden zur Experimentvorbereitung und zur Kontrolle der Überwachungskameras.

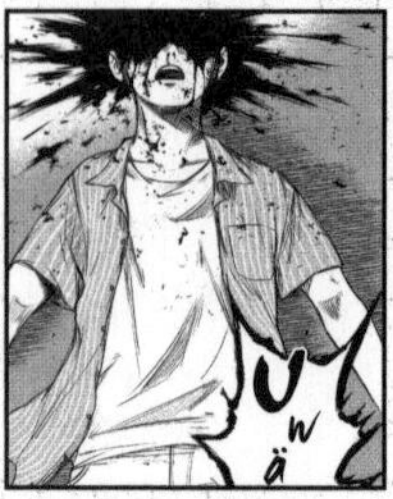

Uhr: Sakamotos Leiche wird von Nezu, Hayato Mizoguchi, Daiki Kuroda, Iroha Ando, Erina Hazuki und Frau Sakuraba in einen Lagerraum gebracht.

30 Uhr: Das vierte Experiment beginnt: »Wahl des Unbeliebtesten«.

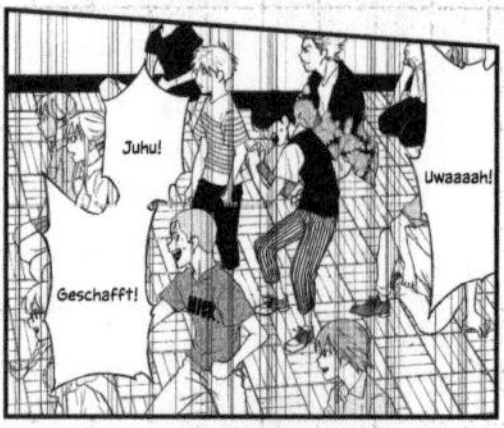

Uhr: Mittagessen

30 Uhr: Im Kochunterrichtsraum unterhalten Mikio und Nezu sich heimlich. Mikio erzählt ihm, dass es einen »Usurpator« gibt.

Uhr: Das fünfte Experiment beginnt: die »Unter-vier-Augen-Gespräche«. Unter anderem Mizuno erfährt dort genauso wie Nezu von Mikio, dass es einen »Usurpator« gibt.

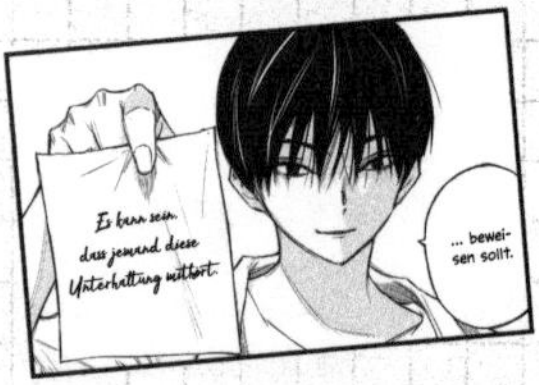

Uhr 45: Die »Unter-vier-Augen-Gespräche« sind abgeschlossen. Es kommt heraus, dass Ando nachts das Klassenzimmer verlassen hat, und sie wird dadurch zur Zielscheibe.

Uhr 8: Das sechste Experiment beginnt: »Hana Ichi Monme ›Neo‹«.

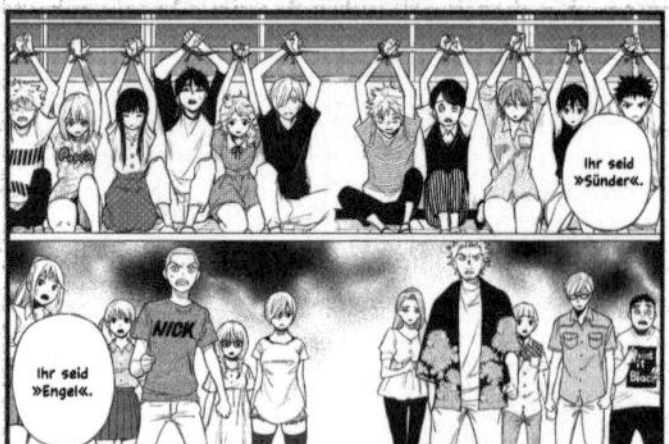

38 Uhr: Es stellt sich heraus, dass man der Person, die man für am nutzlosesten hält, eine 10 cm lange Schnittwunde zufügen muss.

15 Uhr: In der zweiten Hälfte des Experiments wird Shoyan als »nutzlose Person« immer wieder mit dem Messer geschnitten.

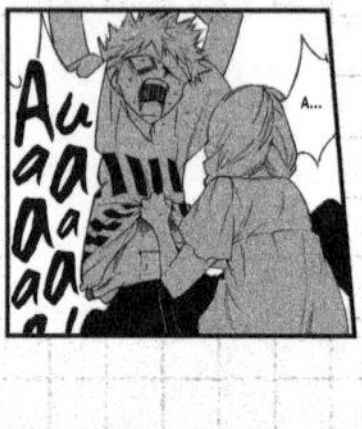

17 Uhr: »Hana Ichi Monme ›Neo‹« ist beendet. Shoyan kann die Blicke der anderen nicht mehr ertragen und flieht aufs Dach. Mirai rennt hinterher, wird aber dort von Shoyan mit einem Feuerlöscher geschlagen. Danach bekommt Nezu einen Schlag auf den Kopf und wird bewusstlos.

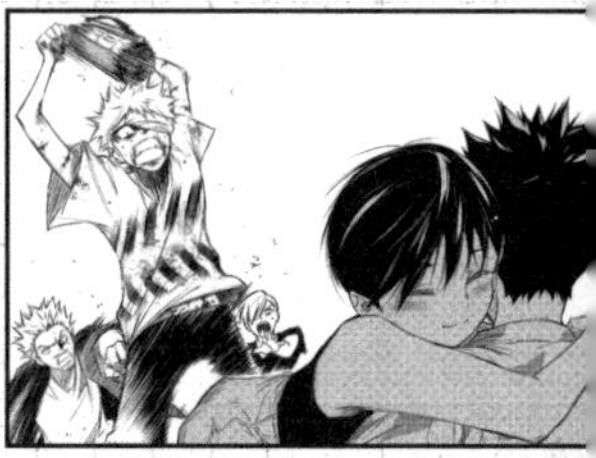

17:30 Uhr: Shoyan stürmt ins Klassenzimmer, um Mikio anzugreifen, wird von ihm aber zurückgeschlagen und stirbt.

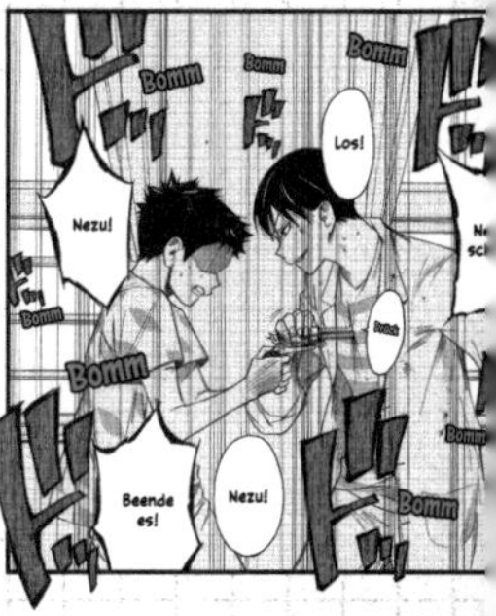

18 Uhr: Nezu wacht wieder auf und erfährt von Ando, dass Mirai gestorben ist. Mikio verrät das wahre Ziel der Experimente. Er gibt Nezu eine Pistole und setzt beim siebten Experiment sein eigenes Leben aufs Spiel. Nezu meinte aber: »Jetzt Rache zu üben würde zu nichts führen …« Er kann Mikio nicht erschießen.

18:30 Uhr: Abendessen (Grillfleisch). Es entsteht der Verdacht, dass Nezu mit Mikio unter einer Decke steckt.

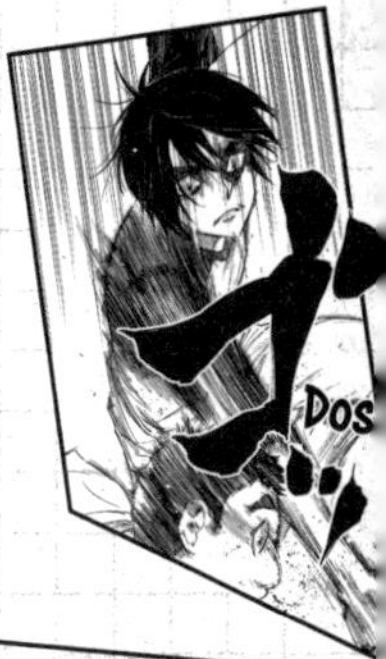

19 Uhr: Das achte Experiment beginnt, bei dem Könige bestimmt werden, die absolute Macht erhalten sollen. Mikio teilt alle in vier Gruppen auf. Während in den Gruppen der König ausgewählt wird, wird Hasebe gegen die anderen Mitglieder seiner Gruppe gewalttätig.

20 Uhr: Das Königsspiel beginnt. Hasebe nutzt seine Königsmacht bösartig aus und verletzt Kajiwara, Osanai und die anderen durch heftige Stromschläge.

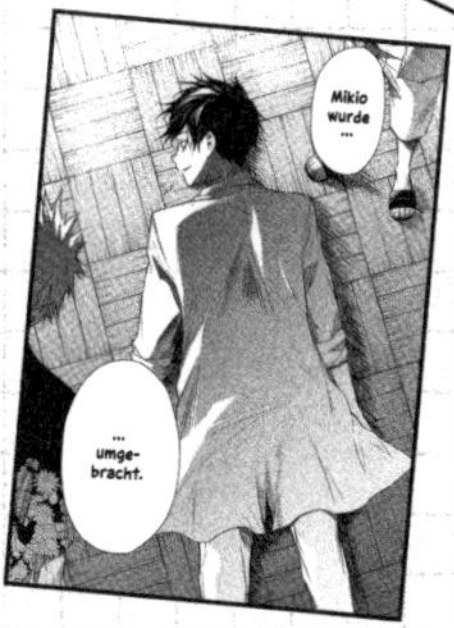

21 Uhr: Mikio wird ermordet.

22 Uhr: Mikios Leiche wird aufgefunden.

21. August

16:23 Uhr: Die Shinozuka-Grundschule wird von einer mobilen Einsatztruppe gestürmt.

Vorschau

Der Teufel ...

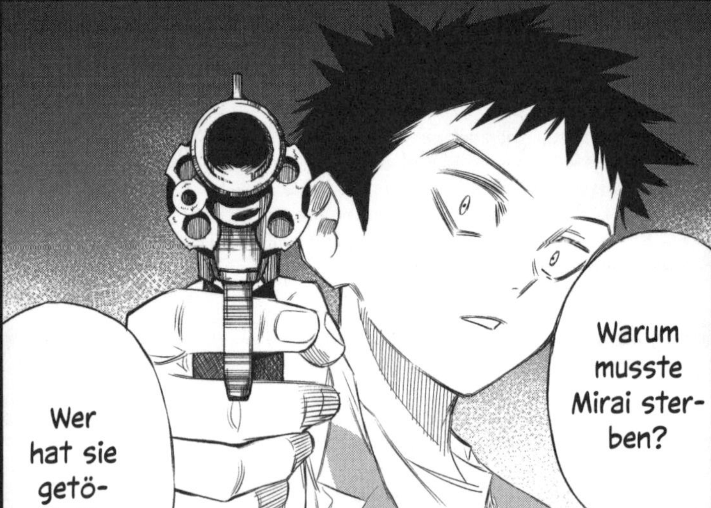

... ist tot.

Der Anstifter Mikio Yumesaki ist tot und somit sollten die Experimente eigentlich enden, aber durch die Menschen, die sich dem Bösen hingaben, entwickelt sich die Lage in eine unerwartete Richtung. Wer beobachtet die Experimente im Geheimen? Wer möchte unbedingt seine Macht zurückerlangen? Gut und Böse verschwimmen und als Nezu ein weiteres Unglück widerfährt, keimt in ihm ein Verlangen nach Rache.

»Ich lasse euch auf keinen Fall von hier entkommen.«

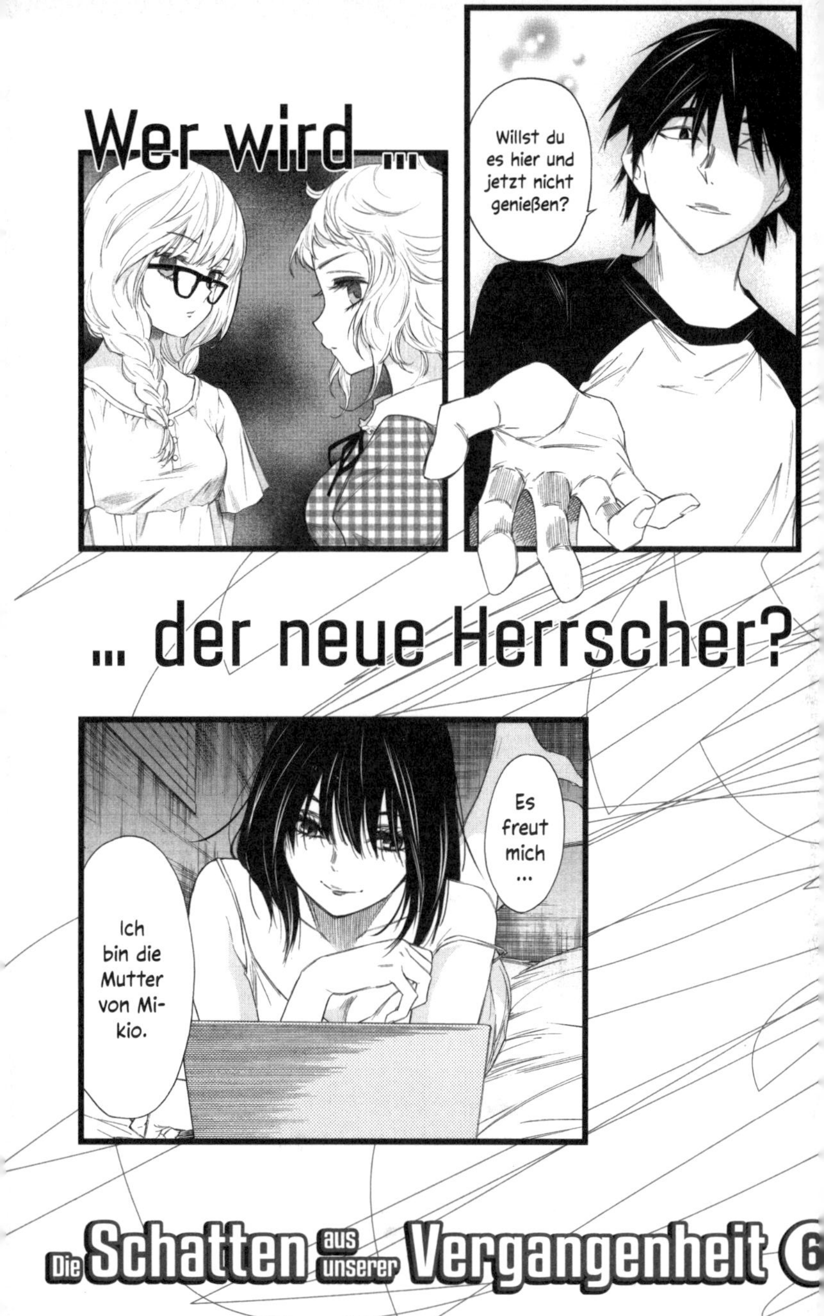
Willst du es hier und jetzt nicht genießen?
Wer wird ...
... der neue Herrscher?
Es freut mich ...
Ich bin die Mutter von Mi-kio.
Die Schatten aus unserer Vergangenheit 6

Die **Schatten** aus unserer **Vergangenheit**

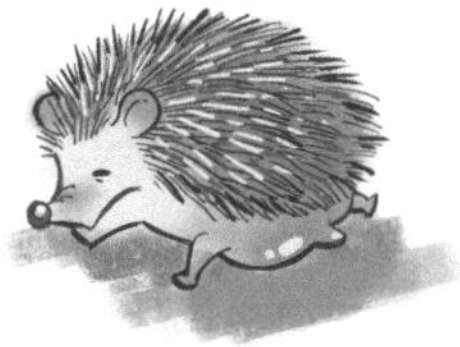

Yae Utsumi

Nezu war der Name des Igels,
den ein Freund von mir besaß.

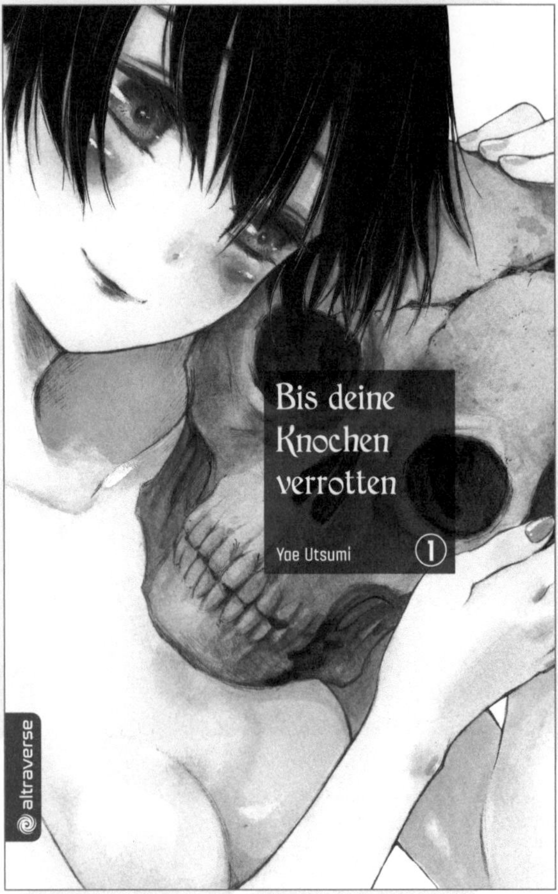

Bis deine Knochen verrotten

Yae Utsumi

Vor fünf Jahren töteten fünf Freunde einen Mann. Heute erinnert nur noch ein an einem geheimen Ort vergrabenes Skelett an ihr Vergehen. Als dieses plötzlich verschwindet und ein mysteriöser Unbekannter die Freunde erpresst, bricht für sie die Hölle auf Erden aus.

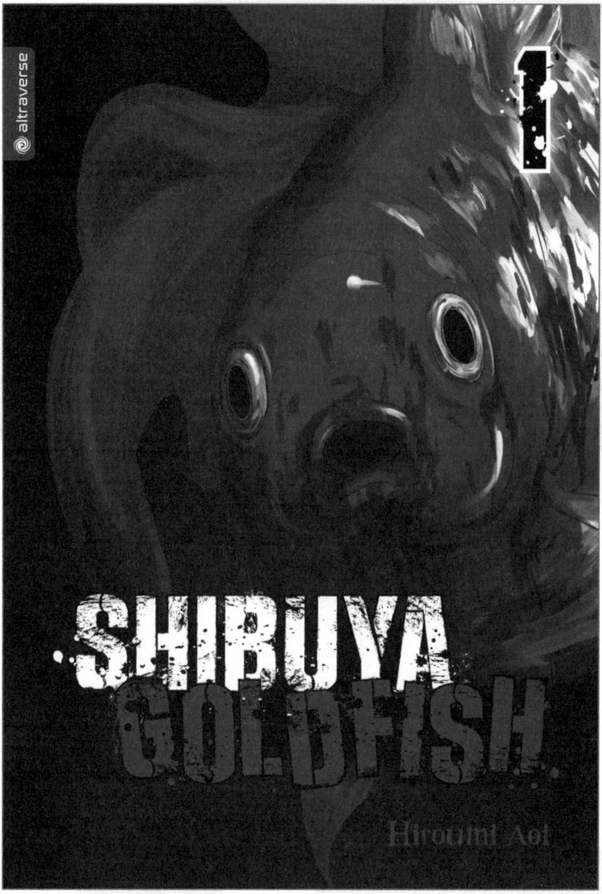

Mystery 16 +

Shibuya Goldfish

Hiroumi Aoi

Für den großen Filmfan Hajime geht ein (Alb)Traum in Erfüllung. An dem Tag, als er zum Dreh seines eigenen Streifens nach Shibuya kommt, tauchen riesige Goldfische aus dem Nichts auf und fallen über die Menschen des belebten Stadtbezirks her. Was erst absurd klingt, wird bald zu einem erbitterten Überlebenskampf, dessen Ausgang alles andere als gewiss ist …

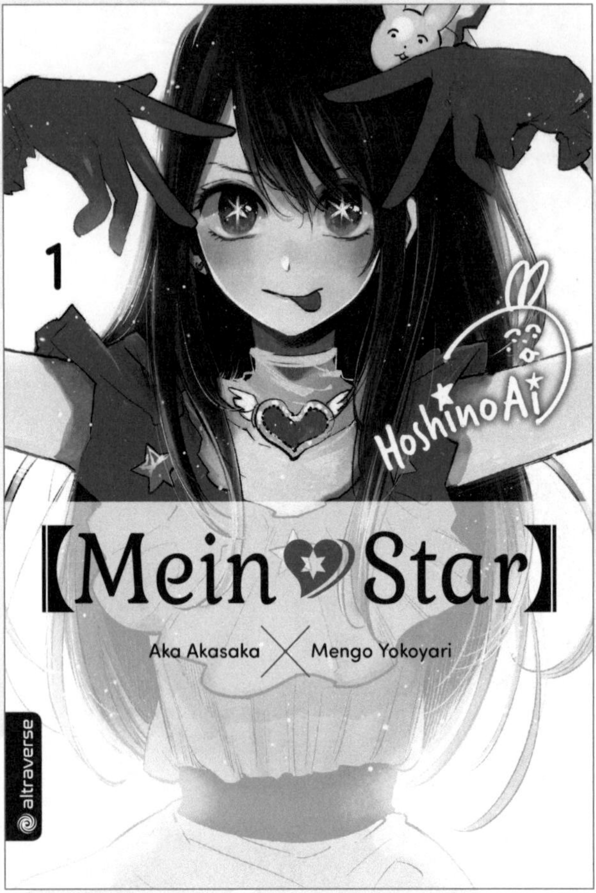

Comedy 16 +

[Mein*Star]

Aka Akasaka | Mengo Yokoyari

Wie wäre es, als Kind eines Idols wiedergeboren zu werden? Diese Frage beschäftigt Goro, Arzt und Hardcorefan des Idols Ai Hoshino, seit sie ihm von einer Patientin kurz vor ihrem Tod gestellt wurde. Was er zu dem Zeitpunkt noch nicht weiß: Schon bald wird er sein Idol treffen, was sein Leben komplett auf den Kopf stellt!

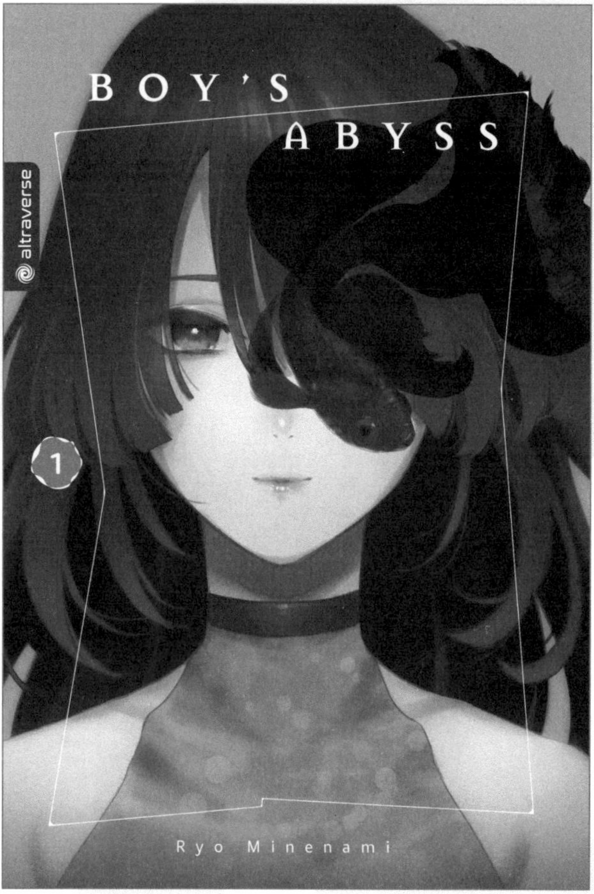

Boy's Abyss

Ryo Minenami

In einer tristen Stadt lebt der Oberschüler Reiji ein trostloses Leben. Während seine Schulkameraden darauf hoffen, irgendwann diesen Ort verlassen zu können, glaubt Reiji, dies nie zu können. Eines Tages jedoch begegnet er einer besonderen Frau, die seinem Leben zugleich Licht, aber auch mehr Dunkelheit schenkt.

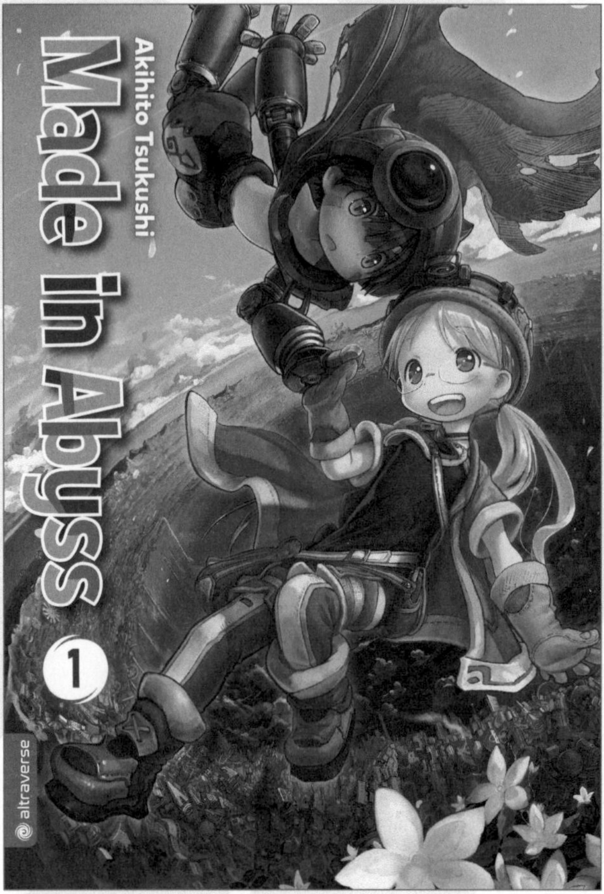

Made in Abyss
Akihito Tsukushi

Das riesige Höhlensystem Abyss ist der letzte unerforschte Ort der Welt. Riko träumt davon, eine genauso berühmte Höhlentaucherin wie ihre verschollene Mutter zu werden. Auf einer Erkundungstour der höheren Ebenen des Abyss macht sie eine Entdeckung, die ihr ganzes Leben auf den Kopf stellen wird …

Fantasy 16 +

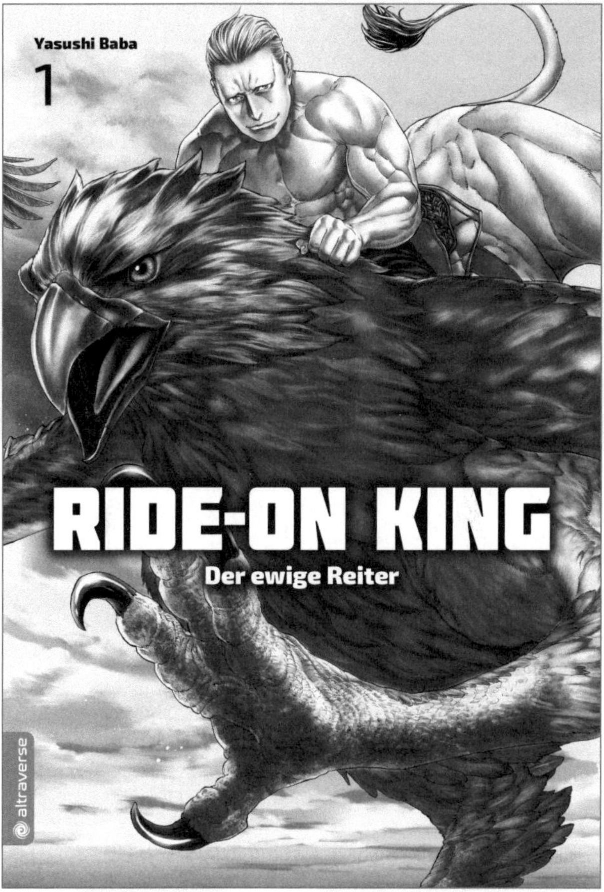

Ride-On King – Der ewige Reiter

Yasushi Baba

Alexander Prutinov, der Präsident Prusslands, liebt nichts mehr, als Dinge zu reiten, aber ihn plagt eine Sorge: Er hat bereits alles in dieser Welt geritten. Als er sich nach einer plötzlichen Terrorattacke in einer Fantasiewelt voller Drachen und anderer unbekannter Wesen wiederfindet, flammt ein Feuer in ihm auf, das er längst erloschen geglaubt hatte.

Mystery 16 +

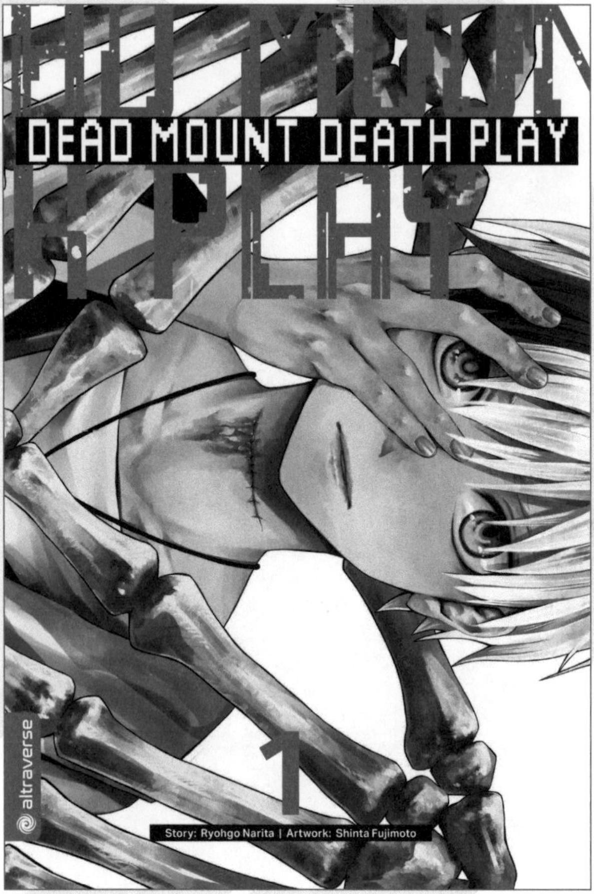

Dead Mount Death Play

Ryohgo Narita I Shinta Fujimoto

Der legendäre Unheilsbrecher und der fürchterliche Leichengott stehen sich zum finalen Duell gegenüber. Was der Unheilsbrecher aber nicht weiß: Der Leichengott hat vor, sich mit Magie aus der Affäre zu ziehen. Zu dumm nur, dass beim Wirken ebenjener etwas schiefläuft und er sich plötzlich im modernen Tokio wiederfindet ...

Fantasy 16 +

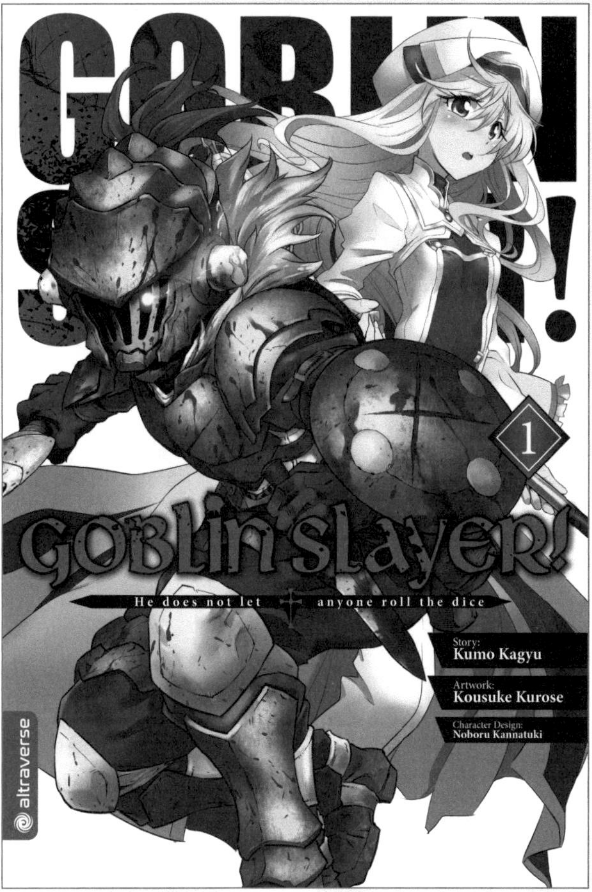

Goblin Slayer!

Kumo Kagyu | Kousuke Kurose | Noboru Kannatuki

Eine junge Priesterin schließt sich ihrer ersten Abenteurergruppe an, nur um sich kurz darauf in einem Goblin-Hinterhalt wiederzufinden. Doch sie hat Glück, denn Goblin Slayer hat sich genau diese Goblins als seine heutigen Opfer ausgesucht.

Mystery 16 +

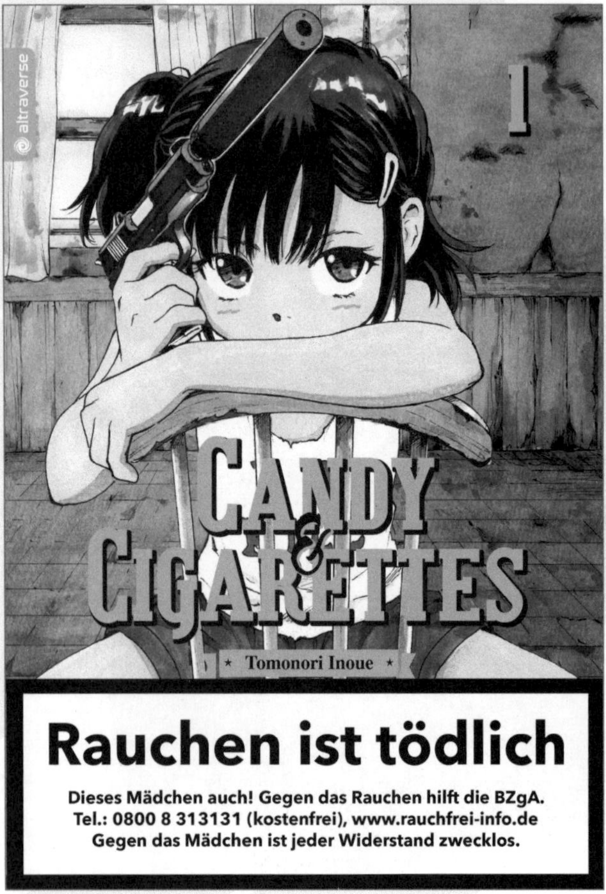

Candy & Cigarettes

Tomonori Inoue

Raizo Hiragas ruhiger Lebensabend muss warten, denn seine Tochter und sein Enkel brauchen seine finanzielle Unterstützung. Als sich der ehemalige Personenschützer auf einen Job bewirbt, der zu gut klingt, um wahr zu sein, wird er überraschend zum Handlanger einer elfjährigen Killerin?!

Fantasy 16+

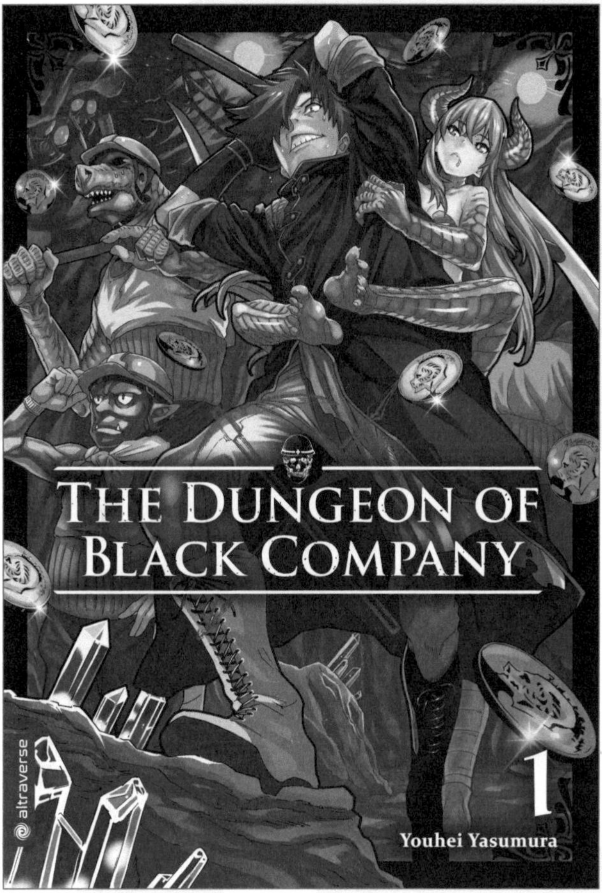

The Dungeon of Black Company
Youhei Yasumura

Kinji hat es weit gebracht: eine schicke Wohnung, ein Immobilienimperium und genug Geld, um für den Rest seines Lebens auf der faulen Haut zu liegen. Doch mit einer unvorsichtigen Bemerkung fordert er das Schicksal heraus und findet sich plötzlich in einem fantastischen Land als Arbeitssklave wieder. Nun muss er sich erneut ganz nach oben arbeiten!

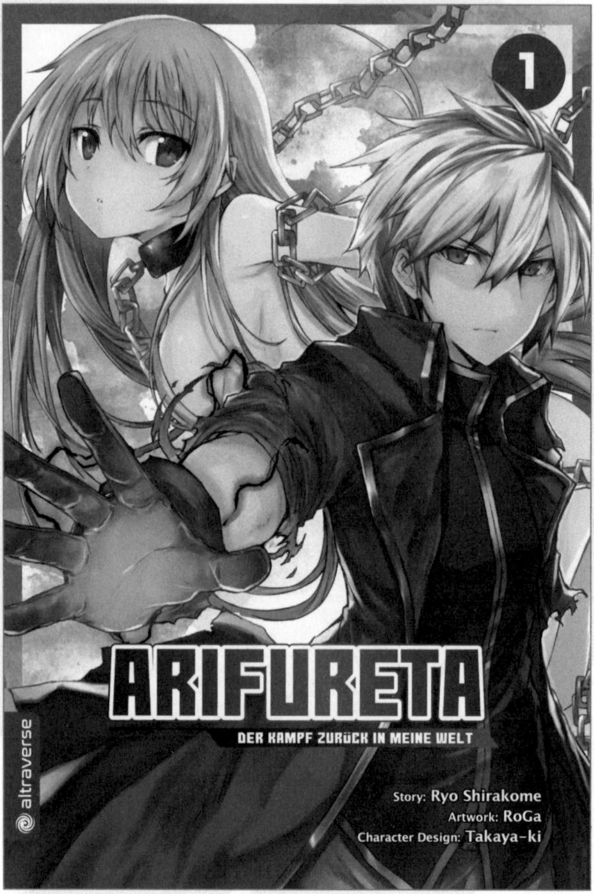

Fantasy 15 +

Arifureta – Der Kampf zurück in meine Welt

Ryo Shirakome | RoGa | Takaya-ki

Hajime führt ein wenig aufregendes Leben, doch plötzlich wird seine Klasse in eine andere Welt beschworen, um die Menschheit vor dem Untergang zu bewahren! Während seine Klassenkameraden mit außergewöhnlichen Fähigkeiten ausgestattet werden, wird Hajime nur ein magischer Schmied. Wird er in dieser gefährlichen neuen Welt überleben können?

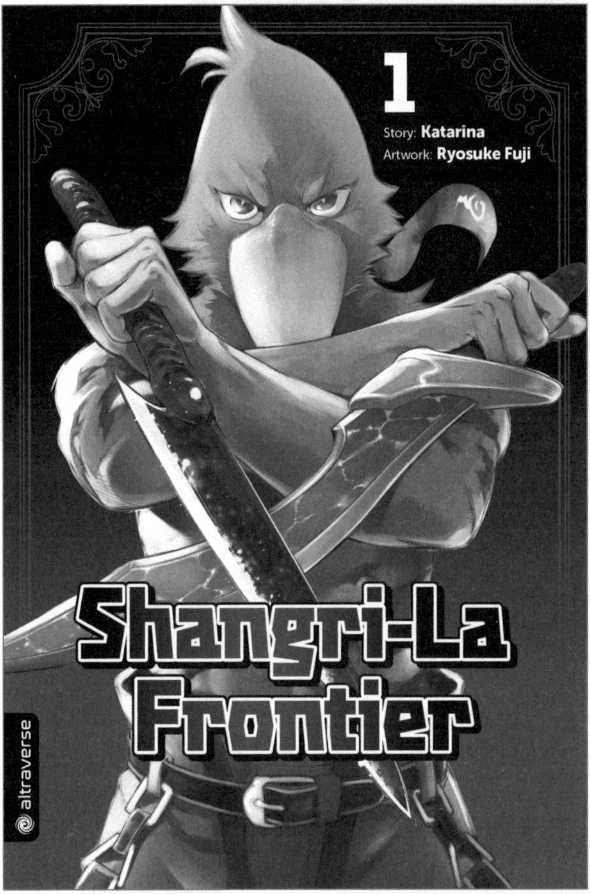

Fantasy 13+

Shangri-La Frontier

Katarina | Ryosuke Fuji

Rakuro interessiert sich nur für das eine: möglichst schlechte Videospiele. Mit nichts verbringt er seine Freizeit lieber als damit, sich die Perlen schlecht produzierter Games zu schnappen und zu bezwingen. Als ihm das VR-Game *Shangri-La Frontier* nahegelegt wird, erwartet ihn in jeder Hinsicht ein episches Abenteuer.

Fantasy 13 +

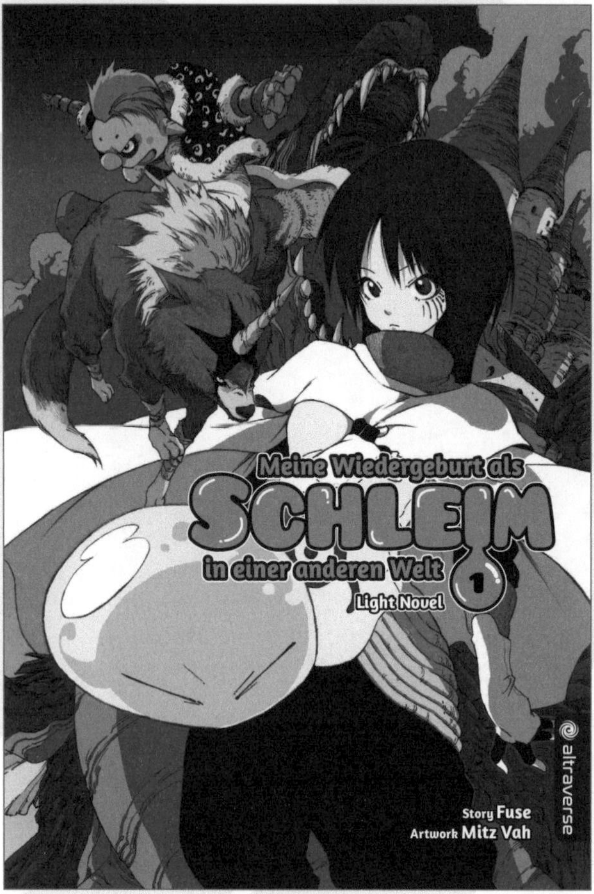

Meine Wiedergeburt als Schleim in einer anderen Welt Light Novel

Fuse | Mitz Vah

Als Satoru Mikami im Alter von 37 Jahren von einem Attentäter getötet wird, fällt der Vorhang für sein belangloses Leben – zumindest dachte er das! Plötzlich findet er sich in einer anderen Welt wieder und merkt, dass er als Schleim wiedergeboren wurde?!

altraverse

Deutsche Ausgabe / German Edition
Altraverse GmbH – Hamburg 2021
Aus dem Japanischen von Lasse Christian Christiansen

NARE NO HATE NO BOKURA

Redaktion: Sabine Scholz
Herstellung: Vivien Bergau
Lettering: Vibrant Publishing Studio

Druck: CPI books GmbH, Leck
Printed in Germany

MIX
Papier
FSC® C083411

ISBN 978-3-7539-0432-0
1. Auflage 2021

www.altraverse.de